U0456366

隋文帝

杨坚传

王尚琦◎编著

团结出版社
UNITY PRESS

图书在版编目（CIP）数据

隋文帝杨坚传 / 王尚琦编著. -- 北京：团结出版社, 2015.8（2023.1重印）

ISBN 978-7-5126-3766-5

Ⅰ.①隋… Ⅱ.①王… Ⅲ.①杨坚（541～604）—传记 Ⅳ.①K827=41

中国版本图书馆CIP数据核字(2015)第176327号

出　　版：团结出版社
　　　　　（北京市东城区东皇城根南街84号　邮编：100006）
电　　话：（010）65228880　65244790（出版社）
　　　　　（010）65238766　85113874　65133603（发行部）
　　　　　（010）65133603（邮购）
网　　址：http://www.tjpress.com
E-mail：zb65244790@163.com（出版社）
　　　　　fx65133603@163.com（发行部邮购）
经　　销：全国新华书店
印　　刷：唐山楠萍印务有限公司

开　　本：650毫米×920毫米　16开
印　　张：24
字　　数：320千字
版　　次：2016年1月　第1版
印　　次：2023年1月　第2次印刷

书　　号：978-7-5126-3766-5
定　　价：68.00元

前　言

悠悠几千年，纵横五万里，站在中国文明辽阔而又源远流长的历史天幕下，仰望着令无数人叹为观止的帝王将相的流光溢彩的天空，尽阅朝代更迭的波澜起伏，无处不闪耀着先人用心、用生命谱写的辉煌。

封建帝王将相是历史的缩影，自嬴政以来，秦皇汉武，唐宗宋祖……他们或以盖世雄才称霸天下，或以绝妙文采震烁古今，或以宏韬伟略彪炳史册，或以残暴不仁毁灭帝业，铸就了一部洋洋洒洒长达两千余年的封建帝王史……

恍然间，我们看到了"千古一帝"秦始皇"横扫六合"的雄伟身姿；大汉朝开国皇帝刘邦从"市井无赖"到"真龙天子"的大变身；汉武帝刘彻雄赳赳地将中华带上顶峰的威风场景；光武帝刘秀吞血碎齿战八方，于乱世中成就霸业的冲天豪情；乱世枭雄曹操耍尽"奸计"，玩转三国的高超智慧；亡国之君隋炀帝的骄纵狂妄；唐高祖李渊率众起义、揭竿而起，建立唐王朝的惊天伟业；唐太宗李世民玄武门兵变的狠辣果断；一代女皇武则天勇于创造命运的步步惊心；宋太祖赵匡胤"杯酒释兵权"的聪明睿智；元世祖忽必烈以蒙古铁骑横扫欧亚大陆的英雄豪迈；一代天骄成吉思汗开创铁血王朝的钢铁毅力；"草根帝"朱元璋从"乞丐"到"皇帝"的辛酸血泪；清太祖努尔哈赤以十三副铠甲起兵，开辟锦绣前程的创业史；大清王朝第一帝皇太极夺取江山的谋略手段；少年天子顺治为爱妃做到极致的痴心情意；清军入关的第二位皇帝康熙除权臣，平叛逆，锐意改革的天才谋略；最富争议的皇帝雍正的精彩人生；乾隆皇帝钟情于香妃的风流韵事；慈禧太后将皇帝与权臣操纵于股掌之间的惊天手段；历代名相为当朝政务呕心沥血，助帝王打造繁荣盛世……

在浩瀚无边的中国历史长河之中，帝王将相始终是核心人物，或直接或间接地掌控着历史的舰舵，影响着历史的进程。虽然他们已是昨日黄花、过眼云烟，但查看他们的传奇人生，研究他们的功过是非，仍然可以让读者借鉴与警醒！

即便如此，很多人依然会"坚定"地摇着头回答："NO!"因为在他们看来，"历史、帝王将相"等于"正统、严肃"，这些东西早被当年的历史考试浇到了冰点！尽管明知"读史可以使人明智"，也再没有耐心去研读、探索那些"枯燥"的历史了。其实，历史并不是课本上那些无聊的年份表，帝王将相也不是人物事件的简单罗列。真实的帝王将相的生活要丰富得多，有趣得多。

为了解决这个问题，让读者心甘情愿地"抢读"历史，本套图书精心挑选了在历史上影响力颇大的帝王或名相，突破了枯燥无味、干巴巴的"讲授"形式，以一种幽默诙谐的语言，用一种立体的方式将一个帝王或名相的多样性与丰富性展现在广大的读者面前。

全书妙语如珠，犀利峥嵘，细述每个帝王或名相的政治生活、历史功绩、家庭生活、情感轶事等，充满了故事性、知识性与趣味性，让读者在轻松愉悦的享受中体味人生的变化莫测；在"观看历史大片"的过程中收取成功的法门秘诀。

为了保证书稿的质量，编辑工作者查阅了大量的相关资料与文献，并且专门请教了很多长期从事历史教学与研究的专家学者。不过，由于时间与精力有限，如果本套图书存在些许错误，敬请广大的读者朋友们批评指正。

"古人不见今时月，今月曾经照古人"，与浩瀚的宇宙相比，人类的生命短暂得微不足道。因此，在这有限的时光中，我们要尽一切可能多学知识，少走弯路，让我们的人生变得更加绚丽多彩！

目 录

第一章

杨坚仕途如履薄冰　长女丽华为太子妃

日落时分，凌岩山处在一片朦胧的暮色里。凌岩峰下，有一位僧人站在破旧的静慧寺前，僧人白发须眉，颇有仙姿。

山风呼啸，远方传来一阵歌声，声音有力自然，有一丝禅音味道。

近了之后，才发现歌者是一位年轻樵夫，长得身材魁伟，两眼有神，眉间还有一股英气存在，身穿皂色衣裤，脚上穿着草鞋。当他看到这个僧人的时候，便上前施礼："大师从哪儿来？"

老僧回礼："老衲四处云游，今天才到了这里！"

"天已经晚了，您跟我去家里拿点吃的吧！我们虔心向佛，您一定会受到欢迎的。"

二人走在荒野小道上，有一句没一句的闲聊着。

老僧人问："施主贵庚？你听说过这古寺的来历吗？"

"我今年二十一，叫我三虎好了。"年轻人继续说，"听我爷爷说，这座古寺有三百多年的历史了。好像是西晋一个皇帝修盖的，在北魏时期被毁掉了。"

"不错！西晋武帝建立了静慧寺，寺院非常宏伟，僧人众多，闻名天下。可是在太武帝时期，下令杀光天下僧人，烧掉经书，于是寺院遭到了焚毁。"

老者一声长叹，他亲眼见证了那场磨难，也是这座古寺唯一的幸存者。他四处云游，隐姓埋名，想来也有一百多年了。

三虎和老僧人走到李家堡的时候，已是满天繁星。老僧回到久违的家乡，心中百感交集！

李家堡是个大庄园，地势易守难攻。

在三虎带领着老僧人走进了山村。两旁的草屋里漏出一点点微光，勉强能够照着门前的路。

过了会儿，僧人跟着三虎来到他家，小伙子高兴地喊道："爹，来客人啦。"

"哦，谁呀？"

屋里走出来一个白发苍苍的老汉，走到僧人面前打量了一下，道："是位长老呀，请进！"

刚坐下，老僧便道："我今天来，一是为了化缘，二是为了寻亲。我有一个侄子叫李来贵，就住在这里。"

老汉愣了愣，立马上前拜到："活神仙哪！您怎么记得我的老祖上呢？您恐怕得有百余岁了吧！"

"阿弥陀佛！"老僧道，"聚散随缘！今天偶然碰见三虎，直觉告诉我他就是李家人。现在看来确实没错。如今朝廷杨坚主政，佛教盛行，看来静慧寺院就要重建了！"

老汉李成和三虎立即跪在地上，拜见祖宗。

原来，老僧是前朝的一名法师，李家堡就是他的家乡。七岁的时候，因家中贫穷，被父母卖进寺中，从那之后，和家里的联系也就少了。

静慧寺焚毁后，他便在山中隐居，不过却一直没有落下对佛经的修习，最后成为法力高强的世外高僧。这么多年来，他一直想着要重建静慧寺。前些日子，随国公有意重新修建天下所有的寺院，他这才从山中走出来，回到故里。

西晋末年，战乱频繁。百年间，天地都为之黯然。光是李家堡就死了上千人，妇女被奸杀，婴儿被踩死……幸亏当时李成父子四人外出，才幸免于难。只可惜老婆横尸村口，十六岁女儿不知去向。老僧听完之后，便推荐三虎跟随随国公杨坚，他师妹的徒弟智仙将杨坚抚养长大，可以由她推荐，去见杨坚。

智仙原是文宣帝高洋的侄女，因受到了高洋皇帝的侮辱，而出家为尼，法号"智仙"。

李三虎带着老僧人给的信物，来到了长安，去拜见了智仙师太。智仙给他一封信，让他去找杨坚。

拜别智仙后，李三虎带着书信来到了长安城内。问明丞相府之后，便赶了过去。

听说是来找丞相的，便走出一个军官模样的人对他询问了一番后，带着三虎去拜见相府的管家。管家是一个白发老者，名为杨顺。他细细打量了一下三虎，询问了三虎的家中情况，当他知道三虎是智仙师太推荐来的后，脸上便堆满了讨好的微笑。随后，他命令小厮给三虎盛了饭菜，吃完后，便带三虎去见了独孤夫人。

杨顺坐下没多久，独孤夫人便在两个丫头的搀扶下走出来，看完智仙师太的引荐信之后，她笑着说："师太推荐的人，肯定错不了，只是不知道你擅长什么。"

三虎答道："我从小就习武，马上马下的功夫都知道一二，尤其擅长硬功，对兵书战策也略知几分。

"这样好啊，现在国家正是用人之际，等下随国公回来之后，肯定会很高兴的。"接着转过头对管家说："带三虎下去安顿好，等老爷回来就去接见。"

第二天，天刚蒙蒙亮，三虎按照往常的习惯，早早起来练功。他先打了一套李家拳，刚柔并济，变化多端。随后，三虎又舞了一套棍棒三十六式，棍棒所指，鬼神难逃，很是精彩。这时，刚好被不远处的杨坚看到，不过并没有将其打断。等到三虎练完之后，小童告诉他，随国公回来了。

三虎对于杨坚的为人是仰慕已久，今天能够看到其本人，心里自然是高兴万分的。杨坚身材魁梧、目光深邃、气度不俗。三虎赶紧向前施礼，杨坚将他扶起来之后，二人向大堂走去。杨坚边走边询问智仙师太的近况。当天便安排三虎为相府护卫，并且赐名为李圆通。

丞相府长史郑译和丞相府司马刘昉都是杨坚在太学时期的同学，杨坚掌政之后，便将他们二人招入了丞相府，为自己出谋划策。丞相府掾属为原内史上士李德林，主要打理军机日常要务，心腹高颎则为丞相府司录。李德林原本是北齐通直散常侍兼中书侍郎，是一位天下闻名的文人才子。齐国灭亡后，便投靠在周武帝的帐下，授内史上士。

世事变迁，周宣帝本是一个昏庸的君王，他宠信佞幸，致使李德林这样的人才在北周不能受到重用。李德林经常叹息自己命运多舛，后来，经过杨坚的侄子杨惠介绍，投奔到杨坚的帐下。而高颎则是靠着杨坚的妻子独孤夫人的关系来到杨坚的身边。他精明能干，文武双全。杨坚有了这两个人的辅助，一文一武，一内一外，可谓给杨坚的政路上添加了不少的动力。

此外，杨坚还重用堂弟杨弘、侄姐夫窦荣定为"左右宫伯"，任妹夫李礼成为上大将军、司武上大夫等。这样一来，京中部队和都城官府都在自己的掌控之下。一个月来，杨坚宵衣旰食，虽然人瘦了一大圈，不过自己的政治地位却是越来越稳固了。

这一成绩的最大功臣便是他的夫人独孤氏，在这个多事的年代里，他为有这个智慧干练的夫人而高兴。每每想到夫人，杨坚心里就涌起阵阵暖意，他为拥有如此聪明能干的夫人而自豪。

独孤氏是他父亲的老上司上柱国大司马独孤信最疼爱的女儿。是独孤信的掌上明珠，对她疼爱有加。杨坚非凡的仪表吸引了独孤信挑剔的目光，几经考验，独孤信决定把十四岁的独孤伽罗嫁给杨坚。

婚后的伽罗，持家、育儿、相夫、伺候公婆，和杨坚同甘苦共患难，彼此相亲相爱。

婚后最初的几年里，杨坚是在幸福和惶恐中度过的。

公元556年，恭帝禅位于孝闵帝，周代西魏。第二年，孝闵帝被权臣宇文护废杀，明帝即位。明帝继位之后，皇权旁落，掌权的仍是宇文护。

宇文护是宇文泰的侄儿，有勇有谋，颇有政治头脑。宇文泰是西魏的实际领袖，代魏之心路人皆知，临终前，他托孤于宇文护。

继立的明帝宇文毓是宇文泰的长子，早已成年，聪明好学，又是独孤信的女婿，宇文护对他十分放心不下。对明帝的监视更甚于孝闵帝。

面对这种复杂的政治背景，杨坚感觉如履薄冰、如临深渊，这也练就了他眼观六路、耳听八方的政治敏锐和果敢机智的应变能力。

杨坚初入仕途，不知道该如何自处。父亲杨忠不仅是员虎将，也是位具有清醒头脑的政治干才。父亲的言传身教使杨坚受益匪浅，不过更多时，是杨坚和夫人独孤氏商讨政策。

杨坚夫妇感情诚笃，无所不谈，宫中的风云变幻，杨坚谈得最为细致。独孤氏提醒杨坚，对上司要表面上尊敬，凡事多向左小宫伯汇报，请他指教；对下属宫卫，要多体贴，多关怀，在生活上多照顾他们，要突出一个"义"字，宫卫家中发生困难要出钱出人去帮助；对朝中勋臣干才不要得罪他们，要有分寸地尊敬他们；而对皇帝身边、宇文护身边的近臣或耳目，只需同他们发展私人关系，不结伙，不入帮，处事的准则是大事清醒、小事糊涂。特别是同宇文护的关系要格外慎重，既不能亲近他，又不能疏远他，因为此人虽然可以逞雄一时，但处于矛盾的中心，仇家又多，恐难善终，敬而远之乃上上之策。

独孤氏的分析确有见地，杨坚开玩笑地对妻子说："真是英雄所见略同。"后来形势的发展，一再证明这种处事策略是完全正确的。

明帝执政期间，杨坚经历了三次生死考验，那个时候的杨坚还只是一个小宫伯。

孝闵帝死后，太监小九因出力不少而荣升宫中总管，成了丞相宇文护面前的大红人，在宫中权势炙手可热，连明帝也不得不畏他三分。

一天午后，他派小太监递给杨坚一封信，信中大意是说对杨坚敬慕已久，想邀杨坚到府上一叙，届时务请光临。这封信写得软中带硬，着实让杨坚大伤脑筋。

杨坚本就瞧不上这种卖主求荣的小人，没有什么德行，怎么能够和这种人为伍呢，可是如果不去赴约的话，将他惹怒了，他又不知道从中会使什么绊子了。

回到家，杨坚把这种情况告诉给父亲杨忠，杨忠的态度是不能去，和小九走的近，也就代表着和众位贤臣为敌，因为此人的行径已引起不少老臣的厌恶，夫人的意见亦是如此。

那么到底该如何不去赴约，又不得罪他呢？

独孤夫人说道："你不是有个太学同学在宫里很得势吗？为什么不让他来帮帮忙呢。"

其实，杨坚并不喜欢这个老同学郑译，他学业疏陋，而且品行不端，是个见利忘义之徒。虽然如此，但毕竟同窗三载，而且郑译对杨坚的印象也很好。

于是，杨坚派家人持书信把郑译请到家中，郑译本有意结交杨坚，所以乐意前来。这时，杨坚已装扮得七分病态，他拉着郑译的手说："我实在只是个书呆子。小宫伯尚且力不从心，常恐有负圣意，有负丞相大人的栽培，哪堪重任呢？你看看我这样子。唉！三天五日便生一场病，可不巧，今天又接到了小九公的请柬。我这个样子，怎么去得了呢？还请老同学您为我在小九公面前多美言几句，请他多多包涵。病愈后，杨坚当登门谢罪。"

说完，还让家人端来了八锭裸金。

"还请老同学代我多多周旋，杨坚感激不尽。"

"客气！客气！老同学相托，我定当效劳。好在我和小九公交往甚厚，这话我一定带到。"

这一次侥幸过关，杨坚有种劫后余生之感。但接踵而至的人祸，几乎使他措手不及。

不知是哪个阴险之徒，向宇文护进言，说杨坚面藏反相。就这一句话，就能够把杨坚置于死地，那时节，杀人放火犹可赦免，唯有反叛一罪，杀无赦！没有反叛，有反相亦是必死无疑。宇文护又将此事禀明了皇上。明帝也是将信将疑，于是暗中派人给杨坚相面。

说来也是天佑杨坚，这两个相面术士都认识杨坚，也曾给杨坚相过面。一个是名满京城的来和，一个是北齐国的名士张宾。两人相面后都向明帝和宇文护说明道："此人虽面目清奇，但无大贵之相，也不存反相，将来最多官至大将军，不必太虑。"其实他们中只要一人稍有微词，杨坚顷刻间便会人头落地。

后来来和、张宾两人又私自见了杨坚一面，将他们真实的面相结果告诉给杨坚，杨坚对此十分感激。

从此以后，杨家上下无不为杨坚捏把汗，不知何时便会祸从天降。

时过不久，明帝被宇文护派人鸩杀，凶手是小九。但宇文护贼喊捉贼，下令彻底追查，严惩凶手和玩忽职守的宫女、太监和护卫。一批无辜者被杀，成了替死鬼。杨坚当时作为小宫伯，也难辞其咎，于是便下令将其斩首。

消息传来，全家震惊，杨母当即昏厥过去。杨忠虽亦悲痛欲绝，却不能出面，如果出面，事情可能会更糟。

这时独孤氏虽也五内俱焚，但情急生智，忽地想起父亲的老部下侯伏侯万寿，侯万寿当年是父亲一手提拔的，虽然这么多年很少有来往，但毕竟旧情在那，他一定会帮忙的。如今他是宇文护的左右手，说话的分量很重。如果他能为杨坚说上话，那杨坚肯定就有救了。

独孤伽罗马上飞奔至侯万寿处，哭诉着请求他救一救杨坚。

侯万寿听完独孤伽罗的哭诉，立即吩咐备马，直奔丞相府，他一路飞驰，进到相府，三步并作两步，直趋议事厅。

宇文护正与几个下属商谈议事，见侯万寿急匆匆赶来，忙问何事。侯万寿急切地道："我闻护公要斩杨坚，可有此事？"

"正有此意。"

"我以为不可。现在新君刚立，宜做安抚，若大开杀戒，恐怕人心难安。我是为了你着想，才建议你免去杨坚的死罪，让他戴罪立功。这样一来，也可以安抚朝中一大批老臣的心，还请丞相三思啊！"说完之后，又看了看其他几个人。内中一人名为刘昉，与杨坚交厚，见侯万寿为杨坚求情，也跟着求情，其他几人亦一齐紧随求情。

宇文护稍作沉思，态度忽地来了个一百八十度的大转弯，爽然答应道："诸君既然一致求情，那就免去死罪，不过死罪可免，活罪难逃，就罚他一百大板吧。"

行刑时，几个曾被杨坚帮助过的护卫将棍子高高举起，轻轻落下，只听叭叭的响声，实际并没打多重，所以一百大棍下来，并未伤筋动骨，十天以后即可行走如常了。

不过，这一次杨坚在家休养了半年多的时间，名义上是养伤，实际上是避难。

继位的周武帝宇文邕，是孝闵帝、明帝的皇弟，宇文护继续把持朝政，权势日炽。宇文护见到武帝不行君臣之礼，而以家礼相待，朝内朝外，宇文护一手遮天。

这样，杨忠父子的处境更为艰难了。宇文护故意冷落杨忠，对杨坚更是不信任，杨坚虽已左迁至左小宫伯，但有名无实。

保定三年，杨忠出兵塞北，与突厥合击北齐，兵锋所指，捷报频传，数日连下齐朝二十余城，兵临晋阳城下，北齐朝野震惊，急派大军驰援晋阳。晋阳乃北齐重镇。杨忠虽兵微将寡，但战绩辉煌，国人皆翘首以望。武帝对此评价甚高。后宇文护率军伐齐时，骁勇善战的杨忠却只能偏师策应。

对此，杨忠倒不以为然，不过这让年轻的杨坚怒火中烧。杨忠反复告诫儿子，要保护好自己，必须要伪装好自己，给人一种淡泊名利、无心政治的印象。

此时的杨坚内心充满了矛盾与迷茫。记得七岁左右时，智仙师太告诉杨坚："你不是凡人，是护法金刚转世，将来要想成为一代天骄，就一定要记住我的话。"

智仙不仅教习他佛理，传授他佛经，还注重培养他的气质和意志力。师太让他从面壁开始，一练就是半年，直到心如止水，稳坐如佛。冬天，滴水成冰的天气也在院子里跑上一百圈；夏季，烈日当头的时

候，还要练习"禅功"。

就这样日复一日，年复一年，几年的工夫一晃就过去了。十来岁的杨坚看上去沉稳老练，当十三岁的杨坚来到太学，处在一群半大的孩子中间时，立即引来众多复杂的目光：有羡慕的，有友善的，有轻视的……这些孩子们毕竟都出身豪门，对杨坚这种不卑不亢的态度反应很大，杨坚不在乎同学们的议论和态度，依然按照师父和父亲的要求习文练武。

在太学期间，他结识了一批志趣相投的同学。他们几个常相约至长安郊外踏青赏春，谈古论今，他们也爱在月光皎洁的秋夜饮酒赋诗，尽展才华，有时也骑马驰骋，看山川地理，谈行军布阵，壮怀激烈的神情令人称羡不已。

杨坚在太学的几年里不仅学到了本领，更主要的是结识了一批贵族子弟，为他的帝业建立奠定了良好的基础。

武帝继位后，杨坚终于获得了升迁的机会，被提升为大将军，赴随州任刺史。

临行前，杨坚与父母洒泪相别。此次之行，因为路途遥远，他没有带上妻子和孩子。杨坚准备在随州安定下来以后，再接他们。

杨坚刚到随州，就意外地见到了太学时的同学庞晃。庞晃现在是大司空卫国公宇文直手下的大将军，也是宇文直的亲信。但他并不是死心塌地为宇文直效力，他有自己的主张和处事原则。他对杨坚的印象向来很好，杨坚的到任使他非常高兴。庞晃作为重要官员陪同宇文直盛情款待了杨坚。宇文直虽是宇文护的心腹，但对杨坚并无恶感，甚至还很敬佩杨坚的才学。

出于礼节，宇文直三天后派庞晃回访了杨坚。杨坚设家宴予以招待，席间谈话甚多。

"杨兄此次出任随州刺史，又进位大将军，可喜可贺啊！"

"多蒙皇上错爱、宇文丞相大人栽培，今后还望庞兄多多指点。"杨坚话语平静，面无喜色。

虽然庞晃一再表示出友好，但屡遭厄运的杨坚，心中的坚冰依然冷固，他对庞晃的戒备也不例外，更何况庞晃和宇文护集团的关系很特别。

"杨兄的处境和遭遇小弟也有耳闻，但自古英雄多磨难，兄长吉人天相，自有神灵护佑。我看兄长，日后定有大贵之日！"

"兄弟岂可乱讲，今日虽酒后之语，但若传嚷出去，是要祸及他人的。"

"小弟绝非醉话。当今形势，虽宇文护掌权，但他心狠手辣，杀人太多，已四面树敌，迟早要天降大祸于他。兄长虽暂处下风，怎知不是天意安排？"

经过这一番谈乱，庞晃和杨坚成了知己。

一日，两人到山中打猎，时已黄昏，林中森然，蓦然间一道五彩光环现于杨坚头顶上方，庞晃万分激动地告诉杨坚，杨坚先是一惊，继而淡然一笑："一向如此，不然何以有诸多灾难。"

在他们回来的路上，突然出现了一只斑斓猛虎，挡住了他们的去路。这一地区，树林茂盛，经常有野兽出没。猛虎对着他们长啸一声，围着他们转了三圈，又伏于地上望了一阵，然后纵身一跃，跳入林中不见了踪影。

两人回过神来的时候，已经是冷汗淋漓。虽然他们都是武将，但毕竟事情来得太突然，让他们有点手足无措。事过之后，两人似乎都心领神会。杨坚对于自己的目标更加坚定了，而庞晃也多次便是愿意跟随杨坚。就这样，庞晃便一直徘徊在宇文直和杨坚之间。

天和三年春天，杨坚接到了一封家书，信中说母亲病危。杨坚刚读完信，便脸色大变，骤然气绝，吓得臣僚们又是掐人中，又是唤郎中，忙得一团糟。

杨坚醒后，急忙修书两封，一封给宇文直，一封给丞相。宇文直并没有多加为难，便准了他的休假，还派遣庞晃送行。庞晃告诉杨坚，如果他起事，他会誓死跟随左右。杨坚回到家之后，母亲的病情好了很多，于是杨坚便上书皇上让他留在长安。这样一来能够照看母亲，而来也能够躲避灾难，三来还能及时得到朝中的消息。这时宇文护正忙于东征事宜，对杨坚的迫害也就暂时放在一边了。

残冬，朝中的形势发生着微妙的变化。

东征由于策划不周导致失败，宇文护为推卸战争责任，罢免了将军主帅侯伏的上将军之职。后来，陈军在沌口大败宇文直之师，宇文直损兵折将，几乎全军覆没，宇文直也受到免职处分。宇文护集团的内部矛盾也越来越大了。

天和三年，杨忠去世，杨坚继承了父亲的爵位——随国公。

庞晃借着吊唁的机会，来到杨府和杨坚商量，他也因为宇文直事件，受到了很大的牵连，现在闲职在家。庞晃对于宇文护的优缺点很是了解，他对杨坚分析道："如今，宇文护的势力看上去非常强大，其实内部也早就是面和心不合了。尽管他现在依然是八面威风、声势远播，不过只是强弩之末势罢了，并没有多少实力了。局外人认为他如以前一样坚不可摧，不过在我眼中，只要朝廷边界告急，朝中兵力空虚，我们再联系其他旧臣就行，内外夹击，里应外合，这样一来，要瓦解宇文护的势力也就是轻而易举的事情了。宇文护内部没有贤臣，外部没有猛将，到时候，周朝的江山也就唾手可得！"

"即便消灭了宇文护的势力，局势也不一定就朝着我们的期待发展，庞兄你真的了解现在的皇上吗？在我看来，皇上并不是我们所认为的是庸碌之辈，也并不是心甘情愿地做个傀儡皇帝，他这只是无奈之举，同时也是一种聪明之举，圣上的忍耐和退让和他的两位皇兄比起来，可要高明多了。所以，我们现在可不能着急，要静观形势变化。多认识一些有志之士，不过千万不要结党，这样才是安全之策。"

其实，和杨坚说的一样，武帝的确是一位有勇有谋的皇帝，多年以来，他蒙蔽了宇文护，自身韬光养晦。宇文护对此也放松了警惕，这才使得武帝能够掌握宇文护的全部动向。

武帝和身边的太监、宫女异常亲近，因为他性情温和，太监、宫女们对他也是异常的尽心。几个宫卫和太监甚至把自己的真实身份和任务也告诉了武帝，但武帝佯装毫不在意。

天和七年，武帝发动了一场宫廷政变，诛杀了权臣宇文护，将旁落多年的皇权收回自己的手中。

长安城内，宇文神举带领着官兵，包围了宇文护府，宇文护的儿子宇文会、宇文至、宇文静、宇文乾嘉、宇文乾基、宇文乾光、宇文乾蔚、宇文乾祖、宇文乾威等面对突如其来的灾难，都搭上了自己的小命。

皇宫大殿内，皇帝下旨将宇文护的亲信柱国侯龙恩、大将军侯万寿等几十人诱召回宫，即时斩杀。

至此，宇文护集团的主心人物算是彻底清除了。外任的一些党羽也被各种各样的理由全部杀掉，这一场政变做得干净利索。

宇文护盛极一时的时代彻底结束，武帝也完成了朝政的统一。

　　这是一个新的开始，武帝为了庆祝这一刻，于是便把这一年定为建德元年，以此来表达自己想要实行新政的意志和决心。

　　宇文护的时代结束，这也让杨坚长长地舒了口气，在宇文护被杀的那天，他和夫人独孤氏开怀畅饮。这是多年以来最为开心的一天。独孤氏对杨坚说："你还是要小心啊，将你的全部精力用在你的治国平天下的抱负上，只有笑到最后的才是赢家。"

　　从那之后，杨坚对于朝政之事更加上心了。武帝加强了对军队的直接控制。对诸军都督以上将官，亲自安抚，这让很多将士都为之感动。后来，武帝东征，这些人便以命相搏，以此来报答武帝对他们的恩情。

　　对于军队的整顿，武帝很是重视，不仅亲自传授用兵之道，而且频繁进行实战训练，使军队的战斗力大大加强，为今后的统一战争打下了良好的基础。

　　最令杨坚费解和不高兴的是，武帝掌权之后，对于佛教很是冷落。杨坚多年以来都在参悟佛教，这让杨坚对佛教产生了很深厚的感情，而武帝的做法，让杨坚很是失望和愤怒。

　　武帝掌权的第三年，他号令全国，僧人必须脱掉身上的僧服，留起长发，离开整日吃斋念佛的日子，更令人愤怒的是，他还烧毁了很多佛像和经文，寺庙和道观也被赐给了一些王公大臣，当作他们的府邸。

　　杨坚在佛寺中待了十三年的光景，这是他难以忘怀的时光，他对佛法和佛理的依恋无法割舍，他想起了自己的师父智仙师太，她对于佛教很是坚定与执著。

　　后来，武帝在朝中大臣中寻觅了很久，最后决定立杨坚的大女儿杨丽华为太子妃。

　　武帝对杨坚说："我们两家人联姻之后，就是一家人了，从此以后，荣辱与共，风雨同舟。"

　　这句话，让盘旋在杨坚头上的愤怒彻底化解了。这一天，也是杨坚期盼已久的，也是他精心策划的结果。

　　眼下，对杨坚来说，最主要的任务就是让宇文赟得到皇上的充分信任，这样才能够使得太子之位不动摇。

　　这个念头升起后，杨坚便愁闷地对独孤氏说："太子的地位要想坚不可摧，第一太子的日常行为就要有所收敛，不能够有失贤德；第二则

是要网络天下有才之人，能够辅佐太子，第三，则就需要我们的帮助了！"

杨坚掰着指头细算着。杨坚对他这个女婿可是非常了解，所以现在才会这么忧愁。

"武帝非常看重儒家文化，而对于太子的期望则是更高，希望他'文能治国安天下，武能安邦御外侮'，还必须做到'修身、齐家、治国、平天下'。如果太子还不知道重视自己的个人修养，不注意自己的日常行为，长此下去，必然会惹怒武帝，丧失武帝宝贵的信任。"

"这些个方面，现在就要开始进行了，不然就后悔莫及啊！"

"是啊，可现在的太子还没有认识到问题的存在，每天只知道寻欢作乐，不知道上进。如今，我们应该要想个好办法啊！"独孤氏沉吟着，"我一时也没有什么良策，太子现在太小，不过幸亏太子妃在，让太子妃在旁边时常劝诫，或许会好一些！"

"那夫人可以找个机会见太子妃一面，将这种情况告诉她。"

难怪杨坚夫妇这么头疼，这太子宇文赟可真不是一盏省油的灯啊。

太子最不喜欢的事就是读书。一看到诗书就打瞌睡，半年的时间学习一部《论语》，至今都不会读，更别提背诵了，他的老师再三说明，半部《论语》就能够治理好天下，一定要加把劲儿读书，否则以后拿什么治理天下呢？可太子却说："刘邦都不一定能够背下《论语》，可他不也一样拿下了天下。"

太子最喜欢的事情就是舞枪弄棒，但是又不能吃苦，所以学来学去，也就只会一点儿三脚猫的功夫。

武帝骂过他，也打过他，可他就是不改。

武帝的愿意是将太子培养成一个可以继承大业的人，不过现实情况是他却连一个常人也不如。不过，苦恼归苦恼，失望归失望，毕竟他是自己的骨肉，再者说，太子关乎国家，不能轻易说废止。所以，现在的武帝也是处于静观状态，不求他能够做贤君，只求他能够做个庸君，让贤臣辅佐，这样也就能够治理天下了。不过如果连这个也做不好的话，那么这个太子也就不用当了。

宇文赟就是一个扶不起来的阿斗，太子妃杨丽华依照孤独氏的安排，开始循序渐进地对太子进行规劝。

太子妃在杨坚夫妻的教导下，修身、明理，是同龄人中的佼佼者，熟悉为人之道，为君之道。

太子在杨丽华的言传身教下，不知不觉确实有所收敛。他不喜欢看书，杨丽华就把书中的内容讲给他听；他没有耐心练剑，那么杨丽华便奏琴助乐。

有人把太子的变化告诉了武帝，武帝半信半疑，经过几次明察暗访后，他终于相信了，他这个纨绔的儿子终于改邪归正了。这让武帝很是安慰，他将所有的功劳都归结在太子的老师身上。老师的教导固然有份，不过，其中的真正原因，恐怕只有杨坚夫妇和他们的聪明女儿知道了。

宇文赟的改变让杨坚的心稍微安定下来了。只要太子的地位能够保住，那么自己的处境也就会变得好一点，杨坚一直相信这一点的。

第一章 杨坚仕途如履薄冰 长女丽华为太子妃

第二章

杨坚带兵智取北齐　遭帝猜忌巧化危机

建德四年，武帝亲自率领大军攻打河阴地区，迈出了统一中国的第一步。杨坚则是被任命为偏师统帅，率领水师从渭水渡入黄河，辅助主力军。这是杨坚第一次手握兵权，对于这一次的机会，他非常看重和珍惜。他想要好好利用这次的权力，以此来谋得更高的地位。

周军总共出兵二十万人马，武帝亲自带领十五万人，剩下的五万水军则是由杨坚带领。这一次的出征已经酝酿很久了，准备的也很充分，将士们衣甲鲜亮，斗志正旺，浩浩荡荡地向北齐腹地进攻。

北齐在洛阳驻有重兵，加上城坚壕阔，所以易守难攻。武帝统胜利之师，猛攻洛阳，但齐兵据险抵抗，毫无惧意。一时间洛阳城周围旗幡招展，号角连天，攻城的周兵踏着同伴的尸首，嘴衔大刀冒死向城头攀登，城头的齐兵则远射弓箭，近用刀砍，滚木礌石倾泻而下，到处充满了呐喊声、惨叫声、武器的撞击声。

就这样，双方大战了三个昼夜。周兵刚刚夺得一块立足之地，旋即又被增援的齐兵赶走。反反复复，多次易手。周武帝焦急地在中军帐篷里来回走着，脸色非常不好，额头上不时沁出细密的汗珠。这时，探马急匆匆送来一份急件。

信上说："齐兵已调集二十万生力军从东、北、南三个方向快速压来，先头骑兵已抵达洛阳四百里的地方。"

周武帝看罢，脸色骤变，他连日操劳，再加上急火攻心，猛然觉得一口咸物从嘴里涌出，一大口鲜血吐在地上。随军御医慌了手脚，即刻将武帝搀至行军龙床上，细细把脉。还好是肝火上升，未有大碍，但要休养，要绝对安静。

宇文直奏请武帝先行，并建议全军班师回朝。大将宇文直临时担任主帅。他先令做策应的杨坚迅速准备船只抢渡马步军，一面留少量马步军继续佯装攻城，一面布置在洛阳南北埋伏少量军队以防北齐援军偷袭，掩护皇上和大队人马撤离。估计大队人马已全部撤离，然后才逐渐收兵。

两天后，北齐大军尾随而追。杨坚此时担任后军统帅。

他的周围聚集着不少大小偏将，大家心里都在算着一笔账，该如何用这区区五万士兵去和北齐二十万大军相抗衡呢，这样可无异于以卵击石啊。

杨坚用冷水洗了把脸，让自己先冷静下来。

他与诸将商议道："如继续驾舟逆水而行，必有被追上的危险，与其这样，不如舍舟步行，从旱路撤离，大家以为如何？"

众人认为也只能如此了。临行前，传令士兵把所有舟船一律焚毁。望着满河冲天的大火，杨坚率队匆匆向西撤退。刚刚行军一个时辰，天上飘起了小雨，路上渐渐泥泞起来，行军的速度迟滞下来。正在这时，探马来报，齐军已开始渡河，正朝这个方向追来。

杨坚内心一阵焦急。忽然，一个小兵前来报告：前面有个岔道，请示走哪条路。杨坚眼前一亮，计上心头。杨坚传令下去，着五百人的精悍队伍从小路返回，一路上旗幡招展，沿路丢弃军资什物吸引齐军，另一路主力则沿大路，悄悄行进，并减兵增灶。

齐军渡河之后，追到岔路口，一时拿不定主意，一个军士引来一位当地人，当地人便说小路上旗幡招展，想是大队人马。齐将一挥马鞭，向小路追去。追了两天，眼看追赶不上，军心松懈，无功而返。从大路追赶的齐军，被军灶迷惑，怕中了埋伏，也不敢贸然追击了。

一场虚惊过去后，两支队伍三天后胜利会师，看着兵士们喜悦的表情，杨坚心里更是像蜜一般甜丝丝的。这一夜，杨坚做了一个甜美的梦，一只凤凰衔来一枝仙草，停在杨坚的肩上，杨坚问神鸟衔的是什么，凤凰回答说是送给他的长生草。言毕，凤凰展翅飞去。杨坚醒来，不解其意。大军返回长安时，其他各部都有不同程度的伤亡，唯有杨坚因临机而变，指挥有方，五万人马全数返回。

此役之后，武帝对杨坚更是刮目相看，视之为栋梁之材，恩宠日隆。

建德五年（公元 576 年），杨坚再次参加伐齐之战。这是历史上一次著名的北方统一战争。这次战争又是由周武帝亲自挂帅，而杨坚被委

以主力的右三路军总管之职。此次战争，周武帝志在必得。

北齐混乱的政局、凋敝的经济、涣散的军心为周朝的这次战争提供了良好的条件。北齐后主高纬说话不利索，不喜欢召见大臣。除他宠爱、亲信的一些人外，再没有人同他说过话。一批忠贞的大臣连连向高纬进言，却遭到了高纬的冷遇。他曾在含章殿一次斩杀八名"多嘴多舌"的大将、文臣。高纬的昏庸残暴使得齐国上下人人自危，老百姓怨声载道，连边境的守军也在嚷嚷，如果再不发饷，就闹起事来，各自回家算了。

北齐面临着空前的政治危机，各方面的消息都说明大举伐齐的时机已经到来。北周的君臣经过几年的励精图治，使得国家政治稳定，国力强盛，民心所向，完全具备了灭齐的条件。

周武帝统帅大军长驱直入，一举攻克了北齐军事重镇平阳，打开了进攻晋阳的南大门。平阳陷落后，齐后主急调大军围攻平阳。周军进攻平阳的主将是内史王谊。此人有勇有谋，很受部下拥戴。平阳得手后，其即受命坚守平阳。齐后主亲率的援军气势汹汹，自恃平阳是座孤城，所以轮番进攻四门，但除了丢下无数具尸体外，平阳城岿然不动。

齐后主又下令挖地掘道，当好不容易将地道挖好之后，却遭到了周军的迎头痛击击。连续的失利使齐军元气大伤，不得不撤军北还，但齐军万万没有想到周军主力以逸待劳，已经等候多时了。其实这正是武帝和杨坚等人早已订下的策略——围点打援，旨在消灭齐军主力。疲惫不堪的齐军面对威武整齐的周军已有三分惧怕，两军主将各令一名战将出战。周军上场的是名声赫赫的柱国将军王显亲，齐将是将军陈富。大战几个回合后，王显亲将陈富砍杀于马下。周武帝看到这儿，用马鞭一指，周军排山倒海般冲杀过去，齐军哪里抵挡得住，立刻溃散开去，兵败如山倒，一发而不可收拾。齐后主在几员战将的死命保护下侥幸逃到了晋阳，匆匆逃到了邺城。

暮秋时节，在晋东南山地的一处兵营里，主帅杨坚正与身披盔甲的将佐们商议着进攻西汾州的作战方案。西汾州城市虽小，但战略地位十分重要，易守难攻，它扼守着北上晋阳的交通要道。看来只有采用智取的方法，才能减少伤亡，尽快夺此坚城。

"根据两天来的侦察和进攻看，西汾州虽然高峻，但齐兵军心涣散，战斗力并不强，只是慑于守城将军的淫威，不得已罢了，只要进一步瓦解其斗志，即可乘虚而入。"说话的叫王臣，字奉忠，一个面皮白净的中年军官。

"奉忠所言极是，此乃攻心战术。古人云'攻心为上，攻城次之'，只要运用得当，可收奇效。"杨坚面露喜色，顿了顿继续说，"奉忠，现如此，想必已有奇谋了？"

"倒也不是什么奇谋。依下官看，不如写篇声讨檄文，内列齐帝的累累罪恶，趁天黑将檄文射入城内，让全城军民心生怨恨，无心守城，只要这种厌战情绪蔓延开去，此城不攻自破。""好！就依奉忠的方法。你可速速写好檄文，明日就办！""已草就，请将军过目。"

杨坚接过来写就的檄文，不禁喜上眉梢。文章写得通俗明白，讲得都是大实话，便于传诵。杨坚随即传令，照此抄写数十份。第二天一早，西汾州的城内各个角落到处可见缠着白绢的羽箭。檄文的内容迅速在全城军民中传扬开去。一个军官在几个卫兵的簇拥下登上了城头，对着几个聚众的士兵厉声喝道："谁敢妖言惑众立即斩首！"看来他们也知道了周军的檄文。

话音刚落，两个卫兵上前盘问道："刚才你们在偷偷议论什么？""议论怎么还不发饷。"一个士兵不冷不热地瞟着问话的卫兵。的确，守城的士兵已半年多未领到饷银了，一提起这事，士兵们便气不打一处来。"当兵吃饭，吃饭当兵，我们要求发饷，要吃饭，这也有罪吗？"

"国难当头，要协力守城。发饷是皇上的事，是将军的事，不是你们操心的事！"军官的语气依然强硬。"那就让皇上、将军们来守城吧，我们可是要吃饭的！"士兵毫不示弱。

"卫兵，把这个领头闹事的拉下去砍了！""砍？现在周兵就在城下，今天砍谁的头还说不定呢！"一个高个子士兵高声喊道，怒目圆睁。"好呀，你们几个想投敌呀，给我全部处死！"

这时城头的士兵越围越多，看到又要杀人示威，胆大一些的，手握武器，向着军官跃跃欲试。一个卫兵刚要上前，便被前面的几个士兵乱刀砍倒。军官眼看势头不对，调头想跑，但哪里跑得了，他平时作威作福惯了，士兵们对他早已恨之入骨。一不做，二不休，士兵们索性杀了恶官。

顷刻间，军官和几个卫兵被砍作肉泥，兵变很快席卷全城，城内一片混乱。乱兵中有人打开城门，向周军报信。城门洞开，埋伏于城外的

周兵开始听到城上喧闹，又看到城门开处有一群乱兵，情知城内有变，马上报告了杨坚。乱兵中推出几个为首的，作为代表来和周军谈判。杨坚很快答应了他们的要求：保护所有士兵和全城百姓的生命，帮助解决粮食问题。

杨坚的右三路军进驻了西汾州。一场攻坚战演化成了热热闹闹的悲喜剧。西汾州的胜利给杨坚的头上加了顶料事如神、多谋善断的金冠。

转眼已到了旧历年底，北周大军屯兵晋阳城下，左右两路大军在城下会师。此时齐兵士气低落，无心再战，前后守了两天就被士气正旺的周兵攻破。武帝挥胜利之师，金戈铁马，又分别在济州、青州、冀州和定州大破剩余齐兵，并俘获了齐后主，北齐灭亡。

时为建德六年，公元 557 年。在冀州战役和定州战役中，杨坚再立新功。为表彰杨坚灭齐的功勋，武帝特授他为定州总管，进位上柱国。定州为河北军事重镇。地广人稠，兵精粮足，是个十分理想的经营之地。更让杨坚欣喜的还有另一件事，武帝把庞晃外放为常山郡太守，而常山郡正位于定州的南边，紧靠定州。

真是天赐良机，杨坚和庞晃两人都沉浸在无比的喜悦之中。在朝廷中，功高震主、树大招风都是最为忌讳的。杨坚从青年时代起就从父亲杨忠那里得到了"自安"的"真经"，婚后妻子独孤氏也不时以自家的不幸提醒他，使他学会了韬光养晦。但随着地位的改变，"树"渐长渐大。木秀于林，风必摧之。从女儿杨丽华被宣布为太子妃那天起，杨坚就感到内史王轨的态度有了微妙的变化。一日，武帝与王轨谈论国运的荣辱兴衰，武帝问："怎样才能国运久长、基业永固、子孙永续呢？"

"依臣看，近世各朝的更迭，不是强敌灭国，而是毁于自己之手。汉末，曹操的儿子曹丕建魏代汉，后司马昭之子司马炎废魏建晋，南朝宋、齐、梁亦是如此，由此看篡位者都是权臣或权臣后代所为，为国者要防微杜渐，对于可能的危险要有所准备。如果说前朝的江山易姓还有不得已的地方，那么西汉末年王莽的篡位不正是前车之鉴吗？"对于这些历史，武帝是耳熟能详的。王轨提到王莽，旨在提醒武帝，切莫忽视了另外一种力量——外戚。

王轨见武帝若有所思，接着道："王莽的姑姑是汉元帝皇后王政君。当时，王家声势显赫，而王莽从小就懂得伪装自己，他的伯父大将军王凤患病时，王莽蓬首垢面，数月不解衣带地奉侍左右。所以，王凤在临死前，向和成帝力荐王莽，称其最有德行。当王莽官拜大司马后，他更加伪装自己，他老婆见别人看她的衣着打扮，都以为她是使婢。当时，曾有四十八万七千五百七十二吏民上书颂其功德。然而，就是这位道貌岸然的高德之人，毒杀平帝，拥立年仅两岁的儒子为皇上，己却以摄政名义居天子之位，最后干脆自立为帝，取而代之……"

王轨一边说着，一边用眼睛紧盯着武帝，他实际上是在影射着杨坚，影射杨坚也非常会伪装。那么谁是今天的"王莽"呢？杨坚？武帝不寒而栗。他深知太子的性情和能力，在杨坚的能力的映衬下，太子的未来不能不令人担忧。但这毕竟是历史啊！历史会重演吗？寝宫内，武帝背着手来回地踱着。"宁肯错杀，也绝不能遗患！"武帝恨恨地自言自语着。

但确实找不出什么处死杨坚的理由，他父子两代都忠于皇室，两代人为大周的江山出生入死，功绩卓著，如果仅仅因为毫无理由的推测，就大开杀戒，朝中老臣会怎么想，那些伤痕累累的武将会怎么想，老百姓会怎么想。想到这儿，他不由得想起了北齐名将斛律光的冤案。斛律光有勇有谋，为北齐立下了汗马功劳。他为人光明磊落，心直口快，因此得罪了一些人。这其中就有瞎子祖孝征。

祖孝征虽品行不端，但能言善辩，拍马溜须无与伦比，甚得高洋宠信。高湛、高纬当政时，更是离不开他，对他委以重任。群臣敢怒而不敢言。但斛律光却指斥瞎子，说："不除瞎子，北齐必亡。"这下祖孝征岂能罢休？于是暗中派人在京城各地散布谣言："如果没有斛律光的家族保护，北齐早被北周吞并，斛律光应该封王。"

这些谣言在京城传得沸沸扬扬，不几天就传到了齐后主高纬的耳中。高纬不禁大怒。

"斛律光你虽有战功，可我大齐并没亏待你们家，你本人封官晋爵，女儿是皇后，儿子又娶公主，你野心还真不小啊！"齐后主下诏：处死斛律光。群臣闻讯，纷纷要求高纬收回成命。兰陵王还为此撞死在大殿上。斛律光和兰陵王的死对北齐朝野的震动如同地裂天崩，他们是百姓心目中英雄和胜利的化身。

当然这对北周来说，是莫大的喜讯。武帝想到这些，又把斛律光与杨坚作了对比：两人都是世代为将，都有贵为皇后、皇妃的女儿，声望都不错。这么说来，枉杀杨坚是不是也会带来意想不到的后果？再说从

前他派人给杨坚相过面，都说他是将军命，不至于威胁到我的江山。想到这里，武帝的心里才有些释然，但是，他对杨坚的警惕却一点也没有放松。

果不其然，杨坚的一些行为又引起了武帝的注意。杨坚所在的定州在原北齐旧地中，人口集中，拥有堡兵几千人的大堡有多处。杨坚将各地的堡主请到定州总管府，盛情款待。堡主们对杨坚的气质和谈吐十分佩服，几个大堡堡主主动要与杨坚结为金兰之好，杨坚思之再三，爽快答应。他知道，如果拒绝，可能招来收编的困难甚至抵制。

几个大堡主的协力配合，带动了其他的小堡主，不长时间，收编工作便告结束，杨坚遂呈请武帝派员查验。前来查验的是齐王宇文宪，此人与王轨一样对杨坚放心不下，他不是为赞赏而来的，他是为收集罪证来的。

杨坚也料定宇文宪前来不会给自己带来任何好处，虽然两人一同在战场上协力打过仗，但那是生死与共的合作，不得已而为之。现在，杨坚只能听天由命了。宇文宪回到朝廷，密报了杨坚的不轨行为。"杨坚在定州收编堡兵不颂扬皇上的恩德，却在树立个人的威信，到处收买人心；他还与当地堡主结为兄弟，恐有不轨行为，皇上不如趁早将他调回，免得根深蒂固，生出事端。"

再说，送走宇文宪后，杨坚隐约感到宇文宪回去不会给他言好，心生烦恼，就约庞晃一道去山中烧香拜佛。他们在山中的古庙里遇上了一位双目失明的老僧，老僧神态自若，说话不疾不徐："施主少安毋躁。待老衲传你两句偈语，'花开何须望，果熟待有时'。"杨坚闻言，烦恼顿失。二人谢过老僧，依原路返回。

几天后杨坚便接到诏书，改任南兖州总管，杨坚很平静地对前来送行的庞晃说："切记老和尚的话！"武帝在攻灭北齐后，并没有完全沉浸在统一的欢乐中，因为北方有虎视眈眈的强敌——突厥。虽然北周每年都要把大量的"岁贡"送给突厥贵族，但突厥仍不时骚扰北部边境。

突厥的威胁一直像块巨石压在武帝的心里。现在，他终于腾出手来了。他大力整训军队，扩充了骑兵，把最精锐的部队、最善战的将军都征调到一起。宣政元年，经过充分准备后，武帝召开了北伐突厥的誓师大会。武帝亲率大军，踏上了北伐的征程。

出兵两天，武帝患了风寒，不过并没有太在意。第二天，御医把脉时，感到脉象不稳，再看武帝面色黑沉，两眼无神，怕得要停止行军，好好休息一番了。大军滞留在距长安二百里的地方，此地有个别名叫"斩蛇坡"，相传古代一勇士在此地斩杀巨蛇，拯救了一方百姓，所以有人就以此名纪念那位勇士。

武帝闻听此言，脑子嗡地便响了。"蛇"即"龙"也，难道我要命丧于此？次日，武帝病情又加重了，待返回皇宫，武帝已昏迷不醒。武帝寝宫内，皇后、太子、近臣诸人皆戚戚然，宫女、太监进进出出，传医送药。齐王宇文宪责令御医姚僧垣一定要想尽一切办法治好皇上的病。

姚僧垣乃当代名医，他理解宇文宪的心思。于是言道："皇上日理万机，积劳成疾。其病症早就出现，只是一味忙于国事，一拖再拖，臣等屡屡进谏，要圣上注意休息，注意调节，但圣上口中答应，仍是不爱惜龙体，以至今日……"

这时宇文神举也走过来说："难道真的一点办法也没有了吗？""根治是没办法了，只有延缓了！"众人默然。两天后，武帝苏醒了，他心中异常清醒，知道该安排后事了。

他召来了宇文宪、王轨、宇文神举和宇文孝伯等重臣和亲信。他让王轨记录下自己的遗嘱："齐王宇文宪、内史王轨、宇文神举及宇文孝伯等诸人皆为我大周忠臣，国之栋梁，于社稷有功，于朕有恩，太子即位后当善纳忠言、善待忠臣，此乃大周之幸、黎民之幸。"

随后又将太子召到近前。此时，病榻上的武帝，目光慈祥，言语和蔼。"朕深知创业不易，守成更难，故爱之甚深、责之甚严，以往对儿的严责，无非是让你早日成才，担当起治国的重任。你承统大业后，务必要勤政爱民、爱惜忠良、善于纳谏、远离奸佞小人，切记，切记！"二十天后，武帝带着壮志未酬的遗憾，带着对太子宇文赟的绵绵期待咽下了最后一口气。武帝的驾崩，对太子宇文赟来说，反而是一个最大的解脱——从此他便可以为所欲为了；而对杨坚来说则是一桩迟来的喜讯。

杨坚深知宇文赟是个不务正业、刚愎自用、成事不足、败事有余的角色。以他的个性绝不会和王轨、宇文宪合作好，久必生隙，若推波助澜，太子必会怒而除之，若是这样，自己便有机可乘了。宇文赟即位，称宣帝。立太子妃杨丽华为皇后，执掌六宫；杨坚作为国丈，进位上柱

国将军，出任大司马。宣帝提升了经常向他谄媚奉承的郑译等人，使宇文宪、王轨等人心中陡然有了一种不快的情绪。

宣帝在朝会上颁布了三项诏令：一是恢复佛教和道教在中原的活动；二是推行汉化制度，三是大起洛阳宫。内史王轨上奏道："武帝鉴往事，察民情，制定了大周的各项法令制度，自实行以来，万民喜悦，国泰民安，海清河晏，国力大增，灭北齐，退南陈，方有今日的大好河山，今若轻改旧制，恐于国于民不利，望陛下三思。"宣帝最讨厌老臣动辄用武帝压他，说："先皇的文治武功就永远不能超越了吗？先皇能做的，朕要做，先皇不能做的，朕也能做！"

王轨依然平静地说："陛下立志发扬先帝的事业，是大周的福祉、万民的幸事。不过治国光有志向还不够，只有勤政爱民才能传播四海，国势蒸蒸日上。现在大起洛阳宫，劳民伤财，实在不可取呀！"宣帝执政以来，很少早朝，奏折也批阅得极少。王轨哪壶不开提哪壶，宣帝煞白的小脸变得通红。

宣帝与王轨的冲突已表明他们业已存在的矛盾表面化了。王轨是武帝朝的第一号忠臣，对大周朝怀有深厚的感情。王轨在宇文时获重用。武帝时，王轨被列为心腹，委以重任，参与策划清除权臣宇文护的行动。武帝亲政后，王轨被授开府仪同三司，又拜上开府仪同大将军、封上黄县公。后因灭齐的战功，晋封为郑国公。

如今他虽忠心不负于朝廷，而宣帝却不容于他，也许他过于愚忠了吧！杨坚心里想，"这个老东西早晚会对自己不利的。"杨坚悄悄拜访了郑译，郑译也乐意与杨坚增强联系。因为他们都是宣帝的红人。一场阴谋在悄悄进行中。

郑译指使府人吴坚买通了宇文宪身边的一位近侍余进。余进嗜赌如命，吴坚便设赌局诱他。最后余进不仅赔了全部家当，还赔上了自己的老婆。后来，吴坚便威胁余进污蔑宇文宪有造反的念头，以此来消除赌债。余进经过一番思量后，便答应了吴坚的要求。

自此，由余进告发引起的宇文宪谋反一案在朝中闹得沸沸扬扬。老臣们根本不相信齐王会谋反，都觉这其中必有蹊跷，纷纷进谏宣帝。宣帝听不进去，后来王轨让家人抬着棺材进宫，抱着必死的念头进言，直骂宣帝是昏君，最后撞死在殿柱上。

宣帝最终没有放过宇文宪。宇文宪被杀时，气管都被割断了，因为他不停地高喊"冤枉"。陪他上刑场的还有他的五个儿子，最小的还不足五岁。不久宇文孝伯、宇文神举又以"出言不逊、诋毁朝廷、煽动人心"的罪名被监押，而"病"死在狱中。

武帝朝的几位忠心耿耿的重臣被一一诛杀，杨坚长长地舒了口气，前进道路上的绊脚石被轻易地踢开了。宣帝的滥杀已造成了臣民的恐惧，他已失去了人心。他不仅在北周赖以依靠的关陇集团中失去了威望，而且在北方世族中也渐失影响。

北方世族，主要是指原北齐境内的高门大族及汉族士人。现在无论关陇集团，还是北方世族，已对宣帝的暴行渐渐失去了耐性，他们也许联想到了北齐的齐后主高纬，高纬和宇文赟何其相似！

现在北周已现亡国的象征，宣帝能活多久，北周的气数还有多长？这时，杨坚想到了师父，他的前途早被师父预言了，他现在急切需要师父进一步指点迷津。在智仙师父的庵堂内，杨坚聆听着师父的佛音："一个性情急躁的人，他的言行如烈火一般炽烈，好像所有跟他接触的人都会被焚烧；一个刻薄寡恩、无情无义的人，他的言行就好像冰雪一般冷酷，好像不论任何人碰到他都会遭到残害；一个头脑顽固而呆板的人，既像一潭死水又像一棵朽木，已经完全断绝了生机，这些人都不能建大功、立大业，也不会造福社会。你的机缘就在近年，在你的眼里、在你的心里、在你的一言一行中。所谓万事皆缘，随遇而安吧！"

听着师父充满禅机的话，杨坚顿悟，心中的疑云雾时随风而去，欣喜之情溢于言表："弟子荣登九五之日，当奉吾师为国师，发扬佛法，普济万民。"智仙淡然道："你能成就大业，是黎民之大幸，为师平生视名利富贵如浮云，但求闲云为友，风月为家。"

离开了庵堂，杨坚一路默念师父的话，不觉已回到了京城。

一日，杨坚的心腹宇文庆来到杨坚府上，密谈宣帝的近况。"内侍传来消息，圣上由于整日沉溺于酒色之中，体力已大不如前，常密令太医配制壮阳药物，杨公如何看待此事？"

杨坚习惯性地扬了扬眉，长舒一口气，又道："现在，诸侯们势力微弱，况且都远在属国，这就像大树没了根基，鸟儿剪去了翅膀一样。我现在所担心的是尉迟迥，他既是贵戚，又有声望，一旦危及到老儿的利益，他必然乱国，然而他智谋庸浅，子弟轻佻，贪而少惠，终不免要败亡。司马消难是个反复无常的小人，也不是久居人下之人，肯定要再

次反复，但此人轻薄无谋，构不成太大的危害，大不了过江投奔陈国。王谦远在偏远的庸、蜀之地，最易生事，但他性情愚蠢，又素无谋略，只恐他受人挑动，不过无甚大碍。"

宇文庆听罢，如醍醐灌顶，对杨坚的远见卓识佩服得五体投地。宣帝是个不折不扣的一味贪图享乐的人。他登基临朝还不到一年，竟将皇位禅让给年仅七岁的儿子——静帝，改元大象，自称为天元皇帝。他把大量的时间用在了无休止的声色犬马中。

当然，决策权仍然在"天元皇帝"手中，这样他既可尽情享乐，又可免受临朝之苦，真是一举两得。他曾向左右心腹毫不掩饰地说："我要在有生之年尽情享受这大好河山，尽情享受天下美女，吃遍天下美味。"

对于这位耽于享乐的皇帝侄子，五位在京的至亲叔叔有些坐不住了，特别是六叔宇文招，经常明里暗里多次暗示他要远离女色、疏远奸佞、勤于政事。这无异于戳了他的疼处，他杀气腾腾地对郑译说："老东西太可恶了，三番五次找我的麻烦，找个机会，我非宰了他不可！"

杨坚从郑译口中得知这个消息后，计上心来。他笑了笑道："若要不烦人，那还不容易，分封出去，让他们到封地去住，岂不一举两得！""这倒是个办法，我向圣上建议，说不定宇文招还会感谢我呢！"

郑译的提议正中"天元皇帝"的下怀。诏书很快下达。宇文招为赵王、宇文纯为陈王、宇文盛为越王、宇文达为代王、宇文迪为滕王，五日内各赴其国。

宇文招接到诏书，不禁仰天长叹："奸臣误我，奸臣误国！"他指的奸臣，其实就是郑译、刘昉之流。但他万万没有料到，这一重要决策的真正幕后策划者，竟会是面带忠厚、温文尔雅的杨坚。

近来，宣帝不知怎的，对杨坚隐隐地生出一种不快来。也难怪，这个脾气怪异、唯我独尊的皇帝不允许有权臣出现，不允许臣下的权力过大，不允许臣下对他有半点不敬。也许是臣下中有人对杨坚表示了好感，也许是杨家势力太大，也许是杨坚启奏时语气不够和顺。总之，这种不快如果遇上火星，就可能燃成一把烈火，置人死地。

入夏，天气开始燥热，正午时分皇宫内的"天台"内一片寂然。此时，正是午睡时分，可宣帝一点睡意也没有，他正在津津有味地欣赏一幅春宫画——"群芳争艳图"。这是宫廷画师郭开从原北齐的宫廷藏品中发现的。他深知宣帝的爱好，便郑重地拿来奉献上。宣帝果然龙颜大悦，当即赏赐黄金百两。

宣帝虽然后宫佳丽无数，但画面上的这种玩法还是新鲜的。他突发奇想，要按照画面上的内容自己也玩一把。他把这种新奇的想法告诉了他最宠爱的天左大皇后尉迟繁炽。

宣帝共有五位皇后，她们是：天元大皇后杨丽华、天大皇后朱满月、天中大皇后陈月仪、天右大皇后元乐尚以及天左大皇后尉迟繁炽。五天以后，排练完毕，宣帝偕五位皇后共同观赏。杨丽华脸上笼罩着一层阴云，对尉迟繁稍加训斥了一番。而宣帝则不高兴了，竟然想将她赐死。而这一幕早有人报告给了杨府。

此时杨坚正在与其密友监天官长孙宇下着围棋。这一局已下了有一个时辰了，尚未分出胜负。报信人神情紧张地叙述了突如其来的经过，杨坚似听非听地点着头，眼睛依然盯着棋盘。"长孙公以为，天圣这是下的什么棋？"杨坚终于开口了。"还不是一着臭棋！"

"那么，长孙公看这棋子该如何动呢？"长孙宇不愧是棋坛老手，官场宿将，几十年的官场经验告诉他要棋高一着，必须使用自己的杀手锏——利用天象做文章。今天出现这一局面，也算是上天赐予的立功机会。在长孙宇看来，这未必是件坏事。想到这儿，长孙宇摸出一个白木棋子，重重地放在了棋盘上。"这一子该出手了！""好！好棋！"杨坚喝彩道。

"若长孙兄出面，胜我十倍。天圣可能已对我有所怀疑，我若为女儿说情，无异火上浇油。长孙兄兵出斜谷，必然马到成功，我在家静候佳音。"天已近晌午，长孙宇称有急事要面见宣帝。并告诉宣帝近期有一场大灾祸，需要大赦天下才能够幸免。宣帝听后，下令除十罪外，皆可赦免。

北周刑律把十种最严重的罪行定为十条，而天元大皇后的过失则不在其列。三天后，长孙宇告诉宣帝，天灾解除了。宣帝异常高兴，将长孙宇的儿子任命为侍卫头目。

长孙宇的儿子长孙晟少年英才，文韬武略，出口成章，落笔生花，至于天文地理、阴阳八卦俱能谙熟于心，时人把他与三国的周郎周公瑾相比。长孙晟平素最佩服两个人，一个是他父亲长孙宇，他对天文历法、地理风水都有很深的造诣。第二个人便是老父的朋友——随国公杨坚，他对杨坚的人品、才学都很钦佩。宣帝的大赦，使天元大皇后捡了一条命，也使杨家避免了一场血光之灾。

第三章

五王设计谋杀随公　　收买李穆于翼家族

如今，正是盛夏难耐，午后的阳光就如同一个大火球，不断地向大地喷射着热量。杨坚穿着薄薄的白绸短衫，在屋子里走来走去。这个时候下人来报："窦大人来访，正等在客厅！"窦大人，也就是杨坚的太学同学，也是杨坚的姐夫——窦荣定，现在任职右宫伯。

窦荣定给杨坚带来了一个不好的消息。"皇上虽然饶恕了天元皇后杨丽华，不过对于杨家的势力却是起了疑心。""伴君如伴虎，现在看来，我需要暂时离开一下，躲避是非。至于家里的事情，还要劳烦您多操心了。明天，我让郑译帮忙想想办法，皇上最喜欢听他的话了。"杨坚苦笑着摇了摇头。

天台皇宫内，郑译和宣帝在棋盘上杀得难解难分，这是第四盘。前三盘都是以郑译败北而告终，这第四盘，郑译口口声声说："不能再输了，千万不能再输了。"日薄西山了，郑译最终还是以微弱劣势输给了宣帝。

郑译趁此机会，对宣帝说："现在四海太平、国泰民安，都是天圣治国有方啊！现北方已经稳定，有勋戚猛将尉迟迥大人镇守，四州有王谦，郧州有司马消难，都是忠心耿耿的将才，治下政通人和，只是江淮尚需调整，可遣一上将，率精锐之师驻守扬州，一旦南征，扬州可成为重要补给地。"

"那么谁可前往？""扬州总管任重道远，须得重臣，最好是勋戚，方能胜任。""朝中谁最合适呢？""随国公杨坚如何？""让他去吧，永远不回来才好呢！"

第二天上午，杨坚便接到诏书，改任为扬州总管。杨坚长舒了一口气。当日，从郑译处传来消息："皇上近日身体不爽，我看你扬州之行还是缓缓吧，也许……"翌日，从宫中传来消息，天元帝突发重病，急召杨坚进宫侍疾。

杨坚闻讯，不由仰观天宇。杨坚冒雨来到天台。遇到了御医姚僧垣，姚僧垣右手捏着一方浸湿的帕子，没有和任何人打招呼便急匆匆地向御医院方向走去。杨坚同四辅官之一的李穆及郑译一块进去探视宣帝。

宣帝只是偶感风寒，二十多岁的人按理说休息几天即可痊愈，但宣帝此时一脸蜡黄，四目紧闭，情况很不好。宣帝的病情尚不明朗，最迫切需要知道的莫过于杨坚和郑译了。

杨坚和郑译一同来到了太医院，但姚僧垣不在。太医院的小太监告诉他们，姚御医回太医院交代几句后就回家了。两人一路追到姚僧垣的家里，姚僧垣正在家中炮制一味丸药。

"这是我祖传的秘方，应该有一定的疗效，但天圣的病体实在太虚，下官只能尽力而为。谋事在人，成事在天了。"说完，他微微叹了口气，接着说："人要想长寿，必须懂得节制；要想身体健康，就要明白预防的重要。过度劳累必然有损健康，纵欲只会损其根本。"

其实，杨坚已完全明白了姚僧垣的意思。周武帝死于过度劳累，而宣帝一定会死在无节制的色欲上面，看来，这只是时间问题了。晚上虽然比白天的暑气好受了许多，但依然很闷热，讨厌的蚊子飞来飞去，不时还要叮上一口。

郑译没有洗浴就躺下了，如果是往常，他会让几名侍女轮流为他扇扇子、擦汗。但今天，他一概免了，他想单独待一会儿，理一理一团乱麻的思绪。宣帝一旦归天，八岁的小皇帝谁来辅政？这个人事关重要，如果由自己来担任呢？这是最保险的。郑译思量了一番，感觉就是辅助大臣的杨坚最为合适。

第二天，郑译找到刘昉，直言相告，皇上怕是不行了，不知有什么打算，两人好有个商量。二人竟然不谋而合，一致认为杨坚是最合适的辅政大臣。下午，宣帝将御正中大夫颜之议和小御正刘昉召入卧内，颜之议刚正不阿，一心忠于大周皇室，他心里首推的辅政官应是皇族中人。刘昉这边早已等候了郑译等人，郑译当即决定，速请杨坚来议事。杨坚随着使者向宫中走去，虽然他早有心理准备，但是宫中形势瞬息万变，谁知道会不会有意外的情况呢？

杨坚一进宫，就被等候多时的郑译迎了过去。郑译、刘昉简要说明

了情况。杨坚听后，自然十分高兴，但他并没有立刻答应下来，而是推辞道："坚无德无才，怎能当此大任，诸公还是推举他人吧！"杨坚还在故作谦让，刘昉可等不及了，便干脆利落地对杨坚说："随公若要真心去受任，就快些下定决心；如果再推三阻四，我刘昉自己可要挺身而出了！"

既然如此，杨坚的戏也不好再演下去了，于是拱手向各位说道："既蒙各位错爱，杨坚安敢违拗，杨坚愿与各位同心协力，共建大业。下面我们当务之急是先控制住宫中的形势。刘大人即刻准备遗诏，郑大人负责宫中的守卫，任何人没有我签发的手令，不得出入宫门，皇上的一切消息都要完全封锁，其余诸位，各司其职，随时听候调用！"

不大一会儿工夫，内侍向杨坚报告："皇上驾崩了。"话音刚落，长孙晟进来报告："宇文仲带领一支人马候在宫外，要求入内看视皇上。""这一定是颜之仪早有准备。也好，他既然来了，那就休想逃走。"

宇文仲确实是颜之仪招来的，他给宇文仲的信很短，只是说要他火速进宫，迟则生变。看到宫卫要他单独进宫，他也只好照办。因为他没有宣帝的密诏，按规定也应如此。所以只好硬着头皮进去了。来到宣帝寝宫，宦官们领着他刚刚来到御前，屏风后就蹿出几个彪形大汉，宇文仲当场被缚。

"对付这批人，当恩威并施，先在'威'上做文章，'恩'是以后的慢功夫。"说话的是位细眼长髯的中年人，名李德林，此人博古通今，世事洞明，原为北齐的第一才子，武帝伐齐后被录为内史上士，很得武帝赏识。

可惜这位旷世奇才在宣帝时被晾在了一边，明珠投暗，李德林常有怀才不遇的感慨。对于李德林，杨坚早就有心结识，但此人过于聪明，时机不成熟，一直未能结交深谈，直到宣帝病重，杨坚才暗中派侄子杨惠前去试探。

谁知竟一拍即合，李德林慨然应允："德林虽然才疏学浅，但报效国家的赤诚之心还在，如果承蒙提拔，必然以死相报。"杨坚立刻召见了他的老部下卢贲和长孙晟，就在这时，杨惠来报："现在皇上晏驾的消息已传遍了京师，可能是颜之仪传扬出去的，是秘不发丧还是怎么办？"

杨坚沉吟片刻，与李德林交换了一下眼色。"按大周祖制，如期举行国葬！"宣帝大行后十二日，京师举行了隆重的葬礼。此后，八岁的静帝继位。杨坚为左大丞相，郑译为柱国大将军，刘昉为上大将军，并大赦天下。

如此安排，则是确立了以杨坚为中心的原则，同时控制了要害部门。遗诏读完后，宣布退朝。杨坚前往东宫。就在这时，只听卢贲高声招呼道："想求取富贵的，都跟着下官走！"声音中含着杀气。众官看看寒光闪闪的武器，不禁心惊胆战，无可奈何地跟着卢贲前行。

来到东宫门前，宫卫刚想阻拦，被卢贲上去就是两巴掌，随即换上了自己带来的宫卫。朝廷既已控制，下一步就应当是稳定京师，进而控制全国的局势，为此，杨坚主持召开了一个规模不大的会议。李德林、高颍、郑译、刘昉、杨惠、周岩等十多人参加了这次杨坚执政以来的第一次正式会议。

杨坚着重分析了当前的形势，毕王贤至今担任着雍州牧，如果他联合其他力量在京师叛乱，形势会非常严峻。李德林则是自动请缨，帮助杨坚除去宇文贤。随后，又谈论了一些其他事宜，并且决定将五王引诱回京监禁。

六月中旬，沸沸扬扬的毕王谋害执政罪被诛一案轰动了朝野上下。其实，这件事情的缘由也只有杨坚等人清楚，毕王和杨坚向来不和，于是便上演了一出毕王派人刺杀随国公的好戏，这个罪名一处，没有任何人怀疑过。

毕王被诛，空下雍州牧一职，杨惠欣然赴任。自此京师牢牢控制在杨坚的手中。五王之中，最先得知宣帝晏驾的是滕王，滕王距京师最近滕王是宇文泰最小的儿子，年龄也不大，一向少与人争，一味崇尚清静无为，最使他感到气愤的事就是手足相残。

他喜欢东晋山水诗人谢灵运的诗歌，认为它清丽而自然，很合自己的口味。几天后，他又接到了小皇帝的诏书，要他回京为公主送行。既是侄女远嫁匈奴，当叔叔的应该送行。他没有多想，便和使者踏上了回京的路途。陈王宇文纯接到皇帝诏书比滕王晚了七天，是杨坚的亲信长孙晟前往宣旨。长孙晟使计将宇文纯捆绑回京城。宇文纯回到京城的家中，并没有受到什么处罚，而且还被告知不会动他的王位，而且还允许他带剑上朝。这天，宇文纯来到了六哥赵王宇文招家里。二人相见，想到近日的情况，不禁悲从中来。

不知什么时候赵王宇文盛走了进来，宇文盛也是一员虎将。三人均为大周的江山社稷立下过汗马功劳，如今眼看着大权旁落于外戚之手，而自己则被晾在了一边，不平和失落的情绪充满了整个书房。

三日后，赵王的女儿远嫁，兄弟几个商量，趁此机会刺杀杨坚。而赵王府的管家赵林将此消息透露给了杨惠又告诉给杨坚。赵林原本和王妃的丫鬟相好，可是被发现后，被赶出了王府。两年后，又被重新启用，不过内心却是一直恨着赵王府的。

丞相府的议事厅内，高颎和李德林都到了。杨坚把收到的消息简单地通报了一下，而后声音略有沙哑地说："五王不除，京城难以安宁，叛乱难以平息！"李德林和高颎都劝杨坚要忍耐，现在还不是除去五王的时候。

第二天上午，杨坚便带着护卫李圆通和高颎、李德林一齐来到灞桥。这时，灞水两岸涌来了无数的男男女女，他们都想亲眼看看公主的风采。杨惠带来的京师禁军被严密布置在大道的两侧，灞桥由多名士兵守卫，一个个精神抖擞，严阵以待。杨坚的身旁站着李圆通，他双目炯炯，警惕地观察着周围的人群。

赵王宇文招带着陈王、代王、越王和滕王四人在桥东侧等着，他们要在这里和即将远行的公主道别，然后喝下公主最后敬献的礼酒。送亲的仪仗队出现了，队伍的前面是四列手擎红旗的骑手，随后是十二个衣着鲜艳的宫女，紧接着是两乘装饰华贵的花轿，花轿后又是长长的嫁妆队伍。花轿在赵王的面前落下，随后下来一位绝色佳人。

公主来到赵王面前，为父亲倒了一杯酒，随后又为四个叔叔一一敬酒，只见赵王神情是那样凝重，他俯下身子，捧了一把脚下的黄土放到一个绿色的小包里，双手递到了公主的手里。四周静悄悄的，刚刚喧闹的人群似乎都不存在了，人们凝神屏气目睹了这骨肉分离的一幕。

这时杨坚听见人们议论纷纷。两个白发老人指指点点，摇着头，叹着气："嫁一个姑娘，就要花费这么多，光那花轿也够我们吃一辈子的了，太浪费了，太浪费了。""赋税徭役这么重，他们有的是钱。"听着人们的议论，杨坚心有所感，回头对李德林说："回头准备起草两个布告，把减免徭役和禁止铺张浪费都写进去。"

突厥的迎亲使者走过来，双方都施了礼，杨坚接过侍者奉上的酒杯，和突厥使者举杯共饮，共同祝愿北周皇帝和突厥单于万寿无疆，祝愿中原和突厥永结同心、友好相处。五王那边，只见宇文盛使个眼神，随着铿锵的鼓点，舞狮队伍滚过来了，那只狮子蹿腾跳跃，活灵活现。尤其引人注目的是执掌狮头的那位舞得更是精彩，正当人们全神贯注之际，那只黄色的大狮子渐渐逼近了杨坚。

李圆通、高颎和李德林三人紧紧围拥着杨坚，而杨坚却慢慢地向赵王靠拢。杨坚紧紧握住赵王的手，不停地表示祝贺和安慰，那样子像是一对亲密的朋友。而后两人肩并肩地站着观赏金狮狂舞。舞狮人几欲贴近杨坚，但都被李圆通巧妙挡过。

站在远处的杨惠就等着杨坚发信号，而杨坚却谈笑风生，视而不见。李圆通目光如电，一副凛然不可侵犯的样子。仪式结束，天色已近正午，人们目送着送亲的队伍消失在天之尽头。

几天后，在灞水中漂着几具发臭的尸体，有人认出了他们就是耍狮的艺人。杨坚那天从灞桥回来，随行的还有替孙儿长孙晟送行的长孙宇。长孙宇望着杨坚一脸的愁容，打趣地说：“随公否极泰来，还有什么不顺心的事？”“长孙公啊，现在五王图谋不轨，尉迟迥叔侄在外又兴兵叛乱，眼下是多难之秋啊！”

长孙宇又是微微一笑，“孟子云‘天时不如地利，地利不如人和’，只要人心齐，有奔头，劣势可变为优势，守势可转为攻势，我今献上一计，管叫将士们同心同德，为你奋勇杀敌。”

“长孙公有何妙计，快来教我！”“今日午后将有一场雷雨，雷雨过后西天将出现彩虹。你可将众将官集中在相府开会，届时，你带他们去院中观赏彩虹。”“怎么样？”杨坚急着问。

“满院中群鸟翱翔，在你头顶盘旋，有的还要落在臂上、手中，你不必说话，它们过一刻会自动飞走。”“有这么神？是你用的法术吧！”“也可以这么说。但这是为天下百姓着想，你顺应天意、顺应民心，理应受此殊荣。”“我还要做些什么？”“注意，这是吉兆，你要镇静。大家看到这种征兆，什么也不用说，心中自然明白。你开会的时候再做动员和布置，效果就大不一样了。”说完，他拿出一套青色的衣服、两颗黑丸药，对杨坚说：“你换上这套衣服，服下这两颗丸药，它们会帮助你的。”

杨坚大惑不解地接下了这些东西。午后果然一场大雨，雨过天晴。杨坚招呼着众将官来到院中，呼吸着透着泥土芬芳的清新空气，人们心

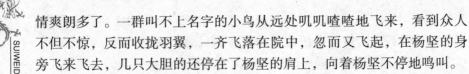
情爽朗多了。一群叫不上名字的小鸟从远处叽叽喳喳地飞来，看到众人不但不惊，反而收拢羽翼，一齐飞落在院中，忽而又飞起，在杨坚的身旁飞来飞去，几只大胆的还停在了杨坚的肩上，向着杨坚不停地鸣叫。

直到群鸟飞过，包括高颎、李德林、杨惠在内的亲信都只有纳闷的份。杨惠也只是最近听婶母独孤氏说起杨坚出生时的异状，但终是半信半疑。今天所见，无疑是上天的安排，旨在暗示人们，杨坚乃真龙天子，务必要竭力辅佐。

今天参加会议的多是在京的青年将领，是经过杨坚和智囊们精心挑选的，他们在才智方面，都无愧于优秀的标准。其中包括：窦荣定、杨惠、杨素、卢贲、李询、李浑、李彻、宇文述、虞庆则、韩擒虎、贺若弼、元胄、元宇、元谐、元孝矩、长孙炽、长孙平、史万岁、王谊、王世积、李圆通等几十人。"各位将军和未来的将军们，今天，在送亲的灞桥上，我耳闻目睹了人们对和亲的热烈欢呼，这是对和平生活的渴望啊！这就是所说的民心，民心不可违啊！"

杨坚说得很动情，边说边不停地挥动着手臂。"可有的人不顾民心所向，肆意发动叛乱，企图重新燃起罪恶的战火，我们应该怎么办？""消灭他们！"

"对，用我们锋利的剑，去对付邪恶的战争。我们不但要消灭那些狂妄之徒，还要进军江南，统一全国，让全国从此结束战乱，结束分裂。数百年了，老百姓日夜都祈盼着这一天啊！让所有的百姓共同生活在同一片蓝天下，男耕女织，永沐和平的阳光。这一历史要靠谁来完成？靠你们，靠我们，靠我们大家。"杨坚一番话，带动了这些青年才俊的热血豪情。而后由李德林作了具体战略部署。杨坚首先成功地争取了关陇集团中举足轻重的两个人——李穆和于翼。陇西人李穆，是西魏十二大将军李远的弟弟，官拜太保，出任战略要地并州总管，位望隆重。其子李雅在灵机镇守，后被授为大将军。李穆的侄子李崇，时任左司武上大夫，加授上开府仪同大将军。

李氏一门，在朝的官者计有几十人之多。所以，李穆的态度不仅直接关系到关中的安危，而且牵动群情，影响到关陇集团其他各家贵族的向背。对于能否争取到李穆的支持，杨坚并没有十分把握。杨坚派遣柳裘前往，只带了杨坚的亲笔信和一名随从。

柳裘在书房里拜见了李穆。李穆虽然头发花白，但腰板很硬朗，精神头也很足。

接过柳裘奉上的书信，李穆很仔细地阅读着。李穆看完书信，将信收到了宽大的袖内，脸上的表情虽比刚才自然一些，但仍感到是严肃的，令人透不过气来。

李穆端起茶杯，做了一个"请"的姿势，用杯盖拂去水上的茶叶，呷了一口，自言自语地说："不容乐观啊！"他的这一并不明朗的态度，与柳裘的估计有些出入。但柳裘并不知道在这同一间书房里，李穆的四儿子李士荣已同父亲密谈了一个时辰，话题和柳裘是一致的，就是对当前的局势应该采取一个怎样的基本态度，说白了就是，倾向杨坚，还是支持尉迟迥。

父亲理解儿子的态度，儿子希望选择后者，有他特殊的原因。李士荣的妻子尉迟氏是尉迟迥三女儿，是个外柔内刚的女子，她已经明确地表示，如果李家放弃支持尉迟迥，她要么自杀，要么离开李家。

这两个结果都不是李士荣所希望见到的。晚宴是在特设的小客厅里举行的。菜肴虽然丰盛，但食客仅有三人：李穆父子俩和柳裘。

酒过三巡，一身书生打扮的李士荣站了起来，端起满满一觚酒，双手送到柳裘面前，说："柳大人，我佩服你过人的胆量。在这种特殊的时刻，你只身前来游说，真是了不起。我敬你一觚酒。""承蒙谬奖！"柳裘双手接酒，一饮而尽。"我柳裘官低人微，今日斗胆来到贵地，全仗着随公对你们的高度信任。柳裘此番前来，既不是为我自己求富贵，也不是为杨坚做说客，而是为你们李家的前程奔走！""为我们家？我倒要听听。"李士荣的嘴角闪过一丝冷笑。

"杨坚辅弼幼帝，乃是秉承先帝的遗训，顺天应人，况且杨坚德威过人，众望所归，这一点，李大人想必领略过吧！掌印以来，除旧布新，深得人心。可尉迟迥逆天而动，不自量力，已惹得天怒人怨，他为一己之私利，要把战祸引向全国，这种失道的战争必将遭到彻底失败。而一些不明事理、不辨是非的人因受其蒙蔽，一味盲从，自以为正义在手，岂不知已为人所用，走上这种绝路，不是很可惜吗？"

"此言差也！"李士荣一脸的不屑神情，他说，"相州，尉迟迥已经营数年，兵精粮足，

城垣坚固，可谓稳如泰山。尉迟迥乃朝中元老，德才足以服人，门生弟子众多，关系盘根错节，振臂一呼，天下响应，若合而击之，京师

必危如累卵，且夕可下。再说杨坚乃外戚监国，名不正，言不顺，天下人对此颇多讥议。依士荣看来，杨坚未必不败，尉迟迥未必不胜。"

"裴听说，得民心者得天下。随公尊佛重儒，天下佛门子弟无不称道，读书人也眉开眼笑，他轻苛捐，薄徭赋，厉行节俭，罢去扰民之役，天下百姓受益匪浅，这些措施顺民意、得民心，如久旱的甘霖滋润着人们的心田。民心是成败的变数，是根本。而尉迟迥在相州横征暴敛，生活糜烂不仁，失义无孝，相州百姓敢怒不敢言，民心、军心涣散。兵多又有何用？"

"你们不用再斗嘴了，这事容我考虑。"李穆终于开口了。正在这时，一个约二十多岁的年轻人，一身风尘走了进来。"十儿，你怎么来了？""是老十，刚刚到吗？"

李浑的出现使李穆和李士荣既意外又兴奋。李浑是李穆的第十个儿子，在宫中任侍卫头目，是杨坚的干将之一。他是受杨坚的派遣特意从京城赶来的。现在前线战事正酣，将士们对实力雄厚的叛军心存不安，急需一帖强心药，而李穆的支持则是一味最好的心药。

杨坚对柳裘的成功并无十分把握，为保险起见，他派李浑星夜赶往并州协助说服李穆。

"父亲，尉迟迥在政治上是没有前途的，周王室的气数也尽了，当今，谁能主宰乾坤，已像黑白一样分明了，天意已归于随公，我们怎能违背呢？周朝有恩于我们，但也有负于我们，不要忘了滚滚落下的七颗头颅，不要忘了数年的屈辱生活。我们没有什么值得愧疚的。父亲，别再犹豫了，该下决心了！"

李浑的话抓到了李穆的疼处，李穆总算拿定主意了。

第二天一早，李浑带着父亲特意准备的礼物又马不停蹄赶回京师。

这一份礼物只是一个小小的熨斗，不过却是给杨坚送去了"熨平天下"的支持，这样一来，这个熨斗的意义变得不同寻常了。

为表示和尉迟迥势不两立的决心，李穆把尉迟迥的儿子朔州刺史尉迟谊亲自押送入京。李穆对魂不守舍的儿子李士荣说了这样一些话："大丈夫应该从大处出发，不能一直停留在眼前的小事上。"每一件事情都有得有失，对于李穆一家来说，其最大的损失便是儿子李士荣的一生痛苦了。最大的好处便是李穆的支持对于翼家族的政治投向起到了很大的推动作用。

第四章

尉迟迥带兵起叛乱　韦孝宽借箭仿诸葛

　　收买李穆、于翼两大家族，这是杨坚在平叛路上打下的最成功的一张牌。

　　杨坚召开了军事动员会上，而一贯能征善战的大周名将韦孝宽却没有出席，因为他现在正在赶往征伐尉迟迥的路上。尉迟迥和北周皇室之间有着密切的血亲关系。尉迟迥的母亲是西魏宇文泰的姐姐昌乐大长公主，而他的妻子则是宇文泰的女儿金明公主。尉迟迥的孙女尉迟繁炽也是先嫁给了宇文温，后来被宣帝占有，立为天左大皇后。

　　尉迟迥一直为他的血统和荣耀的家族而感到自豪，他把自己的荣辱和北周王朝的兴衰紧紧地联系在一起，岂能允许有人损害他目前的既得利益，他手中的几十万大军就是他的主牌。对于尉迟迥的反叛，杨坚是有先见之明的。自己一无特殊军功，手中又无强大的武装力量，比起尉迟迥来，只能是小巫见大巫了。

　　杨坚为防止尉迟迥的反叛，在山东各州府的人事安排上做了较大的调整，安置了自己的一批亲信。任李穆为并州总管。任李穆的侄子李崇为怀州刺史。同学王谊被任为郑州总管。姐夫窦荣定为洛州总管。华阳人杨素与杨坚交往很深，被任命为徐州总管。东垣人韩擒虎由高颎举荐，任和州刺史。于翼任幽州总管。

　　这种战略布局，北可以防止突厥南下，南可以防止陈朝北进，并形成了由北、西、南三个方面对山东、河北的包围态势。这些布置是在很短的时间内完成的。杨坚争取了宝贵的备战时间。远在千里之外的尉迟迥也并没有睡大觉，他支起他特有的大耳朵在探听着来自京师的消息。

　　阴雨连绵的六月初，尉迟迥才知道宣帝驾崩的消息，执掌权柄的正是他瞧不起的"杨家小子"。自古一朝天子一朝臣，杨坚虽不是君，但挟天子以令诸侯，跟君有什么两样，离君位还能有多远？

他急急招来了在朔州任刺史的儿子尉迟谊、时任将军的儿子尉迟惇、尉迟佑、侄子青州总管尉迟勤等一班子弟和亲信商讨对策。尉迟谊脸色苍白，像个大病初愈的汉子，他的话听起来像个深谙世故的老人。

"杨坚初入相府，立足未稳，一时还顾及不到我们，暂时不会危及我们的利益，我们和杨坚虽有不快，但并未撕破脸皮，他对我们的态度并不明朗，不妨派人前去试探一下；再说我们家将军充室，麾下雄兵以万计，地阔城坚，处于战略要冲，杨坚要使政局稳定，怎会轻易惊动我们，如果可能，我们也主动伸出手去，两家握手言和，换来永久的安宁。"尉迟勤听罢，嗖地站起身来，语气颇为激动："大哥未免太书生气了吧，你是以君子之腹度小人之心，杨坚他未必这么想。握手言和，那只是你的一厢情愿。依我看，杨坚能够一鸣惊人，脱颖而出，是他多年苦心经营的结果，他以如此平平资历，一步跨上高位，一人之下，万人之上，古今罕有，这足以说明他阴险狡诈是无人能比的。这种人会与你以诚相见吗？他需要你时，也许能和你一时的共患难，但他的多疑会使你的一切梦想打破的，想一想，我们有这么多手握重兵的将军，他能睡得着觉吗？与他合作，恐怕到时候他吃大鱼大肉，而我们只能喝西北风！"

"如此说来，只有言战了？我看未必。从西晋以来，哪个朝代不是靠豪强家族打天下，又是靠他们安天下的？杨坚无论走到哪一步，都需要强大势力的支持。关键是要做出姿态。再说以兵戎相见，我看胜负实难预料，一旦不利，我们何以为家？"尉迟谊慷慨陈词。

一直默默无语的尉迟佑开口了，"杨坚能熬到今天的地步，足见他有过人之处，据说他把很多能人笼络得团团转，什么高颍、李德林、杨素等人，个个都是人尖子。要想在军事上取胜确实不容易。"

正在讨论很激烈的时候，卫兵进来报告京师来人。来人从京城带来了一份密函。朝廷任韦孝宽为相州总管，命尉迟迥回京候旨。

听到这儿，唯有尉迟谊的表情耐人寻味，脸色也由白变红，由红转灰。

在这天尉迟迥召集的密会上，参加的外姓人很少，总管府长史晋昶就是其中之一。

此人能言善辩，机智多谋。他在尉迟迥身边已有五个年头了，办事仔细周到，很得大总管的赏识。他在密会上一句话也没说，但心里在想："尉迟迥虽说可称得上是一位良将，但缺乏驾驭能力和统筹能力；充其量是个'项羽''吕布'的角色，而杨坚则可算得上当今的'刘邦''曹操'，我必须寻找自己的出路。"

第二天，朝廷宣诏的使者便到了。使者也是鲜卑人，名破六韩裒。晋昶暗暗高兴。宣读完诏书，尉迟迥忙问韦总管为何没来，破六韩裒解释说韦大人因染风寒，正在路上养病，病愈后就赶来。尉迟迥如何肯信，便顺水推舟，说："既如此，那就让晋长史代表我去看望看望，大人就留府上休息。"

如此美差，晋昶真是求之不得，便欣然接受了任务。

临行前，晋昶来到总管府的贵宾室，私见了破六韩裒，互通姓名之后，破六韩裒便问起是否认识博陵李公辅。公辅是李德林的字，真乃天意，竟有如此巧事，李德林曾谈起过晋昶这位老同学。

破六韩裒从内衣里掏出一封用白绢写成的书信。晋昶迅速扫了一眼信的内容，激动地说："谢谢随公和公辅的信任，我一定做好内应，不辜负他们对我的期望。但眼下必须及时通知韦大人，晚了就脱不了险了。你现在给我写几句话，便于和韦大人联系。"

晋昶收好了便笺和密信，匆忙离开了总管府，跨上白马，向朝歌方向飞驰而去。天刚擦黑，见到韦孝宽，奉上了书信，简单说明了来意。听说形势如此危急，韦孝宽着实吃了一惊。他是位精明细致之人，马上断定危险就在眼前。他谢过晋昶，并应晋昶要求让从人把晋昶捆住，塞住了晋昶的嘴，说了声"后会有期"，匆匆出城而去。

一顿饭的工夫，尉迟赪率兵赶到，问起韦孝宽，客店的老板哪里知道名姓，只说有几个客商算清了店钱，已不知去向。来到韦孝宽的客房，只见晋昶被捆得结结实实，正在地上挣扎呢。

尉迟赪气得哇哇乱叫，一剑把客店老板戳了个透心凉。随后他带着晋昶朝京师方向穷追，出城三十里地，到了驿站，问起情况，驿兵都说韦大人十万火急奉旨赶回京师，把驿马都牵走了。尉迟赪气不打一处来，挥动马鞭把驿兵打得满地乱滚。他不死心，又驱兵追赶。到第二个驿站，驿兵也如前说。

看看疲惫不堪的追兵和气喘吁吁的马匹，尉迟赪情知是追不上了，他痛恨自己的马虎，更痛恨泄露消息的人。

第一个受怀疑的对象就是晋昶。可晋昶说，他到的时候，韦孝宽正在收拾行装，我挽留他们，却被说成是诱骗他们，并说他们已从相州得知起兵造反的消息，不由分说把下官捆绑起来，还说把我留给你们去杀。说着说着晋昶哽咽住了。

"大人你想，我随你鞍前马后多年，你待下官亲如一家，我怎能忘恩负义、背主求荣呢？只怪我虑事不周，没有带上兵马，我有负大人的重托，甘愿受罚。"晋昶虽然嫌疑很大，但苦无证据，也只好不了了之。但破六韩袠却被关了起来，只等查清泄密者后一同处死。

也是晋昶活该倒霉，李德林写的密信和破六韩袠用血写的便笺却被送到了尉迟迥的手中。铁证如山，晋昶一句话也没说，他闭上眼睛，只等那痛痛快快的一刀。可事情并不没有他想的那么简单。晋昶和破六韩袠被绑在城西的刑场上，执以火刑。

韦孝宽一行终于逃到了洛阳，东都洛阳现被杨坚的亲信控制着，韦孝宽的到来，受到了洛州刺史平凉公元亨，洛阳官营作大监、窦荣定的父亲窦炽的热烈欢迎。

韦孝宽到达东都的第一件事就是派人八百里加急传送相州军情，请求丞相杨坚火速派兵增援洛阳。韦孝宽不能回京，因为他将要担任讨伐尉迟迥的统帅。这是他离京东去时，杨坚交代过的。接任相州总管是假，试探尉迟迥的态度是真，如果尉迟迥造反，韦孝宽不必回京，迅速就地组织力量防守。

可正在韦孝宽吃饭的时候，有人来报：戍守河阳的兵士正在暗中商议哗变，将河阳献给尉迟迥。众人大惊。若河阳失守，洛阳便门户大开，后果不堪设想。韦孝宽眉头紧锁，拳头紧握，凝神思索着对策。

刺史元亨惶恐地说："这八百名兵士俱是河北人，家小都在尉迟迥的辖区内，他们恐怕是害怕家庭受迫害，不得已而为之。再说他们已戍守河阳几年了，生活艰苦，原先曾嚷嚷过要换防，这次肯定是要造反了！"

"好，这就有计了！"韦孝宽猛一拍桌子。他的一番主意，众人听后，都暗暗叫好。在河阳的军营内，韦孝宽将从洛阳带来的慰问品摆放在院中，面对列队整齐的兵士说："大伙戍守河阳，护卫着东都，劳苦功高。我今天带来了酒、肉来看望大家，犒赏诸位。大家暂且休息两天，到洛阳领赏，在洛阳看看、玩玩，养精蓄锐。"

话音刚落，士兵一片掌声，危机就这么被化解了。

六月十日，尉迟迥带着"清君侧"的讨逆队伍出征，相州的兵马为北周的精锐之师，且尉迟迥严于治军，军队的战斗力很强。相州兵初战告捷，接连攻下三座县城，这一胜利大大鼓舞了相州军，一些州县眼见尉迟迥势力强大，纷纷响应起来，短短十余天，卫州、黎州、沼州、贝州、赵州、冀州、瀛州、沧州就先后派员联络尉迟迥，其侄青州总管尉迟勤管辖的青州、齐州、胶州、光州、莒州等地也宣布参加讨伐杨坚的行列。

反叛的形势愈来愈严峻，宣布"讨逆"的州郡越来越多。七月初，越来越多的刺史也加入这个讨伐的行列。如此的规模是杨坚始料未及的。

事态还在进一步发展。尉迟迥的讨逆檄文传到了郧州、益州、豫州、襄州和荆州。

七月二十五日，郧州总管司马消难属下的九个州、八个镇群起而响应。

八月七日，益州等地总管王谦率十八个州起兵呼应。

豫州、襄州、荆州等地的各少数民族，也纷纷效仿，焚烧村驿，攻占郡县。

一时间，北周境内狼烟四起，战火纷飞。

六月下旬以后，黄河中下游地区雨水开始频繁起来。沁河水陡涨，宽阔的河面上浊浪滚滚，两岸积水盈尺，一片水乡泽国。韦孝宽的连营虽都建在高阜，但道路泥泞，军帐里湿漉漉的，兵士们心情郁闷，思乡的。这种情绪笼罩了整个军营，有人唱起关西小调，引来了一片惆怅。其实将官们又何不是如此？总管们想起了家中的娇妻美妾，那些令人销魂的时光，他们背着韦孝宽偷偷地饮酒，醉了酒便击节而歌，以此打发时光。

韦孝宽也有他的难处。连日大雨，道路不通，连军粮都运不过来，这样的天气，怎么开战？再说沁水河面宽阔，水势凶猛，渡河作战更不是明智之举。为了阻止韦孝宽渡过沁水，尉迟迥陈兵十万在沁水北岸，严密防守，毫不放松。韦孝宽心里明白，若贸然渡河，恐怕代价太高，他先派出了一支人马沿河侦察，希望能找准渡河的最佳突破口。

因为李穆和于翼家族公开支持杨坚，等于为广大将士消除了心中最大的不安，虽然北方有不少人支持尉迟迥，但最重要的李、于两家不支持，尉迟迥怕也成不了大气候。这件喜讯也着实让韦孝宽松了一口气。但仍有紧急军情令他不安，他从李穆的侄儿李询那儿得到密报：梁士彦、宇文忻、崔弘度收受了尉迟迥的重金贿赂，三人的营中传言纷纷，人心惶惶，一旦生出事变，后果严重。韦孝宽一面派人八百里加急给杨坚报信，一面和李询商讨对策。

在此之前，李询同样收到了尉迟迥的赂金，当然那是试探性的，若李询来者不拒，则表明尚有回旋余地。当尉迟迥的使者携金拜访李询时，李询来了个顺水推舟，热情接待了年轻的使者，诉说了对叔叔李穆的不满，并表示身在曹营心在汉的心情。使者大加赞赏，以为重金厚爵又击倒了一位，满面春风。

李询故作不解地问道："别人举事都在情理之中，但韦将军属下的将军个个都是他的心腹，且他本人勇冠三军，军势正旺，要想擒住他，恐非易事。这怕是将军的一厢情愿吧！"

"你哪里知道，韦孝宽快成光杆司令了。告诉你吧，包括李将军你在内，已经有四位总管都是尉迟将军的盟友了，只要尉迟将军一声令下，马上就可易旗倒戈！"

"据我所知，除我因战术问题，多次与韦孝宽冲突而心生怨恨外，其他几位一向与他相处甚契，怎能骤然易志，我不相信，绝对不相信。"

"多事之秋，人们虑的是身家性命。不过那几位起初也都不很爽快，犹犹豫豫，瞻前顾后，哪像李将军果断、坚决，一拍即合。那几人若都像将军你一样，韦孝宽的日子就很难过了。"

"这样说来，我们要事先联络了，但不知怎样联络，跟谁联络？"

"李将军不必着急，什么时候联络，跟谁联络，到时候自会通知你。"

却说李询是个颇有心计的人，他看套不出重要情报，便决计在酒宴上施计。

酒是好酒，菜是好菜，二人屏退了其他人，边喝边聊，不觉两大瓮好酒都见了底，二人开始酒话连篇。

"那梁士彦老家伙真像个娘们，宇文忻也像个小脚女人，崔弘度是个官迷，我就佩服老兄的气魄。你放心，回去后，我一定在尉迟大人那儿给你美言一番，包你有享不尽的荣华富贵！""我就算忘了自己姓什么，也绝不会忘了你对我的恩德，我的信你收好，千万别给我搞丢了！"

"你瞧，不全在这儿么！我是干什么的！"那使者从内衣贴身处摸出了沓信。李询数了一下，正好是四封。

第二天，天刚蒙蒙亮，李询就赶早来到韦孝宽的住处，一五一十地汇报了得来的军。李询是韦孝宽信得过的人，韦孝宽对他讲的话深信不疑，因为这也与从别处得来的信息相吻合。

刻不容缓，须马上给杨坚报送。为防万一，建议朝廷另派重臣前来督战。

李询一口气说出了自己以上的想法。韦孝宽略加思索，点头同意。

杨坚这些日子忙得昏天暗地，刚为韦孝宽派了兵、运了粮，又传来益州总管王谦举兵叛乱的急报，旋又任命老将梁睿为行军总管发兵讨伐。他硬撑着办完了这件事，只觉得头昏脑胀，四肢发沉。

独孤氏让人传唤太医到丞相府来。这下惊动了不少人。高颎和李德林暗暗责备自己，都觉得为隋公分担得太少了，以致隋公积劳成疾。李圆通急得直抹眼泪。倒是独孤氏心宽，安慰着李圆通："圆通，别着急，随公没有什么大病，就是劳累过度，休息太少，宽养几天就可痊愈。""这些叛贼太可恶了，我请求到前线去，把那些乌龟王八蛋统统杀光，让随公好起来！"

"你已经替随公分了不少心，你的丞相府护卫干得很好，做事井井有条的。随公常夸你能干呢！"这番话说得李圆通不好意思起来，搔搔头，红着脸说："我想我会干得更好，我要用我的命去全力保护随公的安全，不辜负随公的信任和栽培。"

第二天，杨坚服了几服药，蒙头睡了一整天，感觉轻松了许多。掌灯时分，杨坚一边喝着独孤氏亲手做的燕窝莲子粥，一边同独孤氏闲谈着孩子们的婚事。像这样的交谈气氛，夫妻俩从前经常共享。"勇儿夫妻的感情最近怎样了，还是那种不冷不热的样子吗？"杨坚接过独孤氏递来的丝帕擦了擦额头的汗水，问道。"勇儿这孩子真有些任性。与元家结婚门当户对，媳妇有模有样，知书达理，不要说对待我们孝心可嘉，就是对兄弟姊妹也都显得大方热情，亲亲热热，人家姑娘哪点配不上他呀？我真猜不透这孩子心里怎么想的？不过最近有些好了，丫鬟们说，晚上他们的房间里有笑声了。我想，总不至于连你给指的婚，他会不认账吧！"

"他要是能理解我的苦心，也算他成熟了。不过我还是很喜欢他的那种个陛，有点像我。""像你，还会掺假！要是全像你，那倒好了。"独孤氏低笑着打趣着杨坚。"燕窝粥好喝吗？我想再给你烧几道大菜补养补养，这些日子，我都快成尼姑了。"

说话间，外面咚咚有人敲门，李圆通来报，韦孝宽有十万火急传送，信使务必要亲见随公。李圆通心疼杨坚，刚才在外面已经劝阻了韦孝宽的信使，但信使却一本正经："耽误了军情，你能负得了责吗？"李圆通情知事情紧急，战场上的形势瞬息万变，便也顾不了许多，立刻前来报告。

杨坚听说韦孝宽有急报，便知不会是什么好消息，心里一急，就觉得什么病也没有了。告诉李圆通，速请丞相府各府属前来议事。在丞相府的议事厅里，不多时便聚集了十几个人：高颎、李德林、苏威、郑译、刘昉等。

在此之前，杨坚已经接见了报信的将官，听取了汇报。他感到了事态的严重。杨坚有个特点，就是他能够遇事不慌，即使心里再急，表面仍是平平静静。给人的感觉是成竹在胸，胜券在握，仿佛大山一般的稳健，杨坚简单说明了前方的情况，然后用询问的目光扫视着大家，希望大家能各抒己见，拿出好的方案来。

郑译愤愤地说："两军交战，岂容三心二意，假如战场上哗变倒戈，损失的何止是一城一地。为今之计，当走马换将，让他们回关中，斩断与叛军的联系，然后分而治之，严惩不贷，以警示那些企图脚踏两只船的观望者。"

李德林慢条斯理地说："依德林之见，这种事是情理之中的。当年官渡之战，曹军的三万之兵拒十万袁绍大军，双方在官渡相持三月之久，然曹军中不少将官心怀异志，纷纷与袁绍私通，操军破袁之后，获得大量袁绍书信，有人建议清查严办，但曹孟德不以为然说，大军压境，我本人尚且疑虑，何况他人呢？于是命令将查搜的书信举火焚之，从而更加稳定了军心。走马换将恐非上策。"

高颎也道："一来无将可换，二来换了主将，若兵不知将，将不知兵，打起仗来仍难以取胜。"高颎讲得倒也是实情，现在能派出的将领都派出去了，分散在各个战场上，更加显得兵不足，将更寡。"既不能换将，又不能误事，难道这仗就不打了吗？"刘昉显得很焦急。

其实，韦孝宽在给杨坚的信中写得很明白，只要求朝廷派一位重臣前去安抚就足够了。但杨坚故意引而不发，是想听听众人的见解，以便水到渠成地端出方案。苏威半天没吭声，看到就要冷场，他不失时机地分析说："办法倒有一个，那就是派一位德高望重而又通晓军事的大臣前去督战，名为督战，实为协调关系，如此一来，心怀二心的人也不得不收敛。"

"接着说下去！"杨坚鼓励着苏威。

"近日各个战场捷报频传，具有战略意义的地区牢牢控制在我们手里，叛军人数不少但被分割在互不连接的各个地区，易于各个击破。"苏威是高颎推荐给杨坚的。这一席话，杨坚听得连连点头，也听得高颎心花怒放。

苏威八岁丧父，但仍像成人一样为父守孝三年。守孝期间，苦学不辍，常秉烛夜读至深夜。家财颇丰，但从不夸耀于人。后颇受宇文护赏识，但他看透了宇文护的为人，料定宇文护不得善终，便弃官逃入深山，当起了隐士。

后来杨坚接触了苏威，为苏威的才学和人品所打动。苏威的一些建议，杨坚都认真对待，苏威前些日子所提的土地改革方案，杨坚很快就颁布实施了。苏威一提议要派重臣前去督战，大家估计杨坚会欣然同意。但问题是派谁去呢？大家谁也不愿首先开口应承。

众人有的窃窃私语，有的低头沉思，有的显得惶惶不安。

杨坚想派遣郑译去，可郑译以他母亲重病为由推掉了。随后又派遣刘昉去，可刘昉又以自己的腿疾推掉了。最后，高颎毛遂自荐，去做了调解官。

韦孝宽派出信使赴京师之后，他的中军大帐没开过一次议事会。各行军总管也都按兵不动，与尉迟迥隔泌河相持。这些天他不断派出小股的游骑到各处侦察，又督促运粮官把军粮源源运来、屯好，还派人到各营中宣传新订立的军法。看到前来督战的是高颎时，韦孝宽满脸的皱纹似乎也展开了。第二天上午，所有将官齐集在韦孝宽中军大营，高颎朗声宣诏。

诏书高度评价了众将官的功绩，宣布了立功受奖的名单，还通报了近日各地的战报。接着，高颎详细分析了敌我双方的态势以及叛军的弱点和不利条件。高颎的分析深入浅出、全面具体，使人听后明明白白，增强了信心，鼓舞了斗志，更主要是打消了疑虑，稳定了军心，士气一

下高涨起来。

高颎回到大帐内，和韦孝宽一起研究下一步的方案。兵分六路，多点攻击，搅乱其防御，这六路，两路强攻四路佯攻。以李询和元谐为东西两支主力，渡河成功后，可一路深入敌后实行包抄，一路扩大立足点，掩护其他人马过河，这样，可在渡河的同时，顺手牵羊，把尉迟迥的主力之一解决掉。行动采取突袭的办法，夜间进行。后天是初一，正可利用夜色作掩护，行动要迅速，打他个措手不及。就这样，酝酿已久的渡河战役开始了。

水军按预定的方案顺利地展开行动。

突击队清除完水中的木桩和岸边的木栅，又神不知鬼不觉地把巡逻和警卫的士兵全部清理掉。接着他们引来了第一梯队的船只，当几十条小船乘着黑夜依次抵达北岸时，意想不到的情况发生了，从叛军的营寨中突然涌出一群群兵士，张弓搭箭，直射兵船，随后便传来痛苦绝望的声声嚎叫。

先头部队的惨叫声划破夜空传至对岸，韦孝宽心中骤然紧张："传令，让先头部队停止行动，水中的人员立即撤下来，原地待命。"韦孝宽不得不下达了回撤的命令，那声音与他往日的气势判若两人，他不仅为一战失利而不安，更主要的是觉得在高颎面前丢了面子。

天近拂晓，韦孝宽和高颎视察完了各营的兵士，据初步统计，共被射死一百二十余人，伤一千五百二十多名，还有近四百人失踪。这一仗无论对于下一步渡河作战，还是对高、韦二人来说，都是一个永远抹不去的记忆，尤其是看到那些十七八岁的士兵痛苦不堪的样子，韦孝宽心里便觉得沉甸甸的。韦孝宽和高颎的所作所为着实让全体兵士为之感激，为之振奋，大有愿为知己者慷慨赴难的激情。偷袭不成，韦孝宽认为只有强攻，趁着士气正旺，不可贻误战机。

这日早晨竟大雾弥漫，雾锁河面。韦孝宽灵机一动，计上心来，他与高颎耳语一阵，高颎不禁抚掌而笑，朗声说道："好计，好计，不愧是大周名将，这才是用兵之道，用计的奥妙！"

泌河上，上百只小船上面站满衣甲鲜明的士兵，呐喊着朝对岸冲去，船到中流，已隐约可见岸上的军旗。这时对岸也人声嘈杂，梆子声一响，万箭齐发。这次叛军只闻呐喊声，不闻惊叫声，很是奇怪。过了片刻，战船悄然退下。

接着，又听河上传来划桨声，军器撞击声，那些叛军哪敢怠慢，又是一阵阵猛射。

如此三次，叛军已觉出点名堂，再查检弓箭，已所剩不多了。叛军首领胡大鹏恍然大悟："中计了！"

韦孝宽看着那堆积的箭和士兵们的欢欣，也情不自禁地露出了笑脸。他的这次"草船借箭"用得不露声色，仿佛颇得诸葛孔明真传。

真正的渡河战又开始了，每只战船前排是盾牌手，每只船上都有猎猎的军旗，一阵阵南风吹来，战船的速度更快了。这时，大雾渐渐退去，当看到满河战船排山倒海般驶来时，叛军们傻眼了，一些兵士开始后退。

俗话说，"兵败如山倒"，一线的守河士兵像开闸的洪水一样，一发不可收拾。

韦孝宽从容地指挥各路总管追歼逃敌，如风卷残云一般。残阳如血，充满了血腥气息的战场归于平静了，宽阔的泌河水依然涛声如旧，好像数万名亡灵在呐喊。

各路凯旋的兵将满载而归，当他们把自己的战利品——敌人的头颅纷纷掷下时，数万只头颅成了最好的展览品！在检查完各营伤亡人数后，令韦孝宽不安的是：李浑和他所率的两千余人不知去向。李浑是位英勇善战的后起之秀，他的两千余人的部队也是军中精英，怎么会一下消失呢？即使战死，也会留有遗骸，可清理完所有战场上的死者，也找不到他们。

此时的李浑正陷在一处绝谷中而苦苦寻找着出路。

原来，那天登岸后，李浑的部队便紧紧咬住了帅旗下的胡大鹏，胡大鹏无力恋战，拨马便走，一路往北逃去。李浑一心想把他活捉，也随后一路追去，兵士们看李将军追赶，也尾随而去。当时，战场上战马嘶鸣，杀声震天，四处尘烟滚滚，一片混乱，谁也没有注意到他们的行踪。就这样，从早晨一直追到黄昏，部队早已人困马乏。

这里已是太行山的崇山峻岭，眼看着胡大鹏和他的残兵败将摇摇欲倒，近在咫尺，李浑又鼓足了勇气催马向前，胡大鹏也不含糊，抖擞了精神，就要上前迎战，忽然一个兵卒上前拦挡，而后他们又急急向山里逃去。李浑实在不甘心到手的猎物溜掉，又率领着这疲惫之师继续穷追。

天上星星渐渐亮起来，可崎岖的山路却越来越难走，人也越走越累，有的兵卒走着走着就爬不起来了，李浑一边在前面探路，一边不住地给兵士们鼓劲加油。

山风渐渐大起来，吹在身上，冷得人直觉得发抖，猫头鹰的叫声在深山巨谷中更增加了寒意。但前方胡大鹏的人语声又招引着他们，李浑咬牙切齿："你跑到天边，我也要把你逮住！"他们跟着前面的人影，转过一个山口，却突然发现前面的人不见了，一点声音也听不到了。他们望望四周，两面都是高岩陡壁，只有一条狭窄的小路，人怎么会突然消失呢？他们去了哪里呢？

李浑决定暂且在此露宿一晚，他清点了一下人数，发现只剩下不足五百人了。就着山风，他们吃着随身带着的干粮，有的兵卒吃着吃着竟"呼呼"地打起了呼噜。这是他们自早上登岸以来的第一顿饭，第一次真正的休息。

不知过了多久，他被一阵吵闹声惊醒，他抬头看了看，已是晨光熹微，薄雾茫茫，几个晨起撒尿的兵卒在指指点点。李浑环顾四周，也禁不住陡生寒意。

他们所处的是两山之间一块狭长的通道，遍地乱石和稀稀疏疏的杂草，他们昨晚睡觉的地方是在一处绝壁之下，两侧高山之上的绝壁间零星地生长着一些不知名的杂树，奇形怪状，蔚为壮观。通道再向前延伸被一巨石拦住去路。于是他召唤着几名早起的士卒随他前去探查。走到巨石近前，他们才看清楚，贴着崖壁还有一条山道，仅仅能通过一个人，马匹不易通过。这也许就是人们所谓的"一线天"吧！他想，昨晚那帮人也许就是从这儿逃脱的。

他决定留下一部分人看守马匹，一部分人继续追踪。

穿过"一线天"，展现在眼前的是一块开阔的田野。它坐落在群山环抱中，面积虽不大，但在这大山深处，实属难得。

他们惊讶地观赏着：整齐的田块，稀落的茅屋，村路两旁是低矮的杂树，房前屋后是葱葱的山枣树和桑树。曙光初照，好一派小巧别致的山乡晨光图。

大家向村子里人要了一点干粮和水，按照原路返回。在出发之前，李浑一再叮嘱自己的属下，不要泄露了这座村子的秘密，否则决不轻饶。刚走到山脚下，便碰到了前来寻找他们的小股部队和一些掉队的军兵。两对兵马合并，继续向北方驶进。

泌水一战，尉迟军的兵力被打散，侥幸活命的将士也都如丧家之犬，每天都惶惶恐恐，害怕杨坚的部队再次追赶过来。败军所到过的地方，百姓们遭了大罪。百姓对他们简直是恨之入骨，盼望着他们早日灭亡。

第四章　尉迟迥带兵起叛乱　韦孝宽借箭仿诸葛

第五章

杨坚平定三方叛乱　君临天下实施科举

相州大营，尉迟迥收到泌水失守的消息后，沮丧地坐在自己的密室里，好半天都没有说话，情况完全出乎他的意料，他根本就没有想到形势下落的这么快。他的"天险"现在已经丢失了，韦孝宽将要兵临城下，现在该怎么办呢？尉迟迥的智囊李水清看到他这般愁闷，也不知道说什么，还是看看主帅的决定再说。

李水清是两个月前尉迟迥举事时闻风而来的。此人对各地的风土人情、山川地理都略知一二，他读书不多，但脑筋灵活、能言善辩，很得尉迟迥赏识。他曾到过突厥，在突厥结识了一批朋友。这次随他前来投军的还有两个突厥朋友，都有一身的好本领，被尉迟迥委以重任。

尉迟迥想要和韦孝宽拼个你死我活，而李水清却不同意，他认为不如固守坚城，寻机而动。现在不如退一步，留待以后进两步。尉迟迥不以为然，固执己见。

尉迟迥还道："先让力士突力铜、突力铁兄弟俩打个头阵，拨给他们一万兵马，你我在城头观敌料阵以保无虞！"尉迟迥所言的突力铜、突力铁是李水清的突厥朋友，是李水清一手保荐的两员大将。兄弟俩不仅力气大，更兼一身好武艺，均有万夫不当之勇，眼下也是尉迟迥的红人。

再说韦孝宽率十几万大军，距相州城十里安下营寨。韦孝宽晚饭已毕，即升帐议事，安排次日的决战事宜。第二天，五更造饭。天明时分，十五万大军已准备就绪，整装待发，身着黑色衣甲的队伍整齐地排列着，远远望去，宛如一大片的乌云。不多久，这片乌云便化为一条长龙，向相州城滚滚涌来。

李水清一脸无奈地随着尉迟迥来到南门的城楼上。自从尉迟迥不愿采纳李水清的建议，决定主力决战后，李水清的心里一刻也没平静过。

此时，他只能寄希望在突力铜、突力铁兄弟俩的首战上。

突力铜兄弟俩自打投军到尉迟迥处，虽然手无寸功，但尉迟迥依然重用他们，这让他们很过意不去，他们决心要用战功来证明自己是当之无愧的。

城门开处，一彪人马浩浩荡荡滚滚而至，在距离对方一射之地扎住阵脚，韦孝宽和高颍并列在帅旗前，举目望去，只见一杆牙黄军旗下站着两位铁塔一般的汉子，显得威风凛凛，杀气腾腾。

韦高二人不禁暗暗称奇，尉迟迥军中居然有如此人物，难怪气焰那般嚣张，为今之计，不如因势而利导，以诈败养其骄气然后徐而图之。于是急传令下去，让后队改作前队，迅速退军三十里下寨，并丢弃军旗鼓帐之物；为防敌军乘势掩杀，前军且战且退，阻其攻势。并令众战将与敌交锋，只许败不许胜，以向敌示弱。

突力铜、突力铁兄弟俩果然神勇，连胜两员战将，尔后挥兵进击，气势如虹。怎奈韦孝宽军中强手劲弩如雨似蝗，追击连连受阻，所获甚少，但毕竟初战告捷，尉迟迥喜不自胜，特令嘉奖两员战将。

而此时，军师李水清却不禁悲从中来，他已无力改变这一切了。

第二天，广阔的战场上，双方数十万大军云集，一块是韦孝宽麾下的黑色方队，另一块是尉迟迥的黄色方队。黄色方队中首先出战的仍是昨天的两员战将，两人在阵前立马未稳，两只冷箭从黑色方队中射出，直射进他们的咽喉，二人登时翻身落马，黄队立刻骚动。

黑队中韦孝宽鞭梢一扬，全军黑潮般地向黄队涌去，黄队阵脚大乱。但毕竟有尉迟迥压阵，况且这些兵丁都是尉迟迥调教出来的，能征惯战，几乎一色的关西大汉，打起仗来异常英勇，所以面对突如其来的攻击，初时惊慌，但很快便镇定下来，投入了肉搏战。一场惨烈的大战在邺城下展开了。

韦孝宽和高颍万万没想到尉迟迥的军队在泌水大败后尚有如此战斗力。现在看来，作为主帅，这是多么严重的错误。自己的部队长途跋涉，体力绝对赶不上敌人，敌方驻守邺城，养精蓄锐，正可以说是以逸待劳，如果拖延下去，结果肯定是很不利的。

高颍一边想一边继续观察着战场的形势，忽然，他眼一亮，计上心来。原来，这场决战，吸引了成千上万的老百姓在邺城四周观战。男女老幼人山人海。高颍和韦孝宽一耳语，一部分军队立刻向高处的百姓冲去。这些百姓只顾贪看双方的激战，哪里想到大军会向自己进攻，吓得慌不择路，四下奔走，很多人被挟裹进战场上，尉迟迥的黄队立刻便乱了。高颎又嘱咐军士们高声喊叫："尉迟迥战死了，快跑啊！"

尉迟迥的很多兵士信以为真，无心恋战，于是纷纷逃走，形势有利于韦孝宽。杨素挥军追杀，迎面同尉迟迥的长子尉迟谊相遇，两马相交，不下十合，被杨素斩于马下，李询同尉迟迥的二公子尉迟宽交手，也不到二十个回合，一声大呼枪挑了尉迟宽。败军纷纷涌进城去。守城的士兵看到大势已去，也只顾逃命，尉迟迥的十几万大军此时已土崩瓦解，溃不成军了。

战后，在进行战斗总结时，高颎颇感内疚地说："那一日，若没有那些善良好奇的百姓，也许形势会是另外一种结果，我素以爱护百姓自诩，不想在特定的时候却要利用他们的生命去做文章，我的心恐怕一生都不会安宁的。"

尉迟迥已成了孤家寡人，跨下一匹千里马，使他把追兵甩得远远的，他想逃回到自己的小城楼里，他要亲手杀死他四个美貌的小妾，免得她们兵败受辱。但是他还是来晚了一步，小城楼外，空地上，四具穿红戴绿的女尸横在那儿，几个幼童的尸首也东一个、西一个，到处都是血。

尉迟迥定睛看时，尸体旁边，怒目注视着自己的不是别人，正是曾被自己屠杀了全家的于仲文。于仲文是于翼家族的长孙，尉迟迥举兵前曾任东郡太守。于仲文的政治态度同于氏家族成员保持一致，对尉迟迥的引诱置之不理，惹得尉迟迥勃然大怒，两度围攻东郡，于仲文势单力孤，在外无援兵的情况下，兵败而逃，未及逃走的家眷儿女均被凌辱后杀死，头颅高悬在城门上。

于仲文只身逃回长安后被杨坚委任为河南道行军总管，随韦孝宽征伐尉迟迥。血海深仇时刻像烈火一样噬咬着他，他的最大愿望就是手刃尉迟迥。所以今天邺城城门一破，于仲文便率军直取小城楼。他的部下都知尉迟迥对于仲文的灭家之罪，拿下小城楼后，楼内聚集着上百人，但于仲文不是那种滥杀无辜之徒，让内中的丫环仆妇指认出尉迟家的成员后，便尽行放出其余的人，而独独留下尉迟迥的家眷。

至于尉迟迥的军师李水清，于仲文并不认识，但他早在大军进城前便已悬梁自尽了。

正在这时，一队人马从远处奔来。原来是行军总管崔弘度率兵赶来。崔弘度是尉迟迥大儿媳的哥哥，也算是与尉迟迥有些瓜葛。尉迟迥惨然地笑道："没想到，我们最后竟然是这样。我败了，不是杨坚打败了我，而是天意亡我，今日死，无所憾，我为大周流尽了最后一滴血。皇天后土，在大周的千秋史册上，将会留下我尉迟迥的名字！"说罢，自刎而亡。

在庆功会上，将官们纷纷报上战利品：崔弘度献上尉迟迥的人头，杨素献上尉迟谊的人头，李询献尉迟宽的人头，李浑献上尉迟勤的人头等。在庆功宴上，众将官推杯换盏，开怀畅饮，席间，杨素问起李浑的立功经过，李浑抹了一把嘴边的油，说起了他们那段不凡的经历。

原来，那日他们离开了大山，同各路寻找他们的小股部队会合后，继续向邺城进发。这天，他们在一个小山村休息时了解到，据当地百姓讲，山路有二里路长，其间杂树参差，野草丛生，是段险路。可就在这时，几个负责侦察的士兵来报，一支大约三万人的部队正朝这儿开来，旗上写的是"尉迟勤"，于是他们便打算拦下这支增援部队。

李浑和副将们仔细地查看了地形，吩咐兵士们找好隐蔽的地点，收集石块和引火用的干柴。一切安排就绪，静静地只待敌人的到来。尉迟勤为了抢赶时间，竟不顾酷热和疲劳，只是催军前行，三万大军全是骑兵，行军速度倒也不慢，李浑的伏兵没等多长时间，就听到急促的马蹄声由远而近，先出现的是一支几百人的小股队伍，大概是支侦察部队，想必尉迟勤也担心这山路中有什么伏兵，所以这些骑兵很仔细地搜索着前进。

过了一会儿，山道上出现了一队衣甲整齐的人，中间有一个人骑在一匹炭火般的枣红马上，前后簇拥着的兵士们也个个身材高大魁梧，凭感觉，枣红马上的人定是尉迟勤。"打蛇打七寸，擒贼先擒王，尉迟勤，你的末日来了。"

李浑命令身边的旗手把红旗高高举起，让它迎风招展。一时间，左右两侧的山石后面，一团团熊熊燃烧的火把投向山下的草丛里，火把里夹着硫磺，扔到哪儿，哪儿便是一团烈焰，满山遍野立刻成了一片火海。受到袭击的战马和兵士们顿时夺路而逃，可是山路狭窄，无处可躲，无处可逃，人马互相践踏，鬼哭狼嚎，声振山野，一些人情急之下奋力向陡峭的山崖上攀登，可立刻又被飞落的石块击中跌落山下而死。

　　整个伏击战午时开始，一直持续到未时，尉迟勤的三万人马除探路的几百人侥幸逃脱外，其余几乎全部葬身火海。整个山路上尸体狼藉，烧焦的尸体的恶臭随风飘得很远。待火势渐止，李浑指挥着士兵们下山打扫战场，每个士兵的马项下都满缀着看不清面目的人头。

　　这场战斗，歼敌近三万，而李浑竟无一人伤亡。这真是一场少见的漂亮仗，无怪乎连高颎和韦孝宽都举杯祝贺李浑。

　　李浑看了看韦孝宽和高颎，又环视了众将官，十分认真地说："战场上免不了要杀人，但对于停止抵抗的人，不要轻言杀戮。那可是一条条鲜活的生命，我请求大总管向全军再强调一下，要切实保护和善待俘虏和平民的生命，严禁滥杀无辜。"

　　高颎和韦孝宽完全理解李浑的意思。其实他们心里再清楚不过了，许多士兵和将官杀红了眼，眼中只有活人和死人之分，而没有了该不该杀的区别，还有的个别人杀良冒功，但这种事总是屡禁不止。

　　第二天，在邺城郊外，韦孝宽面对千军万马再次强调了各项军纪，并鼓励将士再接再厉，乘胜追击，把叛匪彻底肃清，为朝廷立功，为百姓造福。会后，部队再次兵分多路，围歼其他少量的负隅顽抗之敌。不久，各路捷报纷纷传来。据战报统计，总计消灭尉迟迥集团共计七十余万人，其中包括俘虏四十万，但事实上最后幸存下来的俘虏不足一万，残杀俘虏的现象非常普遍，但鉴于法不责众，最后也只得不了了之。

　　八月十七日，平定尉迟迥的战役宣告胜利完成。

　　十天之后，王谊率军进逼郧州近郊，司马消难连夜携妻子儿女及家私数担投降陈朝，荆郧诸州反抗的巴蛮遂告平定；杨素率精锐之师一举攻克荣州，宇文胄仓皇出逃，但被杨素布下的伏兵擒获。梁睿率二十万虎贲入蜀，连战连捷，王谦兵败被斩，益州全境平定。

　　这样，看上去轰轰烈烈的三方叛乱在杨坚强有力的指挥下，很快被荡平。

　　李圆通不仅武功超群，而且对杨坚忠心耿耿。一天晚饭后，孤独夫人派人把李圆通找来，想要给他说媒亲事，没想到李圆通却还有一个娃娃亲表妹。

　　原来，在李家堡东三十里地有座大庄子，名叫陈庄，庄里有上千户人家，租种陈老太爷的土地，陈老太爷不仅是大庄主，还是一方的霸主。李圆通的姑妈就住在陈庄里。姑妈有四个女儿、一个儿子，四个女儿都非常漂亮。

但是这个庄子不知从何年何月起，有了这么一条不成文的规定：无论是出嫁的姑娘，还是娶进的新媳妇，初夜权都必须是庄主的。圆通那个同年同月生的表妹，自小和他订了娃娃亲，可一想起那个霸道的庄主，他就气不打一处来。

独孤氏却说："我会给你一个完整的新娘。随王是一个仁爱之人，如今北周气数将尽，而他却不忍替而代之，如今天意不可违，所有英雄也都盯着他呢，他已经没有退路了。到时候你见到他，将我的意思告诉他，希望他能够好好想想。"

第二天趁杨坚难得的闲暇，李圆通沏上一壶好茶，把独孤夫人的话原原本本托了出来，杨坚沉吟片刻，忽然向李圆通问道："这样百官会同意吗？万民会接受吗？"

"随王你革除苛酷之政，删减了旧的法律，百官怎能不同意？你躬行节俭，休养生息，百姓得到了实惠，怎会不接受？"

随王听后大喜，并说太史中大夫庚季已经选好了黄道吉日，只是现在在等他师傅智仙师太的意思。三天后，智仙法师的徒弟来报，师父已在三天前在庵中坐化，遗容宛如生前一样。仔细算来，师父坐化的那一刻，正是杨坚登基受禅的那一时。这貌似是天意，也好像是人为。

公元581年，也就是周静帝大定元年。

这天上午，杨坚格外兴奋，他又接到了朝臣劝进的表章。这次表章，朝臣中几乎所有人都签了名。杨坚大喜过望。李德林受命为静帝起草禅让诏书。诏曰："朕自登位以来，天下大乱，幸好上赖祖宗神灵，才得以全保，然今仰观天象，下察民情，灾之数将，行运于杨氏。随王辅位至今，德布四方，仁及万物，麒麟降生，凤凰来仪，黄万出现，嘉乐蔚生，这是上天的昭示。大道之行，天下为公，朕欲效前贤禅让之举，禅位于相国随王，以谢天下，望勿推辞！"

吉日选在二月十三日甲子。这一天，终于来了。

清晨，京城的大街小巷，一片欢腾。早得到消息的百姓们一大早就起来了，洒扫庭院，张灯结彩，好事的孩子们有的燃起了鞭炮，激情的小伙子还吹起了唢呐。

佳时已到，杨坚身穿黄袍常服，在前呼后拥中威仪地迈出了相府。在通往皇宫的路上，老百姓翘首相望，欢腾雀跃，"万岁、万万岁"的欢呼声不绝于耳。杨坚来到临光殿前，拜殿之后，走上龙台正中的宝座上落座。

杨坚动情地望着百官，说："众位爱卿，朕今日登坐大宝，上赖黄天护祐，下蒙诸位襄助。相国司马、渤落公高颎位尚左书仆射兼纳言，相国司录、沁源县公虞庆则为内史兼吏部尚书，相国内部、咸安县男李德林为内史令，此三人分别负责尚书、门下和内史三省，为新朝宰相。韦业康任礼部尚书，元晖任都官尚书，元岩任兵部尚书，杨雄任左卫大将军，统领禁。"

因为杨坚原为隨国公，但"隨"的"辶"意思有忽走忽停不稳定之意，于是便弃了"辶"，创"隋"作为王朝立名。

建国号为隋，建元开皇元年，史称隋文帝。立独孤氏为皇后，杨勇为太子。其余各王、大小官僚各有升赏，大赦天下。

与此同时，杨坚又于南郊设坛，遣使柴燎告天。杨坚登基仪式结束后，又率杨氏宗亲赴宗庙拜祭。

登基大典是在热烈、隆重、祥和的气氛中进行的，但让杨坚稍感美中不足的是苏威的不辞而别。据说是回归故里、隐居田园了。杨坚起初很是不解，但他很快从那份署名的劝进表中找到了答案。老将军窦炽没有签名，他可是在平定尉迟迥的洛阳之役中立了大功的，杨坚恍然大悟。

杨坚笑着对痛惜不已的高颎说："他会回来的！"大封功臣，人们纳罕的是李德林的排位。无论是能力才能，他理应排在虞庆则之上。这里面确实有隐情，在杨坚与众人商议如何发落北周宗室时，杨坚与李德林的意见几乎形同水火，使杨坚十分光火。建议首先是虞庆则提出的。他认为："北周宗室当斩草除根。不除，便存在复辟的危险，一些旧臣也可能反复，远嫁突厥的公主也会力劝突厥南下进兵，以图复辟。只有把其宗室全部清除才可能断绝这一切危险。"

杨坚对虞庆则的话表现出了极大的兴趣。而李德林却不以为然，强烈反对。

"新王朝当以建立儒家思想为社会的德道文化标准，反诸王朝的做法，向天下百姓示仁示德，逐渐构筑起道德伦理的千里长堤，这才是千秋大业的基础。"杨坚听罢，面露愠色，他很想数落一下这个不知变通的幸臣，但他忍下了。

李德林还要力争，却猛地瞥见高颎在一旁用目光示意，他知道高颎在提醒他，但固执的性格又使他不得不说："陛下所言极是，但德林以为宇文氏已无权无势，充其量是些衣食无忧的富家子，不足以构成对国家的危害，让其自生自灭利大于弊。"

对于处置北周王室宗亲，杨坚是铁了心了。在他看来，这一隐患一天不除，他就一天难以安心。他的政治蓝图是统一江南、拓展北疆、横扫六合、囊括四海，而要实现这一宏伟目标，必须对内谋求长期的稳定。

而李德林虑及的亦是国家的长治久安。李德林认为只有武功的社会是个不健全的社会，必须要建立一套社会价值体系，真的确立一种占主导地位的思想体系。无疑，他最看重的还是"孔孟"的儒家学说。而其核心"仁"则是道德的最高准则，是道德的总体，其政治主张即"仁德政治"——仁政。孔子主张"为政以德"，要求为政者要关心庶民，为政者要克己正身，以身作则；要求对庶民应"齐之以礼"，重在教育，不重刑罚。

作为一名儒家的忠实信徒、饱学之士，李德林是信其言，行其事，他也并非不知道杨坚的所思所想，相反，他愿以自己的逆耳之言匡正新王朝不合理想的政策、行为，以期最终建立一个政治清明、国富民安、道德昌明的社会。

这一点，未必是高颎的追求目标，但高颎自有自己的一套处事办法。他不会在激烈的冲突中失去理智，他会审时度势地理智而温和地接近目标。

虞庆则仔细地观察着，深为皇上能采纳自己的建议而暗暗庆幸，脸上掠过一丝不易察觉的得意，的确，因为这一建议，他增加了在杨坚心目中的分量，此后的岁月里，虞庆则人则为相，出则为将，多少与他的这次成功影响有关。

屠杀按照计划进行着。"五王事件"中共有近三十口男性宗亲成了刀下之鬼，其后，汉王赞、秦王贽、曹王允、道王充、蔡王兑、荆王元又陆续随其父皇武帝而去，连同他们未成年的儿子们。静帝最后也未能幸免，被毒药酒害死。其后不久，邺王衍、都王犬也一一命丧黄泉。宗室中其他人，如宇文胄、宇文洛等人，或死于战场，或丧身刑场，一门几十口人也如烟而去。

杨坚自登上龙位以来，日夜操劳，比之做丞相时有过之而无不及。他常常想到老百姓的一句俗语，来得容易，去得容易，所以不敢稍稍懈怠。

开皇七年，隋文帝下令废弃了魏晋以来按门第高低选用官吏的九品中正制，实行科举制度。所谓科举，就是分科取士。隋文帝诏令一出，便引来一片欢呼声，许多世代耕读人家的子弟从此可以凭自己的才学，一展胸中的丘壑了。所以大考在即，天下读书人一齐涌向长安。

说起这个选官制度，还有一个故事呢。

一日，杨坚散步来到独孤皇后的宫中。

杨坚审视着妻子，感到岁月的沧桑明显地印在了爱妻的脸上，鱼尾纹已悄悄爬上了额角，发际间也偶尔现出了少许白发。杨坚端详着这张熟悉的脸庞，一股暖意涌上心头。他来到妻子身旁，轻轻拔下了几根白发，感慨地说："真快啊，一晃几十年过去了。我们应当在有生之年多做些事情，使大隋朝江山永固，四海统一。但朕现在时常感到人才难得，现在不仅需要大量领兵的将才，更需要治国的贤才。"

独孤皇后说："那何不到民间走一走，一来了解民情，二来检查吏治，三来还可以寻访人才。皇上让圆通陪着下去，也让他顺便回家看看，把他的未婚妻接出来。"

"皇后说得极是，朕正有心出去散散心，放松一下自己。有圆通陪着，你也就更放心了。既然这样，我们后天就出发，现在正春暖花开，是出行的最佳时机。朝中有李德林、苏威和杨惠，朕多则半个月，少则十天便回。"

杨坚的双眸闪着兴奋，神采飞扬地说："朕带着高颎，暗察一下百姓的土地占有情况、军事布防情况以及河流、道路状况，做到心中有数。有人上书反映这些问题。看一看是否属实。"

仲春时节，艳阳高照，暖风习习，杨坚一行五人驱车行进在黄土高原上。两名护卫驾着马车，车内高颎和李圆通左右陪着杨坚观赏两旁的田野风光。越阡跨陌、穿村过镇，他们看到的是繁忙的景象以及战争留下的废墟。杨坚既兴奋又沉重："要让老百姓都有饭吃，有事做，才能人心稳定、社稷永固。你们提议的'轻徭薄赋'的建议有利于经济的发展，已经收到了一定的效果，这项政策还要继续推行，认真推行。"

杨坚的语气是坚决的，很有感染力。对于轻徭薄赋，减轻百姓负担，杨坚很早就注意到了，北周时期他也曾做过尝试，但行不通。

后来直到自己成了北周的监国，他让高颎起草过一份减轻百姓负担的诏书，以周静帝的名义颁布的，应该说对自己对北周都有较好的收获，自己捞取了政治资本——百姓的信任，而北周的好处则是少挨了不知多少骂名，停建害民的享乐工程，即是其一。

其实，在杨坚的心里另有一番道理：每至夜幕降临，那些政治清洗的牺牲品，尤其是北周皇室的阴魂，便会乘夜潜入，在他的梦中兴风作浪。造一座新都，正好可以镇镇邪气。况且，皇城偏在大域西南隅，不在中轴线上，又怎能体现天子的威仪和气度？

不知不觉，天已渐暗，马车来到了一座小县城，小城并不大，城墙上仍留有战火的痕迹，城门上方大书"零口"。一行人穿过西城门，来到城内。他们在城内唯一的一个小旅馆前停下，高颎和一名护卫前去联系住宿。他们选了两间上等房，虽然房间不大，但还比较干净。

菜陆续端上来了，腊羊肉、盒子豆腐、葫芦鸡、金线油塔等，香喷喷地摆了满满一桌子。刚要下箸，就听到门外一阵吵嚷，高颎望了望杨坚："我去看看。"旅店门外，一老一少皆衣着褴褛，老汉背着一把胡琴，少年怯生生地依偎在老汉身后。老汉拱着手，疲惫的脸上堆满了笑对店老板说："老板，您行个方便吧，我们只卖唱，决不打扰客人，决不给贵店添麻烦！救人一命，胜造七级浮屠。让我们进去吧！"看到店老板还在挥手阻止，高颎走过来，拍了拍老板的肩头："让他们进去吧，我们想听听！"

看到有人解围，老汉忙不迭地作揖。来到席前，高颎指着杨坚说："这是我们家老爷。你是哪儿人？能唱什么曲？"

"小老儿是陇州人，家中遭难，衣食无着，不得不外出谋口饭吃。"他指了指少年，"这是小老儿的孙子，自小学了些山歌村曲。老爷爱听什么样的曲子？"

"曲子就免了，你只说说你遭的是什么难，说说你们陇州的民情、新鲜事。"

"说来话长。我有个小孙女，现在活着的话也有十八岁了。就在去年，她走亲戚路过州衙，被州官的衙内撞上了。这个衙内在陇州城内无恶不作，欺男霸女、吃喝嫖赌，因为他父亲一味宠着他，因此无人敢管。他见小孙女长得漂亮便心生歹意，强抢进州衙。"

"那后来怎样？"李圆通听着早将眉头紧皱，不安地问。

"我孙女宁死不从，最后撞墙而死，"老汉伤心地垂泪，"多好的孩子，却死得这样惨！我儿子闻讯后悲愤地赶到州衙论理，却被一帮恶奴打得半死不活，抬到家时已奄奄一息了，儿子死时口里一直喊着孙女的名字。就这样，他们还不肯罢休，三天两头唆使地痞流氓到家中寻衅。我儿媳悲伤惊吓过度，一病不起，不久也绝望地死去。我只好带着孙子弃家外出，流浪他乡。听说那个州官是朝中大官保举的，我们哪里惹得起，只好躲起来。"老者的所谓的"保举"，其实就是沿袭了几百年的用人制度"察举"。

听着爷爷的哭诉，小孙子也泣不成声。李圆通红着眼睛，搬来板凳，让老汉坐下。他咬牙切齿，一拳砸在桌子上，溅得满桌子菜汁。他恨声道："这种害人的狗官，非宰了他方能解我心头之恨！""圆通，别急嘛，听听老爷的！"高颎理解圆通的心怀，劝慰着他。"这种官，即便他本人不害民，纵容子女和下属为害百姓，也一样是犯罪，罪不可赦。这位老人，我有一位朋友，在朝为官，他可以帮你。只要你把上述话写成状子，有人会替你打官司。来，你请我的这位管家替你写状子，然后到京城找我这位朋友。"高颎招呼伙计，让他为爷孙俩准备吃的和住的，又匆忙吃了点饭，挑灯写起了状子。

第二天，老汉怀揣着高颎递给的书信和状子，还有几两碎银子，依依不舍地挥泪告别，刚走了两步，又忽然折过身来，拉过孙子，一齐双双跪下，重重地磕了几个响头。马车又继续向东驰去。杨坚一行一路上了解民情，访贫问苦，非止一日。第六天，他们抵达了李家堡。

杨坚等人的到来，使李家堡的人着实开了眼界。三匹黑马乌金似的，全身更无一根杂毛，马车制作精细，连车轮上都雕有花纹。几个人的穿着都很讲究，像是几个富商。

李圆通引着杨坚一行人来到了自己家里。穷家破院，家中一切都是老样子。许久不见儿子的李成老汉，乍见儿子回来了，激动得不知说什么好，拉着儿子结实的手，昏花的老眼不觉滚出两行浊泪来。

李圆通安慰着老父，又拿出几包点心放在缺了条腿的小案几上。

"三虎，这是——"李成刚才只顾激动了，几个客人被晾在了一边。

看到父亲的眼神，李圆通指着几个衣着不俗的人，悄悄和老父耳语了几句，李成听后又惊又喜，点点头，乐颠颠地出去了。一群看热闹的孩童也跟着李成一溜烟地跑开了。

不一会儿，屋里便三三两两挤满了人，小小草庐热闹起来了。李成忙里忙外地招呼着来人。

一番寒暄，李圆通清了清嗓子，向满屋子人介绍道：

"各位老少爷们，这几位都是三虎在外经商的朋友，他们同京城中的达官显贵都是至交，今天来到咱这里，一来是想体验一下我们山乡的民俗，二来是想听听大伙对现在的国策的意见，以便回去向朋友有个交代。三虎知道，在座的乡邻都是咱们这一带的高人，请大家随便谈谈，多少也算是参政吧！"

"三虎，你们不妨把这句话捎上去，老百姓希望的是平平安安，不打仗就行。"

"还有，就是多派些德才兼备的人做官，多为老百姓办些实事，对扰民害民的庸官、贪官、恶官要严厉处罚，决不能姑息。"

"对，还有就是物尽其用，人尽其才，把真正有胆有识、博学多才的年轻人都招揽起来，国家量才使用。应该允许各种人参加统一考试，不论是世袭贵族，还是寒门弟子一视同仁，平等竞争。"

"这个办法不错，先从县、郡、州层层选拔，再由国家统一出题，统一考试，优胜者由国家任命，或做官，或从文，岂不是人尽其才、各得其所吗？好！好！"杨坚似乎忘记了此时的身份——富商，竟啧啧称赞起来。

"我看还得革除我们这儿闾正特权！"

"特权？"人们几乎将眼光同时射向李圆通。

"对！"李圆通愤愤地说，"姑娘出嫁的初夜权，那是属于她丈夫的，闾正怎能随便占有？这就是陋习，是让人恶心的陋习！"

"谈何容易！世世代代传下的规矩，没有铁手腕是革不了的！"

屋内的谈论十分热烈，高颎一言不发静静地听着每个人的发言，他要凭记忆把这次谈话的内容全部整理出来。这是杨坚交给他的任务。

至晚，李成爷俩用当地最丰盛的饭菜，酬谢了邀请来的众乡亲。

杨坚一行滞留的时间只有一天，李圆通还有一件重要的工作等着去做——把表妹带走到京城成亲。就在李圆通准备去接表妹时，一名驿卒飞马赶来，送上了一封八百里加急信函。

这是杨坚京城临行前约定的，一旦京城有重大事件，可按李圆通画好的地图，来李家堡找他们。

表妹是接不成了，杨坚看出了李圆通的心思，安慰着他："让高大人给本地县衙写封信，由他们接出护送到京，你父亲年事已高，也一同前去吧，早晚也便于照顾。"

"还是陛下为臣想得周到。这点小事还劳圣心记挂，臣真是诚惶诚恐！"

后来，当地县衙果然按照高颎的安排把圆通的父亲、表妹安全送到京城，这是后话。

杨坚一行人简单地准备一下，又匆匆上路了。

望着渐渐远去的马车，李家堡的人们后来才知道，原来这位神采奕奕的富商竟是当今圣上。

他们也许不会想到，正是因为他们的闲话推动了杨坚的"科举制度"的形成，中国历史上的用人选拔制度从此翻开了新的一页。

回京后，杨坚召见了几位肱股之臣。

李德林对古今用人选拔制度涉猎较多，思考也自然多一些："汉代采用的是以科目选拔官吏的制度。它始于文帝，至武帝成为定制。每年由丞相、列侯、刺史、守相等推荐，经过考核，任以官职。其主要科目为孝廉、贤良方正或贤良文学、贤良、茂才等。这是汉代士人重要的做官途径之一。所谓贤良方正，就是指贤良方正能直言极谏者，以便皇上询访政治上的得失。

"孝廉科，是汉武帝采用董仲舒的建议，以儒家的伦理道德，特别是'孝'为标准，由郡国守相在所属吏民中选荐。到东汉，举孝廉者，往往被任为郎，更成为求仕进者的必由之路。魏晋南北朝选拔官吏的制度是大家熟知的'九品中正'，又称'九品官人法'，它一直延续到现在。魏延康元年，曹丕采用吏部尚书陈群的建议，每郡设中正，后来司马懿当政，又于各州设大中正，负责将本地士人按'才能'，实际上是以家世名望为原则，分别评定为九等，也就是九品，政府按等选用，所以称'九品官人法'。

"这两种制度在执行中都存在着很大的弊端。汉代的察举名义上以德才为标准，但实际上多由世家大族互相吹捧，弄虚作假，中选者多是大地主、大官僚和富商大贾子弟。以致当时有'孝廉不廉''富贵者贤'和'举秀才，不知书，举孝廉，父别居'的童谣。'九品中正'制体为了不让地方大族侵犯干扰中央用人权，选出了一些较适用的人才。可是中正本人往往就是地方大族或与本州郡大族有千丝万缕的联系，所以此制很快就成了完全为世家服务的工具，高品和被选任要职、高官的全是大族出身，中央至地方大权全归大族，形成了世家大族把持政权的局面。

"周武帝实施的政策虽然打压了门阀制度，不过却并不彻底。所以我认为，大隋朝要建章立制，就要总结以前的经验教训，从根本上改掉这种有着很多弊端的用人制度。"

李德林的这一番鸿篇大论，让杨坚非常赞赏。于是便让李德林先拟订方案，最后才开始在全国实行。从此，大隋的官员都是经过朝廷考试选拔上来的，凡是在九品官行列的，都是由中央任命。另外，以推荐为主的选官制度日益减少了。

第六章

隋文帝迁移新都城　内忧外患烦事多多

　　隋朝刚刚成立之后，周边国家便趁这个机会捣乱。边境的情况非常危急，这让杨坚感受到了很大的压力，他害怕隋王朝刚刚经过内乱，是否还能够经得起这样的考验。杨坚在心里不停地估量着自己的实力，想着对策。可就在这个时候，高颎竟然病倒了，而且还很严重。

　　自从接到急报之后，高颎一心想着朝廷，日夜赶路，最后因为劳累过度而染上了风寒。高颎面容苍白，没有一点血色，家人都围坐在他的周边，看着太医为他诊治。太医一会凝神把脉，一会细看舌苔和眼睛。诊治完之后，太医再三叮嘱高颎的家人要按时给他服用汤药，不要太劳神费心，要多多休息。

　　这时皇宫内却灯火彻夜长明，杨坚和一班谋臣武将们七嘴八舌地讨论着战局。

　　"从陈军攻势看，如不迅速派遣大军南下增援，长江中下游北岸的战略要地则尽失也。江淮间的大片新增的国土也将再次沦入敌手。望陛下早定大计。"

　　说话的是时为吴州总管的贺若弼，三十出头，鼻直口方，满脸英气。他原是韦孝宽的部属，打起仗来如猛虎下山、蛟龙出水，很得韦孝宽的赏识。韦孝宽临终时，一再叮嘱高颎他日若有用将之时，切不可忘了若弼。此人文才武略，在满朝文武大员中都是难得的，尤其一腔忠心，更是难寻，此等栋梁之材，万不可埋没啊！

　　韦孝宽病逝后，高颎向杨坚推荐了贺若弼，同时推荐的还有另一名猛将——韩擒虎。

　　贺若弼专程从前线赶回来的，一旦朝臣确定破敌方案，立即返回南方。"贺将军，兵不可一日无帅，南方战端一开，恐一时难见胜负。你可先率五万人马作前锋，明日到兵部办理手续，待大军集合后再遣上将统领增援。"贺若弼领旨而去。

"陛下，南陈虽表面上来势凶猛，但其朝廷内部，矛盾重重，互相倾轧；百姓生活苦不堪言，怨声载道；军中贪生怕死者、腐化堕落者，层出不穷。依臣之见，对陈军只需用重拳狠狠揍他一顿，南线便可安定了。"

杨惠是负责刺探战略情报的，他在南陈有一个庞大的情报网，南陈的政治经济、军事情况他知道的比陈宣帝少不了多少。杨惠的话，杨坚是非常重视的，因为他提供的情报向来有很高的参考价值，几年来的政治斗争的磨炼，杨惠也成熟、干练多了。

杨惠说完后，只见杨坚轻轻点了点头，对此表示了肯定。

"吐谷浑的进攻，可不能等闲视之，这些人掠杀成性，占我弘州后还不罢休，今又得寸进尺，再攻我凉州，西部边境已无宁日了。况且他们一旦乘势东侵，滚滚铁骑不过旬日便可抵达京师，眼下朝廷应派一支劲旅遏制其攻势，或寻找战机，给以彻底打击。"

根据李德林的提议，杨坚决定任命颇有帅才的元谐为行军元帅，率行军总管娄子干、郭竣和元诰等步骑，取道河西走廊，直取吐谷浑的腹地，来个"围魏救赵"。

南线、西线的硝烟刚刚散尽，营建新都的建议又重被提到议事日程上来了。几番论证和实地勘察，杨坚最后一锤定音，开工兴建新都。新都的地点选在龙首山。开皇二年六月十八日，杨坚下诏，命左仆射高颍、太府少卿窦炽、将作大匠刘龙等主持营建，著名的建筑师宇文恺任营新都副监。高颍总大纲。

宇文恺是朔方人，迁居长安，字安乐，多技艺，有巧思。高颍虽负总责，但设计规划，全出自宇文恺之手。宇文恺的初步设计方案完成后，呈送给杨坚御览。杨坚感叹道："不错，不错，正合朕意。建成后，朕要重赏你这个能工巧匠，也要奖励高仆射。"杨坚向高颍投去了亲切的一瞥，高颍会意地笑着道："这是陛下知人善任的结果，臣又有何功呢？"

新都的前期设计由宇文恺担纲，而施工则由老臣窦炽负责。这是窦炽的长项，他曾在北周时监造东都洛阳，因督造有方，工程进度快，不但未引起工匠们的怨恨，还结交了工匠中的佼佼者，成了很好的朋友。

对于筹建新都，高颍心里原来是有些不赞成的，甚至对积极支持此

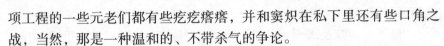
项工程的一些元老们都有些疙疙瘩瘩，并和窦炽在私下里还有些口角之战，当然，那是一种温和的、不带杀气的争论。

事后，高颎总觉得有些过意不去，窦大人毕竟在年龄上、阅历上高于自己。高颎有些日子没到工地来了。这一天，高颎直接到新都工地上寻找窦大人。守在工地上，这是窦炽的习惯，他几乎是全天候的陪同那些出大力流大汗的工匠民夫。工地上遇有工匠民夫受伤或有病，他都忙不迭地组织抢救或治疗；有时材料短缺或人手不足，他都能马上与有关官员联系，以最快的速度解决。他夫人有时生气地说："你天天待在工地，干脆和工地成亲吧，一把年纪了，也不知道什么叫享福！"

工地坐落于一个开阔的高地上，工地上人山人海，人喊马嘶，伐木的伐木、挖土的挖土、运石的运石、打夯的打夯，有条不紊，井然有序。找到窦大人是在一个巨石旁，几十个民夫正在搬运一块花岗岩，他们把十几根圆木垫在巨石下面，随着嗨唷、嗨唷的号子声，巨石缓慢地向前移动。一旁的窦大人挥动着双臂很有节奏地喊着号子。

看到高颎风尘仆仆地来到工地上，窦炽挥手招来一名兵丁，让他继续喊着，指挥搬运巨石。来到工地简易的休息室，望着满头大汗的窦大人，高颎不禁笑了。"怪不得工匠们老老实实地服管，原来你老大人竟是这样指挥的，身先士卒，可敬可敬。不过还是要注意身体啊！这样看来，十个月的时间真有希望落成啊！""我来实地考察过，发现可以就地取材，可以充分利用地势的多变，因地制宜。只要善于协调、组织、筹划，进度不成问题，质量也不会成问题。我那一班人马都做了妥善安排，人休息，场地不停，日夜连轴转，等你从南方回来时，这里已是繁华之地了。""但愿我再次来时，看到的还是这般热闹场面！"

"这是何意？"

"我真希望这场战争早一天结束，咱们要干的事太多了，耗不起这时间啊！"

"这倒是个理，我也想提上我的大斧，和你们一同奔赴前线。前些年，平齐之战中，我的斧下滚落过多少敌人的头颅，我也是个一提打仗便来精神的人！"

"老将军不愧是位心胸豁达的君子，咱们的争辩不记挂了吧？"

"嘴唇和舌头哪有不打架的，都是为了大隋朝的江山社稷，应该捐弃一切前嫌。再说这种小小争论也是好事，事不辩不明嘛，若连这种小争论也往心里拾掇，那还不给堵塞实了！"

高颎顿生一种感动，他觉得对窦炽太缺乏了解了。

这也难怪，北周时，有宇文护专权，朝中排斥异己，朝臣明争暗斗，滥用伎俩，后有宣帝施行暴政，大开杀戒，弄得人人自危。在这种政治背景下，大家讲话自然是言不由衷，难以听到心曲。

新王朝的建立，特别是杨坚所展示的政治风采和智慧给了不少上等阶层、中等阶层及至下等阶层的人以希望和信心。窦炽大概就属于这类人。怀着一股激情，高颎告别了窦炽，挥鞭上马，现在，他对自己的使命更注入了一种新的诠释。

他还记得杨坚第一次提出修建新都的情形。在杨坚看来，修建新都是加强统治的重要组成部分。他虽然是征求大家的意见，但那种不容置疑的语气，所有人都能听得出。高颎无意中瞟见了一旁沉默的李德林，李德林学乖了，他悟透了沉默的力量，只要杨坚不点他的大名，他会一直沉默到底。

最让高颎感到不解的是一向以清高爱民而自居的监天官长孙宇老先生也激昂地阐述着自己的理由："臣近来仰观天象，俯察图记，种种迹象都强烈显示，必须迁都。古代尧都于平阳，舜定都蒲阪，这样看来，帝王所居之所，世代可以不同。自汉高祖刘邦定鼎以来，古长安已历八百岁了，水皆咸卤，不甚宜人，为了千秋大业，愿陛下早定新都。"

高颎终于还是忍不住了，说了一句："大批劳役和巨额的资金如何落实？"

"数目肯定不少，但还不至于影响国之根基，技术工匠按等级给付禄米，一般杂工由朝廷供应吃食。整个工期不会超过一年，每期工匠的劳役时间根据自愿的原则，去留自由，杂工可以每月一轮换，这样即使影响，也不致危及农业生产。至于资产，可以先向贵族大户筹借一部分，国家给付利钱，国库支出一部分，这样问题岂不就基本解决了？"窦炽说得有理有据。

"但这是修建新都，不是只建一两座宫殿，一年半载就完成它，未免有些夸张吧！"

高颎对老将军窦炽的话有些反感，认为他的话不切实际，有点吹牛皮的嫌疑，于是语气上很有些不客气。现在看来，倒是自己有些见识少，虑事失于主观，高颎不禁内疚起来。

高颎回到宫中的时候，已是华灯初上了。

杨坚饶有兴趣地听着高颎的介绍，不时地点头称道。

"给新都起个什么名字好呢？"高颎侧着脑袋自言自语地说。

"朕早就想好了，此都就叫'大兴城'，宫城的名字叫大兴宫，京县便叫大兴县，还有大兴寺、大兴园。爱卿以为如何？"

"大兴城，好名字，这意味着我们大隋朝从此大兴，走向强盛！"

经过十个月的建设，大兴城如期竣工了。文帝杨坚为即将迁都兴奋不已，下令大赦天下，让百姓分享喜悦。这是值得纪念的日子，是个令人难忘的日子。

开皇三年三月十八日。这天，天气格外晴朗，温暖的春风中，文帝黄袍常服，率百官隆重迁入新都。宇文恺头前引路，边走边说："新都东西广十八里一百一十五步，南北长十五里一百七十五步。"听到这儿，百官们无不啧啧叹赞，面带惊讶。

后来据建筑学家测算，大兴城总面积比明清时代的北京城约大一倍半，仅宫城中心部的大兴宫就比明清紫禁城大五倍，在近代以前，大兴城是人类建造的最大都会。随着宇文恺，人们来到了大兴城中央的昭阳门街。这条街把皇城分为左右两部分，次第排列着各级中央官署。穿出皇城，是一百五十多米宽的朱雀门街，它把大城一分为二，东为大兴县，西为长安县，各领五十四坊以及各占两坊地的东西市。

宇文恺指着十三列坊说："十三，象征一年十二个月再加闰月；皇城之南，东西排四行坊，象征春夏秋冬四季，每行设九坊，表现《周礼》五城九逵之制。这样布局，既巧妙又暗合古礼。"

杨坚身着龙袍，巍然地站在高高的大兴宫前，放眼尽望这宏伟壮丽的都城，心中油然而生一种皇权至上的感觉，仿佛这里就是世界的中心，这里才是天子的家园。

日近晌午，在大兴城的官城内，一场热热闹闹的婚礼正在进行着。高颎凯旋回京，正赶上这一热闹的婚礼。震耳的鞭炮声过后，乐工们卖力地演奏着欢快的乐曲。一个唢呐高手把那云中的雀儿和林间的鸟儿声模仿得惟妙惟肖；几个吹笙的小伙子鼓着肚子，一边吹还一边挤眉弄眼，逗得人笑声连连，前仰后合。

朱门上，两个斗来大的金色双喜，一左一右，两旁写着一副对联，上联是：隋梁鱼水千年合，下联曰：儿女芷兰百世荣。一手赏心悦目的行书，观之可亲。行家一看，便知是当朝右仆射、书法家杨素手书。这杨素的字写得很大气，有种洒脱飘逸的神采。这和门额上稳重的"晋王府"三个大字相映生辉。

今天婚礼的新人是杨坚的二皇子晋王杨广和梁朝公主萧氏。新郎杨广神采奕奕，风姿英伟、相貌轩昂。再看梁朝公主，袅袅娜娜，肌似羊脂、脸衬桃花瓣，好似月中嫦娥！

杨坚夫妇眉开眼笑，并排而坐，笑吟吟地接受着儿子、媳妇的礼拜。皇上送给新人的是一对玉指环，独孤皇后送的是自己亲手绣制的两个同心结。高颖没有什么准备，把从寿阳带来的两个活泼的布老虎送给了新人，这对土里土气的工艺品，原打算送给妻子邱氏的。

杨惠送给堂弟及弟媳妇一幅自画的鸳鸯戏水图，寓意在斯，兄弟俩相视而笑。

婚宴开始了，高颖在皇上的旁边侍坐。杨坚的心情最近一直很平和，西边和北边相继击退了吐谷浑和突厥的进犯，南线又传捷报。加上刚刚迁入新都，心境顿时变得开阔起来。

今天二儿子和梁朝公主又结秦晋之好，喜事盈门，所以杨坚喜上眉梢，春风满面，吃起喜宴来，也胃口大开。

宴罢，杨广出门送客，遗下萧氏一人独守着新房。萧氏从上午进入新都后，就在悄悄地从轿帘内窥探着这个上国的都市风貌。新都道路开阔，两旁建筑雄伟、林立的店铺、熙攘的人群令人眼花缭乱，她心中不禁涌出两个字：繁华。

按关中风俗，婚后第二天，新婚夫妇要拜祭祖先，认祖归宗，祈求祖宗赐福保平安。早饭过后，杨广夫妇在晋王府宫娥彩女的簇拥下来到了太庙。宫娥打起轿帘，请出萧妃。杨广在前，萧妃在后，双双来到太庙门前。太庙是新落成的，高大中透出神秘，屋顶上部巍然高耸，檐部则如鸟翼轻展，金黄色的琉璃瓦与青绿色的檐饰沐浴在晨光中，和蓝天、白云相映生辉，呈现出一片辉煌。进入庙内，光线顿时暗淡下来，器物上的金色、绿色的光彩给人一种光怪陆离的神秘气氛。

杨广夫妇拜倒在地，口里默念着祷辞。杨广心中的话是神秘的，即使在祖宗的灵位前他也照样如此祈祷。记得在太学读书时他和哥哥两人同诵一首诗，大都是自己先会背，哥哥杨勇要慢一些；写同样的文章，自己的文采总是会博得父皇的赞赏，而哥哥只会静立一旁听讲。

如果两人犯了错误或恶作剧，自己会乖巧地躲过母亲的责骂，而哥哥则默默等着挨打。就因为自己是弟，他是兄，他成了太子，而自己只能是藩王。杨广在心里祈祷祖上给他带来机遇，建功立业，创造奇迹，得遂心愿。

萧氏心里有二盼。一盼家和，生下一帮皇孙；二盼隋、梁能世代结好。她担心有一天隋皇翻脸，那弹丸之地的江陵便会有灭顶之灾。她祈盼隋皇永远好心情，永远不翻脸。

拜祭完毕，在瑞香氤氲的太庙内，杨广领着萧妃一一拜认列祖。

杨坚的安稳日子没过几天，担心中的事情终于爆发了，突厥强大的兵力从北方直压过来，入侵开始了。突厥，广义包括突厥、铁勒各部落，狭义仅指突厥。

公元6世纪时，突厥游牧于金山一带，金山形似兜鍪，俗称"突厥"，因以名其部落。突厥初属强大的柔然族，西魏文帝大统十二年首领土门击败铁勒，收其众五万余人。

废帝元年大破柔然，建政权于今鄂尔浑河流域。其军事实力对中原构成了强大威胁。

周时，突厥人利用北周、北齐分裂的现实"分而治之"，每年从两国收取献纳的大量绢帛。即使这样，突厥人还是掠劫不止。在边境地区，一些人先装扮成商人，等即将成交时又掏出武器，群起而哄抢，很多突厥兵既是兵，又是贼，祸乱中原不已。

在北周内部对待突厥，多数人主张给予彻底打击，学习西汉对付匈奴的做法，武力征讨；也有人认为国力无暇他顾，与突厥开战，无异于削弱自己的实力。

杨坚执政后，北周以宗女千金公主嫁突厥可汗，一定意义上改善了突厥和北周的关系。北周巧妙地利用了这一机会成功地除去了依附于突厥的北齐余孽——高绍义，铲掉了北周的一块心病。

而这一时期，突厥内部也因汗位继承问题闹得不亦乐乎。继位的沙钵略因力量受到限制，只好暂时缓和同北周的关系。缓和，这只是暂时的策略。这期间，沙钵略调整了内部关系，分封诸汗，给东面的弟弟处罗侯，西面的族叔达头，退位后的菴罗、大逻等一一封了汗位，内部大体上各得其所。

于是，沙钵略便以为妻家复仇为由开始了试探性进攻。开皇元年的局部战争虽然规模不大，但给了杨坚很大的震动。

开皇二年，在鸡头山和河北山又发生了两次十分激烈的战斗，隋军均取得了胜利，这大大增强了隋军战胜突厥的信心。

正是春暖花开的季节，北国万里边境线上，烽烟滚滚，胡马嘶鸣，数十万凶猛的突厥兵越过长城，向隋朝腹地发动了空前的攻击。平州告急！临洮告急！幽州和周槃告急！

屯守乙弗泊的行军总管冯昱夜间遭突厥几万人马的袭击，虽全体将士奋力反击，但终因众寡悬殊，死伤殆尽。弃城前，冯昱传令士卒将不能带走的粮食焚毁，水井填实，可用之物一并毁坏，不给突厥兵留下任何财物。五日后，冯昱的帅旗还在土城墙上飘扬，当突厥兵顺利打开城门时，发现城内已空无一人，一片死寂。残垣断壁间只有破旧的什物和人畜的粪便。

同样，在临洮，兰州总管李长叉也在惊恐中败下阵来，那漫山遍野的突厥兵鬼哭狼嚎般的呐喊让他实实在在感受了胡兵的强悍。以他区区数千人，来抵御数倍于己的敌人，是有些难为他了。所以杨坚对他的失败并未予以追究。

其他多处被突破的防线，杨坚都及时调遣精锐之师反击。贺娄子干被派往河西走廊，在可浴赅山同行进中的突厥相遇，贺娄子干带队猛冲敌群，杀得敌人溃不成军。尔后，切断敌军水源，使敌方人马渴不可耐，等敌人心理崩溃之时，纵兵一鼓而大破之。

在此之前，上柱国李充在山西也打了一个漂亮仗，斩杀敌人数千。在西北，左武侯大将军窦荣定被委派为秦川总管，扼守西北要冲。

最悲壮的战斗发生在周槃。行军总管达奚长儒率骑兵两千人出击敌人侧翼，但万万没想到，敌人设置了埋伏圈，达奚长儒刚进入周槃，四面八方便响起了号角声，敌人里三层外三层地将他们重重包围起来。隋兵立时胆怯起来，这时但见达奚长儒振臂一呼："有血性的男子汉们，不要叫突厥小儿轻看了我们，人固有一死，与其畏畏缩缩地生，不如轰轰烈烈地死，弟兄们，只有死拼才有生路。"

随后把人马列成方队，布置成一个整体，且战且退，最外层的死了，里面一层再接着战，护卫着有生力量向主力靠拢。

突厥兵原以为依靠强大的骑兵几个冲锋就可以冲散方阵，但一天下来，突厥骑兵一次又一次的冲锋都似乎遇到了铜墙铁壁，死也冲不透。

整整三天，没有粮食，没有水，没有合上一次眼。战马死了，喝上一口马血，中箭了，拔掉箭头咬牙再战，武器打光了，就操起石头、木棍，有的士兵赤手空拳同敌人肉搏，敌人的利刃戳穿了手臂、戳穿了大腿，仍然死死地掐住敌人不放，牺牲时，口头还衔着敌人的半个耳朵。

达奚长儒身先士卒，多处受伤，浑身上下仿佛在血水中泡过一样，但眼睛炯炯有神，仍然坚毅地指挥着伤残疲惫的士卒们。

面对如此顽强的抵抗，突厥人也由衷地敬佩，深为这种不屈的精神而震慑。这些没有留下姓名的英雄们，以自己的血肉之躯，筑起了更为坚固的长城。几十万大军对付两千人，而自己损失逾万，这样的仗还能再打下去吗？士卒们疲惫了，可汗们也心灰意冷了。南侵的路上还会有多少这样的抵抗！财物掳掠不上，倒要赔上千军万马，可汗们决定撤军。

开皇五年，关东地区春旱又逢秋涝，夏秋两季的收成比往年减产了七成，有的乡甚至颗粒无收，一半以上的州县都上报了灾情，请求减免租赋。杨坚望着雪片一样飞来的急报，坐卧不宁。赈灾、减税，哪一样都不能少，可这样一来，国库岂不就空了吗？倘若关中地区再像头几年那样遇上个旱灾、虫灾，那国家拿什么去赈济呢？杨坚越想越理不出个头绪。他索性把这一档子事暂搁一旁。

他把礼部尚书牛弘新撰的五礼放到了案上。刚翻了几页，高颎急急忙忙地进来了。高颎走得一头汗，坐下来，头上还冒着热气呢。杨坚顺手递了条土黄色的麻制手巾，高颎接过来胡乱地擦了一把。现在，除了杨坚以外，高颎是最忙的人，走起路来，风风火火。也难怪，左仆射管的事就是多。

"皇上，据臣了解，现在国库不够丰盈的原因，除了天灾频繁以外，偷漏租税是主要根源。有的村子，有一半以上的户没有参加均田，仍租种的是豪强大户的土地。可租子有近一半要交给大户。"

杨坚腾地就站了起来，手拈着胡须，一字一板地说："竟如此严重！"他又在原地踱了一圈，缓缓地说："朕以前也略有所闻。魏晋以来，很多农民依附豪强，成了所谓的'浮户'，还有的农民想方设法逃避租税。叫什么'荫户'。前几年对这种情况进行了清理，也挖出了不少，想不到情况还这么严重。"

"关键是制度不严密，监察不得力。不少审定户口和征税的官吏任意改变租税的负担，诈老诈小、以生为死、损公肥私、敲诈受贿，以种种理由谎报租税实情，还有的豪门大户和他们勾结在一起，欺下瞒上，偷逃应缴的租税。这种情况不是一时一地如此，关中、关东，北方、南方情况大同小异。"高颎神情很严肃。

"耸人听闻啊！看来到了不解决不行的地步。高爱卿，你提的问题很及时，朕也在思考同一个问题。你有没有一个成熟的办法呢？""臣以为要赶快制定一个具体的办法，诏令全国，强制执行。隐瞒户口的都是一些豪强官僚，都有一定的势力，且手法隐蔽，又相互勾结。所以应重点检查。不然，一家看一家，一户看一户，恶性循环，还是一句空话。"

"爱卿所言极是，你不妨具体说说。"杨坚陡然来了精神。

"臣考虑了很长时间，觉得这个方法值得一试。根据年龄和容貌详细检查户口，根据划分户口等级的标准，进行详细登记，发现隐瞒不实情况，闾正、族正都要办罪。""好，这个办法好！这样一来，定让那些浮户荫户无可遁形。那该给这个办法定个名字！"

杨坚一扫适才心中的阴霾，像个孩子似的喜形于色。"臣已想好了，就叫它'输籍定样'。""'输籍定样'，好！高爱卿，即刻颁诏！""那臣又要忙上一阵了！""反正你也是闲不了。对了，拨给关东诸州县的赈灾粮都启运了吗？"高颎刚想转身离去，又被杨坚叫住了。

"户部已办妥了，水陆两路同时启运。"在刘昉华宅一间客厅内，几个人头碰在一起，神秘地指指划划。只听一个阴森森的声音道：

"皇上这一招够黑的，这不是断了咱们的财路吗？你看，几十年都这样过来了，偏偏大隋朝不允许有'荫户'！"另一个公鸭嗓子抢着说："什么皇上的招，那准是他的智囊高颎的主意，高颎这小子为讨皇上的喜欢，什么招都敢出，也不怕王公大臣们骂他八辈子祖宗。"

"不管他，多收买几个闾正、族正，人为财死，鸟为食亡，重利之下必有勇夫，就是要跟这什么'输籍定样'斗斗法。"这是刘昉的声音。"能行吗？""没什么大不了的！"这是宇文忻、梁士彦几个人在密谋着。过了两天，高颎和苏威在上朝的路上相遇了。苏威拱拱手，开门见山地问高颎："高大人眼有血丝，想必是熬了个通宵吧！"

"几个自讨没趣的闾正、族正，敢抗旨不遵，公然隐瞒'荫户'，昨天交由刑部处理，却问不出个所以然来，我料定他们是受人指使，交代只要说出元凶，便从轻发落，可后半夜几人突然中毒身亡。折腾了半宿，哪里能休息好！"高颖摇摇头。

"这么说，这个小案的背后并不简单，可能和朝中的权贵有些联系，高大人下一步打算怎么办？""奏明皇上，首先给王公大臣打个招呼，尽量减少阻力。至于这件事，由刑部去查，结果报给皇上，由皇上定夺。""也好。"恰在这时，刘昉从后边赶上，冲着二人一抱拳，施了礼，皮笑肉不笑地说道："今儿天气不错，二位心情肯定很好，大清早就聊上了！"

"彼此彼此。"二人笑着，算是回了礼。

刘昉心中暗骂："高颖，你小子敢和老子斗，我叫你吃不了兜着走。那是先给你点颜色瞧瞧，你想挖根，没门，我叫你死无对证。然后，嘿嘿……"

又是两天后，早朝散后，杨坚把侄儿杨雄留了下来，板着脸孔问："有人告发高颖在朝野暗中结为朋党，你了解吗？"

杨雄被问得猛一愣，急忙替高颖解释："臣身为侍卫总管，朝夕侍于宫中，假若有结党的现象，还能一点不察觉？皇上你聪明睿智，事无巨细，亲览亲察，这一点，自然心如明镜。高大人做事用心公允，凡事奉法而行，臣是就事论事，望陛下明察！"

听到杨雄的回答，杨坚才放下心来说："朕岂能相信这些不实之词，不过问问罢了。"

杨雄这才一块石头落了地。

杨雄作为杨坚的亲信，除了保卫皇宫，保证皇上的安全外，还负有监察百官的任务。幸而杨雄公正地回答，不然，高颖轻则被免官，重的要坐牢甚至杀头。

结党是杨坚绝不能容忍的。

因为这有先例。也就在去年，文帝令太常卿牛弘主持制定《甲子元历》，参与修订的宰相苏威之子苏夔和监天官张宾意见相左，争执不下，文帝便让百官来表决，结果苏夔赢得多数支持，张宾很不服气，气愤地向好友刘昉等人发泄说："我从事此项工作几十年，竟不如一个毛头小伙子，这口气我实在咽不下去。"

刘昉给他出主意说："苏威此人本来就行为褊狭，又长期主政，对立面是不少的，再说他的吏部，因铨选失意的人也不在少数，何不利用这些有利因素，参他一本，就说他结党。杨坚最忌这一条，一告一个准。"

　　张宾按照刘昉的指点上书揭发苏威与吏部侍郎薛道衡等人结为朋党，列举了尚书省、礼部以及地方官近百人与苏威都有弟子之谊或亲戚关系，还有干亲、结拜兄弟等。

　　杨坚本来知道张宾与苏威有矛盾，可事关朋党，他也顾不上这层了，下令蜀王秀和虞庆则等人会同追查、审理。

　　结果一个所谓的庞大的朋党集团被揭露出来，苏威被贬官，被牵连的知名人士竟达百余人。幸好，高颎和独孤皇后为苏威讲情，不然就会被罢官甚至坐牢。不过，杨坚也知其中或许有不实之处，不然处理不会这么轻。现在刘昉又故伎重演，想利用杨坚好疑的弱点来打击高颎。刘昉估计，参这一本，高颎不罢官也得降职，杨坚决不会轻易放过。杨雄的公正、杨坚的冷静，致使一场政治迫害案流产了。当刘昉得知杨坚居然放过高颎后，百思不得其解，疑惑道："难道这杨坚读了《屈原列传》，知道楚怀王的教训了？"

　　刘昉想再行奸计，但看到朝廷元老们都乖乖地顺从了，也只好作罢。通过半年的清查，共查出隐瞒户四十四万八千户，一百六十四万一千五百口。杨坚笑了，当户部报上提议群臣宴射行乐时，虞庆则当即连忙告饶说："臣等十分感谢陛下的赏赐，能君臣一起共欢乐，实在是难得，但御史在旁边，恐万一醉了被弹劾，反为不美！"

　　杨坚允诺支开御史，群臣齐颂"万岁"。

　　为什么虞庆则那么怕御史呢？因为根据隋律，御史不尽弹劾之责同样受到严惩。虞庆则曾亲眼目睹过监察官员被杀的情景。已是子时三刻，皇宫内一片静寂，秋夜的凉风吹来，李圆通禁不住打了个寒战。他照例是每天子时在皇宫内巡查一遍，而走到乾宁宫时总是驻足向院内望去，透过纱窗，那灯光在朦胧的夜色中显得格外明亮。

　　"又是一个不眠之夜！皇上为了国家社稷、黎民百姓，你可一定要当心圣体啊！"李圆通在心里暗暗地念叨着。

　　"白天你会见大臣，听他们的汇报。晚上，你还要批阅奏章，每天熬至深夜。皇上，天底下有那么多的事情，您一定要注意身体啊！"李圆通每天陪在杨坚的身边，看到杨坚不是谈国事，就是订国策，看到皇上如此，他也私底下奉劝过皇上，可是杨坚都只是淡淡一笑："圆通，国家现在正值多事之秋，制度也刚刚创立，百姓还处在贫困之中，这每

一件事情都是迫在眉睫啊，哪能够拖延呢！如果不抓紧时间，那么百姓们又要挨饿了！我们隋朝的弊端太多，如果不赶紧整治，恐怕到时候就会天下大乱，刚到手的江山就要易主啊！"杨坚的这些话都是发自肺腑的。

第七章

旁敲侧击警示亲信　刘昉密谋造反之策

　　今天，隋文帝依旧披着夹衫在案几上不停地批阅着奏折，案边的奏折早就堆成了两座小山。今天刑部送来的一份折子让杨坚很是头疼，这份折子是参奏刘昉的！一连几日，参奏刘昉的折子不断，刘昉啊刘昉，你为何知法犯法，纵子行凶呢？这不是给朕出难题吗！不过，刘昉可不是这样认为。

　　在一座豪华宅院的深处，昏暗的烛光映出窗纱上几个影影绰绰的黑影，他们一会儿指手画脚，一会儿交头接耳，好像在讨论什么，又像在密谋什么。这是刘府——舒国公刘昉的豪宅。"想不到我们担着灭九族的危险把他扶上至尊的位子，到如今却落了个狡兔死而猎犬烹，飞鸟尽而良弩藏的下场，真是叫人寒心哪，此人只可与其共患难，不可与之共享乐啊！"

　　刘昉满脸不平之色，对着其他几人牢骚满腹地说："他当时是何等谦逊，对我们言听计从，可如今——"

　　"是啊，我原以为他为人仗义，得天下后能共享荣华富贵，却原来这般忘恩负义！"粗声大气的卢贲说起话来无遮无掩。也许当初对杨坚的期望值太高，杨坚登基后，自己的官位升迁不大，散骑常侍，这低微的官衔，值得一提吗？"当年，为了他我可是冒天下之大不韪，得罪了多少人！真是自己瞎了眼，昏了头，错押了赌牌，让这小子给耍了。一片肝脑涂地心换来的是苍凉一片情。活该，活该！"说到这儿，卢贲的眼里都冒出了火。

　　一直闷不作声的李询长吁一口气："早知今日，何必当初！李询是北周大将军李贤之子，隋朝太师李穆的侄儿，在平定尉迟迥的决战中，协助韦孝宽，立下了卓越的功勋。以自己的家业和自己创下的功业，按说应受到特别的重用，但眼下只得和刑部尚书元晖一起修建京畿水利工程。李询抚摸着臂上的刀伤和眼上的箭伤，悲从中来。回想刀光剑影的战场，他和一帮手足一般的弟兄们眼也不眨地往敌阵冲去，那些兄弟们一个又一个地倒在了他的身旁，再也没有起来，而自己也多处带伤。

"我没有忠诚吗？没有勇气吗？或者没有统兵的才能吗？为什么圣上要那么偏心眼呢？把一帮家世不显、功业微薄的文人推上了高官显位。打江山的不坐江山，不打江山的偏要坐江山，这是哪家的王法？"

"还不是杨家的王法，杨坚的王法！"卢贲接过话头，把手中的折扇齐刷刷地折断，冷冷地目视着其他几位："他不仁，咱也不义，不把我们放在眼里，他也别想稳稳地坐在龙椅上！""你是说……"李询凑上去不安地问。

"给他出出难题，让他也不痛快几日！"李疑惑地望着他，揣摸着这句话的分量。有着显赫家世的李询毕竟不同于刘昉、卢贲，他虽由于个人际遇颇感失望，但并不想把事情做绝，更不想因此结党而走向反叛朝廷的道路，这同口不择言、率意而为的卢贲和心怀异志的刘昉有着根本的分歧。

漏鼓又轻击了一声，夜色更深了。早朝时，苏威出班奏本："现天下初定，国力匮乏，百姓生活困苦，而浪费财物的现象却相当普遍，这是国家的不幸，如果长此以往，一旦出现严重的自然灾害，抑或出现外敌入侵，则国家必然会遇到危险。以臣之见从现在起，一要大力提倡节俭，杜绝浪费；二要积极积贮粮食等重要战略物资；三要重农抑商，让游食之民转向发展农业生产。"国家要在各地建立义仓，贮存粮食；农民丰年若有余粮也要登记上报，作成余粮簿，公私之积都掌握在国家手中，则进可以攻，退可以守，国家的治理就走上了正轨。对消耗大量粮食的私人酿酒，要坚决杜绝，违者严惩。

"只有上下一心，国库丰盈，民风淳朴，国家才会长治久安。"苏威奏毕，退到一旁。

只见杨坚赞许地点点头，肯定地说："爱卿言之有理，可着户部拿出个具体办法来。"话音刚落，只见朝臣中闪出一人，手持笏板，高声奏道："臣卢贲有本要奏！""准奏。"

"苏丞相适才所言，多有不妥。让农民上报余粮说来容易，实则难以推行，即使有报，也未必可信，再说各级官吏，为本地区利益所驱，为求得升迁，会数字虚夸，无利则减少，岂可作为凭据！""还有，禁止私人酿酒，未免小题大做了吧？历朝历代也没有听说过这种极端做法，百姓也会反对的，望陛下三思！"卢贲的话引起了群臣的小声议论，多数人摇头，也有少数人点头，大家都把目光集中在杨坚身上。

杨坚扫视了一下文武百官，不疾不徐地说道："国以民为本，民以食为天。古之圣贤治理天下，无不遵从此理，所以万民才会安居乐业，天下才会大治。如果奢侈之风不刹，任由其发展，社会就会像一个身染重疴的病人，一步步趋向死亡。私家酿酒，事虽不大，但对奢靡之风推波助澜，其实并不小，古语说千里长堤溃于蚁穴，我们当谨记啊！

"至于说有些改革的具体办法，可以不必苛求，从无到有，我们隋朝的章法还有很多要建立和完善，我们提倡要勇于尝试，允许失败，错了可以改过来嘛。但很多陈规陋习不改革不行，不改革大隋朝就会国弱民贫，岂能千秋万代永固？"

杨坚的态度旗帜鲜明，卢贲的话又一次被驳回，一脸的晦气，低着头一声不吭，心里却在一遍又一遍地念叨："苏威、高颎有他妈的什么法术，哄得皇上言听计从，难道老子总是给他们当陪衬来显示他们的所谓盖世英才吗？狗屁！不按照他们的那套孝道就不能治国了吗？不用那帮文绉绉的人，就会天下大乱吗？如果没有武将，试试看，隋朝能安稳几天？皇上啊，你忘了。"

卢贲不能不生气，因为十日前，他曾因苏威的"孝道"治国论同高颎舌战，最后是杨坚支持了苏威的观点。当时卢贲气得脸都变黄了。最近连续两次同高颎、苏威交锋，都以自己的失败而告终，而杨坚对他们二位，不仅委以重任，而且处处偏袒。卢贲感到自己被彻底地抛弃了，失望之情、妒忌之火不禁油然而生。

对于卢贲的不满情绪，刘昉通过察言观色，旁敲侧击，了解得十分清楚。两人一来二往，渐渐成了十分要好的"难兄难弟"，推杯换盏之际，情更投意更合了。于是他们进一步扩大了圈子，李询成了第三位"沦落人"。刘昉的脾气虽不及卢贲的"霹雳火"那么扎眼，但也阴得够水平，毒得上档次。

禁酒令颁布五天后，在长安城最繁华的永乐大街上，一处店面格外引人注意。这是一家杂货店，高高的门头上大书"刘记货栈"四个朱红的隶书，店面大门敞开，显得十分亮堂，店内货物齐全、排列有序，一看就知道经营人是个行家里手，尤其是那柜桌上一坛坛散发着浓浓酒香的青色砂壶，的确与别家不同。

店里客人进进出出，生意十分红火。两个小伙计一刻不闲地招呼着来人，结算着账目，一串串铜钱堆满了钱柜。客人买得最多的是水酒，因为别处都已明令禁售，只此一家，故而顾客盈门。这是朝廷特许专卖？不是，这是刘昉的私家店铺，销售的酒全是自家酿造。

其实，刘昉公然违背禁令也不是第几次了。在北周时，他就依仗着自己的特殊地位和身份，多次出售私盐，获得了巨大利润。但由于他与周宣帝有着不同寻常的关系，别人虽然心里有气，也只能睁一只眼闭一只眼。这件事终于传到了杨坚的耳朵里，杨坚紧皱眉头。

"真是狂妄之至，把国家法令置于何地，把朕的旨意当成什么了！"杨坚欲把刘昉交由刑部严办，可朱笔在手，又踌躇起来。他背着手，踱着步，脑海里反复思量着："如果办严了，必然招来非议，什么'过河拆桥，卸磨杀驴'的话传扬出去，会冷了一批人的心，大隋刚刚建立，内忧外患未除，不可动摇其根本。但违法之徒不可不究，必须让百官知道，无论是谁破坏法令，都没有好下场。"

于是御批道："交由吏部酌办。"吏部尚书虞庆则接到这一旨意后，反复揣摩，如果换上别人，他也许根据情节据实发落，但这一回他不能不考虑多一些。虞庆则和刘昉曾有私人恩怨，这一点，杨坚也是知道的。

杨坚在后来的早朝上就类似事情不点名地敲打了刘昉几次，刘昉心知肚明，心中也陡长了对杨坚的不满情绪，甚至几次托病不来早朝。

刘昉的嚣张不仅使杨坚无法沉默，更激起了以杨惠、虞庆则、高颍为首的一帮重臣的不满，尤其年轻气盛的杨惠，不满之情溢于言表，如果不是碍着皇上的面子，他早就派人收拾刘昉了。

一天，杨惠听家仆讲起刘昉大肆私酿、私售烧酒的事，忍不住向杨坚请示是否可以采取暗杀手段解决这个无赖。杨坚摇头否决了。事后杨惠反复思忖这件事，觉得未免有些鲁莽，如果真的暗杀成功，受到指责的首先是杨坚，其次就是负责京都治安保卫的自己了。这是一桩不合算的买卖。

还是皇上有见地："多行不义必自毙。让他表演，等到激起公愤，自然会受到应有的惩罚。"这才是欲擒故纵术，圆熟的政治策略。

开皇六年闰八月二十八日，这是一个不平凡的日子。

这一天，天高云淡，清风送爽，长安西郊的法场上万头攒动，近千名衣甲鲜明的兵士将围观人群和死囚分成两个区域，十个被五花大绑的人一字形排列，长长的乱发覆盖住他们的脸颊，背后插的亡命牌上清晰地写着：钦犯梁士彦、钦犯宇文忻、钦犯刘昉。

每个人的身后均站着一位手持明晃晃的鬼头大刀、面目狰狞的刽子手。行刑官身披黑袍，来到死囚跟前作最后的道别："各位，午时三刻将至，现在每人一碗老酒，李某恭送大家黄泉路上一路走好，来生切莫贪婪，勿恋富贵，平平常常做个人。"

说完兵丁端来十大碗烈酒，灌入十人的口中，然后乒乒乓乓摔碎十个黑碗。

鼓声隆隆，午时三刻到，监斩官李圆通掷下令箭，行刑官高声喊道："开斩！"

这一嗓子，声音尖亮，响彻了整个刑场，再看刽子手们手起刀落，十具无头尸寂然倒地……刑场外一片哗然。

朝野内外，很多人不理解，这些身居高位的人为什么要阴谋造反呢？用杨坚的话说就是人心不足蛇吞象；用高颎的观点，即人的品质决定了他的作为——他们的谋反行为完全出于一己之私利。就在刘昉的不法行为被杨坚训斥以后，他在表面上有了一些收敛，但骨子里却种下了仇恨的种子。

他想到的最便捷的复仇方式是离间君臣关系。他的这个想法和他的铁杆同盟卢贲一拍即合，卢贲迫不及待地表示：让他窝里斗，使君臣互相猜忌，互不信任。卢贲选择的突破口是最为敏感的太子之争——东宫太子杨勇和晋王杨广的矛盾。如果单从才能的表现看，众皇子中杨广的才能表现得最为突出，最具实力同杨勇相抗衡。卢贲想利用的主要也是这一点。

他有条件出入于太子府和晋王府。因为在隋朝建立之初时，他便同二位交往甚多。

他知道太子喜欢良马，便花重金购得千里马一匹，并配以饰金的精美鞍鞯一付给太子送去。太子跨上马，坐在舒适的雕鞍上，其意气洋洋之色，竟毫不掩饰。"这马多少钱？"

"恐怕有钱也难买到！太子知道千里马乃罕见之物，即使有物在此，寻常人也不识货，这马不是用钱来衡量的。""那我就暂且赏玩两日。"

"臣不胜荣幸。其实验马配英雄，这马由殿下乘骑，正得其所！""嗳，我岂能夺人所爱呢！玩归玩，我还是要完璧归赵的！"

"殿下就是未来的皇上，普天之下，莫非王土，我的一切都是殿下的，何况区区一匹马呢？下官奉送殿下。""卢大人，你这样说话是犯忌的，不能乱讲啊！"那语气既显严肃而又不十分生气。"我一高兴，竟忘了，该打！不过，这话除了圣上和晋王殿下外，别人倒不打紧。"卢贲说这话时，有意把"晋王殿下"四个字放慢了语速，并拿眼睛的余光在杨勇脸上扫了又扫。杨勇听着，不自觉地愣了一下，随即又恢复了平静，但那眼光里还残留些许的忧郁。

卢贲看在眼里，乐在心里。他相信凡是事关自己切身利益的，任何人都会竭力去维护，甚至不择手段。他把疑虑的种子播在了杨勇的心里，欣喜而归。在刘昉华丽的寝室内，烛光四射，他一边听着五姨太莺声燕语的娇笑，一边抚着脑门盘算着下一步好棋。

晋王杨广虽然兄弟排行第二，按老规矩与帝位无缘，但其种种表现表明，他并不安心只做一个封王。开皇元年，仲春时节，有一次在下朝回去的路上，他看见杨广与一些大臣谈笑风生，脸上的笑意像春天的阳光般灿烂，那拱手作别的谦逊表情，让不少人受宠若惊。但他印象中的杨广并不完全是这个样子，至少不是那么虚心。

他决定布下一个艳局，检验一下自己的判断。他邀上卢贲，在自己的华府上摆了一席盛宴——肉盘席。杨广轻车简从、布衣麻履地赴宴来了。但这身简陋的衣装毕竟掩饰不住白白胖胖的身躯。一进刘府杨广便完全像一个非常随和的人与刘府上下打着招呼，携着刘昉和卢贲的手一起走进客厅。

与刘昉、卢贲的锦衣绣袍相比，杨广简直就是一个平民，但他仍潇洒地谈吐着，给人以不同凡响之感。"晋王殿下向来以仁义播美名于天下，人皆仰之，臣等不胜惶恐之至，延请殿下到舍下小酌，为的是一叙臣等渴慕之情。殿下能拨冗前来，臣等实感念不尽。"刘昉故意捧了杨广一通，那语气真是诚恳之至。

"二位乃开国的功臣，国家的栋梁，小王常怀感念之情还来不及呢，能与二位共叙衷肠，也是小王的福分！"这杨广说得有情有义，一点也没有皇子的架子。

说着话，刘昉拍了一下巴掌，两个轻盈的女仆手托茶盘，款款走了进来，向杨广深深鞠了一躬，轻启朱唇："恭请晋王用茶！"说完把一只玲珑的玉杯呈到了杨广面前。杨广的眼睛一亮，目不转睛地盯着两位身着荷叶绿衣衫的姑娘，香茶伴着美女，杨广的魂都飞走了。

"殿下，这是江南有名的龙井茶，请品尝。"听刘昉提醒，杨广才回过神来，从女仆的纤手中接过玉杯，啜了一小口。"殿下，味道如何？""不错，名不虚传。"杨广品着，对香茶赞不绝口。"殿下，实不相瞒，这煮茶的功夫，我们北方不及江南，臣特地用重金从江南礼聘了一位煮茶师和两位布茶姑娘，他们都来自西子湖畔。"

杨广再次把目光刺向二位姑娘：那窈窕的身材，那荷花般的面容，真是令人陶醉。"采莲南塘秋，莲花过人头，低头弄莲子，莲子青如水。"杨广手里玉杯中袅袅升腾的茶香给了他诗的想象，他不禁吟咏起乐府民歌中《西洲曲》里的句子来。

"殿下真是好兴致，一杯浓茶引出一片情啊，睹物思景，睹物思情，妙，妙！"刘昉的喝彩博得了杨广的极大兴趣，他放下玉杯，饶有兴趣地探头追问道："两位西子姑娘，不知在江南时也采过莲子吗？"

"回殿下，奴家都是采莲女！""据说采莲时左采右摘，颇类舞蹈，不知能否载歌载舞再现采莲的盛况？""奴家歌舞粗俗，恐有污殿下耳目！""不妨，不妨，孤家就是要看一看原汁原味的江南风情。"

其实，她们哪里是什么西子湖畔的，而是地道的江北人，只不过经过训练包装以后，大体具备了江南风味。姑娘们的美丽舞姿激起了客厅内阵阵的掌声。

眼看着火候已到，刘昉又笑问杨广道："王爷，你知道江南有道名菜，叫作'金鱼戏水'吗？"刚才是喝的，现在又是吃的，倒是扣住主题来的。这道菜杨广吃过，还知道它的配料和做法，但仍装出不知道的样子："小王对此毫无研究，请指教。"

"这道菜的主原料是江南的糯米，还有莲子、桔饼、红枣、白砂糖等，可选取上好的糯米八两，莲子半小碗，红枣半小碗，糖桂花两汤匙，桔饼、冬瓜糖各半小碗，此外还需红、绿丝少许，白砂糖、猪油适量，至于说制法，恐怕要有四道工序。

晋王请看，随着刘昉的击掌声，三个头戴金鱼帽的女子半裸着身子，依次将"金鱼戏水"端至杨广等三人面前，三个女子轻舒玉臂，转动皓腕，娇滴滴地齐声道："请用美餐。"

杨广被眼前的情景惊得目瞪口呆，他尽管贵为王侯，但这样场面还是第一次见到。

看到杨广的反应，刘昉马上解释道："美食还需有美器，这玉盘、象牙筷是美器，这美人也应是美器，她可以佐食，增添几许就餐的气氛。请王爷品尝！"杨广夹起一小块填入口中，慢慢咀嚼着，满意地点着头。

接着两声啪啪，刘昉的第二道江南名菜又奉上了。

第二道乃"西湖醋鱼"，它用质地细嫩的上好草鱼制成，色、香、味俱佳，托盘的乃是一位二八佳人，披一件半透明的白纱，玲珑的曲线在轻纱中毫无遮掩。

这与其说是欣赏美味，不如说是品赏美人，杨广咽了一口唾沫，眼光在佳人身上肆无忌惮地扫射着。

第三道是红绿相间的"翡翠虾斗"，这道菜虽制作并不复杂，但火候和放料却颇有讲究，刘昉边吃边介绍着。这道菜持盘的是一位裸着双腿双脚的姑娘，那白皙光滑的小腿，匀称小巧的双脚宛然成了一道风景，又把杨广的目光吸引了过去。

第四道菜唤作"香酥肥鸭"。菜未到而味先至，令人馋涎欲滴。再看端菜的人，竟是一位全裸的纹身女郎，令人叫绝。杨广一边嚼美食，一边大饱眼福，竟忘了身处何时何地。

刘昉和卢贲相视一笑，于是卢贲双手端起酒杯送至杨广面前，谄笑着说："王爷请满饮此杯，臣有话要禀告！"杨广虽一身酒气，但头脑清醒得很，他尽管一时因挡不住诱惑而露出本相，但毕竟无关大碍，他料定这场酒宴之后必有其他内容，也许是非常重要的敏感问题，也许有事关自己的事体，但总之天机不可泄露。于是，他挥挥手，一切闲杂人员全退出了客厅。

"王爷向以善意待人，却不知有人不念手足之情，排斥异己，人前人后中伤王爷，臣实在难以理解！"卢贲的话显然是在暗示杨广，杨广是何等聪明的人，他和太子杨勇存在的矛盾，他从不在表面表露出来。对于卢贲的话，他只是从嘴角撇出一丝不易察觉的奸笑，并未给以正面回答。

"宁使天下人负我，我决不负天下人。这是本王一贯奉行的做人原则。本王感念兄弟手足之情，从不以小过而责人，大丈夫做事当光明磊落，岂可暗箭伤人？这样的话今天到此打住，以后休再提起！"杨广的言语颇为慷慨，刘、卢二人虽有进言，但也不敢多说了。

宴罢，刘、卢二人送走了杨广，满怀心事地回到了客厅。他们对于杨广的看法是一致的：此人深不可测，善于表演、伪装，狡诈之至，杨勇绝非对手。卢贲手捋短须，幽幽地说："杨广被如此语言一激，肯定加深了对杨勇的怨恨，二人如能自相残杀，才合我心意呢！我不仅要让他兄弟生疑，还要他们父子相疑！"

一天，卢贲在郊外遇到杨勇，又偷偷对太子附耳道："近来臣因多次到东宫拜见殿下，被皇上责问。臣遭猜忌无非降职罢官，可对殿下心存他意又意欲何为呢？"

卢贲的话猛然使太子想起近来府上的怪事，原来百官拜谒东宫的车轿往来不断，而最近却轿马稀少，门可罗雀。原来如此！"父皇，不是你亲口诏喻百官到东宫拜见儿臣的吗？现在为什么要出尔反尔呢？儿臣又有什么错呢？"杨勇在心里暗想，"难道有人从中作梗？是儿臣有不良行为还是别的原因呢？"

其实，杨勇万万没有想到，自己的一言一行都有人定期向皇上汇报：收取百官的贿赂、言辞傲慢、行为放荡不羁、生活奢侈，等等。

卢贲莫须有的进言起了一定的作用，杨勇对皇上、皇后开始不满了。卢贲对自己的杰作颇为得意。他与上柱国元谐、李询密谋进一步拉大杨坚和高颎、苏威的关系。一场新的阴谋又开始了。

刘昉、卢贲、元谐、李询与华州刺史张宾等五人分别行动，拿着罗列了高颎、苏威"十大罪状"的密折暗中串联、签名，美其名曰："清君侧"，但除了个别官员利欲熏心违心地签名外，绝大多数都能权衡利弊，审时度势，以各种借口拒绝加入倒"高、苏"的行列。

更有戏剧意义的是，有人将这一活动密告了杨坚。杨坚不动声色地将他们逮了个正着，人赃俱获，几人方感到大祸临头。

面对暴怒的杨坚，刘昉东遮西拦，把自己扮成了局外人，仿佛自己也是个受害者，而把全部的责任一股脑地推给了卢贲和张宾。

杨坚向高颎、苏威征询处理意见，二人皆曰："隋朝刚刚建立，人心尚未稳定，不宜牵连过多，不宜处理太苛。"

于是，杨坚以"龙潜之旧、不忍加诛"为由，对二人仅作"除名为民"的处理，而对刘昉、元谐与李询也只严斥一番。但自此以后，三人皆有职无权，挂名而已。五人跪在殿前，山呼万岁，感谢杨坚的宽宏大量。

但开皇五年，元谐终因谋反和诽谤罪而被下狱，这次罪证确凿，罪大恶极，被判死刑。被杀的还有上开府元旁、临泽侯田鸾、上仪同祁绪等。

杨坚在处理刘昉等五人时，的确表现了高度的灵活性，他相信，经过这样的处理，他们会改过从新，有类似经历的人也会得到一定的安慰，但事情并未像他所愿的那样发展。

刘昉经过两次申斥后，不但不思悔改，反而变本加厉地进行颠覆活动，这次他的合作伙伴是原北周老将梁士彦和宇文忻。

梁士彦和宇文忻俱为北周名将，与刘昉素有交往。梁士彦曾因死守晋州而扬名天下，宇文忻跟随周武帝平齐屡立战功。平定尉迟迥之役，他们在暗中接受了尉迟迥的贿赂后，不得已又参加了平叛之战。

这一点，杨坚也很清楚。所以在防御突厥的战争中，虽然宇文忻善于用兵，但终未获得大用。刘昉虽没有认真读过书，但是善变。凭着不凡的棋艺刘昉渐渐成了少与人往来的梁士彦的座上客。

这日，刘昉醉醺醺地来到梁府。他不知又在哪儿喝多了。

一进屋，刘昉便愤愤然地说开了："往事不堪回首啊，杨坚他龙椅坐稳以后，就翻脸不认人，当年的开国功臣全给开了，留下几个也是掩人耳目的摆设，这让我们这些当年拿着身家性命作赌的人如何能咽下这口气，明天把宇文忻请过来，我们商量一下！"刘昉一提起遭黜便脸色发青，口诛犹不足，恨不能马上仗着三尺宝剑杀上金殿，与杨坚大战三百回合，方解心中的恶气。

第二天上午，一身黑色便装的宇文忻如约而至。梁士彦和先到一步的刘昉早迎出大门外，入席时，三个人你推我让地谦让一番，落座后，梁士彦因年长东向坐、宇文忻北向坐、刘昉西向坐。

三杯酒落肚，梁士彦手拈胸前的长髯，一脸严肃地对宇文忻说："兄弟是否还记得平定尉迟迥的旧事？"宇文忻眉头紧锁，略停了一下，仿佛自言自语："想一想，倒不如那时归了尉迟迥，论功行赏也该不失为上柱国！"

宇文忻声音发涩，不像他往日的亮嗓门，说完，一仰脖又灌了一大杯。

梁士彦又问："兄弟比起王谊，哪个地位更高，谁的资格更老，谁和杨坚的关系更近呢？"

宇文忻摇摇头，淡淡地说："王谊位列三公，乃关陇勋贵，和杨坚同窗加亲家，忻如何能比？"

"以王谊之贵、之尊，杨坚杀之如宰一条狗，你我的那件事都握在杨坚和高颎的手里，说不准哪天他们不高兴，抓你个小辫子，新账旧账一起算，那么，兄弟，你我的富贵也就算到了尽头了。"

说完，梁士彦又看了一眼刘昉。刘昉连忙接过话头，摆着手道："老将军何必过于悲观呢？天无绝人之路嘛！""话虽如此，但路在何方，计将安出？"梁士彦双手一推。

"无非上、中、下三策。上策，就是及早在朝中寻找政治靠山，夹着尾巴做人。当今，杨雄、高颎、苏威之流都是大红大紫的人，投靠他们，仰他们的鼻息，就算是钻进了可靠保护伞的。中策，就是彻底退出敌坛，完全不问世事，归隐田园，终日与林、泉为伴，做个自食其力的陶渊明；或者知难而退，闭门谢客，做个富公，只知日出日落，莫问春夏秋冬。下策，那是要冒风险的，不说也罢！"刘昉故意卖了个关子。

"说来听听。"二人异口同声地说。

"造反，拥兵造反！"

刘昉压低了声音说："说起来冒险，其实只要抓住时机，击败杨坚，谋个大富大贵，荫及子孙，并非痴人说梦！"

宇文忻听的热血澎湃，他看着梁士彦，忽然一拍胸脯，声音一下子亮了起来："梁老将军德高望重，何不做一番伟业，南面而事之。只要将军拥有所辖军民，振臂一呼，我宇文忻定当影从。我们两处遥相呼应，然后与早已待反的义士们连接，天下动乱既起，四境必然燃起狼烟，到那时，杨坚只能顾此而失彼，首尾不能相顾，说不定不出半年，江山便可易手。以老将军的神威、刘大人之谋略和忻之才干，必不负天下人所望。"

宇文忻的怒火被刘、梁二人给点燃起来了，瞬间变得骄狂起来。

刘昉显得更兴奋，又将发亮的脑门向前凑了凑，指头点着桌面，像高超的将军在详解军情一样，说："宇文忻将军的方案固然不错，但需从长计议，进一步完善。我们不妨再想想其他的捷径，比如暗杀。我们在杨坚必经之地布置刺客佯装祭祖，那个季节，到处都有人在祭祖，即

使人多，杨坚也必不会生疑，护卫们也不会特别在意。突袭行动要狠、准、猛，行动人员要报定必死之决心。另外兵器上淬上剧毒，见血封喉，让杨坚绝无生还之希望。"

"暗杀地点选在水边，让刺客事先伏在水里，口含芦管，武器用蜡外封住。行动时，岸上有人拉动他脚上的绳子通知他。刺客也有现成的。我的心腹已探听到在太行山深处，有一位身怀绝技的和尚，他就是原尉迟迥的亲信大将，名麻海，尉迟迥兵败后，他被迫出家到了云阳寺，几年来，他潜心修炼武功，念念不忘寻机复仇，他手下还有一批武艺超群的死士，我已派人与他结交，现在只需再派心腹与他联络有关事宜即可。"

最后商定这件事情由梁士彦的外甥裴通可去。当下，梁士彦便修书一封，约好会面的时间、地点，交由裴通。

裴通是个心怀大志的青年，平素对梁士彦与刘昉交往过多就心存疑虑，现在听说要密谋行刺皇上，反叛朝廷，内心大惊。

他寻思，如果计划成功，那么必然会引起中原的战乱，势必殃及千百万无辜的百姓，那么刚刚统一的河山又会支离破碎，刚刚复兴的经济又会遭到无法挽回的破坏，去联络叛贼，我岂不是在助纣为虐吗！

去劝说他们放弃计划？不行，那无异于与虎谋皮，劝说不成反而误了大事。怎么办，去揭发他们的阴谋吗？而舅舅一向待我不薄，如此一来，我就成了以怨报德的人，这不正是自己鄙夷的吗？不辞而别吗？不参与这一血腥的活动，也不行，即使我个人不去，也总有人要去的。

裴通内心焦灼，左右为难。

现在如果不及时将这场罪恶之火浇灭，而是任由其发展蔓延，最后必然导致尸骨如山，血流成河，妇女惨遭蹂躏，儿童丧失呵护，冤魂遍野。如果是这样，他就是死了也不安心啊。

这些想法在他脑海中一一闪过，明灭不定。

"哎，还是让上天决定吧！"

他从兜里拿出一枚铜钱，将铜钱抛了上去，有字的一面就做，没字的一面不做。铜钱落地了，他拾起来一看，深深叹了一口气："哎，恐怕我裴通要行不义之举了！"

第八章

刘昉失败画像被射　文帝假意与陈通好

　　杨坚收到他们要造反的密报时，心里很是震惊和悲痛。夜里，他背着双手，来来回回地在屋子里走着。

　　这时候，李圆通求见。李圆通给杨坚报告了内附的党项、羌人的安置情况和修建长城的进展——这些都是杨坚让李圆通秘密进行和调查的，免得那些官吏弄虚作假。李圆通将所有的情况全部报告完毕后，看到皇上愁眉不展的样子，便说："皇上，自从你登基以来，国内太平，边境安定，百姓安居乐业，这可是百年不遇的盛况啊，皇上你在忧虑什么呢？"

　　杨坚看着李圆通，没有说话，顺手把桌上的一封书信递给他。李圆通阅罢，顿时眼中冒火，切齿痛骂道："这些猪狗一样的人，没心、没肺、没长眼睛的东西，竟然想出这么毒辣的手段，要暗杀这么圣明的皇上！皇上，让我把这几个狗头抓起来吧！"

　　"不急。你说说他们信上讲的，你怎么看？""纯粹是胡说八道，满嘴喷粪。皇上宵衣旰食、呕心沥血、日理万机他们看不见，皇上访贫问苦、赈济灾民、惩处贪官他们看不见，杀几个犯上作乱的贼子，就成了滥杀无辜。难道位高权重就可以不要王法、为所欲为了吗？任人唯贤的美谈到了他们的嘴里倒成了又一桩罪状，真是颠倒黑白，他们的舌头统统都该割掉。"

　　李圆通涨红了脸，双拳握得叭叭响，像一只发怒的豹子。"圆通啊，随他们说去，公道自在人心。"杨坚接过信，收好，继续说："在旧官制下，世族大户，带兵的武将习惯了以祖制或军功晋爵、进阶；国家的治理也往往以这些世族大户或功臣们为支柱。这样他们就形成了一个特殊的利益团体，牵一发而动全身。在全国检括户口，有人就竭力反对，结果新检出四千多万户，看看，他们每年要偷逃多少租税！高颎提出'输籍定样'完善征税制度，也有人反对。如果任由他们，不触动任何一方的利益，那么任何改革措施也推行不了，大隋的江山社稷靠什么来巩固？又怎能奢谈实现国家的统一呢？"

杨坚停了停，啜了一口浓茶，继续说："他们这些人之所以恨朕，要杀朕，就因为我让他们失去了不少特权，损害了他们眼前的一部分利益。这些人，眼睛是向上长的，只会跑官、要官、买官，而官位一旦到手，便会不择手段地弄钱、害民，为害一方。像卢贲、刘昉这些人，文不能定国，武不足安邦，就知道上蹿下跳，到处煽风点火，惹是生非。前两次违法，朕都体恤功臣，宽大为怀，一忍而再忍，但他们就是本性难移，他们既然阴谋叛乱，不惜破坏国家安全，颠覆国家政权，就必然要受到国法的严厉制裁，决不能再姑息养奸了，要给百官一个交代，给百姓们一个交代，至于怎么处理，朕已另有安排。"

看到皇上的语气这么坚决，李圆通如释重负。第二天，文帝下诏，诏令梁士彦为晋州刺史。此时，梁士彦的眼前恍然出现了自己身披龙袍、万众欢呼的热烈场面，脑海中，"天时、地利、人和"六个字交替再现，他做梦也没有想到人到暮年，上苍赐予的运气竟是如此之好。

他将这天字第一号的喜讯，迅速传递给刘昉和宇文忻。乍一听，二人都以为是和他们开玩笑呢。当他们确信这是真实消息时，二人都处在高度的亢奋状态，大笑之后继之以狂歌、豪饮。三人都一致确信，这纯系天意，应抓住机遇，顺应天意，好好大干一番。

刘昉还提醒说："明天，梁公到朝中谢恩，相机行事，看看能否请求吏部多封赏几个自己人，这样，将来举事也名正言顺地多几个助手。"

这一晚，梁士彦兴奋地一夜未眠，第二天，梁士彦入朝谢恩，一番礼节之后，梁士彦话头一转："陛下，晋州地广人众，臣恐精力一时难以顾及，为有效管理，拟以薛摩儿为州衙长史，此人德才兼备，颇有能力，堪当此任，恳请陛下恩准！"

"准奏！"杨坚回答得十分干脆，尔后又问，"卿还有何奏？"梁士彦本准备再推荐几位同党，但转念又觉不妥，于是便道："陛下如此器重老臣，臣当竭忠尽智，以报天恩。"

杨坚听罢，会心地点头一笑，这一笑，高颎会意，虞庆则理解，杨惠也心领神会。

回来的路上，尤其是梁府附近的街道上，行人似乎比平时多了不少，生意买卖也显得比平时多了几成，梁士彦的跟班嘴里还冒了一句："这生意人可怎么比往常多这么多呢？"梁士彦也注意到了这一点，但他认为这是他的"好兆头"，不足为怪。

紧张的准备工作开始了，府里上下都在忙着打点行李。其间他任命心腹裴石达为联络官，密切保持和刘昉、宇文忻的联系。为安全起见，他们之间少有走动，只以书信往来。行期越来越近了，这天，梁士彦随百官一起上朝见驾，顺便和其他人做最后的道别。

这天，刘昉和宇文忻来得较早。早朝开始了，大殿上下，金鼓齐鸣，甚是威严！杨坚坐在镂空的九龙椅上，扫视了一下殿前的群臣，严肃地说："有人曾劝朕要防微杜渐，谨防萧墙之危，朕还不敢全信，谁知竟不幸被言重了。现在，有人准备了一份十分周密的政变计划，连细节都拟好了。诸位，想见识一下吗？"

文帝的目光定格在刘昉的身上，继续说："老百姓常说：事不过三，此话大有道理。如果屡犯纲纪，而不思悔改，这种人必是品质恶劣的人，如果不但不闭门思过，反而变本加厉，甚至与朝廷为敌，与社稷为敌，与百姓的福祉为敌，这种人只能称之为祸国殃民的败类，而祸国殃民之人，有百害而无一利，留之何用？"

文帝最后一句话，声音提高了八度，那是满含愤怒的宣判。全副武装的宫卫们听到这儿，哗啦啦上来几个彪形大汉，分别来到刘昉等三人跟前，说声："请吧！"便架起来拖了出来。

只见文帝将手一抖，散落下六七封书信，然后厉声问道："三位大人，认得此物吗？"三人看到这儿，立刻像没有了脊梁骨一样，一下软瘫下来。原来，那些书信都是截获得来的。裴石达第一次递信，就被杨惠派的人抓个正着，被威胁利诱后便投靠了杨惠，而三人收到的都是请高手模仿笔迹写成的。

文帝本来在裴通密报后，便可采取行动，但他一来想一网打尽，二来要掌握更多的证据，让大臣们无话可说，于是便欲擒故纵，放长线钓大鱼。杨坚为了让群臣牢记这次教训，又安排了一场别开生面的射箭比武，凡射中百米处的箭靶者皆有奖，奖品就是没收的三家叛臣的家财。这笔资财数目巨大，尤其是刘昉的家财，光抄他的家用了整整七天时间。

箭靶很特别，是用三个人的半身像画成的。比武每人都要参加，从

· 89 ·

高颎开始，按官职高低，先文后武的顺序一一走过靶台。

有些老臣觉得这种方法未免过分了，就故意把箭射向一边；而有些年轻的大臣，觉得很有些意思，便引弦而发，嘴里还念道："看箭！"射得准而狠。标物越来越少，三人的半身像也已千疮百孔。对于一一离开靶场的文武百官，今天的比赛，的确称得上一阵长鸣的警钟。

杨坚因为夜以继日的辛劳，高度的精神紧张，曾一度累倒了，虽经御医多方调治，可总也提不起精神，面容依然十分憔悴。

一天，他在寝宫小睡，朦胧中，听到一阵轻细的脚步声，他微微睁开眼睛，看到是一位捧着盘子的宫女，那宫女来到小几旁，轻盈地把盘子放下，那动作像是在跳舞，杨坚注意到，这是一个新来的宫女，十七八岁的模样。

杨坚感到如一缕春风吹了进来，精神为之一爽，他坐起身来，随意地问了句："你是刚进宫的吧，叫什么名字？"

"回上，奴婢叫雪蓝，已进宫两年多了。"

雪蓝退出去了，可她的音容依然挥之不去。

杨坚焦急地等待着她的再现，侧耳倾听那美妙的脚步声，但别的宫女和太监一个个来了又走，走了又来，就是迟迟不见雪蓝的身影。杨坚在寝宫内来回地走着，从门口到内间，他一步步地数，像漏壶在计量着漫长的时间。

忽然，那轻盈的脚步声又过来了，杨坚猛地一转身，正是雪蓝。她端来了一点山楂，红澄澄的，透着一股特有的果香。

杨坚边嚼着山楂，边欣赏着雪蓝凝神的样子，像在欣赏一幅名画。

夜色又一次笼罩了皇宫。在皇后的宫内，一个宫女正向独孤皇后报告着什么。

"那个小妖精长相如何？"

"没什么特别，一般，皇上身边的人都是按皇后娘娘给的标准选的，不妖、不媚、不艳。"

"她没什么特别的举动？"

"那个宫女很老实，一天也说不上两句话，再说，她刚去没几天。"

"或许是皇上今天偶然高兴一下，没什么大事就好，你们多盯着那个小丫头。"

"是，皇后娘娘，她一有异常，奴婢马上报告。"

这一天，杨坚的心里只有一件事，那就是要不要把雪蓝"收"在身边。

如果"收"了雪蓝，会给寂寞的心灵带来几许慰藉，但是当年与独孤氏的誓言呢？他陷入了无比的矛盾中。最后，思前想后，自己可是隋朝的皇帝，纳个妃子的权力还是有的。于是，杨坚终于下定决心招幸雪蓝。可太阳落山后，雪蓝却不见了，就连前去传旨的太监都不知所踪。

杨坚勃然大怒，指示护卫头目，务必要找到二人，活要见人，死要见尸。

天刚亮的时候，几个太监在一间盛放杂物的屋子里找到了他们，然而他们却双双自缢身亡。高挂在房梁上，令人不寒而栗。

杨坚得报，如披冰雪，一时呆在那里，半晌无语。事出蹊跷，杨坚下令调查，但换了两个掌事的太监，都毫无头绪。杨坚尽管心里沉甸甸的，但时过不久，他的心思还是让位于繁忙的国事了。

几年之后，隋文帝批完奏章，踏着洒满野花的林间小径，独享着这落日黄昏后片刻的宁静。忽然，一阵幽幽的箫声自林中飞出，听得出箫声含着怨气，是失意人的倾诉。

他循声而去，在一株古柏之下，一个宫女模样的人正披散着长发，旁若无人地吹着。杨坚站在两丈开外，静听那撼人心魄的箫声。

一曲终了，那宫女一抬头，望见了不远处的皇上，她没有惊慌，而是若无其事地向着杨坚跪下，声音不大地向杨坚请了安。杨坚颇感意外，像这个态度的宫女，他还是第一次见到。

一番询问之下，才知道这个宫女也是个苦命人，于是隋文帝便决定改变她的命运，当晚就召幸了她。

临别时，杨坚依然恋恋不舍地频频回望这位卓尔不凡的小女子。

之后，杨坚又特地看望了这位多情的姑娘。谁知，皇后的"眼线"把杨坚的行踪报告给主子。独孤氏第一次听到宫女报告杨坚和御花园中的宫女幽会，她还将信将疑，下令再探，第二次又报时，她再也沉不住气了，传旨把那个胆大妄为的宫女带来。杨坚得知消息后，赶到皇后宫中，见到了一具血肉模糊的人体，正是那名宫女。

因为这件事情，杨坚十天没有和独孤氏说一句话。后来，在儿媳妇元氏的劝解下，才和好如初。

开皇八年（公元 588 年）的春天。帝京长安就坐落在这片浩瀚无垠的翠浪绿野里，似乎战争的烽火已经熄灭，不会重新燃起。聚英酒楼的茶客无不称道天下的太平、百姓能安居乐业的大隋盛世。

皇宫大殿上，"皇上驾到！"李圆通一声中气十足的呼喊，震得殿东南角两株白果树上的乌飞去，声音刺耳。文帝杨坚气宇轩昂，由宦官导引，缓缓地坐在雕龙檀香木制的宝座上。尽管刚才几声鸦鸣，使他眉头一皱，但随即被文武百官齐刷刷地北面朝拜声"吾皇万岁、万岁、万万岁"又唤起了精神。

"爱卿，平身——"

两厢文武将相分列入座后，杨坚探身垂询，目光直射高颍："独孤公，你刚从南方回来，还吃得消长安的寒气吗？"独孤是高颍的赐姓，高家父子与独孤伽罗的父亲独孤信极为亲密，于是，独孤信在世时即视高颍为子侄辈，常呼之为"独孤儿"。由于这一层关系非同一般，所以即使在杨坚称帝后，也对他敬爱有加。至少到现在，还没有人能取代高颍的职位——尚书左仆射兼纳言，晋爵时，高颍被封为开国郡公，属从一品。高颍脱口答道："臣没感到有什么不适之处，只感民风差异甚大。"

"不妨说来听听。"杨坚朗声道。

"臣初去时，也曾追寻些南方燕语莺声、雾岚朝霞。只是军务繁重，实在没有片刻闲暇。一江之隔，虽说是陈的天然屏障，却是我们的通天之途。隔三差五总有南方的军卒凫水过来，讨要些吃的，看他们刀兵剑戟锈迹斑斑，面黄肌瘦，可怜戚戚，就给他们一些白面馒头。足见民不聊生、苦不堪言。"

一番调侃的话，说是满朝文武个个喜气洋洋，连杨坚也含着笑意。"这么说，朕定要拯救百姓于水火之中了。可是，朕自即位以来，一向本着隋陈友好的姿态，只是因那陈后主似乎永远不想同隋建交，互通友好，朕气不过，才让你去节制水陆军统，做做样子。"说到这，杨坚眉峰一挑，"可是，自大隋立朝以来，本想通好，四次派遣使臣与之联络，可那陈后主竟然只派一次。更可气的是，众爱卿，大家都应记得，开皇五年，陈将湛文彻竟敢冒犯朕的和州，屡次滋扰朕的太平百姓，还有那陈后主在回复朕的诏书中，竟妄称他的半壁江南'宇宙清泰'，这'宇宙'二字岂是他能称得的，还诡言'清泰'？"群臣顿时在下面喊喳不休，个个义愤填膺。

"你们还有什么话要说?"杨坚巡视群臣,不待话音落定,早有一员武将走出行列,跪倒金殿之下。原来是杨素。"皇上,臣有一言,那就是依我大隋的兵力能够伐陈,并一定大获全胜,"杨素侃侃而谈,"自古得民心者得天下,如今我大隋基业稳如磐石,四海一统,只缺江南。那陈后主是一个荒淫无道的昏君,忠奸不辨,只知搜刮民脂民膏,民心盼望大隋伐陈,如果真举事,当是摧枯拉朽,势如破竹。长江天堑貌似屏障,实则纸糊一样,只消我大军一到定能崩溃瓦解。南陈军士军心涣散,人不思战。仅臣在奉节就收容南陈士卒好几千名。"此言一出,大殿又是一阵骚动。

杨坚不声不响,两眼死盯着杨素,内心有所不悦。眼明心快的高颎忙从背后扯了扯杨素示意他止住言话。杨素茫然回头,看到高颎的眼色,心下疑惑。

"杨总管刚才所言,确实鞭辟入里,"高颎先替杨素圆了圆场,"只是有违圣意了。"杨素心中一顿,后背渗出了细密的汗珠,他暗想,我只不过是回京复命的,我还有诸多功绩没摆出来呢,哪能就说成违背圣意呢?

高颎看了出来,他是何等精明,何等才学。他知道,当今皇上伐陈的决策已经铁定了。伐陈是大事,但要做得既光明磊落,赢得政治上的高分,又要精于心计,求得军事上的突然。如果失去两条中的任何一条都不是上上之策。

"皇上,杨总管在奉节时,确实为伐陈想了不少主意,如那五层高的战船,配以五十尺长的拍竿,威力无比,虽说杨总管只要兵出蜀地就能慑敌魂飞魄散。有道是,上兵伐谋呀。"高颎一番话说得杨素茅塞顿开,他忙向杨坚叩首道:"臣不知皇上谋算似海。"

杨素所言的杨坚的谋算实际上是放回俘虏,拒绝投降,做出一番不想伐陈的假态,令陈后主彻底麻痹,彻底放松警惕,早在开皇二年,杨坚就摆出伐陈姿态,但同时又作好谈判修好的准备。陈宣帝病逝时,杨坚还派专使入陈吊唁,宣布"礼不伐丧",停止军事行动,这样做的目的是为了北御突厥,争取一个相对平稳安定的环境。任何克制忍让都有一定的限度,都是为当时情形所定。

弹指一挥间,八年过去了。江南的那块沃土是该向大隋进贡了。杨坚表情坚毅,扫视两班文武,这些都是忠臣良将啊。

杨坚眯着眼慢慢扫过朝中的战将，不觉又踌躇起来，猛将固在，谁能节制呢？再说朕虽想伐陈，可毕竟一直互相友好，难道仅仅因为陈后主荒淫无道就一定要伐吗？

带着这些疑问，杨坚似有难言之隐。他记得李德林的献策中有这么一句话给他刺激不小：南方国力尚强，军队规模亦不小，且占有地利，非可轻易欺侮，何况兵凶战危，大小强弱，全在俯仰之间，因此，伐陈的第一策就是以德威服。是啊，朕也威服数年了，也不见得产生什么效果。要不再等等看，内史侍郎薛道衡应该就在这几天回来吧。

"众爱卿，伐陈事宜，体关国家兴衰大计，虽说不再从长计议，但仍须斟酌思量，有好的奏折及时呈上。"杨坚停了停，转向一班武将说道，"你们都是国家的忠良之柱，速速赶回驻地，若有新的态势，及时回复奏呈。"

众将齐答："听凭皇上调派！"

"那就退朝吧。"文帝杨坚在满是激越的氛围中，转身离开御座时回首看了一眼盘龙柱上的两条金灿灿的飞龙。

一代名儒、内史侍郎薛道衡几次作为文帝杨坚的使臣揣着皇上的使诏与陈朝交好，杨坚总是千叮咛、万嘱咐，唯恐他不能胜任一样，让他去江南时，一定要隐去锋芒，万不可以言辞相激，使陈朝识破朕的本意，甚是谦卑之态。几代英王霸主的梦想，眼看就要在文帝手中实现，可为什么文帝迟疑再三、再三迟疑，难道他不想功垂历史、华章流芳？明摆着，一个政治上的成功者、一个军事上的成功者、一个历史上的成功者的三顶华冠要戴在他的头上，他为什么就下不这个决心？

金陵驿馆，薛道衡正准备收拾行囊踏上北归的路途。白皙的脸庞、高而竖直的鼻梁在烛火的映衬下，投到墙壁上的阴影是那么轮廓清晰。忽闪的长长的眼睫毛都可以清楚地数过来。俊逸洒脱的文人气质本不该来应付这样复杂、充满玄机的外交场面，可文帝杨坚硬是点了他的名。

一大清早，薛道衡洗漱停当，便吩咐侍童："这里挺闷的，随我游览建康古城。"朱雀门一带的街市上，行人还稀稀落落，小贩们的吆喝声偶尔响起，像是不经意间的寒蝉在凄厉地叫，令人有些脊梁骨发麻。来来往往的官兵横冲直撞，世道并不太平。

远远的，就有一个堂倌儿模样的年轻人急颠颠地跑过来，对薛道衡点头哈腰道："这位大人，请到杏花酒楼坐坐，品品江南名茶，闻闻江南酒香，如何？"

　　抬眼一望，从外观上看，杏花酒楼飞檐高挑，斗拱相连，淡青的琉璃瓦镶边，紫红色的桂树柱撑，气派尚可，本不打算去的薛道衡看见那楼有三层，十几丈高，是个登高望远的好去处，省得四处游赏，误了公事，也就信步随着堂倌儿走了过去。

　　在堂倌儿一声"有贵客上楼，准备茶水"的长腔中，薛道衡已登至三楼，挑了一张临窗的八仙桌。

　　侍童好奇地东张西望，雕栏画柱、鸟兽虫鱼，在飞檐的木壁上尚有一幅山水图，画的是江中独钓，侍童嘴里啧啧称奇："老爷，您看那江边的宝塔，云雾缭绕，有似仙境，这样的去处，定是人间奇景。"薛道衡侧目一看，江中有一独钓的老翁，不禁感慨一番，江南多隐士啊。凭栏远望，那远处的山坡上，原野里，到处泛着浩荡的春潮，已是梨花放蕊的时节，空气中浮荡起连天的香气。一条条蜿蜒曲折的土路穿行于花树丛中，像是闯进了茫无涯际的香雪海，又好似粉白翠绿的万顷花云浮荡在头上。晨风暖阳，虫噪鸟鸣。那苍郁黛青的山峦背景是一片远而蔚蓝的天穹，白云像羊群、棉絮般舒卷着、游荡着……

　　"大人，请用茶。"堂倌儿手捧两盏飘着淡淡清香的珠兰绿茶，悄声说。

　　"你下去吧，"薛道衡吩咐一声，"小桂子，你还是回驿馆看看，免得误了大事。"小桂子就是跟着薛道衡的侍童。小桂子道："老爷，您一个人在此？"迟疑一下又道："不如我们一起回去？""这离驿馆又不远，再说我是使者，是来通好的，不会有什么险事，你去去就回。"薛道衡呷了一口香茶，感到沁人心脾，确是好茶。

　　忽然感到眼前一亮，珠环交佩的玉石声叮当入耳，薛道衡抬头一看，只见一位清亮娇柔的绝色女子像是从香雪海中飘过来一样，光华万丈。果然江南出美女，偌大的大隋怕是再也找不到如此模样的人间尤物。

　　薛道衡喝完茶之后，刚要离开，便被女子叫住。这个女子不是别人，正是南陈的宣华夫人，宣帝的女儿，南陈皇帝的亲妹妹绿珠公主。出于礼节，薛道衡赶忙侧目上前："在下正是使者，前来通好的内史侍郎薛道衡，不想在此偶遇公主，幸会，幸会。"

　　绿珠其实早就注意这个隋朝使者了，她感觉薛道衡有震人心魄的力量，她不敢再坐下去，于是说："薛内史，真希望大隋朝能够和我们陈朝永世通好。我这就去皇宫，告诉家兄，隋朝使者到了。"

薛道衡也禁不住心跳加快，朗声道："多谢公主了。"

陈朝皇宫，陈后主叔宝正去往光昭殿，陈后主拥着张丽华登上皇帝的软座。这在一班大臣看来早习以为常。

"众爱卿，北隋屡派来使者，欲以结好朕大陈，可是，朕实在不愿与那北方漠荒之地通好，他北隋想从朕的大陈谋取私利，用以抗击突厥、吐谷浑等狄戎异族，目的很明显，没有朕的大陈，仅自乱就够那杨坚受得了。"说着，陈后主看着司马申，"这几天，隋朝又来了一位使者，是个内史侍郎，叫薛道衡，听说颇通音律。"

"皇上，那个薛道衡已来过两次了。"张丽华娇嗔道。

嗅着张丽华的体香，陈后主道："那就依你之意，见见吧。"陈后主对司马申道："你去把薛道衡叫来，就说朕想让他见识一下南朝的音律。"

司马申领旨退下。

陈后主又望着孔范："孔尚书，近日忙些什么。"孔范是一位专会迎合奉承的人。

"回禀皇上，近日来，臣在家潜心文章，做得诗赋一首，想献于皇上留做谱乐唱和之用。"

孔范喜滋滋地说着，从怀中掏出一叠宣纸折就的书折，轻轻打开，仿佛一只笼子里面装着金丝雀似的小心翼翼，转念一想，这些乐府诗作在堂诵读有些不雅，便又合上："皇上，待臣子奉献给皇上御览，敬请皇上斧正，有甚不合音律的地方，请皇上赐教。"

"哎——朕是欣赏你的才气的，不妨念一首来听听，与群臣乐乐。"说罢哈哈一笑，柔声道："爱妃也仔细听听，有不合适的提提看，免得让大臣瞧不起爱妃的市井出身。"

"啐。"张丽华娇嗔地一笑。

日月既逝西藏，更会兰室洞房。

华灯步障舒光，皎若日出扶桑。

促樽合座行觞，主人起舞沙盘。

能者穴触别端，腾觚飞爵阑干。

同量等色齐颜，任意交属所欢。

孔范抑扬顿挫地念着，张丽华窃笑道："不就是写我们长夜狂欢之景吗？有一句简直一派胡言，'同量等色齐颜'，皇上，你说说，妾的身貌和技艺，其他人能赶得上吗？这句要改！"

"哎，朕想想……"

"够了！"一声断喝，吓得孔范赶忙住口。性本耿直、屡受打压的吴兴人章华再也看不下去了。紧走到殿阶下，双膝重重一跪，仰头高声道："皇上，皇上即位至今已六个多年头了。整日溺沉于后宫美色，亡国之音已渐渐入耳，整日惑于酒色之中，朝中老臣宿将，被皇上弃之于草莽之中，而奸佞谗邪的小人却升之朝廷之上。艳情左右政情，织草席的纷纷登堂执笏，与直言敢谏的大臣易位而居，嚣张于朝中。如今，隋朝大军压境，横戈待旦，饮马长江，在这种情况下，陛下若不改弦更张，用心朝政，擢拔忠良，恐怕亡国的日子不会远了。"章华说着，老泪纵横，满朝噤声。

张丽华听后，扑在陈后主怀中，嘤嘤抽泣起来，不一会，竟然昏了过去。这下一闹，陈后主慌了，"爱妃、爱妃"地叫个不停，又对殿门外的宦官蔡临儿、李善度，急急嚷道："愣着干什么？蠢奴才，赶快叫太医来。"他的心思全在张丽华身上，脸色似有悲伤。

陈后主凄厉地叫道："来人，把章华这个老匹夫推出去斩了。"

章华哈哈大笑说："我本一介书生，躬耕陇亩、不问政事，幸有毛喜推荐，得以为国效力这三五年。只想皇上能继父业，精兵强国，仿效祖逖北伐，建立王霸功业，哈哈，此等名垂史册的美名要留于杨坚了。"

面对这样一个局面，诸多忠心大臣的心在泣血。右卫将军兼中书通事舍人傅宰两手紧握，他要躬身上前，向陈后主讨个说法。想起宣帝在位时对自己的种种好处，不禁老泪纵横，悲不自胜。他跨前一步，声若洪钟："皇上今天可真是能断大事的君主了，想尧、舜、禹三代贤主，想汉高祖至汉武帝都是有德的名君。俗话说，得民心者得天下。一国之君恭事上帝，爱其黎民百姓，节欲望、抛嗜好，远小人、近贤臣，日旰忘食，未明求衣，这才能泽被天下，百姓感其恩典而惠之，大臣感其贤明而拥之，这样的贤君，皇上做到了吗？"

陈后主见杀一儆百没有起到作用，不禁杀心顿起："你本是一个北人，不知何时流入南方，朕不计较你的身份，依然让你做官，给你厚禄，你还敢替辱骂朕亡国的叛逆说话？来人！"

"报——隋朝使者薛道衡觐见。"侍卫在宫门外一声长喊。陈后主的话刚说了半句,不知对傅宰如何发落。皇上身边的近宠中书舍人施文庆进言道:"皇上,傅宰罪当腰斩,依臣之见,先将他下狱,接待完再说。"

司马申忙附和道:"施大人言之有理,皇上不杀傅宰就是体现了皇上爱臣如子,特别是傅宰这样有才华的人。"

陈后主对傅宰也是很欣赏的:"傅宰,你也看到了,这可就是被你辱为奸佞臣子的人出来为你说情,留你性命的。死罪免去,活罪不饶,重打八十廷杖,押入狱中。"

司马申看着陈后主满脸庄严肃穆,心道:傅宰,让你明白,不和我们站在同一条船上的下场是什么。以傅宰在朝中的威信,只要治倒了傅宰,其他百官还不乖乖听命于己。

"皇上,依臣之见,这廷杖就不必打了,一者在北隋使者面前自露家丑;二者,凭傅宰的年龄和风烛残年的身子骨,别说八十廷杖,就是十廷杖,也要了他的老命。皇上,暂且投监,让他给皇上写悔过书。"

实际上,司马申想借机在朝中树立威信。

"那好,"陈后主沉吟片刻,应了下来,"众爱卿,朕一向体恤百姓,深知稼穑之艰,在几年前,朕不顾病体,连颁减、免租税的诏书,怎么说不理朝政,不顾恤百姓?"说到这,陈后主的眼泪竟从脸上滑落下来,继续辩解道,"朕深知治国才浅,故深爱有才之人,由大臣忠心侍主,对有德行的人,朕一向封赏有加,从不猜忌。今日之所以诛章华,把傅宰投入狱中,实在是不忍看到朝纲混乱,君不君,臣不臣,那怎么行呢?所以,从今日起,必须整顿纲纪。"陈后主一番话说得众臣哑然。

散骑常侍袁元友刚一直要起身,就被袁宪按了下去。两人严峻地对视了一下,心领神会地低下头。

萧摩诃禀道:"皇上,臣在江边还有些公务需处理一下,再顺便视察江防。"见陈后主点头应允,转身就走。对那忠诚事主的人来说,至少今天不可以再说了。

文臣武将急匆匆步出朝廷的场面,被候在宫门外的薛道衡看得清清楚楚,从他们郁闷而失望的神情中,他猜出了八九分。薛道衡摸了摸贴身的油纸包裹着的信袋,心里一阵踏实。看着笔直的御道两边的清秀花瓣,在露珠的浸润下呈现出一种成熟的风韵,花朵和叶片的相互陪衬就在这一刻达到了珠联璧合的境界，再合适不过了。

听到那长长的传唤声，薛道衡心想，赏景要天气好的时候，出使也需要好的心境，他整理一下衣冠，迈步往里走，随口吟道："山城二月愁寒雪，笔底千花占早春。天生丽质少人识，画图省识有来人。"

昭阳殿果然清幽雅静，整洁一新，没有北隋皇宫的香烟缭绕、左右街市的人声鼎沸，不时入耳的尽是江南的丝竹神韵，不时入目的尽是衣袖飘飘的宫城侍女。高高的昭阳殿矗立在眼前，殿下宽阔，青砖铺地，间以四角的奇香异草，越发郁馥刺鼻，姿态婆娑的舞女正在轻歌曼舞，优雅而缠绵，令人心旌摇荡，魂不守舍。恰似娇弱的花叶不胜风雨，飘零而下……

薛道衡在一位宦官的引导下，径直穿过那群弱不禁风的舞女，拾级而上，他默数宫廷的白色玉阶层数，这是他的方法，当正好数到九十一阶时，他用余光瞟到前面的紫红色花葵蒲团，便双膝下跪。

"大隋朝使者薛道衡叩见皇上。"拜了三拜，耳听得"平身，赐坐"后，薛道衡才立起身，坐在陈后主的下方，抬眼四处看了看，一切都很熟悉，那薄玉片镶缀而成的折叠屏风依然矗立那里，上面雕以百十名仕女夜宴，姿态迥异，婀娜无比，饰以青山绿水、曲栏清溪的背景，人景交融，天衣无缝，真是绝世珍品。那屏风下的红木桌上，摆着各色珍珠、玛瑙、翡翠、宝石等，在另一边是各色瓷器。单说那宝石就有红、蓝、黄、绿等色泽，玛瑙也有墨、茶、绿、蓝、黄等，薛道衡知道其中以紫色为最佳上品，若能带上金星那就堪称国宝；价值连城了。

陈后主一直在注意薛道衡的表情，也猜不透什么，便说："使者到来何干？"

"微臣奉大隋皇帝之命特意前来通好。"

陈后主下巴上的小胡须往上一翘："通什么好，你们隋皇帝杨坚屡次前来通好，朕早已知晓，并有回书，此番前来，该不是想获取什么吧？"

薛道衡微微一乐："臣既然前来拜见，自有要紧的事相商。"说着，从怀中摸出书信，幽幽地说："我大隋立国已有好几个年头了，从来不曾想到要合并江南，可我们皇帝总担心你们意欲北伐，这样下去必积小怨而成大仇。"薛道衡把目光投向满朝的文武又道："我大隋一向本着通好主意，对于陈军的攻击采取守势，想必您是知道的。"

　　陈后主当然知道，他也为此撤换了好几位将军，当初陈将湛文彻猛攻和州，和州隋军就是坚守不出，不想近日又有侵犯之事，他不满地朝着文武大臣说："众爱卿可知此事？"

　　"臣有所耳闻，"施文庆禀道，"臣一直不敢将此事回禀圣上。"

　　"是谁？"陈后主厉声问。

　　"是湘州刺史晋熙王。"施文庆嗫嚅地答道。

　　"陈叔文？"陈后主知道自己那十四弟，虽说控制湘州多年，一直不满职位低微，这一点张贵妃已在他的耳边说过多少遍了。陈后主念其是同父异母的弟弟，没有动他，不想他愈发胆大妄为。啪的一声，陈后主正色道："不管是谁，破坏了陈、隋通好的局面，都要惩治，众臣还担心隋军南侵，担心江防不稳，兵力不及，这不是授人以柄吗？"

　　"是啊，"施文庆接口道，"皇上向来以德威服天下，如今我大陈政通人和，民心安稳，就是隋军想吞我，一时也找不到借口，可不能由着居心不良的人擅意胡为，让隋朝耻笑。"

　　"居心不良"可算是戳着陈后主的痛处了。

　　张贵妃的耳目早就把陈叔文的一切探了个一清二楚，什么湘州的百姓都不知道有陈后主，什么晋熙王才是一代贤君，每每出府都受纳百姓的跪拜。要说你陈叔文能够爱护百姓、造福乡里，确保清明治州，那倒也罢了。这么大张旗鼓，把富裕的湘州看作是自己的天下，你还想称帝不成？

　　陈后主想，晋熙王到底意欲何为？明知道北隋无意南伐还屡挑事端，莫不是想惹出兵戈之乱，浑水摸鱼，一边收买人心，一边又想引狼入室。

　　"施文庆，你看这？"陈后主摸着胡须慢悠悠地问。

　　"依愚臣之见，"施文庆眼珠子骨碌转了一圈，"湘州歌舞升平，百姓勤于事农，谷物昌荣，晋熙王治理之功当不可埋没，还任刺史一职，实有不妥，不如升迁，以示皇上奖功扶忠。"

　　"那好吧，就依你之计，草个诏书，待朕下诏，将晋熙王调至太子监，把治政的经验传授给皇子们长见识。"

　　那谁去顶替其位呢？陈后主暗想，这不能当着薛道衡的面来讲。

　　"听说薛使者是隋朝的名儒，可有诗作吟来与朕共赏？"陈后主一时竟撇下国事，大谈雅兴，"诗自汉魏以来，才渐成一统。朕最欣赏的是合音律之诗，出自本性，要有哀怨，绮艳相高，极于缥缈，章句流艳，宕浮为妙。朕的朝中有不少文人骚客，很是精于此道啊。"陈后主谈起诗文，不觉洋洋自得。

"自有耳闻，"薛道衡略一欠身，"江南文人才子，吴侬软语，诗画风靡，实属于天然而成。而我北隋风沙大漠，自西魏以来虽渐染华俗，终带胡风，虽寄情于物，终不免于粗俗，不可与江南相提并论。"

司马申见机不可失，忙进言道："薛使者已递交了隋朝皇帝的书信，就算办了正事，回去复命时定要说明陈朝的通好主意，切不可负了我家皇上的一片美意。要不还是先请薛使者赏鉴我家皇上的新作《玉树后庭花》？"

"臣太愚陋，还有一件要事未能禀明。"薛道衡边说边从内衣中摸出另一封油纸袋，"臣出使时，皇上一再叮嘱，要把此物交于陛下。"

"是什么？"施文庆、司马申几乎同时问道。

陈后主满脸喜色："递上来，说不定是隋朝王宫的精品字画，那正可朕的心意了。"

"确实是画，皇上果然聪慧过人，"薛道衡把信物交给宦官蔡临儿，说道，"去年，陈的使者到大隋时，要我家皇上的画像，当时皇上有微疾，不能端坐太久，未能使陈使满意而归。此次皇上特意命臣带上，以恐拂了你们的美意。"

陈后主看着蔡临儿徐徐展开画卷，面色顿变，画上那双眼睛仿佛会说话似的，带着征服的欲望，带着蔑视的目光直逼陈后主，轮廓分明的国字脸膛上，宽而前凸的前额油光锃亮，真乃好相貌。看着看着，陈后主尖叫一声，面如土灰，脱口道："朕不想见到此人！"掩面后仰在龙座中，"快撤去，快撤去！"

慌得宦官蔡临儿、李善度急忙上前，三卷两捆把杨坚的画像拿了下来。

薛道衡说："怎么，皇上对我家皇帝熟识？"

"啊……"陈后主觉得适才有些失态，不觉面色一红，"隋朝的杨坚相貌英俊，但乍一眼看去，甚觉是异人之像，不似南方人眉清目秀。"

薛道衡道："说得在理，就是久居北方的人，初次见到我家皇上也常常失态。"

"真没见有这么宽大额头的人。"陈后主抹着额角的虚汗，没有说出下面的话，杨坚的额上有五柱入顶，目光外射，煞是吓人。他所担心的还是杨坚的帝王之相，至贵之容。

陈后主惊吓过后，很快恢复正常，调侃道："朕自幼在宫中长大，对相貌奇特之人所见不多，适才失态，让薛使见笑了。"

薛道衡不知如何回答，灵机一动，说道："实际依下臣看来，您也是帝王之相，玉面柳眉，温婉如水中之蛟龙，而我家圣上，八彩光眉四腔丽目，实是山龙之相。"

"好，好，都是真龙天子。"群臣附和道。

这时有宦官急急进宫，说张贵妃要赶来指挥《玉树后庭花》的演唱呢。

"罢了，"陈后主无力地摆手，"让贵妃好生歇着，不一会儿，朕就去后宫看她。朕有通事舍人司马申、施文庆在此，就够了。"陈后主确实不想让隋使薛道衡看见张贵妃坐在膝上的场面，毕竟是大陈国的明君，那样岂不大失国体？关键是北方人看不惯，冥顽不化，光知打打杀杀为乐事，岂知人间还有比打杀更乐的趣事呢。

"司马申，那就开始吧。"陈后主软绵道。

"奏乐！"一时间，筝响箫奏。

丽宇芳林对高阁，

新妆艳质本倾城。

映户凝娇乍不进，

出帷含态笑相迎。

妖姬脸似花含露，

玉树流光照后庭。

薛道衡除了听、看以外，还着意留神了一下陈后主和他的朝臣的表现，俱是贪婪的目光，流着口水。有的聚精会神、目不转睛地看着，有的谈笑着，唾沫横飞，脏话、下流的话不堪入耳。

这是货真价实的亡国之音啊！他听到群臣中有一声叹息，是那样的短暂，那样的急促，他想扭头寻找，又怕陈后主说他不入音律，只是呆坐着，只觉得眼前一片空白，白茫茫的，一直延伸到无尽的地平线。

薛道衡再也不能等下去了，他站起身，朝陈后主深深一揖，一个趔趄，斜倒在了棱凳上。陈后主吓得又是一惊，忙掉头看司马申和施文庆。

"臣昨日在驿馆，夜里受凉，身体不适。"薛道衡几乎强压着身体的不适，再也说不下去。

"那好，"陈后主对司马申道，"司马舍人，那你就将他送往驿馆休息一下，明天再过来吧。"

当薛道衡从光昭殿离开之后，耳边顿时清静下来。这时，薛道衡看到了有着一面之缘的宣华夫人，她穿着一袭白纱裙，裙摆随风飘扬着，透着一股神秘和安逸，这让薛道衡猛然清醒了很多。

宣华夫人看着薛道衡远去的背影，心里激起了阵阵涟漪。她怎么也不会知道如今的陈朝已经危在旦夕，她何尝听不到这亡国之音呢？

第八章　刘昉失败画像被射　文帝假意与陈通好

第九章

文帝商讨伐陈方策　圣旨颁布民心所向

隋王宫，武德殿西厢密室。

杨坚看着面前的将士，眼神阴郁而疲惫。他从高颎、李德林、苏威等人的脸上慢慢地扫过，最后落在苏威的脸上："苏大夫，朕在平定三方叛乱的时候，曾经采纳过你的意见，将一些苛捐杂税彻底废除，清除了酷暴之政，造福于人民。而今，你看本朝的百姓生活的如何？"

苏威并没有想到杨坚会问自己这个问题，他知道，皇帝将他们召来，可不是商量这个问题的，不过苏威也不敢不答，最后他用余光看了看高颎。

苏威是高颎向杨坚极力举荐的人才，他是京兆武功人，说起武功苏氏，那可是关中大族，苏威的父亲苏绰，是西魏宇文泰手下的名臣，为西魏政权的巩固和经济上的发展作出了重要贡献。五岁丧父的苏威幼时就很有美名，对苏绰的过逝哀容有加，极尽孝道，为时人所赞赏。

当苏绰帮助宇文泰制订征税之法时，当时就认为这个税法会给老百姓造成很沉重的负担，他对苏威说："现我朝初建，国力很微弱，为了增强国力，勉强制定此法，就像拉开的弓，不是正常情况下所实行的措施。将来，让有才干的人，使此法改变得宽缓一些。"苏威谨记父亲的这些言语，暗下决心要完成自己的政治抱负。

宇文护专权时，要重用他，但他凭敏锐的政治眼光预见到宇文护必遭横祸而自身，唯恐祸及自身，逃入山中，以读书诵经自娱。杨坚辅政时，就想召他辅佐。杨坚当了皇帝，在高颎的推荐下，苏威作为太子少保，兼纳言、民部尚书。

当苏威恐不胜任，上表辞职时，杨坚当着满朝文武大臣的面说："大船能荷载重物，骏马能驰骋万里，你有过人之才，不要以职多务重相推辞。"今天听到文帝问话，苏威感到诧异。因为，满朝文武都知道，现在正是伐陈的紧要关头，可以说伐陈是头等大事，更是秦皇汉武般的功业，支离破碎的河山就要在文帝杨坚手中完成一统。此时怎会问起抚民来呢？

高颎用眼色示意他只顾说下去。苏威干咳了一声，沉默了一会儿终于微笑道："自皇上登基开设大隋以来，平定三方，以德施政，泽被苍生，业已建立了不世之业，立了不世之功。罢济阳官，天下百姓无不感天降甘霖；均田制的落实，已彻底改变了豪族任意侵占民田，以瘠荒之地强换丰腴美田，民不聊生的惨景。如今，民心安定，河渠开凿与兴修水利，粮食连年丰产；全国各地的仓储，积累了大批布帛，皇上又轻徭薄赋，现在，可以说是繁荣盛世。"

按理有这一番话，杨坚紧锁的眉头应该舒展，阴郁的目光应该灿烂，但杨坚只是默默注视着侃侃而谈的苏威，一言不发。

"皇上，"苏威有些沉不住气，"自古以来，大丈夫当断则断，不留后患，如今，统一是历史的必然，是人心所向，是众望所归。再者说，统一需要的条件都已具备，军队士气旺盛，物资绰绰丰余，朝中战将无一不是可以出死力尽忠卫国者。皇上早一点发兵江南，江南百姓就会早一日沐浴皇上恩泽。"说到激动处，苏威的声音变得沙哑而哽咽。

高颎坐在一旁，不住地点头，手里拿起一枚棋子欲放不能，有投击的姿势，就是没有下落的劫点。"这不是典型的举棋不定吗？"李德林自三方平乱之后的不平心态又再度复萌，"高兄，你倒是下子呀？""急什么呢？此子一落，德林兄中间的大龙就要完了，"高颎轻声地说，"有三个点都是绝妙的好手。"

两人慢声低语的交谈，使文帝杨坚和苏威同时凑过脑袋，观看棋局的变化。密室一时陷入死一般的沉寂。大家都在沉思。

李德林嘿嘿一乐，笑道："高兄，我实在看不出有什么奇妙的高招，除非在三路上先顶一个，而你这么一顶在围棋规则里实属无赖之举，不能这样下啊！"高颎低头一看，还真是这么回事，虽说有三处可以落子攻击，可除了硬着头皮无赖地下这么一招外，还真无法联络上下两片白棋。

"德林兄，劫材很多，漏洞不少，我看你怎么补得上来。""啪"的一下在右下角投了重重一下，高颎笑道："这个劫材不可不打吧？"说着额角渗出了细密的汗珠，李德林抬眼望着高颎，心里一阵醋意翻腾，这书生果然厉害，欲吃掉我的大龙，可谓无所不用其极，这东一下，西一下，还真弄得我晕头转向，跟不上节奏，合不上韵拍。苦苦思考了一会儿，李德林投子认输。

两人对视一下，都乐了。杨坚何等英明，他拉着苏威的手说："有你辅佐内政，朕无忧；有这高、李二忠臣，吾无外患矣。"

苏威道一声"惭愧"，便对高颎说道："敢情适才我说了这么一大通，你们两位一个字也没听进去、你们两位今天这葫芦里卖的什么药，不妨倒出来，让皇上看看到底是什么颜色？"

"哪里，苏大夫，你过奖我了，"李德林微笑道，"适才你说的话才是真正的定心药丸，没有你的话，皇上心里肯定不踏实。"李德林拿起朱笔在地图上轻轻一划，那一道波浪形的红杠杠就如此刺目地凸显出来。那红杠以北，直至突厥西线，显得像八卦太极图一般稳定；红线以南，则是广袤的南陈，直到天涯海角。

李德林说道："如今，自从皇上采纳了长孙晟的'远交近攻，离强合弱'的方针，突厥首领沙钵略和千金公主都已向隋王朝纳员称臣，各个部落也暂息烽烟，可以说西部边陲也是河清海晏了。"李德林指着红线以南，"皇上，这片土地看似强大，实则不堪一击。"

杨坚恼怒地嗔道："朕一向不把南陈放在眼里，只是看了你的平陈十议之后，才踌躇起来。在众多大臣中，已有不少人认为朕不敢伐陈，有畏惧之意。前几天刑部尚书皇甫绩到东平郡任郡守时借外任辞行之机，向朕进言陈朝必亡的三点理由，'大吞小，一也；以有道伐无道，二也；南北合一，人心所向，三也。'朕看后，虽说增添了一些信心，认为伐陈必胜。但也有一些忧虑，你们知道，朕立隋以来，一直和南陈交好，虽是麻痹他们，但一旦真的讨伐起来，借口并不是没有，而是不踏实。就像你刚才和高颎的对弈一样，局势很明显，孰胜孰负不用计算，但高爱卿的那步夺命杀招就是不好下。"杨坚看看高颎，又说，"几年前，朕本可以趁夺取淮南之机渡江讨陈，后来是本着'礼不伐丧'的大义，一直拖延至今。如何能找一个名正言顺的借口呢？这是朕今天召你们三位来的真正用意。"

高颎觉得杨坚的话在理，一边漫不经心地浏览着棋盘，一边说道："皇上说得对，大规模的进攻在今天看来，条件是成熟了，缺的就是所谓'师出有名'。开皇二年，本可以借陈将吴明彻北征彭城失利的绝好机会攻陈，偏偏天不绝南陈，陈宣帝病死，古训不可违背，只好'礼不伐丧'。今天，内战早已平息，国库充实，竟然找不出口实了，早知如此，还跟南陈做什么表面文章？"

杨坚一听只好把视线再次落在棋盘上，可他看到的不是黑白的棋子，而是一双怪异的似笑非笑的眼睛，这是一双让他喜欢、让他嫉恨的眼睛。"梁朝这颗棋子不早已摆好了吗？"李德林慢悠悠地吐出这一句话，随后又后悔不已。杨坚脸色一沉，含着威严的声音说："朕酝酿这颗棋子已有七八个年头了。"

对于一个在政治、经济、军事上都占有绝对优势的政权来说，寻找一个名义出兵与寻找一个名义休兵一样容易。"朕从不兴无义之师，不举无名之师，'名'和'义'是朕治理天下的法宝。内史令真能预卜朕的心思？"

高颎和苏威暗自偷乐，你这榆木脑瓜的蠢货，活该，就不知改改驴样的禀性，就不知改改爱显才的虚荣心。不能记住教训的人，再有通天的才能也难免会遭受冷落的。古人云：伴君如伴虎，这下好了，你的"伐陈十策"的功劳可能就会抹杀了。

一句"内史令"让李德林心生寒意，他只能默不出声。侧目见文帝杨坚面无表情地摆开自己的衮冕，心道，这是拿"仁"来堵我的嘴啊。

高颎恍然大悟似的说："皇上处心积虑，臣等哪能想到呢？确实这样一来，'仁名'具备了。""明日早朝，即颁讨陈圣旨，"杨坚道，"朕看，这诏书还是由公辅来写吧。"李德林低首答道："臣谨遵圣命。""时间如流水呀。"杨坚感叹道，摆摆手，三人退出西厢密室。

跨进大门，便是一片宽有二十丈方圆的石地，奇花罗列，亭廊星布，水榭花香，幽雅宁静，单看这种排场，谁会相信此间的主人竟是个亡国的阶下囚呢？跨进第二道门，是一条宽有丈许的回廊，通人靠墙角的一间草屋，草屋的右首是与四廊相通的正厅，足有十丈方圆，珍画古玩陈列有序，雕栋画梁，一色的紫檀木器布置得很是奢华辉煌，可谓达到极点。

正厅鲜红的大门两旁，白石玉阶上，正急匆匆走来两位少女，粉颈红腮，手里捧着棋具，往茅草屋赶去。薛道衡风尘仆仆往北行来，算起来已有十余天了。一路上马不离鞍，竟缩短了出使南陈时所需时间的四天之多，看看明日抵达帝京长安不在话下，便信马由缰、脚力放慢，好好熟悉一下眼前的古道山林来。

侍童小桂子的嘴角已冒出了许多水泡，没办法，那也得赶路。

"老爷，时已薄暮，反正明天准到长安，何必急于一时呢？要不，我给您露一手，停下来歇歇吧！"说着脱开鞍镫，在马背上倒竖金钟罩，随手从马脖上取出雕羚箭，搭弓在手，嗖的一声，箭镞直飞林中，刚劲迅猛。主仆二人拍马追去，刚出树林，眼前便是前面所说的那一处豪华的住宅。

薛道衡心中称奇，才离开两个多月的时间，哪来的这片豪宅，不用说肯定是此地大豪强、大地主所盖。薛道衡绕过迂回的亭廊，只见茅屋内燃着松明亮火，两个长者各坐木板凳，对案弈棋，均为道家装束，两个侍女，一个旁侍，一个添火，四个人都关注着局势的变化。

"劫！"一个须发尚青的长者叫了一声，声调显得有点激动。

"杀！"另一个须发斑斑的长者回敬道，他的声调显得温和平静。

"劫杀何来？"忽然从墙隅发生古老苍劲的声音，"既然不食人间烟火，劫杀从何而来？"

薛道衡顺着声音一看，远离棋枰丈把外的地方还有位面容清廓、气宇轩昂的年轻人席地而坐，一个家将装束模样的青年侍立旁边，宛如泥塑木雕，全然不动。这时须发斑白老翁缓缓站起来，朝棋盘轻轻嘘了一口气，棋盘上的黑白棋子便如雪花柳絮一般飞扬起来。"既然没有劫杀就没有劫杀，那便是一团漆黑，黑白不明了。"

薛道衡等人惊异万分。

那老翁又发语道："何来俗人气息？将门外的人引进来。"

错愕间，薛道衡已破门进入茅屋中央。

定神一看，不见了那位气派不凡的年轻人，只见两个对弈的道士，默然地注视着自己。薛道衡轻身而入，稍微踌躇间，便将自己急于回家复命，错过驿站，只得到此借宿的情形说了一遍，不一会儿侍女献上香茶。

薛道衡刚啜饮一口，又被白发老者一语震动。

"薛使者，何必如此急急地忘私而废公呢？"白发老者一指屋内空旷的回壁，朗声道："薛使者，此去江南，建康的名胜可曾赏玩？那可是千年古都，帝王气象啊。"想不到一切都在老者的预料之中，薛道衡不禁肃然起敬，问道："先生贵姓？"

"贱姓杨。""这位高士？"薛道衡转向另一道士。"野老贱姓章仇，"说者嘿嘿一乐，"野老曾经和薛使者有过一面之缘呢。"

薛道衡定睛一看，不觉大惊失色，那默然的微笑间，声音容貌似曾相识，天哪，这不是江边那位送他渡江又在风雨中渐渐消失了的渔父吗？当时觉得他是一位隐士，怎会在长安附近的豪宅遇见？猛然觉得今日情形如坠入五里烟雾，什么都看不清了。

那位杨道士打破了这短暂的沉默："薛使者，此次往赴南陈朝，可曾听说宫中大变，忠臣被诛杀，佞臣受宠？"声音低沉，但非常有力，每一个词都像是铁匠锤下飞溅的铁屑，带着炫目的弧光，投进薛道衡的心坎，不管情愿与否，薛道衡都感受到了这位说话人内心的愤愤不平。

"这位蓝衣道士，正是你在江边遇见的渔父，此人乃隐士，名太翼，他的弟弟如今已到极乐世界去了，究其原因还不是后主小儿昏庸无道，我日夜观看天象，镇星出于东南已不止一日两日，光道日强。光愈强，南陈气数越尽了。"姓杨的道士侃侃而谈。

"陈后主生活糜烂且不论，朝政紊乱，哪里还有什么君臣之分，皇上与奸佞同榻而卧，共拥侍女，敢谏的忠良尽被贬黜，小人当道，佞邪专朝，上下相蒙；危亡不恤，人心涣散，众叛亲离，如此荒淫王朝，不亡何待！"一语石破天惊，像山洪暴发，汩汩滔滔奔腾而来。不知不觉中，那先前消失的年轻后生已进了屋子。

章仇老一指那英武青年："此人姓周名法尚，是陈朝有名的骁将，当年曾跟萧摩诃南征北战，立下齐天大功，可惜啊，如此勇武之人，却为谄言所中，亡命北投，说起那谄言起因更是令人碎牙断齿。"周法尚已是浑身燃遍复仇的火焰："希望薛内史能将我推荐给隋朝皇帝，必有上用。"

薛道衡望着眼前的章仇老者：须发虽白，但目光依然炯炯有神，他似乎感到有些难以理解。这等出类拔萃的人物为何还要遁迹山林，隐于江湖？看来，人的出世与人世往往存于一念之间。姓杨的老者不是别人，正是隐居于华山的冯翊武乡人杨伯丑，能预测凶吉，以阴阳术数驰名，尤精卜卦。

晚饭后，薛道衡求他预卜前程。

杨伯丑含笑道："卜以决疑，使者勿疑，但求人随事迁，不可枉顾奔命。你以内史侍郎的身份出使南陈，已是圆满，何须卜卦？若真信老

者之言，不妨替你叨唠几句，道衡，道衡，显之于仁，仁者造化之心，用者造化之功，仁本内者也。仁者、智者，即君子也，若以天人赋受之界而言，继者，善也；成者，性也，万不可被形气所拘、物欲所获，诚如春夏之生长万物，用奉在外者，春夏是显，秋冬是藏也。"

薛道衡沉默了。

这一夜，薛道衡主仆二人被安排在华丽厅堂就寝。但他哪里睡得着呢？大清早便起身漱口，回至茅草房，临行的时候，两位老者还让他将周法尚带去隋朝，为隋朝效力。

文帝杨坚真有些火了，龙颜震怒起来，那满庭的奇花异草也禁不住地俯下身子，更何况满朝的文武。高颎苦笑着脸，似乎也是不知所措。他知道，文帝发火的原因是，到现在为止，还有人对讨陈大计畏首畏尾。今日早朝，太常侍卿牛弘出班言道，皇上交给修订音律，特别是要给伐陈送行的将士的声律还没有定下来，伐陈是大事，大事就要完美无缺，有一点缺憾都会有损国威等。

文帝杨坚说道："众爱卿，平陈是朕的多年心愿，为了平陈，朕日夜操劳，多方调度，所有事情大多在机密的状态下进行。去年初，朕想颁诏，公示天下，使天下百姓知道朕的伐陈决心，有的人以北兵不习水战为由，劝朕少安毋躁。又有的人以粮草、兵力不齐为由劝朕斟酌。如今，所有的问题都已经解决了。"

"报！"殿前卫侍李圆通满脸赤红，"报，出使南陈的内史侍郎薛道衡回朝复命。"

文帝龙颜大悦，他知道，薛道衡此去不仅能印证一下满朝文武的猜测，更能联络业已降隋的官员。有许多机密，就是连高颎、李德林、苏威这样的高官也不知晓。"传，快传薛爱卿进殿！"杨坚急道。

弹丸之地南梁，成了文帝伐陈的绝好借口，南梁依附于隋朝的统治下，上任皇帝萧岿是一个摇摆不定的人，而今萧琮继位，隋文帝担心他会受到父辈的影响，进而引起对隋朝的叛乱，再加上陈朝一直对南梁虎视眈眈。所以，隋文帝决定重新设置江陵总管一职，刻不容缓。

退朝后，文帝杨坚兴致很高。一切都在预料之中，特别听了薛道衡叙述陈朝后主如何荒淫无道，文臣武将忠奸不分，不由得在华辇之内哼起自己年轻时作的曲子，《天高》与《地厚》。

那是文帝亲自谱的曲，主要表现夫妻之义。他走进皇后宫中，对皇后说："皇后，告诉你两个好消息，朕决定派遣晋王杨广率军渡江，差不多有九成的把握取胜。这一次，薛道衡回来，还带回来一个勇士周法尚。他原是萧摩诃手下的战将，后来被萧摩诃所猜忌，令他羞愤难当。朕已任命他为黄州刺史，直接听命于秦王。"文帝说得兴奋，滔滔不绝。"二是薛道衡此去江南联络了裴蕴。"文帝更是得意，"此事，满朝文武均不知晓，只有薛道衡知道。"

裴蕴祖上数代都在南朝为官，父亲裴忌为陈朝开国元勋，官至都官尚书，后随吴明彻北伐，兵败被俘，被虏往长安。文帝因其忠勇礼而待裴忌，渐渐地他看到陈朝气数已尽，遂感念文帝不杀之恩，特别是意识到相貌英武的文帝定能统一中国，便自告奋勇地向文帝进言，要通过往来使者，做其子裴蕴的工作。

当时裴蕴因为是功臣子弟的身份而受到陈朝宣帝的信任，任禁军直合将军，镇守兴宁陵，而兴宁陵恰是护卫建康的东北门户，其守将的向背自然关系到建康的安危，具有重要的军事价值。薛道衡出使时，经江浦口渡江时，与裴蕴相联系，侍童、神箭手小桂子出色地完成了任务。此次去是带着文帝杨坚的画像，回来时，是带着裴蕴的书信。这些策反工作取得的重大成就能不让文帝心花怒放吗？

"皇后，您看今日是否可以颁诏天下，举兵伐陈了？"杨坚以征询的口吻说道，"梁朝已不存了。朕想……"

正说间，李圆通急步赶到车辇前："报——"

文帝探出头来："圆通，有何急事？"

"报，江陵总管崔弘度以六百里军情文书急送宫外。"说着，递上崔弘度的奏折。

文帝眉头一挑，仿佛知道内容似的，信心十足地说："果然上钩了，朕的心头大石终于落下了。快，速传高仆射、薛内史到西厢密室。"

萧琮上台后，大概是为了表示对隋朝的忠诚，轻率地采取了军事行动，派遣大将军戚昕统率大军攻打陈朝的公安县城，不想戚昕骄纵轻敌，贸然进击，损兵折将。萧琮很是恼火，廷杖戚昕，打得戚昕遍体鳞伤。戚昕遭此羞辱，心中愤懑不平，遂与前来家中探视的大将军许世武秘密相约，要以江陵城防来换取陈的信任，就此撵走萧琮，并和陈的荆州刺史陈慧纪商定夜半三更举火为号。

大将军许世武是南梁朝内有名的亲陈势力派代表人物，但做事鲁

莽，酒后失言。萧琮了解了一切，其阴谋败露，于是诛杀了许世武。而许、戚二人皆是由萧琮自己任命，文帝杨坚事后才知晓，若要由大隋来追究，这一阴谋到底要牵涉多广，实在无法追究。在这种不稳定的形势下，文帝听从李德林的建议，在伐陈十策中，有一条便是废止萧琮王朝，纳南梁为大隋的实际领地，以备作战物资。

这个机会，文帝怎会放过。于是首先征召萧琮的叔父萧岑入朝，拜为大将军，封怀义公留在京城，不令归国。同时，复置江陵总管，以隋朝将军中最为严酷的崔弘度担任，加强对南梁的监视，控制局面。

当崔弘度到了江陵时，诏令颁下，所有与陈有染的人，俱要到总管府衙自首，否则一个个去查，查到者就地法办。而对南梁主萧琮，却依杨坚之意，让他召集文武大臣，悉数入朝帝京长安，不得有误。

萧琮毫无办法，自知南梁已完了，迫不得已带着众臣一路颠簸。沿途百姓顿足捶胸，号哭不已，有不少老百姓牵衣挽扶，伫立萧瑟的秋风中，默默无言，甚是悲泣。南梁完了，萧琮此去将再也回不来了。

就在崔弘度挥军江陵时，事情发生了巨变。实际上，崔弘度本可以在到了江陵后再照旨行事，不知为什么，却让诏书先行，而自己率领大军慢吞吞地一路赶来。其间多次驻兵观望，对外说是保护萧琮等君臣。

当军至荆门市西北时，离江陵只有七十公里，在此盘桓数日，吃住皆由当地人供应，一时鸡飞狗叫，掠夺民财，臭名自然就传出去。

一时间，整个江陵地区人心浮动。特别是有了一个传闻，就像西魏时期一样，要将江陵百姓送入秦川，并入汉中。原先不稳定的因素再度动荡起来。萧琮的叔父萧岩、弟弟萧瓛见此情形，在民声的呼告下，带了一部分居民叛变入陈，人数近十万之众。

西厢密室，文帝杨坚指着崔弘度的奏折说："你们看见了，梁陈一家的思想是多么根深蒂固地扎根在老百姓的头脑中，崔弘度有什么错？江陵总管不就是要求当地百姓做些贡献吗？不就吃了点粮食吗？那也是为了保护百姓的安全，要不然陈朝能让他们安心事农？"

杨坚指着刚一进屋就跪在地上的萧琮说道："你可知道，你的臣民有十多万人叛逃到南陈去了。朕大隋江山诚如你父亲所言永固千年，朕的子民不管到了什么地方都还是朕的子民。你在江陵时，就缺少对臣民礼仪教化之功，朕让你来帝京长安安享，你有什么感慨？"

萧琮跪在地上头也不抬，脸色惨白，伏地泣诉："皇上恩德，为臣没齿不忘，叔叔萧岩今日的做法实在有违圣恩，竟然认贼为父，臣说起感到齿冷，羞愧万分，都是荆州刺史陈慧纪离间之计，臣可以修书一封劝其叔侄二人改邪归正，臣服大隋。"

杨坚一摆手："不必了，幸好你身在大隋，无性命之虞，也算朕对得起你九泉之下的父亲了。"转头对高颍说道："独孤卿，梁虽不在，但那梁朝子民岂不存？朕身为百姓父母，岂可弃一衣带水之民而不拯？"高颍点头道："皇上，臣想崔弘度做得有些过分，不该进军时骚扰百姓。""哎，独孤卿，你总该替崔弘度想想，那十万大军走得又急，朕唯恐梁朝有变，故让他轻装前进，粮草肯定接济不上，但朕自有想法，一旦接收江陵，便三年减免赋税，朕的恩惠未及施行，哗变已成。朕想，都是南陈蓄谋已久，加上萧岩、萧瓛叔侄久存叛心。"

薛道衡说："皇上，梁业已被废，还是想些办法，前去安抚百姓，使之安定，不再生事为上策。"

"朕想让独孤卿烦劳一趟，速去江陵绥集遗民，"杨坚道，"萧琮也可修书一封，一并带上。对百姓说明原委，晓以利害。切不可再上了南朝的当了。"

萧琮喏喏称是。

高颍心道，那崔弘度是有名的酷吏，我去也未见得就能说服崔弘度。脑筋一动，掐手计算，崔弘度行军速度按理应当很快，不知为何到了荆门就慢了。

二十多天的时间，那萧岩叔侄何其从容不迫地携十万军民缓缓入陈，崔弘度是吃干饭的、是草包？宝贵的二十多天，就在无所事事中流逝，眼睁睁地看着敌人逃跑。

想到这，高颍对文帝道："皇上怎样看待萧岩叔侄叛逃时，崔弘度仅是紧急奏折一封？"

杨坚白了高颍一眼，心想，你这个迂腐的左仆射，你不知道的事多着呢。

"朕自有旨意给崔弘度，你看，江陵总管就不用再设了，那小小地方岂可能设这样大的职务但朕想，江陵确系重要的战略地位，委崔弘度以平陈行军总管之职，如何？"

高颍更加迷惑。薛道衡说："皇上安排得很是周密，只是不知伐陈诏书何时颁布？"

高颖笑道："薛内史，你还提伐陈，别忘了你可是才从建康回来的，脂粉气还未脱尽呢。"

薛道衡脸一红："高班首，你可别取笑我了，除了在递交皇上的书信时还感到他们有一点国家的样子，其他皆淫靡不堪入目。我要会演戏，你就能知道那陈后主见皇上画像时的窘相，吓得面如死灰，好久才缓过神来。"

文帝也笑着说："怕是真龙、假龙相会面，假龙露了原形，这个陈后主日后说不定还能谋个一官半职的，如果他不在这一场战争中杀身成仁的话。""绝对不可能！"薛道衡说道，"他可是贪生怕死之辈，皇上不明晓他为何眷恋深宫，就是因为，他感到只有和女人在一起才会安全。"

帝杨坚终于做出历史性的决断：下诏伐陈。

日前，太史王韶密报："镇星入东井"。意即对东南陈地用兵的良辰佳日即在今朝。

文帝一夜未合眼，掩上前线送来的急报：陈将周罗喉从峡口屯兵地进攻大隋硖州。这一件事不啻是火上浇油。不仅为再次向隋朝提供出兵的理由，更严重的是终于促成文帝痛下决心。

是夜，文帝走出烛火灼人的殿堂，透过沉沉夜幕，向南遥望，帝京长安一片阒寂，只有星星在瓦蓝色的夜空或明或暗地闪烁。还有很多事文帝放不下心，他踱步来到皇后寝宫，与独孤皇后商议。"万事俱备，只欠东风了。"文帝感叹道。

"什么?"独孤皇后轻声地问。"千军也有了，一将难求啊?"杨坚自言自语，"征南讨陈的胜券已经在握，只是这帅位迟迟难以定下来。朕很想让太子去统领三军，又担心他对军事谋略稍欠火候，如果让异姓做三军统帅，又怕人言朕在如此大事面前退缩，最后论功行赏时不好办。""噢，"独孤皇后应道，"上次不是让二子晋王去吗?"

"是啊，可长江从西到东那么长，那么阔，仅从一面出击显然是不行的，朕要来个全面开花，事半功倍，中游、上游都应各设行军统帅之位！"

独孤皇后微微点头："皇上在长江上摆下的是一字长蛇阵。南陈是顾头顾不了尾。""是的，这是李德林的平陈十策中最重要的一条。万里长江摆开战场，处处是决战，处处是渡江的区域，这样成功地把握，机会最大。"杨坚充满信心地说。

"要不就让三子秦王或四子杨秀去，不行，杨秀还未及弱冠，秦王俊仁恕友爱，颇得我们欢心，这个孩子心特善，见不得血！这么大的事情就该让他出去锻炼锻炼，虽说在河南道行台尚书令时候有些政绩，但也多为谋臣僚属辅佐，依为妾看，倒不如让他主持中游？"独孤皇后一番分析使杨坚喜笑颜开，心想，知子莫如母。秦王的优点很多，唯独缺少干事的魄力和果断，此次就让他出任山南道行军总管，让他去完成分割长江上、下游陈军相互联络的作战任务，使陈军首尾不能相顾。再说还有江陵总管崔弘度做他的下手，那崔弘度可是个杀人不眨眼的主。郎舅相配，也是一个完美的组合。

秦王杨俊娶的妃子是酷吏崔弘度的妹妹。那崔弘度在长安时就以严酷著名，担任长安城巡城总监时，逮着犯人轻则烧烫烙贴，重则剥皮抽筋，眉毛都不皱一下，任凭犯人凄厉的喊叫，照样把酒小酌，谈笑风生，时称："宁饮三升酢，不见崔弘度。"此次带十万官兵浩浩荡荡进军江陵，表面上是协防南梁，实则驱使百姓投奔南陈。果然，萧琮的叔父萧岩、弟弟萧瓛带着部分属下叛入陈朝。

"皇后真是明见，"杨坚赞赏道，"时局的发展正在朕的预料之中，不成想，将帅的配置，夫人已是胸有成竹。皇后真是朕的诸葛先生，对一切事情都能神机妙算，了然于胸。"

正中午时，一队队宫中护卫急匆匆地穿行在长安的大街小巷，驿站的无数快马奋蹄腾空，伴着阵阵嘶鸣，呼啸着窜出帝京长安。那黄色的坎肩罩身显出身份的不同寻常，不用说，那紧背在身后的背包里有着加上玉玺的圣旨。

挨近午时的场景使人们更觉有要事发生：衢口城门贴满了讨陈檄文，黄巾底色的丝布上全是密密麻麻烫金的小楷字，锋芒毕露又清楚工整。人们争相品味，品着品着，心头的阴霾一扫而空，是啊，如此无道荒淫的陈后主，如此虚弱腐朽的南朝，岂能不伐？

坐在软轿中的李德林想，人心向背是一面镜子，能照出民意的真情实感。看来，民心是齐的。晃悠悠的软轿把学富五车的李德林带回南北分裂的纷繁复杂的历史追叙之中。历代统一的王朝，不论南北哪方，谁不想统一四海呢？下了软轿，突然想起什么似的，"是啊，虢州崔仲方不是说有奏章要呈上吗？怎么没听皇上论及此事呢？"想到这，李德林忙让仆从赶紧起轿回到皇宫。这个崔仲方的妙计按时间来说应该就在这几日吧，这个老匹夫，我只不过嘱其公子带回去我的平陈十策供他参考，如今讨陈诏书都下了，如果还没有成形的方案，皇上不责怪，我自己也感到脸上无光。你崔仲方身为赣州刺史，打过数十次大小战，应该胸有韬略。

软轿一路快行，至宫门停下。

听了李德林的叙述，杨坚笑得泪都要下来了："朕深知公辅的心，朕也一样，你帮朕翻翻那叠奏折，整理一下。"转身朝门口喊道，"再备些酒菜来！""公辅，你的身体不好，多是积劳所致，"杨坚关切地说，"身体要紧，现在没有什么大事了，只待择期而攻。""不，不，圣上，"李德林正色道，"圣上日夜企盼的大事还没有定型呢。今日诏书一公布，南陈势必有所防范，万不可择日而攻，再说圣上可有方案以备用？"

"模型初具，"杨坚面露笑意，"公辅来之前，独孤卿也说了同样的意思，朕已让他去江边节制水陆各军了，待兵马调集后，再做打算。之所以先颁讨诏，还不是出师有名，朕看，对陈主用不着斗心计了，朕若不灭陈，陈说不定待羽翼丰满后还要讨朕的大隋呢。"

李德林头也不抬，哗哗翻一阵奏折后，颓然地说："赣州崔仲方应该有详细计划。为臣曾在聚英酒楼偶遇其公子，当时是为臣阻止他过早献策，免得传散开去。"

"那有什么？兵不厌诈吗！"杨坚反驳道，"迟早的事，最好是'早'了。朕对陈主不用计谋，那个小淫棍能有多大出息。听说下狱的耿直大臣已被赐死，这是多么败坏家业。"

"皇上的心中所想，为臣怎能不看在眼里，急在心里。"李德林将一封封奏折摊开在杨坚的面前，"皇上，这是大臣们递上来的奏折，从这里也看得出人心所向，以高颎为长史的参军议事，节制调度绝对能够协调三军，皇上不妨先拟定出一个完整的方案，皇上意下如何呢？"停了一会儿，杨坚见李德林眉间一挑，乐呵呵地说："这个老匹夫，终于来了！"

杨坚接过李德林手中的奏折，看了一看，心里也乐开了花。

将奏折详细阅读之后，不由得心中暗自称赞，这正合他的心意啊。

随后，杨坚便有了一个比较完善而成熟的渡江作战方案。

第十章

绿珠公主堪比男儿　大隋告捷后主朝乱

杏花酒楼中，绿珠公主手扶着栏杆，叹息不止。自从遇到薛道衡之后，她的脑海中就一直是他的身影。她经常一站半天，不知道自己要干什么。

啪嗒，啪嗒，果然几滴豆大的雨点砸在轿子的棚顶上，马跑得更快了。撩开一角帘幕，绿珠公主远远看见昭阳殿前聚满了一大群文武大臣，心中好生诧异，忙命车轿直奔大殿而去。

散骑常侍袁元友、仆射袁宪、骠骑大将军萧摩诃等一行正冒雨伫立殿前。军士不时地跑上跑下，锣声喤喤地不停。

绿珠公主裹了一下翠绿色披风，躬身下轿，由杏儿、翠儿搀着，急步向昭阳宫殿走去。一问才知，原来隋朝已经向陈国下了讨伐诏书，绿珠公主心里怦怦地跳个不停。

那高高的临春阁上，后主陈叔宝正半瘫在张丽华的身上。陈后主看到绿珠公主怒气冲冲地闯进来，脸色暗了下来。绿珠公主走上前去，也没有对自己的皇兄施礼，便将隋朝的讨伐诏书扔在陈后主的面前。陈后主看到之后，心里也开始慌了起来。

"李善度！"陈后主拿眼瞪着跑在案前的太监李善度，"这么大的事没有大臣们禀报吗？"

"有，有啊！"李善度从怀中掏出数十封奏折，恭敬地呈上去，辩解道，"皇上，隋朝的武乡公，杀人不眨眼的崔弘度率几万大军进攻梁国，梁国的皇帝萧琮被掳押往长安，他的叔叔萧岩、弟弟萧瓛不堪亡国的惨痛，率了十多万百姓降了我朝，寻求避难，荆州刺史陈慧纪出兵接应，因此开罪了隋帝，于是就有这封讨陈诏书。适才，奴才想禀报此事，一见皇上玩得正乐，二是对陈慧纪的问题，大臣中有两种声音，所以，奴才还未及禀报。"

"噢，萧岩叔侄来降那是好事，"转头对绿珠说道，"绿珠妹子，这下朕就放心了，不就这一点事吗？值得敲锣动鼓的吗？妹子在此和贵妃们看戏，朕去了就来。"

"皇上的琴曲高雅，我欣赏不了。皇上快去听朝吧，这不是小事，两国即将开战，陈的兵力哪是北隋对手！"绿珠忧愤地说完后，一转身，带着杏儿、翠儿就下了临春阁。

绿珠边走边想，她不由得想起薛道衡，那样的文雅俊士，南陈一个都没有，尽管只见过一面，那也是深深的一面，像是不经意间石子投入湖面，情感的波澜哪是一时半日能解脱的呢？

宫门慢慢启动，吱吱的响声刺耳，太监的传唤一声接着一声，尖利而寒人，绿珠坐在殿前下首处的方凳上，背依着翠玉屏风，绿珠熟悉这一切。

施文庆首先出班："皇上，陈慧纪发来八百里加急喜报，萧氏父子率十万民众降陈，臣以为当发诏嘉奖，这样才能体现皇上赏赐不尽的仁厚胸怀。"

"老臣有一言当面呈皇上，"大将萧摩诃禀道，"皇上，虽说陈慧纪迎了萧氏父子，但未必是件好事。恰恰给隋提供了口实。"说着萧摩诃扬了扬手中的伐陈诏书，"何况，为了这萧氏父子，陈慧纪放弃了江陵军事要地，隋的军队就可直接临江饮马了，依臣之微见，不如把萧氏父子送还给隋国。这样陛下的两岸隔江而治才能稳妥。"

"不，兵法云，不战而屈人之兵为上策也，"孔范哑着嗓子，"皇上，依萧将军之见，我大陈还像个国家吗？干脆也上表依附杨坚得了。萧氏父子不肯归顺杨坚而归附我朝，正说明了皇上威服天下。如果怕打仗，还要武将干什么！臣还是那句老话，朝中的一班武将，只是逞匹夫之勇，一旦战事临迫，缺乏深谋远虑。"

"你——"萧摩诃气得满脸红涨，遭到如此羞辱，心中自是愤愤不平。

"骠骑将军，"陈后主慢慢悠悠地道，"孔爱聊说得在理，朕虽然很担心和大隋开战，但既然杨坚敢下战书，朕岂能示弱？将军世代忠良，国家又是用人之时，速回驻防，调度防务。朕从今日起决心和大臣们筹划方案，定叫杨坚有来无回。想那杨坚小人窃取周室天下，不好生料理，还徒生如此邪念，想吞并朕的肥沃江南，朕能怕他吗？"

端坐的绿珠公主闻言一动，毕竟国之将危，如能真如皇上所言，南陈或许有救。

"皇上，如何防御呢？"绿珠公主脆声道。

从声音中，陈后主就听出妹妹心头的怨气消了不少，高兴道："绿珠若有高见，不妨直说，朕一定采纳。"

"皇上，沿江上、中、下游都应有猛将固守才是，周罗睺守住长江上游，定能忠诚王室，护军将军樊毅守中游，建康门户就由老将萧摩诃把守，总之，各路军马既要各自死战，又要相互支援。"一席话说得满朝文武心中钦佩不已。

绿珠瞟了一眼施文庆道："施大人，湘州刺史的位子，施大人怎么还不赴任？"

湘州刺史原是陈晋熙王叔文担任，但被后主猜忌，因此，陈后主便让宠臣施文庆以大州都督的名义前去担任，不想施文庆却迟迟不肯赴任。

"噢，"陈后主说道，"施爱卿，朕虽然离不开你，但爱卿如能守住湘州，岂不更是为朕分忧？"

施文庆忙跪禀道："皇上，臣若去，恐中书舍人之职便形同虚设了，不过，臣以为，让沈客卿代臣赴职，岂不两全其美？"

施文庆之所以不敢身去湘州的理由是担心自己离京，新的当权者，特别是仆射袁宪、散骑常侍袁元友等人一旦入主中书舍人之职，一定会在皇上面前对自己揭短攻讦，那样，皇上定会转过来治自己一罪。再说，人贵有自知之明，自己的专长在于艳词拍马，哪里敢把一身细皮嫩肉送到如同豺狼一样的隋军口中。

绿珠公主带着杏儿、翠儿心事重重地回到自己的烟雨阁。

文帝杨坚对形势看得透彻，民心所向是大战取胜的关键。

昨夜，他当着薛道衡和高颎的面，再一次把赣州崔仲方的方案拿出细细研讨，说实话，至今收到那么多讨陈的策略，唯有崔仲方的方案甚合他的意思。

崔仲方方案的主要意思为，在长江下游之湖北蕲春、安徽和县与滁县、江苏扬州等地方秘密集结兵力，准备渡江。同时，在长江中上游的湖北江陵、钟祥、襄樊、四川奉节等地大张旗鼓地造船。陈朝若派精兵赴上游增援，则下游的精兵乘虚而入。若陈朝拥兵自守，则上游军可以顺流而下，配合下游隋军渡江。杨坚看着两位爱臣，期待着他们说出自己的看法。

薛道衡款款地说道："崔刺史的计策可谓详尽至极，是个好方案，这就是说充分利用上流的有利条件关键是杨素的出蜀能否成功，若杨素的十万精兵从益州顺江东下，那整条长江就是无用的屏障，或者说是纸做成的。"

话音未落，高颎接过话头："臣明白了，那日朝中所言，为什么要提及前秦，想前秦原也是准备三路渡江的。"

高颎岂能不知杨坚的用意："这不是西晋灭吴的翻版吗？"

杨坚默然。

薛道衡说："皇上，臣遵旨走遍长江隋军驻地，甚感高颎的计策见用。不过听说陈朝国主陈叔宝对我军伐陈已经保持警惕，即使那陈叔宝不懂军事，可他的朝中也还有不少忠贞不贰的将士，万不可掉以轻心。"

文帝杨坚很感兴趣："说说看，都有哪些将士能忠勇兼备，朕要画其图形，列其姓名广布于军中，令将士逼其绝境，逐而不杀。"

"皇上，那是后话，据为臣所知，与杨素对阵的陈将戚昕，与中游秦王俊相持的陈将周罗喉、陈慧纪，护卫建康的是骠骑副将军鲁广达、骠骑将军萧摩诃，还有任忠、樊毅等人，皆为一世英豪。"薛道衡一口气说出许多人。

杨坚听了这些长敌人志向、灭自己威风的话，心中总是不悦："薛爱卿久在江南，怕是染上了什么恐陈病了。"说得薛道衡急忙想辩解一番。

"来人！"杨坚喊来宫廷侍卫，正四品的车骑将军李圆通忙过来问安。"圆通，到书房看看有没有奏折进上。"

功夫不大，李圆通抱来了几封奏折奉上，转身就出去了。

杨坚道："咱们君臣会议，就在今晚拟出方案。"

第一封奏折是杨素递上的，大意是战船已建造完毕，杨坚心中窃喜不已。

大舰船名为"五牙"，这种大船能容纳战士八百人。小型的战船叫"黄龙"，能容纳水军一百人，此外还有一些小舰，轻快灵活。奏折的最后还附上：造船时的秘密丝毫没有外露。

杨坚道："这个杨素，曾经十几个人与齐军大战鸡栖原的勇气哪里去了？朕以为伐陈诏书都已公示天下，还有什么秘密可言，杨素若能率军自奉节倾力而下，出三峡与江陵的刘仁恩大军会合，陈必破矣。"

薛道衡十分欣赏那战船，说："好个'五牙''黄龙'，这么大的船体能经几级大风？"

文帝杨坚说道："问题是朕将要公开地代天伐逆，为什么还要秘密地进行。如果陈叔宝因为知道我们造船而改弦更张，我还讨伐他干什么？"

"是的，皇上已经把陈叔宝看透，"薛道衡说，"皇上，征兵进行的如何？"

此次征兵是开皇立隋以来第一次在全国范围内进行的军事总动员，共征集精兵五十万。

再展一封奏折，是吴州总管贺若弼呈上的。展开一看竟是一首表明心志的诗：

宁知江南路，辛苦龙石风。

交河骠骑幕，合浦伏波营。

勿使麒麟上，无我之姓名。

诗中的"骠骑"，指西汉骠骑将军霍去病，"伏波"，指的是东汉伏波将军马援。

薛道衡赞叹道："贺若弼表示要像霍去病、马援那样为朝廷建功立业。"

高颎笑着说："贺总管有些等不及了，他的方法比我的高明。"

为了顺利过江，贺若弼采用麻痹敌军的战术，他叫人将老弱之马卖掉，用钱买了很多船，藏在河港汉流的苇丛中，敌军可能误以为贺若弼军中无船。在军队换防时贺若弼总是将声势搞得很大，几十条破船大张旗鼓，号角吹得震天响，使得陈军误以为隋军将要渡江，急忙发兵防备，当他们剑拔弩张严阵以待时，却发现是隋军换防，虚惊一场。

久而久之，陈军对隋军大集人马换防的形式习惯了，也麻痹了，遂放松了警惕，以至声势再大，也熟视无睹。这些，杨坚当然知道。

"人都说，将门出虎子，一点不差。"高颎说着，嘴里啧啧称奇。

随后，君臣三人直商讨到东方破晓，雄鸡高亢。御膳房上来了三碗羹汤，里面漂着几块鲜红的鹿脯肉，香气诱人，杨坚招呼道："先喝了它，暖暖身子吧。"

"你们回去后，思考一下各路军马的协调和领军总管，给朕一个参考。"

十月二十三日，隋朝于寿春成立淮南行省。再愚钝的人也能看出一场大战在即，二十五日，陈朝使者兼散骑常侍王琬和兼通直散常侍许善心来到长安。薛道衡记不清和这两位可有一面之缘，在内史阁部把二人安置停当后就前往大兴殿请示文帝，脚步也轻快了许多。

到了大兴殿前，不觉吃了一惊。今天可真热闹，能上得来、进得去的头面人物都来了，薛道衡快速扫过屋里人，高颎、李德林、苏威、牛弘等人都在，另外还多了信州总管杨素、太子杨勇、晋王杨广、秦王杨俊，气氛凝重。高颎很在意地看了一眼李德林，果然李德林翘起了胡须。高颎暗想，别再不服气了。

"众爱卿，朕思前想后，决定于二十八日正式出师伐陈，"杨坚威严地扫视群臣，"淮南寿春已设行台省，任命晋王广为尚书令主持伐陈大局，命左仆射高颎为晋王元帅府长史，行台右仆射王韶为司马，实际负责处理军务。其下分三七作战区域，上游行军元帅是信州总管杨素、中游为秦王俊、下游为晋王广，分管七路大军。各行军元帅下辖行军总管分路出击。主攻方向就定在建康。"

晋王杨广心中的一块石头落地，他终于博得了父皇的信任，把这么重的担子交给自己，不由得往前跨步，躬身要发言，杨坚以眼色制止。

"皇上——"李德林心里真急了，心想，我的智慧和计谋难道就到此为止了吗？"爱卿，朕的身边少不了你，同样少不了薛内史，"杨坚一句话堵住了李德林那张从不分场合、从不饶人的嘴，"如今，晋王、秦王都已长大，该是让他们去锻炼的时候了。"

"皇上筹划妥帖，我没有什么可说的。"高颎说着，把眼光转向薛道衡，希望他能够做些补充更正。薛道衡也暗自叫苦："秦王俊年轻雅俊，臣不知皇上为何要年轻的秦王去担任伐陈的大任？"

杨坚叹道："朕的五个儿子有出息的不多，既然几十万士卒、几百名战将都能为朕的大业出生入死，朕还怜惜自己没有出息的儿子吗？再者说，太子勇也有意出征，朕甚知儿子的禀性。几位大臣，目前……"

杨素道："皇上圣明，请皇上放心，臣等一定不会让皇子们有毫损伤。"

杨坚接着问道："薛内史，陈朝的使者都说了些什么？"

"臣将二位使者都安排在驿馆，两人都对陈叔宝牢骚满腹，盼望着皇上早日发兵。"接着把陈宫中的一些变故陈述了一番。

"走，随朕上殿，各地行军总管们怕是等不及了。"

大兴殿前，全是经过文帝细加遴选的战将。今天，就要在大兴殿前犒赏三军将领，严明军纪，赏罚有则，确保此次伐陈万无一失。杨坚接过宫人的银爵，一感二谢三军，三慰百姓。

杨坚赏过三杯御酒后，朗声道："天下一分为三，直至魏晋交替，南北朝对峙，大乱特乱已经四百年了！遥想我辈列祖列宗，谁家不饱受乱离之苦，哪一族不遭伤亡之痛……"

说到这里，杨坚脸挂泪花："这种局面应当结束了，这是天意。开皇立隋以来，国家物资殷实，朕上禀天意，下顺民心，平定三方叛乱，兴农固本，国力日渐昌盛，收复江南、统一中国的任务就摆在诸位面前。在你们身上垂系着成败的关键，你们是朕的大隋军中的精英，是朕大隋军中的骄傲！"

"众将军，跨过长江，直捣建康。"杨坚高高举着手用力一挥，在半空划个整圆后就停住不动了。"万岁！万岁！"大兴殿前声响遏云。

二十八日，天刚微明。文帝杨坚亲率文武百官伫立在太庙前面，做出师前的最后一次告庙仪式。晋王杨广、吴州总管贺若弼、庐州总管韩擒虎，依次登上拜将台，跪拜杨坚，从杨坚手中接过军印，庄严而下。

"出发！"文帝亲自一声号令，从百十里内的方阵中，一队队军士鱼贯而行，直向东南。

再说这陈后主，大难临头了，还忙着主办新年元会。诸灯皆燃，凝辉焕彩，非常好看。仅燃灯的人就有几十个宦官专司其职。陈后主陈叔宝在一大群宫娥彩女的簇拥下，走起路来有些发颠，眼神迷离，正和孔贵妃、龚贵妃等一些美人到处游逛。

杨素大败戚昕于狼尾滩的消息传来，建康城里像来了一场大地震。宫中最先知道消息的当然是张丽华。张丽华仔细地看着施文庆递呈上来的战报，两腿抖动不已。她想，杨素的人马还远，那边不是还有陈慧纪，还有周罗喉吗？想到这里她心中坦然了许多。于是便梳妆打扮一番，前去拜见陈后主。

陈后主一听是张丽华有要事相见，立马迎了出去，张丽华道出了周罗喉的飞马奏章。陈后主顿时蔫了，扑在张丽华的肚子上就大哭起来，内心的软弱顺着泪水都流泻出来。张丽华安慰道："不要害怕，他们还远着呢，明天问一下大臣的意见也就是了。"张丽华这么说着，陈后主也就宽心了不少。

正月初一日，一元复始，万象更新。

陈后主和张丽华早早沐浴更衣完毕，静候礼官前来引导他们游赏新年元会。施文庆也早早地等着，正等着的时候，护军将军、骠骑将军萧摩诃、中领军务曾广达飞马来到，劈头就问："中书舍人，皇上可上早朝吗？"

施文庆一看几个人见面也不施礼，阴阳怪气地顾左右而言其他，并没有答话。这时一个小太监来传达皇上的旨意，让其上殿。

昭阳殿上，陈后主一脸愁容，不时偷望着身旁的张丽华。

护卫将军樊毅禀道："皇上，就在建康对面，隋晋王杨广亲率三路大军，渡江的准备工作已有数月了，臣以为，应当加强京都防御。"

"要加强，要加强，"陈后主点头应允，"此事由袁仆射去办。"

袁宪连忙禀道："皇上，臣以为，应速将京都的护卫军充实江防。万一隋军过江，京都建康留多少人马，都抵挡不住杨广的三十万大军。"

"万万不可，不可调动京都的一兵一卒，"施文庆答道，"新年元春刚置办妥当，皇上还要到京郊祭会，把守护建康的军马都去弄江边防务，皇上的安危谁来保障？"陈后主经过施文庆一干人的谗言挑拨，也就没有同意袁宪的建议。

陈朝的一举一动早就被飞报给隋军统帅晋王杨广。

一日，文帝杨坚巡幸并州，杨广伴驾。杨坚见不及弱冠之年的杨广把并州治理得井井有条，心情极为开朗。到了晋王府时，却是普通民宅一般，吃的也是普通饭菜。杨坚看到此，为杨广的勤俭节约而感动不已。心想，太子勇的东宫要有晋王府的一半良风就好了。

几天后，杨广坐在元帅案前，面对父皇一圣令，颇费踌躇。圣令上明白写着，要杨广指挥贺若弼和韩擒虎分别从东西向建康同时进击，前者从广陵，后者从采石。杨广双眉骨一跳一跳，他按了按两鬓下的太阳穴，走到帐门口："张衡，去把高长史、副史薛道衡找来，去探望一下。"

不一会儿，右仆射、晋王元帅府长史高颖和行台右仆射王韶司马及薛道衡出现在门口。

杨广急步上前："去弄三个火盆，王司马，老寒腿不曾再犯罢？"

三人颇受感动，高颎对杨坚选杨广为行军统帅，嘴上不好说什么，其实内心是有异议的。也难怪，高颎和太子勇本是儿女亲家。心中自有偏好。

杨广取下自己的羊皮坎肩，盖在王韶的腿上，又把一个火盆朝高颎面前推去。

拿起桌上的谍报，杨广饶有兴味地边看边说："陈军江防力量不大，但在它正面横渡，恐怕建康的军队能支援及时，父皇建议，从东西两方面……"

道衡说："晋王，发兵宜早不宜迟，宜暗不宜明。"

"说得好，真是'朝闻道，夕可死矣'。"杨广亲手剪了多余的灯花，烛光照亮了几位平陈战役的决策者的脸庞。

高颎沉声道："晋王，渡江必在当夜，天时就占了。这样，天时、地利、人和，于我尽有。"

"是的，正是这样，"薛道衡说，"今夜是除夕之夜，陈宫准备召开新年元会，虽说建康城下的护军较多，但水军多从各地调来，指挥协调不甚熟稔，可以利用天时攻击。"

杨广频频点头："好，就定于今夜，让贺、韩二人渡江。"杨广下了决心说，"一切全靠高仆射统筹协调。"

杨广走出帐房，亲自在膳食房准备酒菜，嘱咐要准备好饺子，连夜做好，发给每个军士，务必让每个军士都吃上饺子。

正在这时，总管宇文述来报："对岸敌军似有移师换防的迹象。请晋王前去探望，一辨真假。"杨广摇头说："不大可能，你去仔细监视，只要陈军不过来，就不要大惊小怪。"宇文述离去后，杨广入帐。

"久坐不合礼仪！"薛道衡优雅起身告辞。

杨广伸开双臂拦住说："坐下谈谈，不然忙起来，就难得见面。"

薛道衡看看高颎、王韶执棋下得正酣，又见杨广留得诚恳，便又坐下。两人谈笑着，高颎、王韶的一盘棋已经下完。三人在元帅府又谈及军务，谈兴甚洽。杨广硬留三人吃了三鲜饺子，而自己却是象征性的吃一两个。末了，嘱咐士卒端去送给巡哨的军士。

深夜子时。长江北岸，贺若弼和周法尚站在船头，紧张地注视着前方。一队队士兵轻手轻脚地登上船舱，弓在背，箭在囊，刀在手，个个

膀阔腰圆，精神抖擞，纪律严明。数百只战船上，军卒们一齐奋刀举臂，入水甚轻，拔水甚猛，船体缓缓移动，齐刷刷划向江心。若没有历久的训练，是达不到这样的素质要求的。贺若弼站在一条大船的船首，目送周法尚远去的身影，心中默念，但愿一战成功胜利渡江，一旦踏上江南土地，那对于善于陆战、马战的隋军来说就进退自如了。他也很紧张，手心出汗，鼻孔微张，但他能够克制。

两个时辰过去了，周法尚部如泥牛入海，没有火光，没有杀声。贺若弼几乎站不住了。

突然，整个南岸欢声雷动。隐约可见，无数个火把在江面上晃动。是不是周法尚全军覆没？是不是陈朝的士卒在庆贺胜利？不可能，绝对不可能。贺若弼迅速地做出判断：好一个兵不血刃的周法尚。

贺若弼唰地拔出宝剑，往空中一指："弟兄们，我们已攻克陈营水寨，冲啊！拿下广陵，就等于占了建康的门户。"

千余只战船，一齐射向北岸，寂静的江雾，终于被"冲杀"声所冲散。半个时辰过后，江南水军营寨挂满了大隋的旗帜。军士的欢呼雀跃，已表明了，是自己人，贺若弼的判断十分正确。

原来，陈军守将一直以为隋军不会过江，更不敢过江，为了保险起见，陈军便把所有的战船都摆在江边，而随船的军卒，都回到陆地军营喝酒作乐去了，只留个别士卒看船。

周法尚靠近陈军水师时，守营的士卒都因喝酒过量，正在睡大觉呢，迷迷糊糊中就做了隋军俘虏。周法尚率几千劲卒高举火把冲向陆地上的陈军营寨，在一片刀光剑影中，陈军稍微抵抗了一阵便全部缴械投降了。

随后，贺若弼的大军乘势掩杀，于正月初一，马不停蹄地完成了对京口的包围。

京口守军本来就薄弱，只有几千人，且大都是羸弱之卒，哪敌得过人高马大的隋军。

贺若弼跃立马上，让几万军卒高声呐喊，声浪如惊天之雷。不一会儿，京口守军便从城墙上扔下降表。京口陷落。

正当陈朝君臣自恃"天堑"和王者之气时，京口的败兵传来了京口陷落的消息。采石矶的守将徐子建也派人告知形势的突变。陈后主这才真正慌了，他当然知道，如此一来，陈朝离覆亡就已不远了，想着延续几代的大陈朝从自己手中败亡，陈后主痛哭流涕。

第二天，陈后主坐到昭阳殿。文武大臣们面面相觑，不知所言。陈后主哭道："众爱卿，你们要替朕分忧呀？"

陈后主眼光怜乞地看着萧摩诃、樊毅、鲁广达等人。萧摩诃说："皇上不必自顾伤心。有臣等在就有皇上的大陈天下。臣愿率五万精兵火速前往京口，与那贺若弼死战，力收京口。"

陈后主一听，说："骠骑将军，哪来五万军马可供将军调遣？"

萧摩诃说："建康守军一个不动，臣只带去各地前来元会郊祭的兵马，看来，元会就不必举行了。形势所迫，望陛下恩准。"

陈后主又转向施文庆，见施文庆撇了撇嘴，甚为不满。"施爱卿，你的意下如何？"陈后主问。

施文庆想也不想，就出班禀道："万万不可，如果在京口没有陷落时，派兵救援，尚可以考虑。现在形势有变，不如等隋军来攻建康时，集中兵力一举歼之。"说着，竟激动起来，声调也高了。

武将中有些哂笑。"笑什么？如果分散兵力，建康失陷，想将皇上置于何地？"施文庆厉声道，"谁来承担亡国的责任？"

萧摩诃还想再辩，鲁广达抢先开口："皇上，臣有一计，不如由臣率一万甲士兵出采石，里应外合，采石之围被解。然后全力对付渡江的贺若弼，那陈国或许有救，还望皇上早下决断。"

陈后主见文武之臣乱哄哄地吵成一团，又哭起来，众臣才渐渐平息下来。君臣这一议就是一整天。没有谁能拿出个令文武众臣都能接受的方案。施文庆更是气焰嚣张，对请战的奏折，皆予压制。

大将军任忠是个精明的人，他认为从战略上讲，陈军必败无疑。从战术上说，长江一被隋军渡过，就失去防御的最后底线。倒不如利用建康城的坚固的城墙，充足的兵源和粮食，一方面足以坚守上个三月半载，待隋军久战成了疲劳之师后，再出城决战；一方面向各地发出勤王的诏书，利用南方人对北方人的恐惧及不想被北人统治的心理，纷纷率兵来救建康，或可有一救。

主意拿定后，任忠道："皇上，想当初，面对隋军的求和之举如能深加探讨，识其阴谋就与之断交，乘隋内乱之时，边境不稳之日，发兵攻隋，就没有今日之惨局。臣愿皇上明功罪，信赏罚，赶紧收复兵马，壮大力量，不然，讨论来，讨论去，不就是兵不多将不广吗？"

任忠的一席话说得孔范、施文庆等人都瞪大眼睛，想任忠是不是有所指，以便有所驳斥，听了半天，才知道是让皇上招兵买马，才轻松了一下。

樊毅在将军列中不停地移着步子。孔范上前道："樊将军，我一向敬重将军忠勇，不如将军也来京城，统兵保卫都城如何？臣这就想引荐足下入朝。"

萧摩诃一听，朝孔范啐了一口："朝廷不是钩心斗角之地，与其将心血耗费其中，还不如洒在疆场。樊将军，你还是回姑孰吧，那里太重要了。"

恰在此时，宫中侍卫高声举报："采石矶守将徐子建要求晋见皇上！"

群臣的反应，个个愕然，如泥塑一般，谁都知道采石矶失陷的后果，那将意味着建康已完全陷入隋军两路围攻之中。徐子建上朝，把陈后主吓得头一缩，徐子建左臂空荡荡的，头发散乱，目光呆滞，衣服破碎不堪，像是索命的无常。

樊毅将徐子健搀扶起来："将军受苦了，还是赶快回去治疗吧，皇上会有打算的。陛下，现在的形势很是艰险，还是请陛下早做决定。我还是先要回去了，姑孰的安危很重要的，还希望陛下能够恩准。"

陈后主缓缓抬起自己的胳膊，无力地挥了挥，樊毅说了一声："臣告退。"说着便转身出了宫殿。

第十一章

姑孰一役完胜告捷　后主荒唐心存幻想

韩擒虎带兵攻下采石矶后，便带兵一路攻打姑孰城。夜幕降临之后，韩擒虎和来护儿等一干将士正在大营中用膳休息。这时，晋王杨广的中军行军总管宇文述一行人匆匆赶到，传达杨广的旨意，还把薛道衡亲手所写的密条交给韩擒虎，并且说将姑孰攻下之后，方可打开看，而且还给他们留下了一个人，这个人就是王颁。

王颁原本是名将王僧辩的儿子，自从陈武帝将王僧辩杀死之后，王颁便在北周地区流浪，发誓要为父亲报仇。隋朝建立后，文帝给他官职，并加以安抚。平陈计划开始后，王颁便一直跟在中军大帐，因为听说贺若弼业已经渡过大江，高颎建议，让王颁协助韩擒虎，免得贺若弼和韩擒虎之间因为没有陈朝旧将做向导而产生嫌怨。

贺、韩二人都已渡江的消息传到中军后，因韩擒虎在渡江中不太顺利，损兵折将，进兵有所迟缓，无形中会加重贺、韩二人嫌怨，致使二人步调不一致，影响了两支主力合围建康。高颎的计谋是出众的。

看了晋王杨广对自己的嘉奖，韩擒虎心中的怨气又抬起头来。其中两点让韩擒虎觉得脸上无光。一是，望韩擒虎率全体将士一鼓作气，拿下姑孰；二是，鉴于贺若弼的军马正急驰建康，已进至南徐州，正突破陈军江防进攻建康，要求韩擒虎攻克姑孰，全力进军，长途奔袭建康，不让陈后主乘船往长江上游逃窜。

宇文述临走时，特意说："晋王已率大军屯六合镇桃叶山。"

韩擒虎连连答应说："宇文总管，我韩擒虎发下重誓，这次首先进入建康城的必定是我韩擒虎。"

宇文述道："将军不要用气，贺若弼攻下京口后，行军速度有些迟缓。元帅只是希望你加快行动。一切都以包围建康为上上之策。元帅希望，一旦建康守军知道贺军速度慢下来，他们想逃不是，想走也不是。

高颎认为，这是置敌人于两难境地。这是攻心的兵法战略。"

韩擒虎觉得，这些话比朝他脸上扇两巴掌还难听，实际上句句是实情。

"嗯，"韩擒虎恨恨地想，"贺若弼一向说自己骁悍无比，以当今之卫青、霍去病自诩。等着瞧，看看谁是卫青，谁能够担起霍去病的声名？"此刻，贺若弼正在京口刺史的衙门内和黄恪把盏畅谈呢。黄恪是京口刺史，按理说京口也是地势险要之所在，但早在陈隋通好时，贺若弼就曾修书一封和黄恪进行了一番推心置腹的笔谈。

那黄恪是陈朝的秘书监，右卫将军兼中书通事舍人傅宰的得意门生。陈后主的宠臣施文庆、沈客卿专制朝纲时，傅宰遭到拘陷，被捕下狱，后被赐死，那两句话每次黄恪想起都心颤不已："臣心如面，臣面可改，臣心不可改。"

面对老师的冤死，黄恪能不悲愤吗？本来也想忠心不事二主，可是看到这样荒淫的陈后主和那班佞臣，黄恪怎能不齿寒呢？当贺若弼依从周法尚的计策乘雾渡江成功，并快速推至京口城下时，黄恪只是象征性做了防务，并贴出告示：老百姓只管安居乐业，不要惊慌，天塌下来由他一人顶着。此告示一出，城中百姓果然平静，既佩服黄恪的胆识和勇气，又疑惑他的话能否得到验证。

在城门上，黄恪望着隋军阵前的贺若弼，感慨万端，和自己通了两年的书信，今日才得以见面，果然是个异人。如此魁伟的相貌却又满腹文墨，陈朝中有几个人能与之相比？贺若弼抬首望见飘在城门楼上的将旗，心中有数了，信马前出几步，双手抱拳，朗声道："黄刺史，久想谋面，没有机会，今日一见，了却平生夙愿。"

黄恪没有说话，又听贺若弼道："黄将军，我奉大隋朝皇帝圣旨率兵讨伐无道的昏君，不想和将军在此兵戎相见。将军久读圣贤之书，历览前辈之崇德风范，想必知道有道伐无道的天理。如今，南陈好似一根朽木，从里到外腐朽至极，弹指可碎。朝廷之君荒淫无度，朝中之臣权欲熏心，大将横行跋扈，士卒饥寒交迫，百姓民不聊生，这样的国家还值得像黄将军这样明达事理的人为之守护吗？"

这些话句句敲在黄恪的心上，黄恪几乎把持不住。唉，时至今日，成何世界？有士兵偷偷地躲在城墙垛内，欲暗施冷箭，黄恪连忙制止，士兵默然收弓。

"自古道：良禽择木而栖，良臣择主而事。想周文王原先也是商纣王的臣僚，可他不是因起兵伐纣，遂有一世美名？远的就不说了，三国时期，诸葛孔明之收姜维不也是榜样吗？我并不是自比诸葛孔明，只是不希望将军这颗明珠永远投放暗处啊。"

一席话说得黄恪嘴唇颤抖，一行泪珠扑簌簌地落下来。"将军，兵法五个字：战、守、死、走、降，以今日之局势，将军细度之。"贺若弼言语谆谆。

曾同为陈朝官员的周法尚哽咽着劝道："黄将军，虽说我们无缘深交，但法尚很是钦佩黄将军的恩师傅宰大人。将军不想想，连您恩师那样的国之瑰宝都被投监赐死，这样的君主、这样的朝廷还值得护卫吗？贺将军兴的是正义之师，所到之处，只要是放下刀枪的士卒，从不杀戮，对百姓视若自己的子民，甚厚遗爱，从不扰民。将军还有什么顾虑呢？"

黄恪经过一番思想斗争，终于开口道："久闻贺将军大名，今日得见，了却了平生的倾慕之心。"黄恪低声和身边的几位副将商议了几句，转过身子，对列队城墙上的军士道："弟兄们，我黄恪自从和弟兄们共事以来，从不亏待任何人，坑害任何人，也算对得起弟兄们了。"黄恪望着那些低眉思忖的军卒接着道："形势的危险，大家都看到了，如果和隋军一拼，遭殃的不仅是我们自身，还会累及我们的家人，更重要的是，城中百姓要居无宁日了，百姓生灵涂炭、妻离子散、家破人亡，实在不是我黄恪的作为。今日，那隋军的总管贺若弼将军的话，大家也都听见了，弟兄们以为如何？"

一阵沉默，夹杂几声哭泣。"降了吧，黄将军，"一位老者说，"不是我们不想死战，可那陈朝的国君大臣太、太……""降了吧，只要隋军不杀我们，不杀城中百姓。"几个军士嗫嚅着说。一个精悍汉子，揎拳仰膀地挤开队伍，快步跑到黄恪的跟前，匆匆地行个礼说："黄将军，隋军会不会滥杀呢？"

黄恪说："大家要是仍不放心，我就令人开了刺史衙门，让百姓进去躲躲。士兵在整个街道上占据要点，如发现隋军有违背诺言的现象，就出死力硬拼，反正现在拼是死，最后拼也是死。"

"依将军之言。"众将一齐呐喊。

看到大家意见一致，黄恪好生感激，他想的不是自身安危，而是城中百姓。

黄恪走到城墙垛口对隋军的贺若弼喊道:"将军,一诺千金是大丈夫行事处世的信条,为弟信任将军,望将军依您所言行事。军士,开门!"

贺若弼频频点头,心中的石头终于落地。京口城门吱呀呀地洞开,吊桥放下。黄恪等一行人马跃出城门,径直往贺若弼的阵前。此时,黄恪别无长策,只能替京口的百姓着想。望见马上的贺若弼,离鞍下马。"贺将军,"黄恪单膝点地,"望将军以民生为念,如果将军要以杀人为功劳,就请从我开始。"

惊得贺若弼连忙下马,双手挽起黄恪:"将军深明大义,令贺若弼感激万分。刚才我就说,将军是一颗明珠啊。将军放心,我一定回禀圣上,为将军记功,万勿烦忧。"

黄恪道:"希望将军善待城中百姓。京口六千多士兵的去从……"

"这个你放心,自征陈以来,我大隋军马所到之处,纪律严明,秋毫无犯。走,走,我要对将军的部下亲口宣布我的决定。"

两个人手拉手上了城楼。面对队列整齐的京口守军,贺若弼想,幸好敌军投降,不然的话,纵使我攻打,没有十天左右的时间也拿不下来。

"弟兄们,"贺若弼高声朗道,"本将军奉大隋皇帝的圣谕讨伐无道的陈主,根本就不是针对你们的。现在,如有愿意继续当兵的,请留下来,继续守卫京口,继续在黄将军的领导下;如果家中有高堂在,有娇妻弱儿在,不想当兵吃粮,想回家享受天伦之乐的,本将军一律不予拦阻,还要发给每人一份口粮,并请你们带着我们发给的资料,帮助我们宣传宣传。有不少江南百姓对隋军毕竟不大了解,又加上陈主的诡言欺骗,一时受到蒙骗,恐有不测,希望你们多多宣讲,让更多的人知道隋军出兵是行仁义之师,是以有道伐无道。"

时隔不久,隋军将士便拉来成车的粮食,还有一大车的资料。守卫京口的陈军约有四千多人不愿再继续为伍,却愿意帮隋军宣传。贺若弼的这些做法,使隋军在江南地区以仁义之师的面貌出现,收到了很好的效果。京口刺史衙门,贺若弼仅以座上宾的身份接受了黄恪的款待,两人畅饮几杯,兴味盎然地相互交谈。

黄恪说道:"将军是回师北道还是就此绕过建康,进军江南呢?"

贺若弼说道："陈军主力都集中在建康，当然是从北道进攻建康，隋军另一路大军韩擒虎业已攻下采石矶，急急向建康出发。京口暂且还是由黄将军代守，等我家皇帝颁诏赏赐。"

一顿饭的工夫，贺若弼和黄恪道别，率领大军，兵锋直指建康东北的钟山。

姑孰城下，韩擒虎虎目圆睁。新年已经过了三天了。这日，大雪飘飘洒洒，朔风彻骨，时近黄昏，灰漠漠的天空，渐渐透出一派橙黄颜色，看来雪意还没有消，还要猛下一场，在这样的天气中攻城，军卒更感到吃力。

黄昏时分，姑孰城中的陈军虽然消极防守，却时时派小股人马出城骚扰，行踪飘忽，使围城的隋军疲于应付。韩擒虎知道这是陈军着意使对峙局面旷日持久，使得各地援军到了之后，隋军不能支持，不战自退。但韩擒虎心中明白，贺若弼的大军业已向建康进发，根本就没有什么援军来。同时，又因自己不知城中虚实，也不敢贸然攻城。有几个已进入城中的士兵杳无消息，想必是做了陈军的俘虏，还有几只人马只得颓然而返。

第二天，来护儿忽然来报，陈军在西关外的城墙脚下，偷偷连夜挖了数个大陷坑。上面用草席灰土等掩盖好，又派了许多老弱守军在城墙垛口处高声谩骂，引诱隋军入坑。

韩擒虎眉头紧皱，忽然高声笑道："纵然骗得我军几个人去，又有何益！"来护儿道："末将倒是就他这几个陷阱，想到一个对策……"韩擒虎的病容顿消，点头称善。心想：你樊毅还想和我兜圈子，没门！来护儿领命去办，首先招来几个亲兵，贴心的亲兵，都换上破旧军士服装，前来向韩擒虎告辞。韩擒虎向来护儿单独嘱咐了种种要点后，来护儿摊开手中的一个小布包，里面有几两散碎的银子，递给韩擒虎说："等到将军平陈大局已定，将军回到大隋，求求将军去看看末将家中的老母，就说我为国尽忠，就不尽孝了……"说着哽咽不已。

韩擒虎皱着眉轻声叱责道："说什么晦气话！待平陈完毕后，我还要到你家去喝你家的米酒哩！"

但他心中明白，来护儿此去凶多吉少，不觉心里隐隐揪疼，便伸手接过小包说："我先替你收着。去吧。"

"是，末将去了。"来护儿单膝下跪，对着韩擒虎行了个大礼。韩擒虎的眼眶已湿，背过脸去，挥手说："去吧，兄弟——"

送走了来护儿，韩擒虎依然心绪不宁，他重披战袍，不顾众将的劝阻，亲率五万军马齐涌到姑孰城下，看着来护儿与陈军对骂不止。

骂了半个时辰，来护儿等人假装被激得狂怒，冲了上去，结果先先后后失足落进陷阱四五个人。陈军哈哈大笑，高兴得大开城门，冲出一队军马，迅疾地将他们捕获。

来护儿等人连声求饶，对方见他们个个相貌丑陋衣衫褴褛，口齿又木讷，免不了取笑一番。被抓入营中的来护儿等隋军被安排干一些打扫马槽，料理水草，往城上搬运滚木礌石等重活脏活，但他们干得十分勤快卖劲儿。

来护儿何等精明，一番往来后，便从那些惶惶不可终日的官兵闲谈中探清了城中的虚实。

原来，守城的将军仍是徐子建。并且，大将军樊毅仍在军中。这两个人俱是陈军中的骁将。怪不得陈军守城的气势如此旺盛，来护儿暗暗吃惊。

他扛着一袋马料，在城墙上借故逡巡，一个守城军士欺他是马夫，吆喝他代为巡守片刻，他下去解个大便。那人刚走开，就见城墙上另一队人马跑步上来，急匆匆地，像是又要加紧守城。就听一个声音高叫着："弟兄们，今夜，樊毅将军虽不在城里，但他临走嘱咐，任何时候都不能马虎。只要守城三日，隋军就会不打自退。"

声音嘶哑，像一只公鸭在到处乱叫。来护儿心中一喜，什么？樊毅怎会仅来一天就回去了呢？便拿捏着嗓子，学着陈军的腔调试探地问："樊将军不在城中，是不是畏惧隋军韩擒虎？""混账话！"徐子建几步来到来护儿跟前。"樊将军岂是贪生怕死之，他的妻儿老小俱城中。"说着，抬手掴了来护儿一巴掌。

来护儿眼明手快，一伸手抓住徐子建的胳膊，往怀中猛地一带，另一只便把腰间的匕首嗖地亮了出来，刀锋直直地抵在徐子建的咽喉，朗声道："都别过来，我是大隋行军总管来护儿，快快开门，否则，徐子建的性命就没有了。"

来护儿紧紧挟着徐子建，几个退步便到了城墙垛口，对远处火把照着的影影绰绰的隋军大喊："韩将军！我是来护儿，城中的守将徐子建已被我擒住，另外一个大将樊毅不在，贪生怕死，连夜回建康去了，连老婆孩子也没带。"哇的一声，两军就像开了锅的稀粥。韩擒虎坐在土坝上，听得真切，那是来护儿的声音，"好兄弟，有种！"他奋身一跃，拔剑挥向姑孰城，"攻城！"

守城的陈军一听，"妈呀！徐将军已被活捉了！樊将军已回了建康！"各自心里打着算盘。

转眼间，韩擒虎率先从云梯登上城墙，右手掷镖，左手挥剑，所向披靡。

守在南门的刺史皋文奏闻讯赶来，韩擒虎一个箭步冲到面前，一把抓住往腋下一挟，可怜皋文奏拼命挣扎却动弹不得，活活被俘。望着如蚁而上的隋军，陈军斗志全无。

来护儿对徐子建说："徐将军，本将军看你也是一条好汉，干吗要替昏庸的陈朝做替死鬼呢？不如降了我大隋，一样地做你的将军，守你的姑孰，有何不好？"

徐子建低着头，一声不发，用眼睛的余光瞟了瞟四周，看到凡是死死抵抗的陈军俱做了隋军的刀下鬼。更多的陈军不做抵抗，四下里逃散，只恐爹娘少生了一双腿，有的边跑边哭，声音凄惨。

随着爬上来的隋军逐步增多，耳中尽是一片喊杀声，血肉横飞，血肉模糊……

徐子建的眼泪扑朔朔地掉下来，他紧紧地抵住来护儿的手臂也松弛下来，斗志全无，低声说："来将军，请放了我，我去城中招集人马，尽数投降。"

来护儿手一松，就在这时，那个下去解手的军士一直趴在几捆马料后面，看到这里，猛地搭上弓箭朝着刚刚站定的来护儿就放了箭。这一切被徐子建看得清楚，他奋力一跃，挥剑挡了一下，那箭带着强劲的力量，稍稍地偏转了一下，直刺自己的胸口，顿时，徐子建感到眼前金星一闪，左手按胸，鲜血顺着五个手指缝汩汩地外流。

来护儿暴跳起来，欲纵身追那个偷射的军士，被徐子建拦住，说道："来将军，他是护我，是为了我才射箭，请来将军饶他性命吧。"说着艰难地站起，边走边解下腰间的令箭牌，高举手中，对来护儿说道："将军替我喊一下，就说，徐子建投降了！"

韩擒虎听到来护儿的第二次喊声，惊喜万分。看到各营随即攻入城中的隋军正在奋力厮杀，便叫亲兵传出口令，就地守势。果然，隋、陈两军都不再刀兵相见。

韩擒虎在通明的火把衬托下，径直走向来护儿。

"好弟兄，你辛苦了！"说着紧紧地抱住来护儿，说道："姓皋的刺史也被俘虏了。多亏了你智勇双全，否则本将军还真的不知如何攻下这块硬骨头。

听了来护儿的诉说，韩擒虎对徐子建抱拳："将军深明大义，是个值得钦佩的对手。"

徐子建轻轻地摇头，嘴角掠过一丝微笑，头一歪，死了。

姑孰一役，战果辉煌。樊毅的妻子儿女也尽被俘虏。消息传到驻军六合镇桃叶山的晋王杨广的耳中，杨广喜不自禁，颁发了一系列的表彰令，又一一具名盛赞诸将奋勇忘身，并筹措不少饷银发散有功人员，以慰诸将的功绩。

最后的决战比预想来得早。

正月初七，光昭殿。

昼夜啼哭的陈后主由张丽华搀着坐在龙案前。陈后主问："众位爱卿，建康危在旦夕，众爱卿可有救国良策？"

施文庆禀道："皇上，当务之急是赶紧招兵买马，一则朝廷可用之兵不足三万余人，二则各地勤王保驾的军马又迟迟不能赶到。"

正讨论着，忽闻鲁广达求见，鲁广达的形象也是让人一惊，只见他衣衫不整，头盔歪在一边，战袍的下摆被利刃划了几个口子，隐隐有血迹浮现。后禀报隋将贺若弼的军马已攻至建康东北的东山，韩擒虎率部也攻克建康西南二十里的新林，隋军包围了建康。

陈后主一听，就觉得眼前的光昭殿摇晃起来。就在这时，宫中侍卫又急急来报："任忠将军率五万精兵自吴兴郡日夜兼程，已到建康城外。"

这是一个好消息，对陈后主来说，不啻是一根救命的稻草："快，快召任忠入朝！"

任忠从新年初二前往吴兴郡带兵，散尽了手边的银粮，终于募得精兵五万，火速回返，终于将隋军将领截在朱雀门外。

盔甲鲜明的任忠踌躇满志，得意洋洋地步入殿内。看到朝内的文武大臣及后主、皇后等众人皆面露悲戚之色，一时不知从何说起。

陈后主连忙起身，对任忠说："任将军，你是朕大陈朝的功臣，千里救驾，朕不知如何封于尔。来，赐坐。"

宫廷内的太监连忙搬来一只丝绒方凳，让任忠坐下，任忠也不推辞，朝后主拜了一拜道："谢皇上恩典！"心想，还封什么官职，我这几万士兵如果拿出去和隋军一拼，也无异以卵击石，以羊投虎。正思忖对策之时，陈后主又问道："任将军，建康城内现有兵力多少？"

"有十万多人，"任忠小心地答道。

"十万多人。"陈后主轻吟道，"只好和隋军决一死战了。"

萧摩诃出班奏道："皇上英明，决战必当在今日。我以为，趁隋军贺若弼立足未稳，一战克之。"鲁广达等人频频点头。

任忠连忙起身，说："皇上，万万不可，我陈朝军队刚刚因战失利，士气低沉，而隋军挟小胜来振军威，一定欲求死战。此时决战，对我不利。"

任忠环视满朝文武，刚才对自己率兵及时赶来的敬佩之色不见了，代之以轻微的鄙夷，不由得有些寒心，一愤之下，从座位上站起来，高声道："兵法认为：客以速战为贵，主以持重为贵。如今，建康城内兵众粮足，应该固守，即使隋军兵临城下，也不去和他交战。同时分兵隔断江路，让敌军彼此不通联络。然后，请允许我带领精兵一万，战船三百艘，渡江直攻六合，六合的隋军一定以为渡江的隋军已被俘获，自然丧气。淮南的土著居民，都对我非常熟悉，我若是赶到那里，他们必然会响应我，我再扬言直取徐州，断彼归路，隋军自然会撤走，等到春水一下，长江水涨，上游的周罗睺沿江支援，则建康万无一失。"

听了任忠的计策，陈后主把头摇得拨浪鼓似的，因为，他一直幻想着一战击退隋军。

陈后主道："任将军，你的计策就是要朕坐以待毙，朕被隋的大军团团围住，哪里还有一万精兵与你。你要去六合，那才是以卵击石呢。六合现由隋的大元帅杨广把守，战船无数，精兵无边。再说建康如此危险，朕又怎能分兵与你呢？"

任忠苦谏道："皇上，皇上若不同意为臣的建议，臣自然不去渡江，但请皇上明鉴，当前形势，确实不宜死战，而应死守。高挂免战牌，耗隋军的锐气。"

陈后主望着众臣，又推了推皇后张丽华，张丽华杏眼睁了一下，说："都哑巴了吗？到底是战是和，是守是降？"

孔范一看，顿感机不可失。

"皇上、皇后，臣以为，隋军乃远道而来，一路上困疲不堪。我军将士个个都想争功，只要出战，必定勒碑纪功。只要出战，定会人人奋勇，个个争先。"

陈后主、张丽华频频点头。

任忠再也坐不下去了，想也不想，就起身离座，扑通一声叩头不止，大呼："皇上，万万不可再战。想战国时，秦赵争雄，赵国老将廉颇，面对强悍秦军坚守不战，秦将使离间之计：结果廉颇被罢免，换了其纸上谈兵的赵括。结果呢，长平一战，秦军大胜，赵括被乱箭射死，赵军四十万大军全部覆没。以史为鉴啊，皇上。"

"大敌当前，任将军不该发出丧志丧国之语，坚守不战，坚守不战，何日才战？如果任将军贪生怕死，就请回家休养，万不可在朝廷之上长敌人志气，灭自家的威风。何况还没有开战，又怎知失败？"

任忠见皇后发怒，不敢复言，脑门上叩出的鲜血直往下淌，只得用手按住，退立到群臣之中，心中自是不平。

萧摩诃捅了一下袁宪，袁宪会意，上前道："皇后暂息凤颜之怒，任将军只是举例不当，并非是灭己之志气。想任将军率数万之众以千里行军之速度前来救驾，忠心可表天日，并无惧战。只是如何战，是先战挫敌锐气，还是先守避其锋芒，只等隋军成为强弩之末，只有众臣议后，交由皇上、皇后定夺。臣想，只要作出了决定，任将军会遵旨而行。"

萧摩诃道："臣以为，可在钟山脚下，摆开一字长蛇阵和贺若弼死战，西南二十里的新林，由禁军直合将军裴蕴镇守，想是能够抵挡数日，待臣等破了贺若弼的军马，再去增援裴蕴将军。那时，建康不但可保，还可以水陆合击六合，直捣隋军元帅帐府。"

张丽华说道："萧将军忠心卫国，忠勇可嘉。被动挨打，不如主动出击。嗯，皇上是不是呀？"

孔范心生一计，忙道："皇上，陈隋决战一触即发，为了使守城将士更加忠勇，更为了鼓舞士气，皇上何不把征战将士家小全都接到宫中，以示皇上的恩惠仁爱，也免出征将士们对家人不合的心理，以便集中精力，全力杀敌。"

张丽华不待陈后主点头，便道："孔爱卿，这个主意不错，正好各位将军的家眷们，有不少哀家没有见过，借此机会认识认识。另外，前些日子准备的新年元会，没有能够在元会上享受的山珍海味，借此就赐给各位将军的家小。"

萧摩诃心想，这哪是示恩，实际上就是把家属扣为人质。但转念一想，古时候将军出征，君主莫不如此，也就和其他人一样，谢过皇后、皇上，但心里对此甚是不满，想起宣帝在时，是何等英明，一贯身先士卒，不由得落下老泪，好在他眼角的皱纹把溢出的泪水遮掩了。

陈后主大喜，对萧摩诃说道："萧老将军，朕命你统领诸将，摆下阵势，和隋军决一死战。"

建康，钟山脚下。

萧摩诃虽然格外劳累，但因心绪舒展，加之这一字长蛇阵是自己多年来潜心钻研兵法所得，可谓心血结晶，所以显得精神健硕，从南至北二十余里的长蛇阵，逐一跑下来，居然心不慌、脸不红、汗不出。

最让萧摩诃宽心的是打头阵的鲁广达。鲁广达的忠勇名冠三军，百步穿杨的绝技更是神妙绝伦，无人能出其右。紧随着鲁广达身后的是大将军任忠，此人也还不错，也很有心计。这些能征善战的军士大都是他从吴兴郡招募而来，如若不然，建康的守军还真是捉襟见肘呢。樊毅呢，就不说了，本来要有樊毅兄弟镇守姑孰，那建康的门户也不会落入隋军之手。

萧摩诃骑在马上，忽然看到前方一面白色大旗迎风招展，上书一个斗大的黑色"孔"字，心里咯噔一下。孔范嘴上一套，做的又是一套，最最不放心的就是他了。所以，萧摩诃在排阵时，自己特意跟在孔范的后面，以便督促。

正走着，前面来了一匹白马，马上端坐着金盔金甲的孔范，白白的脸上泛着一股脂粉气。在寒风的吹刺下，小鼻子有些发红，像是酒糟鼻子。

萧摩诃道："孔将军，大战在即，要随时督促防务，激励兵丁，提醒大家枕戈待旦，准备投入迫在眉睫的恶战。"

孔范开口说："请萧将军放心，你看，我的营帐前……"孔范满口酒气，用马鞭一指自己的所部，"只用三天我就让士兵挖好了壕沟，壕沟里筑了一道新墙，俨然一个固若金汤的堡垒，我还准备让军士用水一浇，夜间上冻，有十个晚上就是一层厚厚冰层，就是让隋军爬，也要爬

到开春化冻。"

萧摩诃看完他的布置，说："孔将军原来也是想要出战，你这样一来是战是守？别忘了，我们数十万大军都在这钟山脚下，如若不能人人奋勇，首尾相顾，长蛇盘动不起来，那不是坐等贺若弼来截为几段？孔将军还是放下吊桥，毁了这土城，好让我们陈军调度自如，不要贻误了战机。"

萧摩诃冷冷地说完，就纵马向另一边飞驰而去。

十九日近午，探子飞骑来报，隋军已于清晨在对面渡过秦淮河，直逼我军的排栅前面，扎下营盘。萧摩诃立即同早已聚齐的诸将商议对策。

鲁广达说："敌军万骑渡河，声势逼人，那贺若弼的大旗刚一出现，就立即着人占了北侧的小山，形成俯冲之势。我们还应多训练一些弓箭手、刀斧手，对付贺若弼手下的马队。"

孔范轻声道："鲁将军，隋军的弓箭可密集？隋军的战将多还是不多？"

"听了不少传言，说贺若弼的手下仅总管级别的战将就三十多人，姑孰的皋文奏何等厉害，听说被隋将来护儿一下就夹在臂下，动弹不得……"

话音刚落，任忠就说："萧将军，现在撤回城里还来得及，决战一旦失败，局面不好控制。要不，就去掉一半军马，逐节抵御，将主力留在城中。我看事关重大，还是烦请将军速回宫中，以免追悔莫及。"

鲁广达说："去去也好，顺便把守宫的护卫也带出来，再决战也未尝不可。"众将七嘴八舌，有赞成、有附和、有异议。

任忠说："将军只管放心前去，这里有我和众将在，我等保证杀退隋军，决无二心就是了。"

萧摩诃便也站起身说："好，我萧摩诃拼了这把老骨头，力争将守朱雀门的官兵、守皇宫的护卫禁军再带出一万人。"

一路上，随着马背的剧烈颠簸，心口也像杂沓碎响的马蹄声一样，咚咚狂跳。忽然，几声锣响，引起他的惊异。身着朝服的施文庆正在指挥几队亲兵把一个个打扮得花枝招展的女人像赶猪似的赶向皇宫。

萧摩诃心想施文庆这样的奸佞之臣干别的事不行，干这样的拍马溜须之事最积极不过了。心中猛然一惊，想起自己妙龄国色的妻子，是否已经纳入皇宫，还不得而知呢。其实他并不知道，此时的萧夫人正和陈后主打得欢着呢。

萧摩诃想要回自己的府中看看，可是他左等右等还是没有看到妻子，再加上下人们躲躲闪闪的眼神，萧摩诃心里已经猜出了七八分。第二天一早，萧摩诃想到此次进京的目的，于是便急匆匆地赶往京城。刚走到宫门口，就看到了陈后主的轿辇。

原来陈后主接到孔范的战报，说是陈军大胜，建康之围不日可解，喜不自胜，兴奋得一夜没有睡好，打算御驾亲征。正出发间，樊毅的军情急报而来，说是贺若弼的大军正越集越多，已堵住了京城的所有出口，南逃还是北窜都已成为不可能。这才慌慌张张地往皇宫急赶，不想在朱雀门附近和萧摩诃的人马正好碰上。

萧摩诃勒马而退，想瞅瞅街市两边可有巷子斜插过去，避而不见，关键是怕皇上问罪，战况的喜忧，连萧摩诃都不知，他这个前线大将军，负责统领一切军务的都统岂不失职！

哪知，在陈后主轿旁护驾的施文庆眼尖，一眼看到了萧摩诃，忙叫道："萧老将军，匆匆而来，又匆匆而去，这是何为？"坐在銮驾中的陈后主一听萧摩诃回来了，心中又吃了一惊，忙斜眼瞄了一下身旁的萧夫人。

萧夫人的脸色通红，心中突突不安起来，身子也不由自主地斜靠过去，幽幽道："皇上，我们的事怕是他知道了，不然，怎么如此凑巧，早不回来，晚不回来，偏偏在这个时候回来，皇上，趁着雾色，我还是下去吧。"萧夫人说着，就躬起身来，要下轿辇。

陈后主急了，"你怕什么？有朕在此，朕护着你。"

正说间，萧摩诃纵马来到轿辇前，说道："皇上，臣昨日回京，想再借调三万军马，以补充长蛇阵的头阵。匆匆回府过了一宿，不想事情急变，隋军已发起进攻，因此，臣要急急赶回。"

挑开一角绸帘，陈后主探出头来，说："樊毅将军的消息，萧老将军都知道了吗？"

"回皇上，臣已有所知。"

"萧将军是否要朕御驾亲征？"

"皇上，臣……"

"罢了，你还是快回去吧。"

萧摩诃顺着帘角用余光往里望了望，只见自己的夫人高绾的云鬟就在陈后主胸前晃动，心中挺不是滋味。

陈后主道："萧将军，要以家事为轻，国事为重啊。"

萧摩诃听出了话中之意，连声称是。

施文庆道："萧将军，皇上日夜忧叹，唯恐你那里有闪失。既然你回来了，皇上就把心意传给你带回去，凡破敌立功的将士，不论出身低微高贵一律有大赏。"

随后，施文庆指着黄金、珍宝说："皇上可是拿出国库来重赏有功之人。等到破隋后，这些金条、珠宝一个不少地奖给你们。"

陈后主伸出轿帘的脑袋一直在点着。

萧摩诃忙正色道："皇上，请带回珍宝，放在宫中，待臣杀退隋军，再为部下邀赏。"

萧摩诃经过寒风的侵袭，后背有些发热，心神不宁。他现在只想着尽早离开建康，离开这个给自己带来巨大耻辱的地方，不然，哪怕再多待一分钟，他也会崩溃的。萧摩诃的脸已经憋得发紫了，连双眼也禁不住地红了起来，他抱拳大声说："皇上，臣去了。"

陈后主还想再说点什么，不过看到萧摩诃心意已决，也就不再说什么了。

第十二章

隋将士浴血建康城　陈后主终成阶下囚

萧摩诃转身上了铁青色的高头大马，飞驰而去。

这时候，太阳已经升到半空了，空气中隐隐夹杂着浑浊的味道，很是呛人。萧摩诃快马加鞭，在接近军营的时候，突然听到了一阵阵的厮杀声。难道已经打起来了？萧摩诃心里暗自吃惊，跳下马奔到附近的一座山岗上，从上往下观察。陈军的一字长蛇阵果然威力无比，隋军不敢轻举妄动。隋军进攻了几次之后，都没有打乱陈军的战阵，最后却整的自己损兵折将，不过，现在看来，鲁广达似乎有些危险。

有一杆大旗在风中呼呼作响，上写斗大"贺"字，那是贺若弼无疑了。萧摩诃纵马而下，手舞长刀，旋风般地冲了进去，就像一只骁悍的大豹冲入羊群，左右冲突，锐不可当。倒是身边的几个亲兵吓得有些哆哆嗦嗦。

不一会儿，萧摩诃便与前锋鲁广达会合。正要合力向前冲时，一阵雨点般的箭头乱射过来，两人只得勒马停住。放眼往前一望，隋军在前面放起浓烟，趁着烟雾潮水般地退去。

鲁广达对萧摩诃拱手道："幸好萧老将军及时赶到，不然……"

萧摩诃看着鲁广达，心道：如果陈军都有鲁广达的忠勇，都能身先士卒，陈朝能有如此困境吗？"鲁将军，你辛苦了。"萧摩诃下马挽着鲁广达的手，轻声问，"将军忠勇，可昭日月，但以今日之势观之，建康能否守住？"

鲁广达摇摇头，面颊上有箭镞划伤的印痕，用手按了按说："萧将军，如不是您从侧面的一番攻杀，我就抵挡不住了。你看，"说着鲁广达用手一指任忠、孔范的军营，"那里隋军并没有去攻击，可他们却坚守不出。幸好，这一仗只是贺若弼的试探，如军马再多一倍，我就支撑不住了。"萧摩诃说："将军言之有理，刚才我还对隋军的攻势生疑，明

明知道是长蛇阵，为何不全面攻击，而仅仅只打头呢，如果任忠、孔范卷将过去，隋军就被包围在阵中了。"

两人谈着步入营中，进门却见满满坐了一屋子人，除了诸营主将副将，连许多小校也来了。鲁广达不知如何应酬，忙推着萧摩诃上了主座。

萧摩诃端端地威坐大案后面，一言不发，脸色煞白，眼圈一道明显的青黑色。堂中气氛庄严而压抑，将官们都拘谨地闷坐着。陆续又进来了几个人，有的人手里拎着人头，那是刚从死尸上割下的，进来后似乎感到气氛不对，均屏声敛息地各自找地方坐下。

又隔了好一会儿，萧摩诃开了口："众位将军都不约而来，意在何为呀？"

众将默不作声。萧摩诃点破："都想来请功是吧？你们素熟兵书，深知一字长蛇阵的妙用所在，今日，蛇头被打，蛇中、蛇尾都哪里去了？我在脚下布置的五千快刀手也没有出来？"

樊毅沉不住气："那五千人不能出来投入战斗，这是我的主意。萧将军，今日一战，可不是隋军主力，这个鲁将军最清楚了。"

鲁广达点头道："将军说的是。但如果任将军、孔将军能出援兵的话，隋军的三千人都不会逃脱，关键那里有贺若弼在。"任忠、孔范挂不住脸面，红一阵、白一阵。孔范道："鲁将军此言差矣。我们要不出兵，怎会相聚在你的营中，听到前面的号角声后，我就率人赶过来，但刚一到，隋军就被打溃散了。尽管如此，我的手下也杀了几十个隋军，有人头为证明。"

任忠低头不语，他知道，这只是牛刀小试，隋军的大队人马如分割而击大家都完蛋。

萧摩诃和鲁广达相视片刻，各自都心中明了，不再说什么。

任忠道："萧将军可曾带了援兵？"萧摩诃一听，脸上有些不自在，提到这茬事，无疑又勾起心中的不快，想自己的娇妻和陈后主出入成双成对，俨然一对野鸳鸯双栖双宿，心中不免万念俱灰。他对任忠摆摆手，便低头下去，长叹一声道："众位将军还是各自回营，保持阵脚，我以为隋军不日就要全面总攻，希望众位将军都能像鲁将军这样身先士卒，确保一战成功，尽人力吧。"

任忠何等聪明，听出了弦外之音，心中叹想，这萧摩诃也心灰意懒了，早知如此，何必当初呢。都不听我任忠的，一场恶战，谁能逃脱，还是早做打算……

孔范见大家都不愿离座，心里正盘算着刚才手下士卒割下的几十个人头能获多少赏金。鲁广达对孔范说了句："孔将军，我以为下一步隋军的主攻方向恐怕是孔将军的营盘……"

话未说完，孔范就跳起来："这，这怎可能？""这又怎么不可能呢？"萧摩诃反讽道，"今日鲁将军杀退隋军数十次进攻，那隋军谁不害怕，再者说，这一字长蛇阵最容易受攻击的地方就是蛇的腹部。"

孔范坐不住了，额角冒出些冷汗，但很快镇定下来，朗声大笑后说："就盼这一天呢，来一个死一个，来两个死一双，我孔范在朝中总有些人瞧我不起，哼，那贺若弼胆敢来犯，定教他片甲不留，让那隋军也见识见识我孔范的威风，认识认识我孔范的马王爷到底是两只眼还是一只眼。"

樊毅面沉似水，阴阳怪气道："马王爷既不是一只眼也不是两只眼，而是三只眼。以孔将军的军营士兵作蛇腹还是经得打的。那围墙也足有丈把高，几个隋军是爬不过去的。"

孔范说："那当然，樊将军是个行家，我现在什么也不怕，怕就怕皇上封赏的官位不够高，封赏的银两不够多，破敌升官的良机，我不会错过的。"

有几个小校实在忍不住，笑出声来。孔范三角眼一瞪："这是表忠心的时候，你们还敢偷乐，该掌嘴。"

萧摩诃听了，心中作呕，眼前立刻浮现出施文庆、孔范之流平日里霸道的模样，不想再议，便岔开话题，笑道："众将军都回吧，我要为鲁将军请功，写一封奏章。"鲁广达想制止，萧摩诃已握笔在手，却不知从何下笔，两道眉毛连成了一条线，嘴唇抿得飞薄，心里乱糟糟的。刚一落笔，眼前就浮现自己娇巧的夫人被陈后主搂在怀里的模样。

"唉，罢了，等以后再说吧。"众将以为萧摩诃有犯难情绪，各怀鬼胎，也不便上前抢功，何况鲁广达一句话也未说呢。大家都出了营帐。萧摩诃尽量抑制着胸中的愤懑，把语气放得极缓极缓，说："广达！今日不比往常，那贺若弼虽然吃了一个小败仗，但这只会增加他的勇气，只会帮他寻到我们长蛇阵的薄弱之处，每一步棋都不能走错呀，只等渡过这一难关，以后再说其他事。"

鲁广达有些心不在焉，他不计较萧摩诃没有为自己请功，为国为家，生死是应该的，鲁广达对萧摩诃道："萧老将军不要误会我鲁广达，受赏不受赏本来就无所谓。你放心，有鲁广达在就有地盘在。"

"不，不。"萧摩诃一时词不达意，无法向鲁广达表明自己准确的意思，本着议事宜浅不宜深，走一步看一步的想法，他不能把话说透，只是觉得很伤心。要不是小春给了自己些许安慰，说不定他早就挂印归隐了。

话刚开头，一个小校飞也似的闯上来，禀告说，对面山上的隋军又冲杀过来，漫山遍野，如群蚁搬家，又如过江之鲫。一时风声鹤唳，草木皆兵。还没有禀到一半，潮水般的喊杀声就漫将过来。鲁广达不等说完，已经锵的一声拔出半截宝剑，说了声："弟兄们，跟我上！"

几个亲兵拥护着萧摩诃，急急地向附近的山梁上奔去，以察全貌。贺若弼不愧是贺若弼，两万多大军兵分三路，直扑长蛇阵的头、中、尾，陈军兵力不足的弱点充分暴露。钟山脚下，到处都是喊杀声。谁也没想到贺若弼的反扑来得如此迅猛。难道杨广的中军将帅过了江？这完全有可能，难道建康西南的韩擒虎已攻至建康城下……萧摩诃想率军冲下去，被左右拦阻，正欲发火时，只见任忠将军飞马赶到，在马上就高呼道："萧将军，建康西南城墙已被攻破，韩擒虎的军马已杀往朱雀门了！"说完，拨马离去。

萧摩诃感到两眼一黑，摇晃了几下，险些摔下马来。一阵强劲的北风刮过，战旗猎猎作响。韩擒虎扯着旗角，心中感慨万千。他用那面"韩"字大旗蒙住自己的脸，从布缝中窥望着满路上急急前行的隋军，不觉心中暗喜，气涌如潮，看着道旁站着稀稀落落、凄凄惶惶的难民，皆恭敬地让开大路，更是喜不自胜。来护儿纵马上前，低声说："韩先锋，前面就是建康。"

"嗯，我看到了。"韩擒虎拿下大旗，随手一扬，"来将军，虽说我们渡江晚了一步，恶战姑且耽误一些时辰，可我还是先看到建康的城池。"高大的城墙尽收眼底。城垛楼上，隐隐望见人影走动。刀枪剑戟闪着刺目的亮点，每个垛口上都有五颜六色的彩旗在风中飘摆，煞是壮观。"不好了。"王颁策马返回，跑到韩擒虎的跟前，用手一指西北，说，"韩将军请看！"顺着王颁手指，韩擒虎吸了一口冷气。

"咦，那不是溃散的陈军吗？""正是，"王颁点头不止，"刚才，我看到有一面大旗，上面有个'任'字，估计是任忠的部下，这么说，一字长蛇阵被贺将军给破了。"韩擒虎心中咯噔一下，忙问："裴将军何在？"王颁答道："裴将军已在城下，估计用不了多少时辰就可进城。"韩擒虎急了，把马缰绳抖得老高："还站着干什么，跟我进城！"

这时，来护儿、王颁等十几位将军也赶到城下，城门上的吊桥吱吱吱地放下来。裴蕴迎风而立出现在城垛口。"韩将军，不要攻城了，城门这就打开。"话音未落，厚重的城门已慢慢地开启。隋军一拥而入，乘势掩杀进城。

韩擒虎悬着的一颗心这才放到肚子里，抬头对裴蕴拱手道："裴将军，幸亏有了你，建康城才如纸糊的一样。"面色依然没有缓和。裴蕴解释道："韩将军，差点坏了大事，说好了的事也有变的时候，侄弟可巧今日换防，刚从北门回来，但那任忠却进宫了，所带兵马不过数千人。"

韩擒虎点点头，在众将的簇拥下过了吊桥，入了城门。和裴蕴叔侄见过面后，韩擒虎问道："贺先锋的钟山之役有结果了吗？"裴蕴侄弟摇头，见韩擒虎一直盯着自己，便忖度着答道："估计正在激战之中，驻守建康的精锐部队都在那儿。"

"那任忠呢？"韩擒虎疑问。

"任忠溃散来时，衣冠整齐，不像是战败的，倒像是逃脱回来报信的。"

韩擒虎不便再问，转头对来护儿、王颁等众将说："来将军带人攻打朱雀门，王颁快快分散安民告示，不可激起民变。其余众将各自带兵，封锁建康的各个出口，一般百姓只进不可出，切莫放走了陈主。"众将领命而去。

韩擒虎不再言语，这一路上虽然有些气喘，但毕竟值得，终于第一个闯进建康城。只要拿下朱雀门，整个陈朝就可宣布完结了。

快马行进中，前面的厮杀声阵阵传来。忽然一个探马从前面奔跑而回，韩擒虎一看那脸色神情，就知道是个坏消息。

"什么事快说！"韩擒虎催促道。"报，报韩将军，来将军在朱雀门前被箭射中面门，生死未卜。""啊！"韩擒虎大吃一惊，"性命如何？可曾救治？"

探马上气不接下气："已经包扎了，可来将军依然昏迷。"

第十二章　隋将士浴血建康城　陈后主终成阶下囚

"是何人所射?"韩擒虎知道,一般的弓箭手想射中来护儿的面门那比登天还难。因为,凭来护儿的武功,能眼观六路,耳听八方。绝不能眼见皇宫攻克、陈主被擒之时再损了一员上将,特别是受文帝杨坚宠爱,自己也特喜爱的来护儿有个好歹,那岂不让天下耻笑。

救人如救火,此刻只能驰往朱雀门,探望一下真实情况,不容得慢慢打探了。一挥手:"走!"韩擒虎带人直扑朱雀门。

门前的桥上已经横七竖八地倒了不少隋军士卒的尸体。韩擒虎来到来护儿歇息的地方,翻身下马,哽咽着:"来将军,来将军……"

来护儿轻轻睁开眼睛,含着笑意,点点头。"来将军,感觉还好吗?"

这时,刚给来护儿包扎的医生连忙接口答道:"来将军的鼻子中了一箭,从左至右,鼻子怕是保不住了。"韩擒虎悲喜交加:当年经过无数次的战斗,见过的箭伤可以说无数。说是中了面门,没有不死的,箭的力道十分强劲,有时稍近的距离,那真可贯穿脸颊,像来护儿如此幸运的还真少见,性命无忧了,这是喜;悲的是,如此英俊的来将军没有鼻子了。

韩擒虎担心军情突变,煮熟的鸭子飞了,忙叫过一位行军总管问道:"是谁射的箭?"

一位被俘获的陈军小头目说:"是仆射袁宪。"

"袁宪是谁?"韩擒虎环顾四周问。

"那是陈朝中的一名耿直的文臣。"

原来,韩擒虎攻打的西南城门,正是由袁宪把守,文臣出身的袁宪却在生死关头,力克韩擒虎的人山战术。当裴蕴和他的侄弟率领叛军从北门掩杀来时,袁宪知道城门不保了,只好退而求其次,率一队人马,东拐西绕,依仗对地形的熟悉,竟比来护儿提前赶到朱雀门,埋伏在朱雀桥两旁的掩体中。

来护儿骑在马上,正一心指挥攻门,根本没有顾及到在自己眼皮下还有陈军的弓箭手,来护儿督促隋军抱着柴火枯草往门前堆放,准备以火攻门,袁宪一跃而起,拉开弓,嗖就是一箭,来护儿警觉到箭行的哨响,一扭头,鼻尖被锋利的箭锋削去大半,鲜血如注。

乱箭齐发中,有不少隋军倒毙于朱雀桥下。

韩擒虎咬牙切齿,正要继续火烧皇宫。忽然,朱雀门洞开,从里跑出数匹马，一溜烟地跑过来，前面高大骏马上是一位手持白条的将军，他正是任忠。

原来，贺若弼的数万大军齐扑萧摩诃的长蛇阵时，任忠尚未交手就先自怯阵，看看身边的陈军俱是两股战栗，不免有势单力薄之感。本来就有怨气的他更是无心应战，望着呐喊着的隋军铺天盖地而来，当即想也不想，拨马就绕道钟山脚下的密密丛林，从北门进城，直奔皇宫。

要说在长蛇阵中苦战的还是数先锋鲁广达。鲁广达左冲右突，冒着如雨的箭矢，挥刀奋力砍杀，骁悍无比，不一会，身边的将士一个接一个倒下去，自己也血染战袍。利用砍杀的间隙他窥望两边，俱是隋军蜂拥而来，丝毫没有陈军的援手，这时他就知道仅凭自己是孤木难撑的，就好比一只恶虎孤斗群狼，终有打盹的时候。突然感到右肩一阵钻心的疼，手握的钢刀当啷一声掉在地上，再也无力拾起，鲜血顺着肩膀、胸脯汩汩流下，染红了全身，心中十分悲怆。

这时，呼啦一下，上来几十名隋军将鲁广达死死地按住，其中一人，手举钢刀朝鲁广达迎头就砍，被一声断喝止住。鲁广达斜眼一望，一匹赤兔马上端坐一位黑塔似的大将，一杆高扬的"贺"字大旗随风飘扬，心中知是隋军先锋大将军贺若弼。

鲁广达凄然一笑："贺将军，割下我的人头吧，杨坚会有重赏的。"

贺若弼下马，双手扶住鲁广达颓然欲倾的身子，敬佩地称赞："鲁将军果然一世英名，不愧是陈朝的股肱之臣，让贺某佩服不已。"

鲁广达的脸色已变得苍白，他有气无力地回答："贺将军不是嘲笑败军之将吧？"

"贺某岂敢嘲笑忠勇之人。可惜，可惜，鲁将军不为大隋所用，明珠投暗，奸臣误国，连鲁将军也跟着受累呀！"

鲁广达气息奄奄，从口型上似乎肯定了贺若弼的看法，瞪着一双铜环眼直直地望着贺若弼，喉结一凸一凸，声音微弱而嘶哑："贺将军要是怜惜我，就……就……把我……埋于……此……此处吧。"话刚说完，就歪头倒下去，气绝身亡

贺若弼很是伤感，命几个军卒按鲁广达的遗言办理，自己复又上马，沿长蛇阵式追击过去。没走多远，迎面遇着周法尚，见周法尚满头大汗，便惊问："周将军，蛇腹尚未攻克？"周法尚一愣，旋即笑了。

"末将正要带人去打蛇头，听说鲁广达甚是勇武，怕将军有失，

故……"

"噢，鲁将军确实非凡，只可惜投错了主子。"贺若弼立马往前瞧去，见周法尚的不远处有个陈将被捆得如粽子一般。那人还将脖颈直愣着，从相貌看，贺若弼猜度，那必是长蛇阵的布阵者萧摩诃，贺若弼对周法尚道："怎么这么快？这长蛇阵原是首尾兼顾，又能各自为战，伸展自如，退进得度，怎么这么快？"

周法尚听出贺若弼的问话中有怀疑的成分，不禁也笑了，抹一把额头上的汗珠子，用手一甩，说："末将奉令攻打蛇腹，挥兵直扑中营时，那守蛇腹的孔范真是饭桶一个，竟弃营而逃，满山脚的都是陈朝的散兵游勇，根本不经冲杀。末将还担心自己贪功，误了大事，所以急急收兵，带队前来增援将军，不想，将军也一帆风顺。"说着，一指不远的萧摩诃说，"这萧老将军亲自摆的长蛇阵，原来竟是一条草做的蛇。"

确实如周法尚所言，长蛇阵是一条草蛇。贺若弼吸取前次攻蛇头的教训，分军反击，令周法尚率几千人直扑孔范的营盘。只会说大话的饭桶孔范，平生哪见过这样的阵式，当即吓得面如土色，嘴里嚷了一句："破敌升官的良机到了！"

自己却掉头就跑，一转身隐没于树林之中。主将如此，部下顿作鸟兽散，跟着四下里溃逃，长蛇阵烟消云散。站在山冈上，左右手拿着五色彩旗的萧摩诃更是目瞪口呆，再也提不起精神，被一涌而来的隋军擒住，捆了个结结实实。"那饭桶呢？"贺若弼问。"躲在树林里呢，他是跑不掉的，已被我军团团围住，说不定趴在哪座坟丘后面，尿湿了裤子也未可知。"

贺若弼纵马来到萧摩诃的面前，令士卒为其松绑。

"萧将军，贺某是久闻你的大名。前日又领教你的长蛇阵的厉害，要不是我贺某撤退时，急中生智，放着烟雾而退。或许，被俘的就是我贺若弼了，"贺若弼自谦地说，"贺某不明白，长蛇阵怎会如此不堪一击？"

萧摩诃一听，竟老泪纵横："苍天灭陈，陈岂敢不亡？从你们渡江至今，哪一仗离开了陈朝的旧僚？他们为何如此肯替大隋效力？真应了讨陈诏书中的所言：以有道伐无道啊。"贺若弼称赞道："老将军说得对，连孔范之流也能带兵打仗握有兵权，岂不白白糟蹋了士卒的性命。幸好，他的士卒跟他一样，束手就擒的居多，要不然，可要屈死多少生命性灵?"周法尚在马上对贺若弼低语道:"刚才盘问了萧将军的几个亲兵。他们说,萧将军也是满腹委屈,自己如花似玉的娇妻竟被陈主……所以,萧摩诃纵有一身好武功,也无恋战之意,所以才有此言。"

贺若弼点头,安慰萧摩诃道:"萧将军是个明智之人。想我家皇上定会重用于你。到那时,我们都是同朝为臣,共扶大隋基业千古永驻。好了,带萧将军下去休息。"贺、周二人和众多将领并马而行,环视战场,硝烟依然未尽,成群的陈军结队投降,交出手中的刀枪、战旗。

贺若弼上马踩镫而立,大声对身边的行军总管说:"传我命令,我大隋本是正义之师、有道之师,无论收复江南哪片领土,务必要秋毫无犯,不许惊扰百姓。若是逐寇而自为寇,违犯军法的,定要严惩不贷。各位一定要约束部下,一旦放下武器,忠心归顺之士卒,即可视为良民。"战马往前踏出数步,贺若弼大声追问:"听到了么?"四周一片应声:"听到了!"

贺若弼向中军总管点头示意,总管高举令旗,挥动三下,各营人马便在本部行军总管的带领指挥下,次第出发,目标直指建康。

正行军当口,下游行军元帅杨广的掾属张衡带着一支人马快速赶上来。

张衡见过贺若弼,说:"晋王已从正面渡江,命你部率队回至江边,击败其水师。韩将军已突破建康,兵临皇宫。"

贺若弼有点遗憾,随命三军转道,心想:这块肥肉到底让韩擒虎吃了。

任忠确实精明,决战未开始自己就脱离战场,侥幸捡得一条性命和免去被俘虏后的羞辱。一路上,他心神不宁,想:都坏在这帮白痴手里!好端端的大陈朝就要覆亡了,这也是天意,怨只怨陈朝无明君,因此,朝中无战将,更没有安邦治国的文臣。都不听我的劝谏,不听我的劝谏,延续了数代的陈朝呼啦啦似大厦倾倒。我还逃向哪呢?对,就是要让皇上知道,陈朝完了……战马跑得快如闪电,转眼来到朱雀桥前。

施文庆等正在桥头惊惶失措,暗地里合议什么,见任忠率领数千人回来,忙紧张起来,不知决战胜负如何。

施文庆拦住任忠道:"任将军,战况如何?"任忠狠狠瞪了他一眼,并不下马,只身一人飞奔皇宫大门。

光昭殿前依然丝竹悠扬。宦官蔡临儿、李善度忙上忙下,正指挥排演陈后主的《玉树后庭花》，此次排演正是让萧夫人唱主腔。任忠一溜烟似的拾级而上，见龙案后面正歪坐着陈后主，一副专注的神情，仿佛城外的酣战和宫内无关。

李善度很快挤到陈后主的跟前，悄声说："皇上，任将军回来了。衣冠整齐，气宇轩昂，想是大胜了。"

陈后主甚是和缓："任将军，来来，快给任将军赐坐。"说着对左右文臣道："任将军来报捷了。"任忠行过大礼，默视周围片刻，放声大哭。

"皇上，全败了。皇上应该考虑休战了，臣等已无力再战。"众臣不约而同惊叫起来。散骑常侍袁元友、仆射袁宪等人竟一纵而起。袁宪说："这么说朱雀门不保了。"

任忠道："恐怕现在萧摩诃、樊毅、孔范等人已做了贺若弼的刀下之鬼，或成贺若弼的阶下囚了。"

陈后主却并不惊慌，转头对李善度说："再去府库取些金条来。"不一会儿，李善度和几个宦官抬出两个紫檀木的大箱。打开箱子，陈后主起身拿出几捆金条——摆放在任忠面前。

"任将军，好在建康还有大多半是朕的天下，你去招募些士兵，来保卫皇宫，等待援军，就按任将军所说的'客以速战为贵，主以持重为贵'的固守战，或许能够挽救败局。朕不能眼睁睁地看着大陈灭亡吧。"

任忠颓然道："再战无用。"

"那如何是好？"陈后主急了，"任爱卿一向足智多谋，总会有个办法吧。"任忠苦笑："皇上若为臣虏，臣等哪能有好结果。臣愿替皇上去死。"江总急了："任将军现在还说这话有什么用呢？国家养士设官，原本就为的是救倾危之急，怎么能临事不战而言死呢？"

任忠沉默片刻，回禀道："臣有一计。"

"快说。"陈后主和两个贵妃三头齐伸，等待下文。

"现在，皇上只有准备舟楫，到上游周罗睺去处，凭借水师或可再图创举，如果皇上愿往，臣当以死奉卫。"

"舍此，别无他法？"张丽华有些不甘心。

施文庆两腿已抖个不停，战战兢兢，乞求似的对任忠道："任将军快去招募军队，怕是晚了，出不去如何是好！"

陈后主听施文庆这么一说，拊掌大笑："好，就这么办，任将军快去准备，朕任你为水陆军马大将军，节度建康所有军力。"任忠拜谢后，带着两箱金条出了皇宫。

这边陈后主又令人将宫中贵重物品收拾好，只等任忠回来。君臣相视无言。大殿的广场上仍是宫娥彩女聚集着，不知是演还是不演。

正在这时，一声怒喝传来，众人一看是绿珠公主，都唬了一惊，心想，这戏是排不成了。

绿珠公主的脸色有些苍白，国事、家事、心事一齐搅得她寝食难安，原先红彤彤的美脸已有些消瘦，显得清寒些。眼见着施文庆、孔范之流逞性妄为，他们都是败类谬种，骄横成性，吹马溜须，把陈朝的纲纪搞得乌烟瘴气，自己真是看在眼里，急在心里，朝中能征善战的武将又意见相左，相互拆台，难道害怕自己败亡不速吗？

这陈后主死到临头还依然沉住气，依然从容，依然沉醉于纸金做成的虚幻光彩之中。看到眼前一切，大有悲愤欲绝之感。在听到宫女的喊喊喳喳的议论后，不由得反唇相讥："既然是要排演，那就演吧。亡国之音，再不演唱，就没有机会了。"说着，绿珠公主紧提下摆，疾步走向殿前。

施文庆满脸堆笑，上前问："公主今日有空？"

绿珠公主轻轻哼了一声，对陈后主道："皇上，今日怕是最后一次排演您的《玉树后庭花》了吧。也好，也好，从此可以不再有社稷之忧患、国家之存亡了。"满朝文武呆望公主远去的背影，如泥塑一般。

突然，就听到殿前杀声一片，人马如潮水般地在一片匆忙的杀戮声中退至殿前。"怎么回事？"一个如铅块一般沉重的问号压在每个人的心头。黎明前，一块磨损了边缘的明月，照耀着建康城外的郊野，一片寂然。偶尔听到远墟数声犬吠、两声鸣啼，更透着几分荒凉和凄惶……一支支火炬，飘飘忽忽地沿着驿道过来。橙红色的火焰照出一队队盔甲鲜明的身影。那队中的大旗皆书有"杨"字，随风招展。

队伍中，身着金盔兜鍪、披红底风毡、跨下高头大马的年少将军正是杨广，左右便是帅府长史令高颎、副使薛道衡。杨广趾高气扬，威俊的脸上却显得异常平静，他转头对高颎道："这下就有交代了。儿终于没有辜负父皇的厚爱之心。大隋终于统一了中国。这连续征战多亏了你们二位日夜献策，待我回去禀明父皇，——将你们和韩、贺二将军的天大功劳都细说出来。只怕父皇都不知如何赏你们了。"说完，哈哈笑着，扬长而去。

高、薛二人正想谦虚一番，见此情景，只得相视一笑，也纵马追将过去。

天渐渐地亮了起来，有不少军卒正在熄灭手中的火把，扬起的灰烬在清晨的薄雾里飘荡，有股火药味儿直窜鼻孔。不一会儿，道旁的枯草丛中，已有不少未烧尽的火把横陈在那里，如半枯的木桩。

"这就是劫后的陈朝，再也燃烧不起来了。"杨广说。

薛道衡的心随着有节奏的脚步声快速跳动。他真的很担心，那久已向往的熟悉的面孔已经香消玉殒，更担心那身淡绿的衣衫突然飘到自己眼前时，自己不敢以目相视。那是多么不能令人接受的相会。

正在这时，韩擒虎的部下总管飞马来报。真是大快人心。陈宫已被韩擒虎占领，陈后主被活捉。所有皇宫中的成员尽被俘获，宫室嫔妃、守宫的卫士、护驾的文武大臣统统投降。消息传来，人们欢声雷动。

杨广一行过了朱雀门，对眼前豪华气派的宫殿群落赞叹不已。画栋雕梁，飞檐高挑，有十只金兽稳坐在屋脊之上，昂首视天。令杨广诧异的是那些兽眼俱泛着赤橙黄绿青蓝紫等七彩之光，心想，这必是稀世美玉镶嵌的。

那高矗宫城的正殿金碧琉璃瓦，辉煌无比，上面是两层挑梁、美轮美奂。下面隐约冲天的四时花树，影影绰绰。薛道衡在前，因为他对这里的草木、宫殿格局再熟悉不过了。他瞟了一眼就在朱雀门旁秦淮河边一酒楼——杏花酒楼，内心真切希望那熟悉的情影此刻能在窗前闪现。可是，没有，所看的是那飞出窗外的布帘一角。

高颎内心盘算着：杨坚接到天大的喜讯，该会有何反应，肯定是泪光盈盈。这是多少代人的梦想啊。他环顾街市两旁，隐约从人们的脸上看出了在陌生中夹有喜气的神色。心想：这就是民意。那些终年关门闭户、战战兢兢、不知几时祸从天降的怯懦百姓们，也拥挤到街头，观看隋军入城时的风光气派，甲仗如云的威风杀气，特别是目睹了那位俊伟朗目的隋朝二皇子杨广更是啧啧称奇。

随后，便商量后陈人员处置之事，薛道衡建议将张丽华、施文庆、沈客卿、阳慧朗四个奸人处死。而此时他们不知道的是，杨广心里却惦记着张丽华的美貌。

杨广等人一一赶到，和韩擒虎见了面，叙礼一番。杨广的眼睛就不停地在俘房中扫来扫去，眼神带着嘲弄和色迷迷的表情。高颎看在眼里，心想可不能由着杨广胡来。

登上宫殿，杨广转身一望，顿觉威风八面，好不惬意。当皇帝的感觉真好，可惜我比杨勇晚出生两年，想到这，不免有些灰心。平陈可是我杨广的功劳，你杨勇在宫中拥女抱妾，反过来，我倒要辅佐你，太不公平了。

杨广道："陈叔宝乃无德昏君，有此一劫，理固宜然。本帅倒想知道，陈朝中有无奸佞之臣，为非作歹作恶多端之徒？"陈后主丈二和尚摸不着头脑，不知这杨坚的皇二子如何待己。侧立在任忠旁边的袁宪瞟了一眼众臣，谁都没有出气。

高颎低声说："元帅，可以让百姓揭发，明日都押出去游街，谁得的臭鸡蛋最多，就说明谁是奸臣。"说完后，便从殿柱后走了。陈后主耳尖，抬头说："罪国之君，理当被斩。"

"呸，"晋王杨广厉声制止，"本帅自是眼明，来人，把施文庆、沈客卿、阳慧朗、徐析、暨慧景等五个奸佞拉到宫门外朱雀桥上示众。明日处斩。"

五个被叫到名字的佞臣早已筛作箩糠，瘫在那里竟站不起来。

宰辅江总说："晋王真乃神人也。此五者作乱宫中，行霸于民，早就该处斩了。"

"你也不是好东西，不过听说你的诗写得不错，留着你性命，待日后看看可有用处，再去办理。"杨广劈头一下，吓得江总如吃饭咽了一下，下面滔滔宏论便打住了。

杨广点头，左右不见了高颎。正迟疑间，高颎拾级而上。

高颎走到杨广耳边小声说了几句，杨广脸色"唰"地一下变白了。

原来，高颎看到杨广和众将士见张丽华时的表情，心想张丽华果然是个狐狸精，于是便把她逼得自杀了。杨广一行赶到后宫时，只有一具张丽华的尸首横陈在那里。杨广跺足长叹一声，绕着张丽华尸首转了两圈，一言不发。

高颎说："孔老夫子曾言，唯小人与女子难养也。同时，姜太公姜尚辅佐文王夺取暴君纣的天下，取商代周。面对祸水妲己的美貌，实在不忍心下手，可又不得不下手时，只得蒙面提刀连捅数刀。"

杨广内心如翻江倒海，面沉似水，听到高颎所言，忙露出笑意。

"高长史，此人入宫作乱才使陈朝上下相淫、朝风不正，倘若没有她，陈朝尚能苟安一时，我倒是想美言她几句，看她如何反应，再说，要是陈叔宝知道了，说不定也要寻死觅活，对完全占领陈朝江山也是一个不小的阻力，好在还有其他宠妃幸在。何不让陈叔宝和她们小聚一两天，待押回帝京长安后，交由父皇定夺。我们还是把精力投在战事上。"

一番话，滴水不漏，闹得高颎浑身不自在。

高颎让陈后主分别给长江下游的陈将写信，令他们降于隋。至此，平陈以胜利告终。此役，大隋占领了南陈属地全部，得州四十、郡一百、县四百，分裂数百年的南北朝重新融为一体，实现了数百年间出现的风云人物想实现而没能实现的梦想。对江南的肥沃土地，文帝杨坚倾慕已久，对江南人士他却无论如何放心不下。平陈的大军还没有凯旋，远在帝京长安的杨坚诏书就发至前线。

高颎看过诏书，愈发对杨坚深为敬佩，这才是有远谋的君主。高颎对宇文述说："宇文将军，你是皇上亲自点的将，本来，你也该回帝京和家小团聚，可是，皇上是如此器重于你，也是再立大功的时机。"

宇文述接过诏书，感动不已。虽然自己在杨广军中，论身份只是众多总管中的一个，但是，他相信自己是杨广的真正帮手。渡江时，他率军自六合渡江，占据江头，有力配合了贺若弼、韩擒虎二军。这次，皇上又让他单独领兵，足见器重之深。叩谢后，宇文述询问杨广何日出发。杨广答："就是今天吧。正好在渡口分手，我们向北，你向南，静听你的好消息了。"杨广也高兴，宇文述的精明能干，特别是忠心令他很赏识。

薛道衡心里明白，杨坚这个诏书，表面上看，颇有例行公文的味道，但为一个军事行动专发一道诏书，本身就说明这次军事行动的重要性。诏书中对宇文述用了大量褒美之词，这表明杨坚对宇文述此行抱有多么大的希望，平定吴、会之情是多么殷切！他对宇文述说："宇文将军，萧岩、萧瓛父子所占据的吴州乃是江南最富庶的地区，争取民心乃是第一条，正像圣上所言'干戈不用'那是最好的结果，但萧氏父子俱是冥顽不化之徒，一心想和大隋做对，灭之要快、要狠。"

宇文述点头称许，但心里想：怎么打仗，还要你薛道衡来教吗？杨广说："多带些人马，把那萧氏狗叔侄就地灭了。"将帅正议论间，杨坚的诏书又至，专门给宇文述配备兵力：行军总管元契、水军总管张默言归属宇文述指挥，加上他自己的兵力已有四万人，从海路进至吴州附近的燕荣受宇文述领导，水陆军计十万人。

杨广叹道："父皇真是舍得，对付萧氏父子，要这么多兵干吗？宇文述，你的兵快接近本帅了，赶明儿，本帅还要向你借个一兵一马的。""元帅，请元帅回禀皇上，让皇上静候末将的佳音。萧氏父子降了便罢，他若不降……"高颎道："宇文将军，降也要降，不降也要逼其降。"薛道衡补充道："平陈的起因就在于他们，收尾还应当由他们来唱主角，方算完美；叛逃入陈十恶不赦。"

"各自休息吧，明早浦口分手。"杨广打个哈欠，众人这才感到他们已经忙了一整天了。上午，宣读安民告示。中午，斩了陈朝中的五位佞臣。下午，封府库，装金银器玉和带走的一切。

不觉已到了掌烛时分。陈朝的皇宫第一次由隋朝的军士把守巡逻。杨广等人当夜就住在临春阁等平日陈后主的一些出入场所，而后者被关在马圈里，只有他们的家眷还住在原来的后宫中，只不过看守甚严，丫环婆子都集中在一起。

这天晚上，有两个人是无法入眠的。一个是晋王杨广，一个就是内史侍郎薛道衡。杨广睡不着是因为美艳的张丽华，而薛道衡自然也就是牵挂绿珠公主了。后来，杨广实在按捺不住心中的欲望，便命人从陈后主的妃子中选一人出来，送往他的住处。这人正是萧摩诃的妻子。薛道衡也禁不住心里的思念，想着去看看绿珠公主。两人见了面，述说了各自的情愫，绿珠更是把自己的贴身丫鬟杏儿、翠儿托付给了他。

第十三章

伐陈大军凯旋而归　文帝登城论功行赏

杨坚的诏书已经遍布全国上下，当时的人们称其为"太平之法。"

太平之法主要有以下两点内容：第一就是实施君臣、父子、夫妇、兄弟、长幼等儒家伦理道德，以此来规范人们的行为；第二便是除去私人之刑，禁止私人之兵，大大减弱了地方豪强的势力，加强了中央集权。

太平之法的颁布让人们欢呼雀跃，家家户户奔走相告……而此时的杨坚却是异常的冷静。

大兴殿。

满朝文武都在等待着征陈大军的归来，个个满面红光，兴奋的表情表现得淋漓尽致。苏威、牛弘等人在群臣中显得很活跃，只有李德林颇能理解杨坚的心意。杨坚的心情实际上从发给杨广的诏书中就明确表露出来。

太平之法虽然风行全国，但在江南各地还有不少残存的人士谋求抗隋，这散散点点的星火早晚或许燃烧起来，烧成燎原之势，变成一场无法扑灭的大火。

至少从目前来看，偌大的一个江南王朝，在一个多月的时间内就被击溃，仅就军事方面而言，靠的是隋军突如其来的进攻，一下子就把陈军给打懵了，而多路钳坚攻势又迅速将其分割成数段，防御体系瓦解。但是，杨坚心里明白，陈朝赖以维持的社会基础并没有改变，各地的散兵游勇和地方武装仍然存在，在一般民众社会中，对外来统治者的不理解以及由此而自然产生的抵触心理是普遍存在的。

望着御案上的前线奏折，杨坚当然是高兴的，但他表面上还是严肃的。这些奏折中，已经讲到了建康陷落后，各地的地主豪强仍有零星的反抗，这一切都表明，若把江南融入北方社会将是一条布满荆棘的道路。

"把江南的地图取来。"杨坚吩咐殿前将军李圆通。

李圆通挂上地图，杨坚走下龙座，来到大臣中间，手指着蟠龙柱上的江南地图，朗声道："众爱卿，朕和你们一样，感到平掉江南，占了吴、会，了却了一生的凤愿。但是，自古以来，都是得天下易，而守下天难。江南物阜民丰，文化之风熏染很重，各地多有名士，朕唯恐不好治理，望众爱卿为朕分忧。"

说到分忧时，语调甚缓而重。果然，满朝喧哗声戛然而止，大家一时都不知从何谈起。

牛弘捅了一下苏威，悄声道："苏纳言，这下轮到你了吧。"

苏威摇头："牛秘书监，你好学博闻，上次的'太平之法'多半出自你的手笔，如何不发扬光大一下，阐幽发微？"

牛弘摇头："那是皇上的亲笔，苏纳言切不可妄言。"

李德林进言道："南北分治已久，从生活习俗到文化制度都会产生矛盾和冲突，差距要在短时间弥合，还需要周密计划，谨慎行事，还需要宽容和耐心。"

杨坚点头称是。苏威道："不会有李内史说的那么严重吧？征陈大军所到之处，陈朝土崩瓦解，士气低落，各地新招募的军士又不习战斗，昙花一现的反抗又算得了什么？"

李德林有些恼火，这个苏威越来越嚣张，满朝中，只把高颎放在眼里，其余的要么是顺从于他，否则一律以言语相驳。

牛弘道："皇上，臣以为，既不能把江南的反抗看成是一块搬不掉的顽石，也不能看成是一戳即粉的朽木。"

杨坚说："众爱卿，朕的大军之所以迅速胜利，就在于陈朝已是朽木，但各地的地主豪强却能拥兵骚扰，朕虽不甚担心，但也不能把改造江南想象得很容易。朕让大军把陈朝君臣带回京城，供养起来，就是以示怀柔，算是给江南树立榜样，朕想把江南有才德的人士，都纳入京师，许以官爵，以此除却江南的不安因素。"

众臣无言。

李德林想：这些我在平陈十策中都有阐述，至于如何施行，就看形势的发展，但有一点，若要在江南地区厉行北方制度，带有很大的强制性，怕是不易行得通。

杨坚怎能听得进去李德林的话呢？人在兴头上，只能顺着，不能逆着，李德林在顺境时敢出逆言，自然令杨坚有所不快。

杨坚拿起奏折向群臣示意，朗声说道："这是宇文述新上的奏折，萧岩、萧瓛已经被生擒了，吴、会地区现也安定下来，正是大力弘扬教化之功的时候，朕想在江南区域推行'五教'就是很好的教化之功。怎么能说是朕欲以武力镇压呢？当然，必要的军事手段必不可少，如若不然，陈国会自动降隋吗？"

一席话说得李德林背上流汗，但书生意气加上老而固执的他却并不从心底里接受杨坚的说法。

李德林躬身向前，跪拜说："臣下愿再进一言，众臣都知道，南方自侯景之乱后，士族受到很大打击，但江南有士族这是一定的，是客观现实。"李德林舔了舔嘴唇，捋着下额的短须，转头环视众臣，希望看到大家点头默许和目光的赞同，令他伤心的是，他眼光所到之处，大家都扭转脖子，他一下子心里不是滋味。这反倒激起他直言的勇气。

"江南的士族虽说受到很大的打击，但与此同时，地方上的豪强势力迅速崛起也是个不争的事实。如江南豪强熊昙朗，在侯景之乱时，就聚起一大帮少年，占据了丰城县，整个丰城境内的地痞流氓大多数归附于他，梁元帝数次清剿，终未灭亡，反倒是自己损兵折将，熊昙朗一度还攻陷了荆州，大肆劫掠周围邻县，缚卖居民，山谷之中，成为巨患。"

"李内史，"杨坚听了极度不耐烦，"陈国有数十万大军，朕尚且不惧，何怕几个地主豪强，不乱，朕还难以找到借口，要乱，那正是扬朕大隋国威之时。"李德林再一次哑口无言，而宫中的一切争论都是高颎所不知的，此时，他正和晋王杨广、内史侍郎薛道衡等率领精锐的征陈大军押着陈国的国君陈后主等班师回朝。一路上，薛道衡陷入沉思之中，他烦乱地喝着水果酒解愁。的确，面对感情以外的复杂现实，他几乎有休克之感，特别是在他了解到绿珠公主的冷漠如灰的心境之后。

事实上，他对绿珠公主的感情已经超越了萌芽阶段，他十分珍惜这份恋情，特别是在和她有了一番刻骨铭心的爱恋之后。但是，他隐隐感到，他和绿珠就像两条在瞬间交错的线，唯一一点的交集就是这回归的路上的一段日子。之后呢？可能会有各自的方向和路途要走，他不知道届时两个人分道扬镳的伤害会不会比现在就分手来得少，但他可以预言，自己一旦爱了，就会产生死心塌地的感觉，若不能有最好的结局，他也不希望现在就斩断情丝。

天空飘起了细雨，无声地洒落大地，微醺的醉意慢慢涌现。薛道衡看着身边的杏儿、翠儿，幽幽叹了一声："唉——"

"不要再喝了，"杏儿规劝道，"公主一路上叮嘱我们，要好生照顾您。"

"是吗?"薛道衡心里明白，但心中却又十分不忍。

在江边的驿站中，薛道衡找了借口再次踏进绿珠的房中时，发现绿珠像变了一个人，冷冰冰的，对薛道衡客气有加。

薛道衡愣愣地站了一会儿，不知道发生了什么事儿。其实，就在昨天，杨广看到了美艳动人的绿珠，就想着将她占为己有。而昨天夜里，如果不是高颎及时出现，就恐怕……

因此，当薛道衡前来探望绿珠时，绿珠依然没有从那片阴影中解脱出来，心境依然悲凉到极点，所以才会对薛道衡此番态度。

第二天，皇上传旨，让薛道衡即刻微服江南，期月而回。薛道衡临走之前，把杏儿和翠儿拜托给了高颎。

威风的锣鼓漫天彻地响着，西自帝京长安，东至骊山山麓，夹道欢呼的人群如山聚海涌，整座长安城沸腾起来。

这是千古以来的旷世盛景。百姓的欢乐难以言喻，从今以后，可以刀枪入库，放马南山了。

随着如潮的"万岁! 万万岁!"的呼声，隋文帝杨坚出现了。玉辂中坐的便是四十九岁的隋文帝杨坚，他按照精确的时辰，离京而东行，身后是一大帮文武群臣，正赶往检阅平陈奏凯的大军及其将帅。

欢呼声浪一浪高过一浪，如平静的海面上徒然刮过的台风，所经过的人们声嘶喉破。

夹道锣鼓沸腾起来，燃烧起来，杨坚的热血也随之沸腾，这是他第一次感到登上权力峰巅的快慰。杨坚满面红光，面色看起来凝重，实际上，胜利者的荣耀和喜悦的光环一直萦绕在心间。不觉间，君臣们已到骊山山麓。

李圆通扶着杨坚下了小白象，缓缓地登上检阅台，后面紧跟着文武大臣。不一会儿，司仪便前来报道班师回朝的大军已进入骊山境内。

杨坚的目光紧盯着那些可爱的大隋军士。当初送他们出行时，几多担心，几多牵挂，现在，都回来了。当然，他最惦念的还是自己的两个

儿子，最后，杨坚的目光终于停留在一匹高头骏马上，他的胡子激动得微微颤抖起来……

那骏马上坐的便是晋王杨广，身着明盔鲜甲，神采飞扬，意气风发，今年刚刚二十有一，却因他是二皇子，便充当南征军的一路元帅。这回南征，兵分三路，他同秦王杨俊、清河公杨素都是行军元帅。杨素一路出永安取道三峡口，杨俊一路出襄阳，但杨广却是兵出六合直攻建康，可谓是主攻任务。

紧接杨广之后的是他的弟弟——三儿杨俊，杨坚脸上阴晴不定，他已经从杨俊的帅府得知，杨俊行军作战谨慎有余而勇气不足，更何况，帅府中终日都有美姬做伴。哎，如此年龄竟离不开美色，以后会有多大出息呢？

再后面便是高颎和杨素。

高颎神情平淡，不露任何痕迹，但仍不时有乌云盖顶、霞光映脸之像，可见仍未修炼到家。得意就得意吧，朕此时能说什么呢？杨坚暗忖，复把目光投向杨素。

杨素沉毅威严，只因大功告成，不免洋洋得意，四处顾盼，不经意间，杨素的眼神和杨坚碰撞在一起，杨素看到的一双善意的微笑的目光，心中有些不安，他猜不透。

与前面凯旋的将士相比，南朝皇帝陈叔宝等一干俘虏，个个垂头丧气，似是得了一场大病，拖着沉重的步子，一步三挪。忽然，一阵喧哗，夹道两旁的人群如潮水般地涌了上来，俘虏们各个大惊失色，均以为北人要生吞活剥了他们，陈叔宝肥硕的身子顿时如同一摊烂泥，委顿在道上，浑身颤抖个不停，紧跟身后的袁宪、袁元友等人连忙上前很费力地搀他起来。他哪里知道，那汹涌的人群实在是因为好奇心的驱使。

最后才是风尘仆仆的班师大军。他们各由总管领着，虽然苦战沙场，再加上一路跋涉，但想到马上便可与家人团聚，长享太平统一之乐，都有一股浓厚的喜气。

在震耳欲聋的万岁声中，杨坚哭了，他像小孩子一样毫不害臊地哭了。可巧的是，李德林也哭了。哭声传到台下，贺若弼、韩擒虎等征战江南已久的将领也在悄悄地抹泪。司仪宣布完毕，其中一条：三军将士俱卸甲休整三天，东至聚英酒楼，西至骊山饭庄，皆大宴宾客……

在将士们高呼"万岁"声中，杨坚复又乘上白象缓缓向宫中行驶……

是夜，杨坚命李圆通找来高颎，并让御膳房安排酒食。

在西厢房第十八间密室中，杨坚着实为赏赐费尽心机。重了吧，固然显出自己的大度和厚爱之心，但恐怕人人效尤，以后再遇大事没有重赏恐让人生异。轻了吧，让众臣感到我杨坚是过河拆桥。

十二日清晨，艳阳高照，浸染着红墙碧瓦，皇城一片金黄。杨坚驾临广阳门，这已是大军奏凯后的第五天了。杨坚率领众臣登上城门。座次早已排好，登上御案后的盘龙奇，杨坚示意开始。司仪朗声宣布后，众臣已正襟危坐。

杨坚欣然开口道："苏纳言，你来宣诏吧。"

苏威起身离座，高声朗道："此次一举平陈，马到成功，实乃天意相辅，命数使然，更有赖诸公努力，各路军马皆连战连捷，足见大隋天兵之威猛，诸将筹划之智谋，朕着即封赏，以示皇恩沐遍，泽被忠心。

"一路元帅晋王杨广晋封太尉，赐辂车、乘马、衮冕之服一身，玄圭、白璧一双。

"二路元帅秦王杨俊进为司空，所赐同上。

"三路元帅杨素晋爵为越国公，其子玄感为仪同三司，次子玄奖为清河公，赐物万段，粟万石。"

三人连忙叩首拜谢。

"谢主隆恩，愿吾皇万岁，万万岁！"

苏威却停止念旨，没出一声，众人皆疑惑，苏威也望着杨坚不知如何应对，原来圣旨已经读完了。不是说都写好的吗？

杨坚一看，便笑着说："苏纳言办事谨慎，不会有疏漏的。这是朕的意思。朕思来想去，既然是庆功酒会，不妨热闹点。再说朕在平陈期间，所见的俱是简报，没有众爱卿亲口陈述。这样吧，这是先锋贺若弼的战功记录，朕先赏他吧，其余自行论功，朕逐一封赏，如何？"

高颎接着说："皇上，就不必论功行赏了。做臣子只知道对皇上的一片忠心，即使万死也不辞，我高颎平陈可不是为赏赐的，要说功德，谁也无法和皇上比啊。"

杨坚最爱听这样话，但他却不能接受高颎的建议，笑着说："爱卿，你可不能把朕看成是吝啬之君，虽然朕一向主张藏富于民，宫中没有什么宝物足以让你们留作传家宝，但朕封的爵位是可以世袭的。爱卿就不要拂了朕的美意吧。"

杨坚接着说道："先锋贺若弼，率先过江，突破了陈朝赖以护国的天然屏障——长江，特别用智谋取胜，可谓奇功一件，钟山决战，力克陈军的'一字长蛇'，体现朕大隋将士的英勇，还有……"杨坚瞟瞟众将的反应，果然，贺若弼脸上渐渐生出红光，头也往上翘了翘，"还有以口舌之功就取了姑孰，体现了正义之师、王者之师的风范。朕决定，加封贺若弼为上柱国大将军，晋爵宋公，赐物八千段。"

待贺若弼谢恩过后，杨坚又说道："其余诸公与宋公相比，自行论功，朕随即逐一封赏！"说着拿起龙案上的各种战报奏折，笑说，"如果要逐一记下来，朕的国库怕是被你们捣空了。"

杨坚说完，朝臣中除了李德林、高颎外，其余面面相觑，均感意外。唯有长孙晟暗自吃了一惊：糟糕，皇上此举，岂非把血腥的战场摆到宫廷之中吗？这一帖药未免下得太重了……而今突厥还不算真正的安定，国家尚需用人哪。

韩擒虎本来脾气就暴躁，听了杨坚的话，本也有自悔之意，是啊，皇上说的句句在理，可也不能不提我首入建康之功吧，何况陈国上至国君下至宫中侍女，被我俘虏的人员可都称得上是陈国的重臣。一抬头，看到贺若弼洋洋自得的脸，心中按捺不住火气，两只豹子眼叽里咕噜地转了一圈，正好和杨坚的善意的询问目光相遇。

"韩将军，"杨坚点名了，"你先说说吧！"

"臣领旨，"韩擒虎略一迟疑，出列奏道，"臣奉晋王之命，本与贺若弼同时渡江，两路夹击共取伪城建康，可是贺若弼竟然蔑视王命，先自向敌挑战，致使将士伤亡惨重。"突然，他感到杨坚的目光变得严厉起来，忙改口道，"不，不，臣一时性急，说错了。本来两路同时进击，定能取得奇袭的效果，可是，由于贺若弼的提前进攻，致使陈朝有所警觉，加强戒备，致使我率军渡江时遭遇到顽强抵抗，损失较重，但臣依然顺利渡过天堑，并立即以五百精锐之师，兵不血刃直取金陵，降服蛮奴，活擒了陈叔宝，毁陈宫室，据其府库，悉数运至长安。贺先锋贪功冒进，此乃赦罪不暇，怎么可与臣论功行赏？"

贺若弼见韩擒虎句句挖他的疮疤，并且随意牵扯，夺己之功，早已按捺不住，不等降诏便一步跨到韩擒虎的前头，争辩道："韩将军怎么能信口雌黄？晋王和高长史幸好都在，可为见证，臣按要求在三日内择期渡江，适逢江上大雾，兵家向来以为，兵贵出奇，雾中作战，尽管我不知敌，敌也不知我，而我军水战不是拿手，这就等于双方扯平，故能一战而破，此举也出敌意料，以有备攻不备，故能减少伤亡，皇上已经讲得很明白。再者说，韩将军为何能攻取建康，明眼人都能看出，正是我贺若弼率领大军先期直扑敌巢，陈国才以重兵阻我前进。臣在钟山死战，破其精锐，擒其骁将，震武扬威，遂有将军乘虚而入，韩将军不想想，你所俘获的有几位能征惯战的陈将？你略不交阵，岂臣之比？"

贺若弼的辩解说的句句在理，只是语气稍急，竟说了老半天。

其他两路的将领也纷纷出列评说韩、贺的得失，并自夸功劳。一时广阳门上吵成一团。

高颎想：平陈乃盖世大功，怎么封赏都不为过。不过，只论功，不讲过，那都不是圣明天子，如此一来，功不显而过愈彰，只需薄赏群臣便会感恩戴德，再说，此招一出，众臣必然分裂，纷纷投靠皇上，唯皇上脸色行事，便于从容驾驭，还可从争功之中，看出众臣的心思，识别那些急于贪功的人。

李德林在众人争吵之中，竟能闭目养神，一脸平淡，仿佛置身于尘嚣之外。

这时，杨坚忽然哈哈大笑，说道："好了，众爱卿，朕只想让大家说说，议了得失，好继续苦读兵书，潜心修炼武功，你看你们吵到什么上去了。"扫过众臣后，接着说，"贺、韩二将军俱为上等功勋！韩将军进位上柱国，赐物八千段！"

杨坚说完，转过头，笑对高颎说："爱卿，你也说说吧。"

高颎闻声连忙跪下，奏曰："贺若弼平生所愿唯在荡平江南，先有献出的平陈十策，后又出奇兵，极尽谋略之道，再有奋力死战，不愧为将门之后，臣一文吏，焉敢与出生入死的大将论功。"几句话说得众文武都低下头，有点汗颜。李德林睁开眼，心想，高颎绝对是跟杨坚串通好了的。杨坚面有不悦，劝慰道："不和贺将军比也可以，但朕感到，若没有你的麻痹策略，讨陈的困难会大一些。众爱卿，你们以为呢？"

众臣点头，都说："高相国功不可没，应当予以重赏。"

李德林的脸色有些挂不住，鼻孔轻轻地出了一气，这帮臣僚哪个不知道高颎和杨坚的关系，善于巴结的人总能在任何场合、任何时间找到任何理由。

高颎转身对众臣一抱拳，算是表示了谢意，朗声对杨坚说："平陈大功，当是天子运筹帷幄的结果。平陈之所以获得胜利，还不是开皇立业以来，有皇上的英明治理，大隋才能兵强马壮，百姓才能生活富足，将帅才能合力同心，这一切全仰仗了皇上的恩德，三百多年来，不就出了一位英明的天子吗？臣等岂敢贪天之功？"

于是，杨坚默不作声了。心想：高颎，你还算忠心，处处替朕着想，朕没有看错，有了你的这番话，还有谁再在朕的面前表功呢？李德林恐怕不会也不敢了。你有献出的平陈十策，人家贺若弼也有，你还不及贺若弼能文亦武呢。高颎，你的话也就同时表明了你还不敢固位忌贤。

杨坚听了高颎的回答，极为满意，对满朝文武说："诸公听到了高相国的话吗？这才是宰相的度量，确实能替朕分忧。以前总有人疑心高相国办事有预谋，那是处理政事，不是对朕的。朕现在就加封你为上柱国，晋爵齐国公，赐物九千段，超过贺、韩二人封赏。"

杨坚又对李德林说："公辅在平陈时，和朕一起分析军情，作出判断，又以年老多病之体为朕分忧解难，朕对你的忠心表示谢意，授你郡国公，进上柱国，实封八百户，赏物三千。爱卿意下如何？"

众臣暗自得意，平日上朝就显你李德林有学问，尽知天下事，还没贺、韩二将的封赏多呢。实际上，李德林的受封只是相当于一个普通的行军总管，还没有宇文述的多呢。

众臣暗自幸灾乐祸，但他们所知的只是李德林所赏之物，但具体少到什么程度就一概不知了。尽管如此，还有几位大臣事后到文帝跟前，哭诉不满。高颎也劝文帝收回成命，高颎劝道："李德林凭一'平陈十策'就获得如此殊荣，不仅有损皇上的天纵英明，而且臣下们还会以为您是故意抬出一个李德林来贬损平陈的功臣，比如薛道衡，此事还望皇上三思而后行。"

实际上，薛道衡之所以没有受赏从表面上看是他没有随军返回长安，从深层次上说是杨坚听说薛道衡跟陈朝的公主有染，心中甚为不满。

无论如何，由此可知在平陈后的大隋朝中，像李德林这样敢于直言的人已经不被官僚们所容忍了。

接着，文帝杨坚便对其他的功臣——封赏，广阳门上，不时传来雷鸣般的谢恩声。

司仪待封赏完毕后，接着宣布盛大的凯旋献俘仪式。三军健儿排着整齐的方阵，押着陈朝俘虏以及缴获的陈室的无数图籍、乐器、宫中宝器，沿街游行，最后把这些东西献于太庙。

文帝杨坚看着往日的对手如今匍匐在地，内心不由得涌起阵阵满足感。杨坚说道："陈叔宝，愿不愿意做大隋一介子民？"贪生怕死的陈后主闻听此话，当然是乐不思蜀，立即答应下来。于是，杨坚便赐他田地十亩，房宅两栋，班同三品。

此后，陈后主日日饮酒，天天大醉，过着亡国之君的日子。对待陈国的降臣，文帝杨坚亲自逐一加以甄别，颇予黜陟。他本着一个原则，那就是诛奸任忠。

时近正午，显得有些炽热。

绿珠公主跪坐在一堆脂粉中间，茫然地木呆着，脑中一片空白，她在内心急切地呼唤薛道衡的名字，盼望着他能一下子飘到自己的身边。

绿珠公主扭了一下发酸的脖子，发现有目光又朝自己射来，如同吞了两只苍蝇。

她知道，那依旧是皇子晋王杨广的淫荡的目光。薛道衡不是说此人口碑不错吗？攻取建康后，第一个就杀张皇后，给人感觉是个有为青年，为什么她总感到那人有奸淫之意呢？

正胡思乱想，那道令人心惊胆寒的声音又起："宣绿珠公主上殿！"

绿珠拾级上了殿门槛，由两个宫女扶持上殿，当即款款拜倒，如弱柳扶风："奴婢拜见万岁！"众臣看到绿珠公主不卑不亢的神态，再加上她那绝美的容貌，一时间竟然呆滞了。

杨坚正想要把绿珠公主赏给贺若弼，可是却不知道该怎么说。他早就听高颎提起过，绿珠公主和薛道衡情投意合，不过，他薛道衡不过是个内史侍郎，配不起这等美色。想着想着，最后还是决定留给自己，于是便册封绿珠公主为贵妃，称之为宣华夫人。

第十四章

长孙晟奉命使突厥　游故地忆起当年事

大兴殿。杨坚像往常一样上早朝，看着下面垂首而立的大臣们，心里非常不高兴。

这些天，在杨坚的心头一直压着一件事情。这件事情虽然称不上什么大事，不过对于隋朝和突厥两国之间的关系却产生了很大的影响。杨坚想：江南平定，让这个有着几百年分裂历史的国家画上了句号，用了十几年的时间，才换来如今的天下太平。

可是，这西北的突厥部落总是和大隋貌合神离，时有侵扰生事之举。看来，是应该下决心解决了。杨坚拿起几封奏折："国家这么大，就这几封奏书，看来百姓真是安居乐业了。西南未定，远方的将士还在流血，北陲还有突厥，依然虎视眈眈，朕寝食难安，皇后都说朕日渐消瘦，而你们……"

众臣不自然地对望了几眼，皆面呈愧色。高颎出班奏道："皇上，皇上今天的责备为臣铭记在心，臣等忠心向上，日月可鉴，若臣等有罪错过失，还请皇上明言斥之，以免众臣心中不安。臣先叩头谢罪，自平陈以来，除了每日披阅一些日常公文，实在没有为国为朝深想振兴大计。"

杨坚一摆手："朕没有说你，你是老臣了，要注重身子，看面有菜色，多是营养不济，莫要苦了自己。"

高颎不知是喜是忧，只得退下二其他大臣一看，都纷纷表态，杨坚才转阴为晴，拿一封奏书，说："这是吏部侍郎张衡的奏折，刘居士是个什么东西，刘昶是他的父亲，本来还能忠心耿耿，可惜庆州乃偏远地方，却紧连突厥。突厥从沙钵略可汗到叶护可汗，再到现在的都蓝可汗，朕对他们一向尊重有加，不想竟敢勾结朕的变节大臣以图谋反，幸好张衡恪尽职守，为朕及早查明，但朕一向宽厚有仁爱之心，还不想治他们父子的罪，朕想让骠骑将军长孙晟再赴突厥，他是个行家里手，查明真实，再做打算。"

刘昶是北周旧臣，是宇文泰女儿西河长公主的丈夫，因功被拜为柱国，封爵彭国公。刘昶虽为北周旧臣，但与杨坚关系很好，杨坚取周建隋后，任刘昶为左武卫大将军、庆州总管。刘昶有个儿子叫刘居士，任太子千牛备身。

这是一个掌管皇太子宿卫的七品官。刘居士借此职权之便，以招揽壮士为名，聚结党徒，恣意横行，多次违犯法度。他结交提拔壮士的方法十分野蛮，发现有身强体健者，便带回家，让人用车轮套在脖子上，然后用木棒击打，被打者若不屈服，刘居士便称其为壮士，将其释放，结为死党。

通过这种办法结交的党羽有三百多人。他把这三百多人分作两队，矫健者列入饿鹘队，有武力者列入蓬转队。刘居士常常带领这些人在路上横冲直撞，殴击行人，抢掠百姓，百姓苦不堪言，长安市里见之者皆躲避退让，甚至公卿妃主都没人敢冒犯他。

刘居士不但桀骜不驯，而且狂妄至极，他曾与其众徒游长安城，在汉代未央宫殿遗址上像君王一样面南而坐，让众徒排列两边，他曾对其党羽说："能真的如此，死也值得。"然而，刘居士知道，要想当真皇帝，仅靠三百多人无疑是痴人说梦，他必须借助外界力量，于是，他想到了北方的突厥。

但刘居士没有想到，有一位行踪诡秘的人已经盯上他了。这人就是张衡，原晋王杨广部下总管，现为吏部侍郎。张衡经过近一个月的调查，掌握了大量的事实，于是写了一封奏章呈递上去。这引起了杨坚的高度重视。

杨坚称赞道："张衡打仗行，做官同样行，能够恪尽职守。众爱卿，你们可不能以为，如今天下太平，就可以放马南山，刀枪入库了。"停了停，杨坚又拿起几封奏折，面有怒色，说，"这是朕的二子广率几个智穷的臣子一齐上表的封禅奏书。你们想，朕一向勤勉治国，哪有闲心歌功颂德，能为老百姓多干几件实事，就足以顶上封禅上礼了。虽然祭祀天地是朕的永久心愿，可是现在还不行。去年关中大旱，湘北大涝，这些灾民如何安置，今年又如何度冬，这些才是朕最想迫切知道的，你们能告诉朕吗？"

牛弘连忙奏禀："天灾虽有民怨，但仰仗皇恩浩荡，府藏皆满，风调雨顺之地粮库俱满，积于廊庑，用以赈灾绰绰有余。"

文帝有点不敢相信，慎重地问："朕既薄赋于民，又大经赐用，怎会有余？"

牛弘说道："自万岁倡导厉行节约以来，收入的常常多于支出的，大略每年赐用，至数百万段，常无减损，现在，已经造了好多官仓，官仓已满，只得另辟左藏院以供收纳。"

文帝听着听着脸上泛出红光，满意地说："好啊，既富而教，方知廉耻，宁积于人，无藏府库。河北、河南今年回租，三分减一，兵减半，功调全免。"

说这话时，心境极为开阔，气度极为恢弘。文帝的目光透过大兴殿前的广场，一直伸延到遥望的地方。

众臣伏地叩首，称赞不已。

杨素朗声说道："汉武帝初期时，也是仓廪皆满，京师的大小钱串累积百万，成千上万的吊贯都无法校点，粮库里的粮食陈陈相置，充溢露积于外，到腐烂不可再食的程度，那富庶的景象史书上多有记载。但是，汉代整整积蓄了七十多年，而万岁却只用了十多年就得到了这样的圣绩，这里何等的德威天下。万岁经常教导臣子要励精图治，超越两汉，如今实现了。"

杨素的一席话不能不让"恩迈前主"的文帝深深地陶醉在喜悦之中，但在众臣面前，文帝依然保持着庄严之姿，没有喜形于色。

文帝说道："杨素说的倒是实情，但朕近日越发对突厥感到不安。朕想让骠骑将军长孙晟再度出使，特别是要查查刘居士的实情，有无通敌之嫌，虽说此人猖獗了些，但没有什么把柄，怎好治罪。"

人群中的长孙晟早已料到文帝又要差遣自己了。他陷入沉思之中。

早在北周时期，突厥的沙钵略称汗位后，立即提出与北周和亲，周宣帝便封叔叔宇文招的女儿为千金公主，嫁给突厥沙钵略可汗。

然而，温情脉脉的婆嫁之礼掩盖不住双方的紧张关系。北周朝廷深切感到突厥的威胁，打算利用送亲的机会显示一下自己的力量，对突厥进行威慑，因此选拔武艺高超的人充当使者，结果，长孙晟被选为护送公主的副使前往突厥。

长孙晟聪慧机敏，矫健过人。周朝帝室崇尚武功，贵族子弟全都比武相矜，然而，当他们和长孙晟比武时，没有超过他的。

当时，杨坚还是北周的臣子，他一见长孙晟便觉得此人不凡，拉着他的手对别人说："长孙郎武艺超群，刚才我与他交谈，发现他又有谋略，将来恐怕是一员名将。"

长孙晟到达突厥后，其武艺和才干令沙钵略刮目相看。特别是一箭双雕的绝技竟让他留在突厥一年多，成了一名名副其实的突厥通。

本来，沙钵略对中原使者多不放在眼里，北周前前后后派到突厥的使者数十人，都没有受到青睐，只有长孙晟，因其武艺高强而受到沙钵略的礼遇。有一次，长孙晟陪同沙钵略打猎，见天空有两只飞鹰正在争抢食物。沙钵略递给长孙晟两支箭，让他把两只飞鹰射将下来。长孙，晟接过箭，弯弓策马，选取适当的角度和时机，只是一箭便把两只飞鹰穿在一起，做到了名副其实的一箭双雕。

沙钵略大喜，命诸弟子皆与长孙晟来往交友，希望通过这种形式向他学射。长孙晟利用射猎观察突厥的地形，利用和贵族子弟的交往，了解突厥各部兵的强弱及他们之间的相互关系。

就这样，长孙晟在突厥各部落之间游玩了一年多的时间，已经了解突厥许多军事和政治的情况。当长孙晟回到中原时，文帝杨坚已经登基，并很快地和突厥大大开了一战。此战幸亏有了长孙晟。

文帝望着一直沉默不语的长孙晟，亲切地问："长孙将军，此次刘居士一案的调查取证任务，恐怕还要烦劳爱卿了。说实话，赵王宇文招的女儿千金公主虽然是朕的义女，朕在大隋立朝后又封她为大义公主，但毕竟血缘不一嘛，她心中始终没有把朕当作她的义父，心中一直耿耿于怀，此次又是一个征兆，还望爱卿此次倍加小心才是。"

长孙晟回禀道："承蒙皇上厚爱，臣稍作准备便出使突厥，臣以为，对刘居士一案还要保密，直到臣从突厥归来。皇上是否还要臣带些礼物去呢？"

杨坚见长孙晟满口答应，心中十分高兴，只是对送什么礼物去还需斟酌再三，他低着头想了一会儿，目光在案上扫来扫去，送一封诏书去安慰？不行！杨坚一抬头，蓦然看见在一班武将身后的一件宝物，嗯，就送这件了。

想到这，杨坚说："长孙将军，朕刚刚平定了江南，收缴了不少宝物，其中有一件玉翠屏风，甚是精妙绝伦，就送它吧。屏风，但愿大义

公主能知朕的深意。"

长孙晟深知杨坚的真意：大隋漫长的北部边境确实需要一个屏风，一道类似的保障。可是，从眼前的形势来看，这道屏障有摇坠颓废的发展趋势。这如何不让文帝担忧呢？

杨坚再次拿起张衡的奏折，厉声道："众爱卿，自从平陈之后，西北边陲之所以得以安宁，除了朕大隋兵精马壮的实力外，还在于朕的和亲政策，因此，长孙将军此去突厥还应以和为贵，言语不要冒犯为上。突厥人都是未开化的夷戎之族。"

长孙晟说："皇上敬请放心，突厥并非铁板一块，其内部矛盾重重，此次有反叛之心，定是受刘居士的唆使，想那突厥首领都蓝要明白自己势力随着向西拓展而逐渐强大的由来，他定会有所收敛。否则，臣此行的最大成功希望还得寄托在分离他们的计策上。据臣所知，都蓝的势力所及业已控制了西部突厥和北部突厥。本着扶弱抑强的原则，尚需继续寻找培养亲隋的势力，若能在大隋朝北部边境建立一个亲隋的缓和地带，那是最好不过了。"

杨坚耐心地听完长孙晟的话，频频点头示意赞许，又叮咛说："长孙将军，一切相机而动，依朕看，还是查查刘居士的事，朕宁可让利给突厥人，也不能容忍内部出现不忠不孝的无耻之辈。"

漫漫黄沙，一望无际。又见此景，在长孙晟看来，如同昨日。

想当初，长孙晟由于"一箭双雕"而名噪漠北，如果被沙钵略委以重用的话，那对立足未稳的大隋政权，将是一个潜在的威胁。

因为，正打算对江南的陈朝用兵的杨坚，任命长孙晟的叔父长孙览为东南道行元帅，当时，长孙家族中，还有另一个论起辈分来是长孙晟的族叔长孙平正担任寿阳的总管，而长孙晟的哥哥长孙炽正持节巡视东南道三十六州，倘若叔兄与长孙晟来个里应外合，加上突厥几十万骑兵，那隋室就不堪设想。

一阵狂风过后，长孙晟不由打个寒战，回头看看身边的随从，这些人也是"老沙漠"了。在天地一色的沙海中，他们都能从风向、沙漠的波痕来判定那些游牧部落离自己还有多远，这条生命的通道，对于长孙晟和他的随从来说都已是轻车熟路了。落日下的大漠煞是壮观，血色的阳光把整个沙漠镀上了一层金色，辉煌一片。两天行程过后，长孙晟一行均感到头晕眼花，口干舌燥，按照以往的经验，一般在两天中总会遇到一个客栈，那是专门方便边境居民来往贸易而设立的，大都以汉人开办的为多，也有少数民族，如鲜卑、羯、羌等。

'坦荡的沙漠一眼望去，无边无垠，怎么连一个客栈的影子也不见呢？看到几个无精打采的随从，长孙晟心中生出疼意，但在这沙漠中，万万不能有丝毫的懈怠，便厉声正色道："你们能不能走快些，谁想留沙漠中过夜，谁留下。"说完，纵马飞跃，马蹄踏起阵阵沙尘，旋即沙尘裹起一个大大的圆圈，把长孙晟团团围住，那滚动的沙团滚滚向前。

众人也都扬起鞭儿在骆驼背上猛打一阵，几匹"沙漠之舟"才加速前进。那匹黑瞎驼早已撒开四蹄随长孙晟去了。

夜幕降临了，沙漠上寒风肆虐，七八匹骆驼围成一圈儿，静静地卧着，几簇火苗呼呼地蹿起，除了长孙晟，几个随从都已入睡了。长孙晟如何睡得着呢？他的思绪早已飘到去年的那个夜晚去了。那也是一个暗沉沉的晚上，长孙晟一行来到突厥，白天所见到的是那样凄凉惨淡的景象，牛羊牲畜已被洗劫一空，壮年男子大多数被突厥人赶赴战场。从沿路所见的愁眉苦脸的行人脸上，长孙晟得知突厥人提前南侵的消息。那对他来说，对整个大隋来说，无疑是晴天霹雳的消息。

倘若突厥南侵得手的话，别说自己在文帝前提出的离强合弱、远交近攻的战略计划化为泡影，就是大隋的江山也岌岌可危，更别说生灵涂炭了。

长孙晟忧心忡忡，当下的形势是如何稳固大隋的后方。要知道，隋军主力都已开赴南方参加平陈的战斗，长孙晟苦思冥想，夜不能寐，一夜游荡在客栈周围的沙地上，仿佛有神使鬼差似的，长孙晟突然被一丛密密的杂草所绊，一个趔趄，长孙晟滚下了沙丘，脸、手俱被划破，血流不止。长孙晟在沙丘下不知躺了多少时辰，当满天星斗对他眨巴着眼睛时，长孙晟感到凉气逼人，沙地上白天腾腾热气，晚上都凝固了，冰凉刺骨的沙粒刺激着他的神经。

长孙晟慢慢爬起往回摸，暗自悔恨自己不在客栈思虑，非要跑到沙漠荒野中。道道沙岭纵横，转了几圈，还是回到原地。长孙晟只得拔出剑来，倚剑向前。行不多远，果见前面有灯倏忽而闪。长孙晟横扫眼前的一团漆黑之物，他估计是沙枣树之类的植物，此物一倒，前面霍然洞开，闪烁灯火之处是一顶三尖形帐篷，就在长孙晟的耳后传来阵阵狼嚎时，长孙晟已快步走到帐篷前，低声问："帐内有人吗？迷路之人、大隋使者能否借宿一晚?"

不多会儿,帐内传来一苍老低沉的声音。

"进来吧,远方的客人,大隋怎会派出迷路的使者,大隋是否也迷路了呀。"声音固然苍老,但那苍老中很显然透出十二分的丰富的阅历。俏皮而深富意味的回答让长孙晟吃了一惊。

正在错愕间,一个眉清目秀的小童已撩起帐篷的小门。"客人,请进吧。"

长孙晟强忍着伤痛,躬身而入,见一白发老者正撩须自叹:"不知道大隋的使者此行的目的何在呀?"长孙晟连忙答道:"和,和是大隋的一贯方针。"

长孙晟边答话边要躬身施礼,老者胸前白须根根透着银质色的光芒,道:"不必多礼。"

看到屋内的摆设,长孙晟明白眼前之人至少其部落中一个酋长的角色,那床榻上方挂着十只雄鹰的翎羽,看那装束似乎和自己的祖先有些血缘关系,心中自然有所亲近。

老者问:"使者,有劫客追杀吗?"

长孙晟摇摇头,说:"是本人不小心跌入沙沟,为沙刺所伤,伤在皮肤,无甚大碍。"

"噢,仇儿快给使者找些药敷上,寒风砭骨免得感染。我这儿真的没什么上好的金创药,只有些野草药,使者就凑合着用。"

长孙晟答道:"多谢留宿了,还让老人家替晚辈疗伤,实在过意不去,再说,这点伤算不了什么。"

老者陡地变容:"这么说,什么伤才算得什么。"

长孙晟很快明白,自己一句客气话触动了老者的伤心往事,只得以沉默来表示歉意。这种表达歉意的方式在突厥中是普遍存在的。因为,此地民风彪悍,有可能刚刚还在称兄道弟,转瞬间就会刺刀相见。

老者自感言语中有些过旺的肝火,于是亲自接过草药替长孙晟敷上。

"老人家,敢问祖居此处吗?"

老者长叹一口气,有些幽咽。

"不瞒使者,老朽乃奚国的酋长,今日落败,逃居此地,算起来已有二十多天了。"

长孙晟从老者断断续续的谈话中得知，原来突厥部落在短短的一年内发生了重大的变化。沙钵略可汗所部是突厥的主体，对中原的威胁最大。

沙钵略称臣于隋朝在当时是有不得已的成分在。这些都是长孙晟所了解的，此次突厥内部的变动到底是何原因呢？

老者说道："前年，沙钵略可汗死，临死前留下遗令，说其子雍虞闾命弱，性格不定，不适宜继承汗位，要把汗位传给弟弟处罗侯。而那处罗侯却推辞说，突厥自木杆可汗以来，多以弟代兄，以庶夺嫡，失先祖之法，不相敬畏，就坚持让沙钵略的儿子雍虞闾继位，并说，你就该嗣位，我不担心拜你时为别人讥笑。而雍虞闾又再次派人对处罗侯说，叔叔和我的父亲共根连生，我是枝叶，岂有我做主，令根本反同枝叶的？又说，这是亡父的命令，我何尝能违背父命呢？最后处罗侯假意推辞了一番，自己就继承了汗位。"

老者顿了一下："使者，这些事，想必大隋都知道吧？"

长孙晟点点头，他想知道的是眼前这个已风烛残年的老者到底还知道多少事情。

长孙晟问："老人家，恕晚辈冒昧，您的部落何以衰落至此呢？"

老者凄然一笑："这正是我要跟你说话的原因。我见你……"话刚开口，侍童仇儿已端上香茶，长孙晟捧在手中，似乎能闻到茶香，老者稍稍地啜饮了一口，徐徐睁开双目："我见你须发淡黄，当是鲜卑人的后裔。北魏皇族以元氏、长孙氏为大，元氏在改朝换代时，为宇文泰、高欢所剪，遗孽无多，北周皇室只有宇文氏一族，已被当今隋朝皇上杨坚所诛，听说大隋的使者长孙晟几度出使，名声塞外，敢问使者是否是长孙晟？"

长孙晟不觉肃然起敬，想不到一切都在这老酋长的预料之中，不由问道："酋长阅历如何这般丰厚？不才惭愧，晚辈正是长孙晟。"

老者顿时激动万分，似乎是印证了自己刚才的推测："如此说来，我们还是共同的祖先。"长孙晟点头道："适才见到那十根羽毛，就已经知道了。"

老者忙叫仇儿过来拜见，说："仇儿，你以后就跟着长孙将军了，他是我们部落的人。"说着，很艰难地拄杖起身，迈步到床榻前，取下那些彩色斑斓的羽毛，颤声道："长孙将军，我们奚国不存在了，为都蓝所吞灭。"说着老泪纵横。

长孙晟十分不安，不知是接还是不接。他知道，突厥、习、奚三国原先就是突厥强大，奚、习二国同属游牧部落，只得接受突厥的不断吞食。对于他们的命运，这样的结局似乎来得早了些。这也是隋朝所不愿看到的。

由于西北地区的吐谷浑自隋朝建立以来，就屡屡进犯，虽然经过开皇初期的几次军事较量而遭受重创，但仍然蠢蠢欲动，伺机侵扰。陈朝灭亡的消息传来，年迈的国王吕夸大惊失色后，唯恐隋朝前来报复，急忙率部远遁，据山保险，再也不敢寇边。这倒反而加速了突厥部落的强大。

开皇十一年，吕夸在忧惧中死去后，其子伏继立，伏却急忙想和隋朝修好，但文帝却看得清楚：这并非是至诚之心，只不过想重新出山，以便和突厥重争水草肥美的草原。文帝为了永葆和突厥的关系，自然不能答应吐谷浑的请求，如果那样，突厥必然生起异心，内部反而会更加团结，本来分支的突厥就十分可怕，再团结到一起，岂不更可怕？所以，平陈之役刚刚结束，便委派长孙晟去了突厥，以示安抚。

如此背景下的出使，原应该风光一下，谁知出了刘居士案……

长孙晟怔了好长一阵，以至仇儿跪在地上叩拜时，也不曾察觉。

老酋长莫名其妙地看着额头上已渗出汗珠的长孙晟，有些不解。

"长孙将军，有些为难吗？"老酋长语带抑郁，抑郁中有些不满。

"噢，不，不，老酋长，长孙家族从来没有担此重任的图想。甘河大山的嘎仙洞，那是我们骄傲的祖先，正如朝代更迭一样，从来没有哪一家一族延续各自的国体，我们的祖先就不必说了，南朝经历了宋、齐、梁、陈，如今归于大隋，北朝纷争几百年，如今也是一样，只要我们鲜卑人的血液在流淌，这就够了。从这一点上来说，太武帝拓跋焘是真正的英雄。"

老酋长听了长孙晟的一番话，暗自佩服。

"是啊，刚才就在你入帐之前，我正在想如何振兴奚国，重新恢复鲜卑人的荣光，听了长孙将军的话，我也认同了。"

"仇儿，那你就拜长孙将军为义父吧，"老酋长说，"这个你总得答应吧。这孩子是我的侍童，是在荡芒山一战溃逃时从死人堆中捡出的。我这把年龄，岁月无多，行将入土，可是在这荒野中，这孩子出路何在？也算他运气好，遇见你。"

　　老酋长对仇儿说："眼前这位就是名震塞北的一箭双雕英雄。"

　　长孙晟拉起仇儿，算是认了这个干儿子。他摸遍了全身，仅有一枚私有的印章，便用托剑柄上的丝绸线把印章裹系好，轻轻挂在仇儿的脖颈。

　　三个人畅谈了一个晚上。第二天清晨，长孙晟便告别老者，回到了客栈，临走时，老者拉着长孙晟的手，依依不舍。

　　篝火已经燃烧一半了，长孙晟还是无法入眠，想着自己曾经的经历，就仿似昨天一样，昔日的仇儿到底在哪儿呢？

第十四章　长孙晟奉命使突厥　游故地忆起当年事

第十五章

长孙晟他乡遇故人　出使路历尽险万分

　　长孙晟有些后悔，他想那个时候就应该带上仇儿，那么那个老者又在哪里呢？他们还住在那个帐篷里吗？长孙晟起来把剩下的柴火放进火堆，火光顿时亮了许多。长孙晟看了看周边几个熟睡的随从，自己的困意也上来了，打了个哈欠，也沉沉地睡去。

　　睡梦中的长孙晟，警觉性依然很高，眉毛还在不住地跳动。就在长孙晟睡得很香甜的时候，篝火旁边行李什物突然着起火来，幸好火势不大，火苗恰恰吹向偏东方向，几匹骆驼嚎叫起来，声音凄厉划破夜空。黑瞎并没有惊慌，用头使劲地捅着长孙晟，似乎花了很大力气才将他摇醒过来，几个随从也慌张着搬走火堆附近的珠宝。由于抢救及时，用以赠送的珠宝没有损失，几匹坐骑也只是被飞溅的火星烧焦了毛，但是随从李波的佩刀却失去了，尽管反复寻找，还是一无所获。

　　经过这一番折腾，大家都无法睡去，只是坐等天亮。

　　果然，没有多久，一轮红日喷薄而出，沙漠的景色又煞是威严壮观起来。

　　长孙晟一行再也不敢停留，这回行程的目的地就是处罗侯突利设的牙帐。突利设是突厥的官衔，也是官署，节制主宰东方突厥的军事，原先，当突厥中的另一支阿波可汗和隋军开仗的时候，客居漠北的长孙晟就得到处罗侯的保护。可是，由于阿波可汗与隋军交战时，屡次失败。长孙晟固然欣喜，但也有隐忧。因为，他历来主张对突厥实行分而划之。可按当时的情形来看，杨坚似乎有一举荡平漠北之势。长孙晟急忙修书一封，火速带给驻兵太原的杨坚，细述了停止攻伐的理由，又暗中派人对阿波可汗说："以前，沙钵略每次前来，战皆大胜，如今您才入中原一寸之地，便立即被打败，这真是突厥的耻辱，难道你内心无愧吗？况且，沙钵略可汗与您的关系，本来势若仇敌，如今他战常取胜，被国内众人推崇，而您每战皆败，国内以为耻辱。沙钵略必然归罪于您，以此作为消灭您的借口，您想一想，您能够抵御得住他吗？"

这一番话，说得阿波可汗无心和隋军开仗，便派使与隋讲和。直到这时，国内的杨坚似乎明白过来，即刻停止进攻。

当时的情形，整日用鱼肉招待长孙晟的处罗侯并不知晓。反倒是，长孙晟获悉处罗侯在调兵遣将真的想借阿波失利为由，欲行讨伐，证明自己的推测是正确的。

"看来，都蓝可汗的势力又有所增长了。"长孙晟在翻过那段左城墙后，有些担心地对李波等人说，"按理都蓝可汗不应该对大隋有异心，恐怕其势强大后，便不复往日。真不知刘居士一案到底和都蓝可汗有无牵扯，我们此行，尚需加倍小心。"

艰难地越出那片茫茫的沙海后，眼前有些生气了。耐旱的苜蓿依然泛着青，几颗酸枣红红的，很诱人地挂在密密的刺丛中，偶尔有匹野骆驼随着他们跑跑停停，煞是有趣。猛然抬头间，几十支苍鹫正盘旋在西北上空，不愿离去，那个方向正是长孙晟要去的地方。

渐近目的地时，一路上见到的是：烧残的帐篷，踏破的窝棚，被突厥掠夺后只剩下一些瘦骨嶙峋的牲畜，还有不能当兵的老人、小孩。在一个破落的窝棚旁边，一个断了右臂的少女正跪在地上挤着羊奶，身后站着一个愁眉苦脸的苍老的男人，再往后，一顶四面透风的破帐篷，门口躺着一位头发蓬乱的老妇人，祖孙三人都带着惊惧的目光望着大隋朝的使者，目光中有无限的怨恨之意。

长孙晟看那苍老男人的装束，便知道在突厥的侵扰下，习国也不存在了。

长孙晟下马后，沉着声问道："这场灾难是何时发生的？"

苍老的男人把头扭了过去，并不搭腔。

长孙晟道："我们是大隋的使者，前往突厥部都蓝可汗处，并没有打扰之意，只是看见这里生灵涂炭，不知习国又遭了什么重灾大难，习国有难，我们大隋是要出手相帮的。"

苍老的男人仔细打量着长孙晟，突然眼睛一亮，惊叹一声："你真是大隋国的使者长孙晟将军？"

长孙晟心中暗暗一愣：当真我的名气就如此之大，连这模样的老人都认出我来？正迟疑间，侍从李波朗声高叫道："这当然是名满塞北的

长孙将军，我家主人。"

长孙晟用余光射了一下李波，和气地说道："实不相瞒，我正是长孙将军。"

苍老的男人激动得张大嘴巴，下颚好像掉了一般，一时不能合上。长孙晟也想起来，当初自己出使突厥途中，经过习国时，就是眼前这位老人给带的路。那时候，习国的力量也还算是强大，这一突厥的分支部落虽然强大，民风却甚是淳朴，人民厚道谦和，在游牧民族的大草原上，他们祖祖辈辈居住在上天赐给他们的一块绿洲上，这里水草肥美，牛羊繁多，这自然成了其他部落欺辱的目标。

由于大隋朝的政策是不偏不向，既对突厥中的大国沙钵略予以伏抚，同时也对习、奚两个小国家给予帮助，所以，倒还相安无事。去年，随着奚国的灭亡，长孙晟就有些担忧，习国恐不长久了。

"长孙将军……"老人有些泣不成声，一面将长孙晟等人迎入帐篷，一面对自己的孙女英儿吆喝着什么，长孙晟能听懂大意：快上些鲜羊奶来。

长孙晟连忙推辞，手指日头，说道："战乱太频繁了，虽然你们这几年来没有和大隋开仗，但内部的血腥实在太多了。去年，我来时奚国灭亡了；今年我来时，习国又不存在了。或许，我是不该来的，两位老酋长的命运都是这么惨，实在令我痛苦万分。"

"长孙将军，话不能这么说，我真担心，突厥总有一天会和大隋开战的。实不相瞒，昨日，我们这儿来过几个汉人，行踪诡秘得很，我疑心是流窜在边塞内外的贼人，就多问了几句，其中一个像是为首的，横眉怒目，上来就掴了老朽的一个嘴巴子，老朽满嘴鲜血，一个劲地求饶，他们还是恶狠狠地踢了我几脚。老朽想，真是遇到贼了，便强忍着，谁知那个为首的人对我说，'你们习国完蛋了，疑心我等是贼?！真是瞎了你的鹰眼，我等是大隋的官员，有要事和都蓝可汗商议，若敢对外人说见了我们几个，小心割了你的舌头。'说着，便骑马飞驰而去，老朽又疑心他们或许是大隋的使者，可是，以往大隋的使者都很儒雅，从不凶暴。"老朽就担心，是不是大隋内部也开仗了。所以，今日，刚一见到你们又有些担惊受怕，老朽不怕死，整个部落都完了，我活着还有什么意思呢? 只是老朽膝下的这个孙女年纪尚幼，且明事理，今后的生活很令老朽放心不下，望长孙将……"长孙晟翻腾着内疚之心，他想，去年收了仇儿，如今下落不知，今年又将习国的女娃收在自己手里，命运不知怎样，一时踌躇起来："这，老人家，我长孙晟在大隋朝为官，又长期奔波在外，带着个孩子恐非易事，再说这女娃少小苦命，都很是懂孝老之道，一旦跟我颠簸于路途，你们二老何人照顾？这样吧，你们暂且在此安身，待我出使完后，看能否将你们带回长安寻个事做，以度晚年。"

长孙晟还想再打听奚国酋长的信息，只是没好意思张口，返身走到一匹骆驼旁，取出几锭银元，递与老者道："老人家，这点心意，你收下吧，或许等战争平息下来，添些补家之用，不要推辞了，这算是大隋国使者和老人家的一片交情。"

老者热泪纵横："真是太感谢了，本来，是老朽应尽地主之谊，反倒让将军破费，这么说来，在此之前，大隋也派使者来此，真的是有两股势力都想拉拢都蓝可汗？长孙将军，这家伙再也不似先前那样软弱了。"

长孙晟也很是感动："你敬请放心，大隋还是稳如磐石的大隋，日月千秋，山岳不倒，松鹤万年。再说，我们刚刚平定了江南，灭掉了陈朝，南北趋于一统，国家正处在宏运发达之时，唯有北部边境时有侵扰，大隋绝不会坐视不问的，当然，我们是以和为贵的，往年如此，今后还会如此。至于那沙钵略的儿子都蓝，我想，他若是识时务，必将有所选择，但他在内部的合并行为，待我见他之后，一定细说详情，为什么不可以彼此相安呢？"

老者望着长孙晟，似乎有些不以为然，但面对一位大隋的使者，知道无法再劝说什么，目光一直落在那挤羊奶的少女身上。长孙晟见状，心知其意，但话一出如泼水覆地。这时，李波等随从已喂好马和骆驼，备足了草料和用水，正立在一旁等候长孙晟的命令，准备上路。

长孙晟对老者拱手辞行："老人家，我等还要远行，就不叨扰了。"

老者收回目光，望着远处迷迷茫茫的景色忽然有所警觉。

他说："长孙将军，起雾了，将军一路上多加小心，习国的覆亡也就在各样白雾弥漫的天气中，全部落的人都被赶出了世代生存的肥美草原。

"这雾是草原上善良人的天敌，是残暴之人的帮凶，前面的大关山口，是将军必须谨慎的地方，通过那里就可见都蓝的连绵大帐。"

长孙晟说:"老人家不必为我操虑,至于您老所说的几个汉人装束的人,听其口音是否是长安的人?"

老者一拍脑门:"噢,想起来了,他的随从称他为杨总管什么的,看起来,此人在你们大隋挺有实力的。"

长孙晟明白了。在出使之前,他也协同张衡接触了刘居士案子的一些情况,从审讯中得知,已有一个叫杨钦的人带着几个随从奔赴漠北去煽动突厥人了,文帝杨坚还为此特意嘱咐,一定要将此人带回,又嘱咐,切不可莽撞,用心智去争取,以言辞打动都蓝,若不成功,再施他法。

长孙晟立即把杨钦已先到突厥的消息派人报告给文帝,以求得指示。在长孙晟看来,突厥和隋的关系正在发生一些小小的变化,这个变化不是朝好的方向,而是朝坏的方向,而且这个变化正一天天地扩大。这个自称个性软弱、不适宜继汗位的都蓝可汗,不但勇敢善战,而且很有心计。

自从他上台后,他每年都派遣使者,携带大量贡品,其中不乏珍宝玉器,尽管文帝不喜欢这些,但这恰恰证明都蓝似乎并不是投文帝杨坚一人之所好,而全是表明自己对大隋的忠心耿耿。所以越发赢得隋朝的大力支持,逐步向西扩展,实际上,按地域的大小,都蓝突厥的势力范围几乎接近隋朝,若加上突厥处罗侯的地盘,大有超过隋朝之势,在西边,都蓝的势力已深及天山。

攻破高昌国回城,有两千多名不愿屈服的高昌国人归附了隋朝,可是,都蓝却逼迫高昌国改依突厥习俗,沦为其附庸,这件事引起文帝的注意和警惕,眼看着都蓝势力日益壮大,这势必诱发都蓝的进一步的野心。就在这时,都蓝却将高昌国的象征于阗玉杖派人送给文帝,文帝何等精明,马上回以厚礼,即陈后主的玉翠屏风,恰又在此前后,出了个刘居士。

长孙晟想,都蓝有异心是肯定的,但程度有多大,不得而知……

不入虎穴,焉得虎子?只有尽快赶到,察言观色,才能有所了解。

长孙晟不敢耽搁,匆匆对老者说:"多谢你的提醒,我们隋朝绝不忘记老朋友,有你老人家,还有奚国酋长……"

"长孙将军,那就别提了,奚国的酋长已经作古了。他那小孙子也被突厥人掠走了。"

这一消息如同炸雷，震得长孙晟晕眩不止。

长孙晟想：这次出行突厥，一定要找回仇儿。对老人说道："我一定想办法把仇儿找回来。"又转头对英儿道，"英儿，在此地好好照顾祖父、祖母，等我回来后，就带你们到长安去。"

长孙晟带着几个随从告辞了习国破败的场地，直奔大关山。一路上，他们更加小心，个个刀出鞘，弓在弦，唯恐遭遇不测。人人按捺住心中的不平，快速前行。

正好，就在大雾渐渐消散时，众人赶上了大关山。

而大关山却是个不能住宿的地方。这里狼群出没，行踪不定，好在雾散了，能见度已达目力所及的范围。

李波等人对白日里没缘由起雾就深感诧异，又见沟沟坎坎的大关山无一丝白雾飘荡，心中甚是不解，生出好奇的感觉。

长孙晟道："前面应当是突厥的营帐。"顺着长孙晟手指的方向，随从们越过起伏的山峦后，看见有密密麻麻的帐篷像汉人的土坟有规律地排列在天际的尽头，眼力好的还可望见那帐篷顶上插着的五颜六色的旗帜。

长孙晟说："看着路近，走时觉远，在草原上更是如此。既然刘居士的死党已先我们到达，我们还是谨慎为妙，不如大家都改换行头，扮作商人模样。到时我们先送礼物，再察言观色。"

长孙晟又说："这沟谷深不可测，希望大家拉紧马缰绳，特别是不要被在沟谷中突然涌起的景观分神。"

将近午时，天空湛蓝碧透，阳光刺目眩晕。

众人低着头，不敢分心。尽管如此，李波手中牵着的一马一驼的缰绳时紧时松，他有些惬意，索性把骆驼绳放开，那匹瘦骆驼顿时失却了重心，连身带物瞬间滚落山崖，一身冷汗从李波的后脊梁骨渗出。

长孙晟回头瞪了李波一眼，见李波脸色煞白，没有说一句话，心想，可惜了那匹老骆驼，更可惜那骆驼身上驮着的物品，幸好不是黑瞎。

那匹驮着宝物的黑瞎驼还死死地牵在自己手中。

众人在慢慢地下了山崖后，各自长舒了一口气，长孙晟举目前望，幽僻峡谷外等待他的是一场生死未卜的斗争。

长孙晟知道，人们说的"海市蜃楼"的景观就要出现。虽说这峡谷

的尽头"海市蜃楼"的景观时有出现，可是这么多年来，谁也没有从大关山的尽头进出过，要不是事情紧急，长孙晟也不会选择这条山道。尽管开皇初年，他曾走过一次，可那一次是归乡心切，从峡谷入口，往东南方向，今日正相反。

莫非真的要出现"海市蜃楼"？

就在长孙晟一行即将奔出峡谷的尽头时，梦幻般的景色猛然矗立在眼前，是那么近，仿佛伸手可触，又是那么真，仿佛是进去就可以加入其中：

碧绿的草原，牛羊肥壮，蓝蓝的天空，白云飘荡，雄鹰高翔；一顶顶五彩斑斓的毡帐前无数身着鲜艳盛装、头戴金银首饰的美女在翩翩起舞，微张的嘴唇，仿佛在引吭高歌，迎接远方的来客，连她们的肌肤容色都能看得清清楚楚，真是一幅降临人间的仙乐图。

众人不禁都看呆了，天哪，草原是这么美丽，姑娘这么漂亮……峡谷呢？隧道呢？我们要去何方？

就连长孙晟也有些痴呆，那草原上的姑娘好似在向他频频招手，邀请他一同加入她们欢乐的海洋，这场景是多么熟悉，仿佛就在昨天。那勾人心魄的眼神，那令人陶醉的音乐，那婀娜多姿的舞态，令长孙晟几乎不能自持。

思绪回到了十几年前，北周千金公主对自己有情有义，但却因为人臣的苦衷，最终使得千金公主远适他方。

"长孙将军，您不让我们看，您倒独自欣赏了，"随从李波道，"没有了，散啦！"

长孙晟擦了擦眼睛，果然，那"海市蜃楼"的奇观无迹可求，眼前依然是一缕缕薄云在飘散着。长孙晟因持久的站立而颤抖了几下。

突厥的牙帐内，长孙晟坐卧不安，凭着多年的经验，他知道，这一次的任务难以完成，因为这是出使突厥众部落以来，唯一一次身后没有十万大军的压阵。

长孙晟暗想：沙钵略死了，在突厥部落的可汗中，他是最值得自己信赖的人，尽管他有时翻手为云，覆手为雨，但大体上对隋朝是能尽忠的，他不仅把自己的妹妹嫁给了虞庆则，还在死前把可汗的位置让给自己的弟弟处罗侯，就是叶护可汗。叶护可汗虽然喜好武力征伐，对大隋却是秉承了其兄的政策，并曾将反叛的阿波可汗捉入隋朝，以示效忠。

幸好，杨坚听了长孙晟的意见，不加干预。叶护可汗死于西征时，眼前这个难以对付的都蓝可汗就有些跋扈了。

"这里面似乎还不仅是刘居士的问题，"长孙晟想，"一个小小的杨钦仅凭着嘴舌就能说服都蓝可汗交恶于大隋？"他摇了摇头，不置可否。

外面传来刀剑相击的金戈声，长孙晟拔出宝剑轻轻地在厚厚的毡帐上割出一条箭口宽的小缝，借着明亮的月色和帐外的篝火，他看到自己的随从正和看护他们的突厥人争吵着。

就听李波高声叫道："放我们进去，我们要和长孙晟将军见面。"

另一个跟着嚷道："凭什么扣我们的使者，两国交兵还不斩来使呢！何况我们是来送礼物给你们可汗和可贺敦的。"

一向干练、稳重的长孙晟也有些沉不住气了，一时又确实无计可施，他感到握剑的手掌心已经渗出汗意。

又听李波道："我们一路上饱经风沙之苦，来到你们这个鬼地方，还想软禁我们怎的？"

一位头戴两狼尾的小校，眦着嘴，低声道："这位护从，你不要吵闹，我们也是奉命行事，不是有你们吃的、喝的吗？长孙将军更是受到优厚的待遇，听说你们送来的礼物都已交到可贺敦那去了，估计明天可贺敦就会来看你们，少安毋躁。"

最后两句带着汉人的腔调，有些文绉绉的，几个兵士都笑了。

又听李波道："这位将官，你领我们来到这儿，软禁我们，还说是奉命行事，我倒要问是奉了谁的命令，是都蓝可汗，还是大义公主？要是我们大隋的使者长孙将军有半点闪失……"

那位小校一挥手，表示对方问得实在多余："长孙将军是我们突厥人崇拜的偶像，他十年前一箭双雕，就名扬漠北，无人不知，我们保护还嫌不周，哪能少掉他老人家一根毫毛？"

"你们回帐吧，这样吵来吵去，会惹长孙将军不高兴的。"另几个帮腔道。

长孙晟就是个善于抓住机会的人，他转身到门边，掀开厚重的帷幕，走出毡帐，高声道："李波听着，我在这儿高枕无忧，回去好生休息，想吃什么突厥的风味，只管提出。"

众人连忙施礼，就连那小校及一班突厥士兵也躬身侧目，表现出无比的敬畏之情。

"你们是受谁的使派，是都蓝可汗吗？"长孙晟和颜悦色地问。

"回禀大隋使者，我们这十几个弟兄都是安遂加将军的部下，"那小校答道，"将军留在突厥的一年中，晚辈曾受教过将军的箭术呢。"看那身装束，长孙晟知道，眼前的这位小校至少也是个行伍出身。当年，自己因一箭双雕的声名被沙钵略挽留下来，就是教突厥人后代的箭术，无形中，自己的所作所为已提高了突厥人的战斗力。

"将军还记得那次射雕的情形吗？"那个年轻的小校睁着两只细小的眼，巴结地问着。

长孙晟摇头道："十年多了，记不清了。"

长孙晟能不记得吗？他实在是没有闲情闲心去回味那一次又一次的突厥之行了。他所考虑的大事就是一个：当初的那个千金公主，现在的大义公主到底有没有和刘居士的人联系上，安遂加，就是当年那个迎亲使者，有鹰一样凶狠眼睛的突厥部落的大将，这个人有一肚子的坏水，若真是他参与分离大隋和突厥的阴谋，事情倒真有些棘手。

长孙晟扬脸望着月夜下的星空，估计已到子时了，那颗北极星已横在头顶，他似乎感到那寒光照得人周身冰凉，他对李波说："把我们带的好酒女儿春拿来，给这几个弟兄御寒，他们也不容易。"

一听说有酒，几个突厥士兵立时来了精神。

长孙晟道："哎，酒可不是白给的，你们得回答我几个问题。"众人称是，有问必答。

"第一，礼物都送给了可贺敦吗？"长孙晟见他们一点头，又问，"安遂加和都蓝可汗的关系如何？"

年轻的小校答道："可受重用了，安将军基本上在我们这个部落是一人之下，万人之上。"随即低声道，"连可贺敦也听安将军的。"这就有些怪了。长孙晟暗忖，当年的千金公主对安遂加是厌恶的，就是在都蓝可汗即位的典礼上，早已改作姓杨的大义公主对安遂加的献媚也是嗤之以鼻的，个中原委，尚需一一查清，这一切都必须等见了都蓝可汗的面才能弄清。长孙晟对小校说："我是代表大隋前来突厥通好的，而今安遂加却把我们扣押在此，想必其中有许多隐情，都蓝可汗和可贺敦都不知道。你们奉命行事，我自然不怪你们，只是希望弟兄们要格外小心些。"

小校眨巴着眼睛，一脸迷茫。他低声说："长孙将军或许不知，从你们隋朝来了个杨钦，那个叫杨钦的人现在成了都蓝可汗的座上宾，具体有何目的，小的确实不知，但我总感觉到杨钦此人行为鬼祟，在酒席间，偶尔听说他仿佛也负有重大使命。"

"多谢你的提醒了，"长孙晟说，"我们正是为此事而来，那个杨钦在大隋长安犯下了滔天罪行，杀人越货，潜逃至此，谁若发现了，告知我一声。"一边说，一边从腰间取出一块金锭，递与那校官，"夜深寒意重，多吃些酒暖暖身子，以免伤了身体。"突厥的校官感激地收下了，他一辈子也没见过整块的金子，加上久已形成的对长孙晟的崇拜心理，那个校官几乎是弓着腰身接下金块，嘴里答道："谢长孙将军厚爱，若有差遣，只管吩咐就是了。"

长孙晟说："明天，你以我的名义去可贺敦的帐篷一趟，告诉她隋朝的长孙使者想见见她。"

"这个好说。"校官答应了下来。"那好吧，大家休息吧。"长孙晟说完便回到了帐中，他想，看来大义公主和可汗并不知道安遂加和杨钦之间的交易。长孙晟望着天空中的一轮明月，他深深地吸了一口气，心里有种说不出的凉意。

第十六章

宣华夫人忍辱偷生　文帝杨坚议讨突厥

绿珠公主自从被纳为贵妃，称之为宣华夫人后，已经过了两个多年头了。她的心早就绝望了，既然无法和心爱的人在一起，那么就全心全意地做自己的事情吧，现在她在宫中生存的唯一动力，就是复国。

她无时不在想念那片生她育她的建康城，那里的山川秀美，一景一物时时在她的梦中出现。想起陈朝的宫室，真应了一句"天不灭陈，陈自灭"的话。

这日清晨，宣华夫人慵倦地躺在床上，内侍张权尖声叫道："贵妃娘娘，皇上有旨，今日早膳后，齐到骊山观猎。"

"知道了。"宣华夫人翻身坐起。

绿珠对一个宫女说："晴芳，去告诉御膳房，我这儿就不要送早膳了。晴雨，我们走。"

这时，屋外传来一阵繁杂的脚步声，其中，那重重地踏在青花石上的足音显得旁若无人，绿珠知道那是文帝杨坚，连忙起身收拾一番，对着铜镜上下打量一遍。绿珠急步蹀至门边，对着正掀帘而入的文帝杨坚深深一揖，道："贱妾迎驾迟缓，请皇上治罪。"

"起来，起来，"杨坚笑呵呵地道，"朕今晨兴致极高，随便走走，呼吸一下新鲜空气。"说着二人进了内堂，说了一会儿话之后，皇帝还要去观猎，二人随即又来到了院子里。

正说间，皇后独孤伽罗的贴身侍女紫叶匆匆赶来，见杨坚和绿珠并肩而立，在院中轻声交谈，连忙上前参见："皇上、贵妃娘娘，皇后在寝宫等二位呢。"紫叶曾经服侍过文帝杨坚，后来被派到皇后身边当了丫鬟，独孤皇后其实心中明白，所以对她倒也挺好。

骊山，秋意甚浓。满坡的柿园飘出可人的清香。从疾驰的车辇绵帘中向外望去，左向便是富庶的八百里秦川。绿珠的车辇由两匹纯色的小白马拉着，一路颠行着。此次随文帝巡猎，她的心情自然大不一样，尽管沿路所见的景物有些似曾相识之感，但在她的心中只是一闪而过，倒不曾引起多大的波澜。

一路上迷迷糊糊，近一个时辰的山路，她都在思索着那挥之不去的秦腔。

当绿珠走下车辇时，皇后已是满面春风地站在她面前。绿珠连忙上前施礼。皇上已经去了猎场，独孤皇后拉着宣华夫人的手，喋喋不休地说个没完。

绿珠与皇后携手而上，这大半天的奔波，她确实有点累了，不过郁闷的情绪得到了缓慢的释放。她伸手撩起耳边的鬓发，细细地想着这近两年的宫室生活，在阴抑的氛围中，她都不知道是如何度过的。品味着自己刚才和皇后的答话，她惊诧于自己的变化。她感到自己已完全脱离先前稚嫩的底子，变得老成起来。她的自信也渐渐地恢复了，当然，这仍是一种压抑着的自信。

就这样，聆听山鸟的鸣啁，呼吸着清凉的山风，后宫的车队缓缓地上了骊山猎场的顶端。

突现在众宫人眼前的场面甚是壮阔。

整个围场已被七千人的精悍军士围了个水泄不通，密密的彩旗像一道篱笆从山脚下围起，飘飘荡荡，在掩映的草树中，无数战马来回奔突，铁骑时不时踏在裸露的碎石上。

再看那惊起的山兔、野狼、松鸡、叫天子等上下乱窜，东躲西藏，有的像无头的苍蝇，有的像傻呆的木偶，惶恐不安，就在自己似乎侥幸逃脱而暂时喘气之时，被一支冷飕飕的冰凉箭羽射中要害处，颓然倒下，一声不吭。每中一个猎物，守围的士卒就欢呼不已。

一匹纯黑色的高大种马，来往山上山下，最是迅猛，马背上的大汉紫髯黑脸，占尽了威风，有时为追赶一只惊奔的猎物竟然不顾礼仪跃马直出文帝杨坚的马头，赶超过去，拈弓射箭，猎物应箭而亡。正准备对猎物痛下杀手的杨坚只好愕然地紧勒马头。此人就是韩擒虎。

文帝怅然若失，眼睛呆望着策马飞奔的韩擒虎的背影，心里像是打翻五味瓶，什么滋味都有。都说韩擒虎平日飞扬跋扈，但文帝自己却对此并无感触，再说每每在朝廷上议事，作为上柱国的韩擒虎也并不多言，有时自己的意见和内史令李德林相左之时，这个韩擒虎也总是站在自己一边，可眼下……

杨坚勒马而回，脸上一副悻悻然的表情，这个韩擒虎真是放出笼子的猛虎，只要跨上马带上刀，他就什么都忘了，什么皇帝，什么天子，在这些身为上等功勋、位爵进赐上柱国的武将们眼中只不过是一个虚有其名的称号。平日里在朝廷上整日毕恭毕敬，一旦放将出去，就露出骄矜的尾巴了，对此，是要想一些计策，免得尾大不掉，失去控制。

正想着，一只八角分叉的梅花鹿"嗖"地从山凹的一丛枯草中蹿出来，杨坚习惯地伸手摘箭，一摸箭囊，空空如也，只好眼睁睁地看着那鹿撒开四蹄直往山下冲去，杨坚手拿空弓，正待放下时，杨素飞马赶到，那马跑得有些疲软，马上的杨素满引拈箭，方向直指那只受惊的梅花鹿。鹿为此处猎场的灵物，倘能捕获，那势必声望大增，为军士及朝官所津津乐道。

杨坚见刚蹿出个不知礼仪的韩擒虎，现在又冒出个杨素，脸色阴郁，随手把弓挂在马背上，心中甚是不快。

"皇上，"杨素正追得兴起，看到前面一人正要举弓射杀他一直追逐的猎物而心中不满时，到了近处，见是皇上杨坚，赶紧勒马，马蹄踏在沙石上止住，顺势滑了有三尺多远，杨素翻身下马，拜道："万岁没有神箭了，臣愿献箭一支，请皇上射杀那只惊突的八角鹿。"说着，从箭套取出三支箭，双手呈上。

杨坚略一迟疑，心气稍定了些，说："朕的猎场建了也只不过一年多的时间，可眼前都是飞禽走兽，不能不让朕频频出箭，杨将军，还是你去吧，朕想小憩一会儿。"杨素起身，说："皇上再射杀那只神鹿，定会赢得满朝文武的敬仰。再说，那神鹿为臣所赶已有多时，皇上看为臣的马都已跑不动了。"

杨坚还在迟疑，杨素手指山凹，急忙道："皇上，看，那八角神鹿正冲皇上而来。"

杨坚扭头一看，果然，刚飞速而下的八角鹿，在围场边又被守围的士兵用锣鼓声惊回，正奋力爬坡，离杨坚的马头不过只有一箭之遥，再要推辞下去，可能会倏忽而逝，为韩擒虎之流的人"擒"去。

杨坚接过杨素的箭，开弓上箭，瞄准八角鹿，嗖地就是一箭，可怜那神鹿睁着一对忧郁的眼，来不及躲闪，那锋利箭头直插进脑门。四下里欢腾起来，高呼万岁。早有随从抬着梅花鹿向平台去了，杨坚的胸中块垒也随这一支箭的成功而烟消云散了。

绿珠从台下的人群中一下子认出了自己的哥哥陈叔宝。但见他满嘴的油腻，手里还飞舞着一只烤山鸡，看他那肥硕的身子以及周围拥簇的几个艳女，绿珠有种恶心的感觉，她差点吐出了刚吃下的野味。

绿珠低着头，悄声对独孤皇后说："皇后，皇上多么威严，今天回宫后，皇上说不定还要大宴群臣的。"独孤氏也是一脸兴奋，说："宣华夫人推测得在理。整日忧于国事，不知张弛之道一直是皇上的缺憾处，我不知劝过皇上有多少次了，可皇上总是不能从繁重的朝政中解脱出来，今天好了，天下太平，海内一清，皇上是该享受了。宣华夫人，你以后还要继续开导才是。"

绿珠淡然一笑，轻轻说："这，这可不是为妾能做的，一切尚由皇后安排。"

独孤伽罗有些喜不自胜，嘴上却说："宣华夫人自幼习文，满腹经纶，才情过人，又是天下绝色，甚得皇上宠爱，我可比不上了。"

绿珠依旧笑道："宫中一切都应听皇后的，自古就是这样，如若宫中没有章制，那才是最危险的，妾想，只要皇后坐镇后宫，凡事都须听皇后的安排才是，贱妾如何敢越雷池？"

皇后默然不语，心想，料你还不敢以色惑主，尽管是陈室的女子，收到隋朝宫中，也是姓杨的人了。看你一副乖巧的模样，还算对我二圣的口味。

内侍张权搀着杨坚登上平台，平台上又是一片"万岁"声。

杨坚径直走向绿珠，绿珠连忙起身拜迎，杨坚笑道："不必多礼，爱妃。"

独孤皇后道："皇上跃马驰骋的英姿，雄风不减当年。"说着起身，闪出路来。

张权引着杨坚坐到了皇后和绿珠中间。

杨坚又转头对绿珠道："适才朕见了陈叔宝，果然能吃能喝，不到半天工夫，已整整吃了五只烤山鸡，外加一条小羊腿，居然喝了一斗半酒，真是生来的享福之人。"绿珠仰脸笑道："他们都是托了皇上的洪福，对待亡国之君，历朝历代只有皇上这般开恩。"杨坚点头，拉着绿珠的手，却转过头对皇后说："皇后，朕想给南陈、齐、梁等国的后人修建宗祀，皇后意下如何？"

"皇上英明，所想甚周，毕竟不能忘祖，"皇后说，"让齐、梁、陈依时修建宗祀，也显出皇上的恩荫南国，再者说，人人都有其父母祖宗，拜祭祖先，也是尽孝道了。"

"好！朕即传颁诏书。"文帝正襟危坐，内侍张权连忙取来笔墨。文帝道："一切按皇后说的意思去写，若有不当处，可由宣华夫人代朕斟酌。"

绿珠欠身要拜谢，杨坚摆手说："爱妃，你看，为了方便起见，就在洛阳附近的邙山建祀如何？所有器物由有司供给，不得拖延。"

让这三位政治废人，即齐国之后高仁英、梁国之后萧琮和陈国之后陈叔宝祭祀其宗，显现出文帝的宽宏大量，确实能起到粉饰太平的作用。而且，随身携带亡国旧君出游巡猎，这本身就是一件无比风光的事。

绿珠心中明白，之所以选在洛阳邙山祭祖，不过是文帝对自己的功业多一处见证而已。熟知隋朝建立史的人都知道，在邙山，文帝杨坚曾有过几次惨烈的鏖战，为北周政权立足关中奠定了基业，当初若没有北周，就没有如今的大隋。这哪里是杨坚的恩德，实在是纪念自己的辉煌战史。

容许建祀的消息刚一传达，台下又起一片"万岁"的欢呼声。

陈叔宝满脸油汗，颤着一身横肉，急趋平台之下，高声叫道："万岁，万岁的恩德，抚平下臣的一片愁心，医治了下臣的长久心病。想我等下臣何德何能，居然让万岁替下臣祖宗着想，臣等感激不尽，唯死图报。"说着，叩头不止，身后跟着萧琮等人也是如此。文帝朗声道："陈叔宝等尽管曾和大隋有违，但已时过境迁，朕不去计较，念及人人自父母而来，多多想念他们，也是尽子之孝心。朕一直有此意，只是地点不曾考虑安妥。望你们既尽孝心，更应尽忠心。"陈叔宝等叩道三呼"万岁"。

已将午时，号角三通过后，出巡的人马依次返回帝京长安。猛地里，山风迅疾起来，日月旗哗哗地响，高举的刀枪剑戟、斧钺钩叉、金锤银锤不时传来清脆的金属撞击声。绿珠在晴芳、晴雨的搀扶下，缓步下山，后面是独孤氏和文帝的轿辇，在山脚的转弯处有一匹马正悠闲地吃着路边的干草，一位身材高大的官员正伫立路边，身后几个随从正在东张西望，仿佛在等待什么。

绿珠钻进小暖轿，颤巍巍地走过去，她想可能是有紧急文书等待皇帝的阅览，或是完成了使命的官员回朝复命，想到这，她掀开帘角，偷偷窥视，那个官员见是内官的软轿，就和别人一样，低头不敢侧目，尽管如此，这一偷望惊得绿珠差点失声叫出来。

那个垂手而立、风度俊朗的官员不是别人，正是薛道衡。绿珠想让轿辇停下来，可没有去做，她只得猛地掀翻锦帘，伸出头去，随口对晴芳说："景色真美。"眼光却一直放在薛道衡身上。

他消瘦了许多，两年未见，也陡然苍老了些。在惊鸿一瞥中，她仿佛数得出挂在鬓角的几根白丝，心中一冷，鼻子发酸。她并不明白，自己对薛道衡的感情到底有多深，只是这匆匆的一见，自己的双眸就模糊了视线，那身影就模糊在自己的泪光中。

隋皇宫，大兴殿。

文帝杨坚接到长孙晟的重要军情，正低头估算着都蓝突厥的势力：习、滑两国也不过两万人，能够征战的不及二成，何况，他们并不真正忠心效力都蓝可汗，据此判断，都蓝可汗成不了大气候。

外面的黄门官进殿告禀："万岁，群臣都在殿外侍候，可否入朝？"

杨坚低头不语，继续批阅奏折。有几份让皇后独孤氏看了。他就粗略翻翻，看看并无大碍，就推到一边。突然，他的目光落到一封羊皮制的奏折上，他知道，这种奏折都是藩国呈来的。他打开一看，果然是东部突厥突利可汗呈上的，看着看着，杨坚的脸色阴下来。突利可汗称，现有一件重要军事情报，那就是都蓝可汗和可贺敦近日常派密使远赴西突厥部，极有可能重新勾连东西突厥，共同对付大隋。为了表白忠心，突利可汗向隋室求婚，欲取隋室公主为妻。

面色严峻的杨坚牙咬得咯咯响，假的总是假的，不是自己的亲生骨肉，你给她再多的钱财，也顶不住一句"复仇"的勾引话。当初，自己的女儿杨丽华遭受天大的磨难，也心向杨家，而这个大义公主也是心怀愤恨，本指望能借她在突厥的特殊地位，为巩固边境安宁出一点力气，好了，现在居然主动去联络东西突厥来共同对付大隋。虽说陈国已灭，但江南战火不断，新开辟的疆土当然需要兵力去把守，如果东西突厥真的联手，漫漫平川，无险可守，势必又少不了一场恶仗。

想到打仗，文帝为自己最近沉重的心思而感到不安。在文帝内心深处，他越发感到手下的战将们都居功自傲了。还真的担心他们能否打仗，能否打胜仗，要不，就借个机会试一试？

文帝揉了揉昏花的眼睛，不知不觉老之将至，而他还要事必躬亲。

他向黄门侍卫点了头。黄门侍卫领命而出高声叫道："上朝！"

候在殿外的大臣们鱼贯而入，文武分两厢站立。

文帝道："众爱卿，各地可有本相奏？"文帝手中掂着自己已阅过的奏折，不紧不慢地说，眼光却在众臣的脸上扫来扫去。

左仆射高颎位居班首，他扭头一看，右仆射杨素正在低头看自己的奏折，斟酌字句，慎之又慎，杨素魁伟的身材和满脸虔诚之态着实让高颎吃惊不小。这个在短短几年内迅速得到重用的杨素居然位居第二了，他心中不免有些隐忧。一个行军总管、整年在外打仗的军人忽然间权重一时，势重朝野，且杨坚不止一次在群臣面前夸赞杨素"才华无双"。苏威呢？已经在众臣之末了。李德林呢？高颎似乎不敢想下去。

苏威，那是高颎一手举荐上来的，从太子少保兼纳言，再到民部尚书、京兆尹、御史大夫，可谓一路飘红，当飘红到极顶处时，呼啦啦一下子只剩个徒具虚名的御史大夫。记得杨坚曾对弹劾苏威的治书侍御史梁毗说："苏威若不是遇到朕，便不能施展才华，朕若得不到苏威，也不能得治国之道，若要论斟酌古今，帮朕教化百姓，满朝之中，无人能及苏威，苏威整日孜孜不倦地工作，正是他的志大才高之处，怎能苛求他在每个任上都出色无比呢？朕可从来不去责怪谁，只要努力，勤奋踏实，忠心侍主，勤心向民，这就为好。"

苏威有什么错呢？高颎百思不得其解。不就是在制订音乐方面与文帝相左吗？受到斥责之后，苏威很快顺从过来，才得以添列朝尾。不顺过来不行。高颎为此到苏威府上，反复劝说了多次，他确实怕苏威倒台了，后面就是他自己了，有时，还得需要借苏威来压才情道行极高的李德林，他内心的矛头直指李德林。现在李德林基本上退隐了，又冒出个杨素，比人可比李德林厉害，李德林充其量是个谋士，是杨坚的智囊人物，而杨素却是有赫赫战功的武将，况且能言善辩。最可怕的是人品极差，最擅长拉帮结派，又善于拍马溜须。

高颎瞟着杨素，杨素还在斟酌词句。他不知杨素又要上何奏章，反正杨素行事从来只对文帝一人。

高颎心里有点不是滋味，因为，杨素从军中直升皇宫前，对自己一向谦卑，现在却不是这样了。常常一个人默默独坐，谁也爱理不理的味道。此时，他倒真想硬骨头的李德林了。

实际上，李德林的被整与高颎有些关系。当初，平陈之前，文帝曾专门派高颎探望病中的李德林，征求平陈大计，并传出口谕："李德林抱病在床，亲自草拟平陈十策，功效甚大。"可是到后来，文帝封赏功臣时，只是宣布授李德林为郡公、柱国，实封八百户，赏物三千段，此待遇远不能和高颎、杨素、贺若弼、韩擒虎等人相提并论，大约只能和行军总管相符。李德林当然不满，跑到高颎处诉说一通，其中牢骚之辞、不满之意溢于言表。高颎遂劝说文帝，收回成命，高颎拣了一句他认为最轻的一句话："自古皇上都是食言而肥。"就这一句，就触到杨坚的痛处，而冷落起李德林不用。

很快，失去利用价值的李德林被整得浑身是伤。连当年的陈账也抖出来了。平定三蕃叛乱时，文帝首先将逆人王谦宅第赐予李德林，公文下达后，突然又改赐他人，令李德林另选一宅。

李德林只好选逆人高阿那肱的市店以为替代，文帝恩准，可时过两年，文帝巡视晋阳时，接到晋王杨广的密报，说李德林的市店实际上是由高阿那肱强夺民田所造。这本是小事一桩，但高颎认为机不可失，他指使苏威揪住不放，硬说李德林故意欺瞒，窃据赃物。当时宫中总管、杨坚的家将李圆通被文帝派往调查此事。

李圆通回来之后，自然添油加醋一番，说此店获利堪比食封千户，请计日追赃。文帝被挑得火起，把李德林叫来，劈头盖脸一顿训斥，李德林请求查验逆人高阿那肱的文簿及换宅事实，但文帝毫不理会，竟将市店全部追还给原住者，对李德林越发生厌，虽然还让他继续担任内史令，却不让他参与决策讨论……

想到自己的所为，高颎感到很是惭愧。风雨朝臣路，两人一起过来了，如今却猜忌起来，致使今日朝廷中，形单影只，莫名地生出一种兔死狐悲之感。

杨坚扫射一遍后，心性大悦，群臣似乎比往日恭敬了许多。

杨坚道："众爱卿为何默不作声呢？"

老臣牛弘首先出班禀道："皇上，臣有一奏，臣等奉皇上之旨意，日夜赶修的《刑书要制》已经完成初稿，臣等请皇上过目训改后，再颁及全国推而广之。"

说完，牛弘从怀中取出紧裹绸布的一叠文稿，交与宫中总管张权，

第十六章　宣华夫人忍辱偷生　文帝杨坚议讨突厥

张权接过后，放在御座上呈给杨坚。

杨坚随手翻了两下，问道："老爱卿，这部《刑书要制》比朕即位之初的《开皇律》如何？朕记得，当初的《开皇律》是汲取了西魏宇文泰的二十四法律，又增至为三十六条，这部《刑书要制》有多少条啊？"

牛弘似乎没有听文帝杨坚的答话，顺着自己的意思接着往下说："根据圣意，为了安抚人心，这部《刑书要制》秉承了圣上恩威并重的原则，确实做了很大的改动。"众臣不禁哑然，这老牛弘居然歪打正着地答上了。接下去，牛弘道，"比起周宣帝的《刑经圣制》来，要宽大得多了。"

杨坚一听，重重地把手放在御案上，紧皱了一下眉头，说："老爱卿，不要叫什么怪名称老百姓不好记，就叫《开皇律》有多好。朕无数次重申，新法力求简要周备。死刑只允许绞、斩两种，要彻底废除前代的枭首、车裂之酷刑。

"流放只有一千里、一千五百里、两千里三种，要废除流放前加以鞭笞的做法。总之要以轻代重，化死为生。要继续允许百姓上告，由郡而川，由川而尚书省、刑部依次上告，还可以上告到朝廷。

"开皇三年时，朕在审览刑部奏章时，感到新律还是太严，所以朕才要求你等重新修订，朕当时说个名称，只是以示区别，哪能废止《开皇律》之名呢？"

在朝臣后面的苏威明白了杨坚的意思，他跨前一部，跪在文武两列甬道中："万岁，臣蒙圣上厚爱，与牛弘尚书再次修订新律，除去了八十一条死罪，一百五十四条流放罪，一千多条徒仗罪，只留下有罪名称五百条，共十二卷。"

杨坚看到苏威一脸倦容，心甚惜之。想到他曾因主修音乐被自己训斥一事，正好借此补偿："苏爱卿，你与牛弘等俱是朕的股肱之臣，要尽快使《开皇律》颁诸海内，为时轨范，杂格严科，并宜除削。"

御史大夫苏威答："臣等切记圣上训导。"

杨坚道："独孤卿在想什么？"

高颎答道："臣在想江南之事。听说，内史侍郎薛道衡回来了？"

杨坚点点头："前日去骊山巡猎归来，已见过，朕听说他府中有事，就让他回府料理。"

"江南事如何？"高颎问。

"已无大碍，各地的零星反叛大都被荡平了，还有兵不血刃的好事。"杨坚说完，便用眼示意高颎，就此打住。

杨素终于开口说话了。他就是这样，总要在众人安静之后，才高声颂出自己的奏折。其目的有二，一是让大家都听清楚，认真听自己的内容，二是引起文帝的更大注意。杨坚结束了和高颎的谈话，杨素感到差不多快要退朝了，便上前朗声叫道："皇上——"音出人到，堆金山倒玉柱般地跪在丹墀之下，军人的姿态总是很标准的。他庄重地向杨坚叩了三个响头，咚咚有声，群臣习以为常，三声"万岁"后，他依然跪地不起。

杨坚抬手道："起来说话！"

"万岁，臣所虑的不在江南，江南地广人稀，民风虽然奸诈了些，但大多人还是受皇恩感化，形不成燎原之火。因为，他们的脾性决定他们不可永远抱成一团，各自无甚野心，历朝历代都是侍奉中原之主，至于江山改姓，并不过多深问，何况吾皇是真龙天子，浩荡皇恩沐浴江南，江南求之不得，心向往之。"

称颂过后，杨素语调由激昂转为低沉，似乎整日心忧："万岁，臣所虑还在漠北，臣已接到边报，突厥人又有联合兴兵北疆之举。不知长孙晟的情况怎样，若事之不济，不若先突厥而动，兴兵讨之。"

杨坚听罢，沉默了半晌。

这个弘农人杨素倒真是一员干将，也很有心计，能从边关的书函中嗅出突厥的风吹草动。不错。

见杨坚不语，杨素又道："万岁，愚臣以为，今年秋末，尚需在北陲加强兵力戒备，有备无患，臣草拟了兵力分布初稿，以奏折呈献，肯请皇上御览。"杨坚心中有数的事总不大愿说出口，他把张权递上来的奏书随手摆放一边，夸奖了几句："爱卿，你所虑的极是，但朕相信长孙晟会逮住叛逆，带回正法。"杨坚指的是刘居士的爪牙杨钦。

"刑部关于刘居士一案可有进展？"杨坚问。

无人应答。

"刑部侍郎李圆通何在？"杨坚再问。

因弹劾李德林有功的李圆通此时不在朝中，主管刑部的尚书左仆射高颎连忙答道："李圆通已前往庆州捕捉庆州总管刘昶去了。"

杨坚想起来了，自从张衡揭发了刘居士的恶行后，已经全部抓住了刘居士的死党，除了杨坚怀疑的刘昶和跑到突厥的杨钦。

看来只有这两个人都一齐捕到，案子才能水落石出。刘昶本是北周驸马，位望俱隆，并且年轻时和自己颇有旧交。

当初，自己取周时，刘昶很快地表明了态度，因此，在整肃宇文氏集团的人时，就有些士臣上奏，要求严办刘昶，可是，在隋朝宫室中，地位不低于刘昶的人还真没有几个，因此，刘居士案一出，大家纷纷进谏，要求揪出后台——刘昶。

杨坚心想，在自己即位之初刘昶都没谋反，现在又怎会勾结突厥呢？但事已至此，满腹疑窦，也只有等抓住杨钦和刘昶对质，别无他法。

杨坚看了看群臣说："此事暂且不议，退朝！"

来到凤阁后，杨坚看见皇后独孤伽罗正和宣华夫人在棋枰上打谱，各拿一本棋书，按顺序投子，并不时低语交谈，不由得深为感动。他走上前去，告诉独孤皇后突利可汗要娶公主之事。

皇后一脸正色，说道："要娶公主，隋室哪来公主？几个公主都不到待嫁之龄，突厥人年年进贡的几匹马还不够皇上返赐的多。"

"话不能这么说，和亲是一条好办法。"杨坚不紧不慢地说。

皇后说："和亲是件大事，需和众臣商议，皇上在朝堂上不曾谈过？"

"等会儿叫高颎、杨素来就是了。对了，巡视江南的薛道衡也回来了，也让他来。"

侍奉在一边的张权应声而出。

皇后说："长孙晟可有什么看法？"

杨坚答："和朕的想法有共同之处，也有不同之处。"

内官议事的密室内，左仆射高颎和右仆射杨素已到，内史侍郎薛道衡也从家中急急赶来。

杨素与薛道衡寒暄。两个人一直有诗文唱和，又是同乡，自然亲近一些。高颎也对薛道衡点头示意。众人落座后，杨坚取出长孙晟的书信和突利可汗呈报的军情。

"这证明一件事，都蓝想和大隋开战！"

高颎首先发言，他说："九州战乱了几百年，好不容易才统一起来，隋与突厥的关系，相安无事才合天意人心。而要相安无事，一是不勒索贡品，使其安居乐业不生反叛之心；二是不出尔反尔，增强相互间信任；三是突厥业已称臣，便是北方自然屏障，应当节省下军费，再不断施之以恩露，答应和亲，使之成为守土之臣。

杨坚不耐烦，眼光直射过来："独孤卿，朕难道不想相安无事吗？可突厥人狼子野心，就是慑于大隋的国威，不敢犯境，也在内部屠杀不已，长孙晟的远交近攻，在过去尚能解燃眉之急，朕考虑，现在还要不要再这样下去，交给谁？此次突利可汗求婚，足以说明，突利担心一旦打起来，遭殃的是他自己。

"二来，他是处罗侯的儿子，自然不满让大可汗的位子传给都蓝。那都蓝是个有心机的人，特别加上个大义公主，狼狈为奸，朕想起来都恶心。朕当初收认她为义女，也是情势所迫，如今，竟然和刘居士牵连起来，不可不防。"

杨素见时候已到，把低下的头抬起来，说道："宰相的说法，臣不能赞同，依臣看来，多少有些书生之见。"他全然不顾脸上一阵煞白的高颎，继续说："皇上，依臣之见，过去，中原分裂，齐、周等国都在突厥人的汗庭屈膝，每年都输以金帛女子，好像送金钱财宝、美女佳人倒成了安和边境的唯一方式。唯自开皇以来，在皇上亲自筹划下，打了几仗，突厥才改口反过，向皇上称臣。如今，天道好还，四海一统，正是补偿昔日亏空之时，岂可坐失良机？不如恩威并重，一方面劝说突利可汗不要随波逐流，一方面派大军压境快刀斩乱麻，灭了都蓝。突厥人本就豺狼本性，或战或和，或战或弃，都要审时度势，大军压境之后，再派专使取那宇文氏之首，免得兴风作浪。"

高颎对杨素的话当然有看法，但考虑他正在得宠之时，当着皇上的面，不敢驳斥，也不便驳斥，忍了"书生之见"的贬语，索性一语不发。

薛道衡见此情景，只得说："皇上，臣听了左右仆射的话，都有些在理，不如合二为一，如今，皇上威震边陲，欲取公主首级似乎无需大兵压境，试想，一旦大兵压境，反倒促成东西突厥人的合并，那么，势必兵祸连年。突厥这个马背上的民族来去迅疾，能和好当然是上策。当年汉武帝大将卫青、霍去病追击匈奴三千里，最后还是和亲。对突厥又不能一战而歼之，西部地广，突厥本来四海为家，征战大军却不可能永屯边境。"

"道衡分析得有理。"杨坚首肯。

杨素却依然不依不饶地说:"皇上到底对大义公主采取何法呢?"

高颎说:"皇上,臣相信长孙晟会临机而动,只要给长孙晟颁个诏令,再派一员使者前往,照令行事就是了。"

"嗯,"杨坚指着突利的那封羊皮信函,又问,"关于和亲一事,你们可有高见,宫中无人可去,是否从其他王宫中选?"

"那是当然,真正的凤体岂可出塞?"高颎道,"可将和亲一事作为一个筹码,只要突利可汗帮助长孙晟完成废黜公主的可贺敦之位,让长孙晟带回就可。"

"好吧,此事就议到这,至于派谁去呢?朕自会考虑。"杨坚看着薛道衡。薛道衡上前准备说出自己请命而去的话,谁知杨坚不是此意。

杨坚道:"爱卿,你代朕巡查江南,所写的奏章朕都过目了,朕对江南,尤其是你在奏章中屡次提到的奇女子冼氏女,朕很是感动她的深明大义。"

薛道衡答:"岭南的安宁,离不开首领冼夫人,更离不开皇上的民族和睦政策。"

薛道衡奉旨巡行江南,一路上也是险象环生。不说山高林密,瘴气四溢,单说小股叛匪沿路袭扰,生命随时都有可能失去。唯有到了岭南,才感到踏实,但也发生了一场有惊无险的叛乱。

杨坚指着薛道衡的一封奏折和急报,欣慰地说:"爱卿,岭南地区与中原山水相隔,相距遥远,朕常有鞭长莫及之感,要想保持岭南地区的稳定,仅仅靠刀枪是不行的,武力只是不得已而为之的一种手段。岭南地区的两次平定,冼夫人都作出了很大贡献,因此,要看到当地少数民族首领的重要作用。"

薛道衡说道:"冼夫人在平定王仲宣的叛乱中,确实深明大义,惩处不顾其亲,难得以一女子身份看问题如此明了。皇上还应有些表示。"薛道衡所说的王仲宣是王勇的部将,他在岭南曾有一次反叛。当时,杨坚命柱国、襄阳公韦洸为行军总管,慕容三藏为副总管,讨伐王仲宣,在广州,韦洸率隋军与叛军交战,中流矢身亡。

杨坚沉思一会儿,对薛道衡说:"爱卿,冼夫人深明大义,朕封冼夫人之孙冯盎为高州刺史,赦免冯暄,年轻人总爱讲个江湖义气,若要其忠心,还是释其为罗州刺史吧。追赠冼夫人的丈夫冯宝为广州总管、谯国公。册封冼夫人为谯国夫人，开谯国夫人幕府，府中设长史以下官属，并给其印章，可以调发部落六州兵马，若看紧急情况，可以便宜行事。"薛道衡很赞同。高颎说："皇上，为了使岭南地区进一步安定，臣以为还应选派善于安抚少数民族的官员前去任职。"

"独孤卿，你以为谁去合适呢？朝中可不能少了薛内史。"杨坚问。

"听说，令狐熙善于治理地方，政绩卓著，最善于施行教化服人，可担此任。"

薛道衡也跟着说："高宰相说得有理，臣此去岭南，就于沿途中，听不少汉人和少数民族族人都对桂州总管令狐熙称颂有加，说以前的总管全都用武力威胁，而令狐熙却不是这样，而是实行教化，看来口碑不错。"

杨素也表示了赞同。

"好啊，那么就任命令狐熙为桂州总管，管理十七州的军事。"

对于杨坚的厚待，冼夫人心中自然是十分感激的。她把杨坚赏赐的物品放进一个金箱子里，也把梁朝、陈朝等所赏赐的物品分别收藏。每当到了盛大节日的时候，冼夫人便将这些赏赐物品全部拿出来，对自己的子孙们说："你们一定要牢牢记住，我们的后代一定要对天子尽孝心。我这一生忠心耿耿侍奉了三代君主。这些赏赐物品就是见证。你们一定要谨记呀。"

第十七章

昔日情人变为敌人　不辱使命捉住叛贼

收到文帝杨坚的密令后，长孙晟的心里也就有了谱。突厥的形势不容乐观，如果东西突厥联合起来的话，那么形势一定变得更加严峻。目前，突利可汗是最为靠得住的人，如果让他协助自己，就可废掉可贺敦大义公主，并且规劝他徙居阴山南麓，这样就可为大隋的江山增添一道屏障。

都蓝可汗对于大义公主和安遂加的私情似乎并不了解。这是娟子给长孙晟的情报，二人的私密关系已经建立好几年了。

长孙晟在回营帐的途中，一路沉思着。他有些郁闷，别看他精明干练，其实想不通的事情也挺多：这个大义公主的内心深处还是那个千金公主。这就意味着，她有仇视大隋的一面，又有爱他长孙晟的一面。现在却要置她于死地，心中总有些难过。

可是，这一条在皇上的密诏中已经明白无误地表示出来："务必取宇文氏的首级回来复旨。"长孙晟犯难了。

那日在大义公主的毡帐，他再次地强烈感受到了她的心机和痴意。在没有跨进寝帐之前，长孙晟就预感有大事要发生。

果然，当大义公主通视的目光转向长孙晟时，那目光含着怨愤，她似乎被一种复杂的情绪所笼罩，脸色由红趋白，身子在微微地颤动。

大义公主指着屏风上的景物，愤然道："长孙使者，这些人物的命运而今如何？这里的迷人风物可曾浸染着烟熏火烤？"

长孙晟仔细睇视大义公主犹存墨香的诗句，喟然长叹道："可贺敦还留恋故国，若是单纯的思乡，那倒也罢了，若是尚有复国之念那将离灾祸不远了。"

"我难道连思念的权力也没有吗？"

"有，当然有，父母者，人之根本。谁能不念及双亲？可是，在下不明白，自从公主的称号由‘千金’改为‘大义’后，为何行事还那么稚拙。都蓝可汗过去是懦弱的，近几年为何在内地屡造事端？习、滑两国有何罪名，为何突然兴兵灭之？和平、安宁来之不易，为何又好端端地自行毁亡？这些，公主难道不觉得有甚隐情吗？”长孙晟想起被扣留的事实，一语中的，直奔主题。

大义公主面颊涨红：“本公主行事有何稚拙？都蓝可汗行事是自己的事，突厥是突厥人的突厥。使者责问有什么站住脚的理由？大隋想和平吗？要安定吗？这玉翠屏风从何而来？拿别人的珍宝作为礼物，这算是什么行为？强盗者的行为。我不稀罕，我宁愿不要这屏风，也要回长安，拜祭宇文氏祖先的在天之灵！我思念故国，思念家园，夜不成寐，这些苦痛一个‘大义’的称号就能消解吗？”

长孙晟依然不动声色，说：“公主的身份是什么？公主口口声声说是宇文氏的后代，那当今圣上的赐姓呢？”

“赐姓，‘杨’字丢了‘木’边，加上‘歹’字了。早已死了。”大义公主冷冷地说。

“公主，在下若要将公主的话传回去，那当是杀头之罪。”长孙晟终于抓住宇文氏的恶语。“哈哈哈哈——”大义公主急促冷笑几声，突然暴怒起来，“杨坚，杨坚是什么人？那是灭我双亲的仇人、恶人。大周待他怎样？他是如何处心积虑爬上权力的顶峰的？爬上去就爬上去了，为何还要举起屠刀，对宇文家族斩尽杀绝呢？”

长孙晟不语。

宇文氏渐渐平静下来：“我知道长孙使者此来的目的，朝中生乱了，有人活动了，大隋不能自保了。你来要人的使命恐怕完成不了。”

事已至此，长孙晟绝望了。复仇的火焰已使她陷入癫狂之中。“大义公主，这些耸人听闻的消息从何而来？有多少可信度？”长孙晟几乎不能自持了，他感到握紧的拳头的关节在咯咯地响。

宇文氏嘴角一撇，她当然确信消息的可靠性。

一天，那个自称叫杨钦的中原人出现在突厥都蓝可汗的牙帐外，口口声声要见大义公主，说有秘事相报，都蓝便让婷子领他去见大义公主。

大义公主见来人举止不俗，不知身份，便沉默以待。

杨钦一见到大义公主，立刻躬身下降，语含悲意，像是日夜惦念的老朋友终于相见一样，有些哽咽。

"公主别离中原，一晃有十六年了，玉体一向安否？"

大义公主心里非常纳闷，竟在瞬间不知所措，眼前这个人，说是生人吧，他对自己离开中原的日子记得清清楚楚，而看其年龄也不过二十出头；说是熟人吧，怎么觉得这张面孔这么生疏。

"你是……"大义公主迟疑地问，想不出十六年前的记忆中有这样一个人。

杨钦似乎看出了公主的心思，他连忙主动介绍自己，说："公主当然不认得在下。但您总还记得彭公刘大人吧？"

大义公主不觉心中一热，多么熟悉的称谓呀！彭公刘大人，这是她在周朝未亡时经常听到的对她喜爱的姑父的称呼。

后来，周朝被野心家杨坚所取代，而姑父居然很快地就做了武卫大将军、行军总管等职。从那以后，再也听不到人们对姑父这样的称呼了。

如今，杨钦的一句"彭公刘大人"，勾起了她对周朝不尽的思念之情，她恍然觉得自己回到了从前的生活，自己仍是周朝的千金公主。

同时，她察觉出并迅速地理解了杨钦这样称呼的含义，一下子融解了她与杨钦之间因陌生而产生的隔阂，大义公主不禁满脸堆笑说："怎么不记得？他是我的姑父，他在中原一向可好？"脑海中又浮现出姑父常来常往的身影和他对自己的亲昵之举。

杨钦答道："彭公刘大人身体很安康，就是心情压抑，闷闷不语。他得不到重用，如今被挤出朝廷，仅任荒凉之地的一个总管，特别是近两年来，很是不满杨坚的征战杀伐，特别想着有朝一日，推翻大隋，复建大周。现在条件成熟了，彭公刘大人的儿子刘居士已担任了太子的宿卫官，掌握了一支强大的武装力量。卑职就在刘居士将军手下供职，为他们父子效命。实不相瞒，卑职这次前来突厥，就是请求突厥发兵南下，刘将军父子在朝廷内作接应。公主难道不想祭奠先祖的亡灵吗？"

对于久想复周的大义公主来说，杨钦的消息不啻是天大的喜讯，她曾想过以强大的突厥复周，只是担心力量不够，这下好了，里应外合，大隋朝必亡无疑。

大义公主很快地把杨钦引荐给都蓝和自己的心腹安遂加，都蓝虽然逐步在强大起来，但对攻打大隋还是心存疑惧，他担心东、西突厥不能联手，事情成功的把握不大。因此，都蓝随便敷衍几句，说："等等再说。"

但是，大义公主却不能等了，她撺掇安遂加和杨钦四处活动，很快地在西北部的阿波可汗蠢蠢欲动，同意合兵，尽管他们之间一度矛盾重重，战争不断。

这边，安遂加和大义公主也诱骗都蓝，都蓝已经松口心动了，谁不想占领富庶的中原？那里生活安定，谷物充廪，物阜民丰，风光绮绣。

从北魏到大周，再到眼前的大隋，他们的祖先不都是由北南迁的吗？战乱是朝代更迭的唯一方式。

可就在这时，大隋的使者长孙晟来了。挟带平陈后的天子朝威来与属国共享胜利的喜悦，这多少又令都蓝感到吃惊。

杨钦早不来，晚不来，偏这时来，长孙晟早不到，晚不到，偏此时到。莫非所谓的刘居士如今已陷牢狱？都蓝有些迟疑。

大义公主决定为了她的大计，杀死这个让她又爱又恨的男人。但是，当长孙晟站到自己面前的时候，却又无法下狠手。两人交谈了一番，因各自的立场不同，弄得不欢而散。

长孙晟出了帐门，迎面而来的突厥士兵纷纷围涌上来，领头的正是那个年轻小校。

"天朝使者，你的行踪差点让我们做了刀下鬼。安遂加将军鞭打了我们这十几个人每人三鞭，现在屁股还火烧火燎的，钻心地疼。"

长孙晟说："你们受苦了。我一定禀明都蓝，让安遂加为他的鞭子而承担责任，这一切还需你们的配合。"

那小校说道："此事不好办，安遂加可是都蓝可汗眼中的红人。"

"这不用你们劳心，看好公主。"长孙晟吩咐几句，就带着随从，直奔都蓝可汗的牙帐。

长孙晟陷入久久的沉思之中。他仰望天空中蠢蠢欲动的流云，流云翻滚着，低垂着，直压草原，仿佛要整块砸下来似的。那浓淡不均的黑云在冷气的吹送下飘向南方。

长孙晟深吸一口莽原上的凉气，徐徐吐出，觉得心中舒畅了不少。到这时，他才觉得肚子有点饿了。

是啊，不先填饱肚子，哪来的力气？他低头看着立在山冈下的几个随从，他们也都显得很困倦。战马低头在啃那些枯草，吃得很香。

一声"咴——咴——"的马鸣后，枯草丛间扑愣愣地飞起一只山鸡，飞得不高，几个人一阵雀跃，纷纷搭箭，只见山鸡飞到长孙晟的身边，长孙晟拔出佩剑朝那只山鸡飞掷过去，剑穿鸡头而过。长孙晟吩咐道："再打几只，烧烤吃了，算作早点。"

长孙晟看看天光已彻亮，估计时辰不早了，下了山冈，对正在烧烤野味的随从说："时候不早了，说不定都蓝等急了，会怀疑我们。不如大家边吃边走。"众人应允。

几个人上了马，旋风般地飞奔着，途经一片灌木丛时，长孙晟吩咐大家小心些，那晨时的大雾已让自己损失了一个随从。

这条路还真不好走，一条山石小道夹在嶙峋的怪石中，加之乌云低垂，似乎有一种狰狞鬼气，深处横生的杂草，起码到胸腹以上。长孙晟拍马而行，手握佩剑，李波在前带路。他们拐过这片灌木丛，再有半个时辰就到都蓝的牙帐了。

蓦然，寒风骤起。草丛中，一只硕大的老虎嗥叫着扑向李波和战马。战马受到惊吓，四蹄扬起，眼睛含着悲惨之意。

李波傻了眼，他拿剑直飞那只猛虎，猛虎不为所动，呜的一声咆哮，张着血盆大口，对着惊慌失措的李波猛咬一下。而飞出去的那柄剑却落在石缝中，只剩剑柄。那猛虎的前肢已经接近李波的双肩。情急之中，李波吓傻了。

长孙晟惊得冷汗直冒，双脚离蹬，飞身从马背上跃起，手持长剑直插过去，在猛虎的大嘴离李波的脑门就差一二寸的光景时，长孙晟剑到人到，长剑从猛虎的天灵盖贯穿过去。

鲜血噗噗喷出，猛虎受此致命一击，轰然倒地。一声凄厉，吼声震撼山冈。

长孙晟飘然落下，回头一看，众人都还傻待在原地。

"还不快把虎皮剥了！"长孙晟欣慰地一笑，"李波命不该死，看来你是一个福将。"

李波这才神志清醒："长孙将军，是您老人家给了我生命，此恩没法报了。"说着，抽出腰刀，怀着一腔愤恨，走近猛虎倒毙处，"唰唰"地剥下虎皮。

长孙晟望空长啸，大笑道："敕勒川，阴山下。天似穹庐，笼盖四野，天苍苍，野茫茫，风吹草低见牛羊。而今，风不吹，牛羊不现，倒出了猛虎。"

将近午时，长孙晟一行来到都蓝可汗的牙帐。都蓝可汗是长孙晟唯一的希望了，他必须说服都蓝可汗，否则，纵然自己武功高强，怕也难逃杀身之祸。

都蓝的牙帐有腥味，毡壁四周挂满野畜的皮毛，其中有一张虎皮。

长孙晟一进帐中，都蓝可汗就阴着脸道："长孙使者，你又来了，大隋总是忘不了我们，可是，你看看，这琳琅满目的珍宝珠玩，有哪一件能顶吃管饿？不如多送些粮草，否则，以后就烦你不必再来了。"

长孙晟道："可汗，我只是一个使者，送什么，不归我管，依本使来看，这些珍宝也可换粮换草。"长孙晟想，两地人不都在和平地交换吗？你们有兽皮、羊肉，我们有谷子。这样不好吗？噢，不要珠宝，要粮草，嫌交换麻烦，还想再尝和大周通好的威风，年年进贡，大隋可不是你的附属国，而恰恰相反，你现在是对大隋称臣。你的父亲沙钵略都这样做了，你还不满意吗？

都蓝给长孙晟让座，倾身前问："使者，听说使者来到我突厥境内竟遭人偷袭，可受伤吗？"

长孙晟摇了摇头，微微一笑，说："这是本使最感奇怪的地方，当初我长孙晟来了，众人皆亲近我，以为我是一箭双雕的英雄。而今，不仅遭到伏击，还差点被恶虎所伤，幸好有天可怜，我长孙晟没有受伤。本使正要向都蓝可汗明说。"

"好了，"都蓝可汗有些不耐烦，"使者不必说了，出一两个强盗不仅在我突厥是有的，就是在大隋，你能保证不会有人命案？只能说长孙使者福大命大，勇谋兼备，躲过劫难后，回想起来有些后怕，但恐怕更多的是愉快吧。"

"在都蓝可汗统治下的突厥当然也有强盗，偷牛偷羊偷酥油偷草料，可是在下没有听说偷人命的，更何况是偷我这个除一纸诏书别无长物的使者。听说，想杀我的人是大隋叛逆，其首领已被捕获，但有几个余党窜至可汗的境内，我此次来就是要带回此人，此人名叫杨钦，二十出头，中原口音，说不了几句突厥语。可汗境内可有此人？"都蓝可汗诡秘一笑，心想，果然和安遂加的汇报一模一样，看来杨钦这个关键人物还不能交出，嘴上却说："长孙使者，我立马让安遂加去查。"

长孙晟看了看坐在对面的安遂加，安遂加也正阴笑着看着自己。鹰钩鼻上一对眼睛射出逼人的光芒，长孙晟毫不犹豫，直视过去犀利的目光。

"就有劳安遂加将军了！"

安遂加转头对都蓝可汗说道："可汗天子，卑职一直在查那些可恶的汉人。可汗知道，每年秋来，总有一些汉人三三两两窜入我突厥境内，杀人越货，我那儿已有好几件卷宗了，也正是由于查得日紧，那些汉人都惶恐逃窜，不曾抓住一个，还望可汗饶恕卑职办事不力的罪过。不过，卑职却搜到那些汉人犯罪时留下的证据，看刀剑样式均整齐划一，倒像是边境的军士所为。"

都蓝佯怒道："好可恶的汉人，居然干出这种事。安遂加，命令各地驻军迅速集中到南线，来一个，杀一个，来两个杀一双。"安遂加阴笑道："正在办理，不日即会边境安宁。"

看着两人一唱一和的拙劣表演。长孙晟想，安遂加，你是坏到骨子里了。等我找到杨钦的下落，再来与你对质。

"这么说，杨钦不在此处了，"长孙晟低头寻思一会儿，"这根箭就没有作用了。"

长孙晟从箭袋中抽出一支锋利的箭羽，那箭杆上赫然刻着"杨钦"两个字，仔细把玩了一会儿，把箭放在座位上，"可汗，请允许长孙晟自查此事，否则，回去不好复命。"

"啊，行，行，有劳长孙将军，你自己查，我就放心，至少可除去大隋皇帝对我的疑心。"都蓝应允。心想，去查吧，反正安遂加会安排好一切的，还是大义公主，我的可贺敦说得对，大隋越来越把我的突厥看成自己的领地了。说何时来，就何时来，想干什么就干什么。连续几年，都不给粮食，一切都要从边贸中去获得，太小视我几万大军了。

长孙晟一行退出都蓝可汗的牙帐，内心也十分焦虑，这连绵的毡帐，若要一个接着一个查下去，何时是尽头。虽说突厥人有好客的风俗，但对怀着敌意的汉人去搜捕所谓罪人，谁也不会同意的，更不会提供帮助。

日落西山时，长孙晟带着随从漫无目的地在偶有人流的毡帐前来回巡视了几圈，他一直希望能发现几个形迹可疑的汉人，可是一无所获。

他决计还是悄悄地返回大义公主的毡帐来一个埋伏式的等待，或许能发现一点蛛丝马迹。

"大人，大人，"长孙晟听到一种似乎熟悉的声音，心下吃惊，刚想循声望去，就听李波吼道，"快滚，滚到一边去，我们正愁吃饭呢。"

长孙晟一看，连忙下马，急趋几步，赶到那个人的面前。原来这人就是自己寻找了好久的孩子——仇儿。仇儿带来了一个重要的情报，那就是在仇儿的毡帐里有一个中原人，并自称和可贺敦是亲戚，那人无疑就是杨钦。

一切都水落石出了。但长孙晟必须沉默，在沉默中完成自己的工作。他终于可以长吁一口气，可是，若真的要在都蓝可汗的地盘就地斩决大义公主的话，那还势必要征得都蓝可汗的同意。他不敢贸然么做。

几个人踏着月色准备回到驿馆休息。长孙晟一路上都在盘算行动的细节。

皇上杨坚的第二道密诏已经传来，一定要杀了大义公主。因为，最近从突利可汗部落已经传来消息，安遂加派出去的使者放言，即使突利可汗不参与行动，那远在西部的尼利可汗也将派兵从西部向隋朝开战，关键就看都蓝可汗的态度了。

长孙晟了解到，都蓝可汗一直在摇摆不定。尼利可汗曾是阿波可汗的忠实朋友，对隋有着刻骨仇恨，当安遂加瞒着都蓝可汗在联络此事时，尼利可汗要求都蓝可汗务必出面道歉，务必退还当年被掠劫的战利品和被俘的将士，但却被都蓝可汗回绝了。既得的利益，为何要拱手让出呢？再说，大隋还没有到逼我于死地的地步呢。都蓝可汗的态度让长孙晟看到事情还有缓和的希望。

目前，杨钦已经找到了，若要抓住他，犹如囊中取物。本来，像这样的地痞无需他长孙晟亲自动手，要杀也就杀了。但是，对于大义公主来说，对于安遂加来说，杨钦却是他们说服都蓝的法宝。没有杨钦，大义公主的复仇计划就得全部搁浅。

一路上，月色溶溶。

长孙晟刚回到驿馆帐口，就看到从月色的阴影中走出来的大义公主的侍女娟子。

"夜这么深了，你来这有事吗？"长孙晟问，回头看看，并没有其他人，忙道，"有事进来说吧。"

娟子告知长孙晟他的床榻上有毒蛇，并且说出了大义公主的计谋。她此次前来，就是希望长孙晟能够宽恕公主，还讲述了大义公主自从嫁过来之后的一些情况。

娟子走后不久，长孙晟带着李波等人返身扑向那座藏匿杨钦的毡帐。

一声鹧鸪鸟的叫声过后，仇儿的圆圆脑袋在月色下看得清楚。他快速跑向长孙晟，气喘地对长孙晟道："义父，杨钦已被带走了。"长孙晟道："带向哪里？"仇儿道："孩儿不知，是安遂加和这毡帐的主人带走的。"

"你的主人在哪？"长孙晟问，他想，安遂加有可能对仇儿起了疑心，没有下毒手，这就已够万幸的了。

仇儿说："此刻正在帐中睡觉呢。"

"好，带我去见他。"

长孙晟想，敌人确实够狡猾的了。他和仇儿相见的一幕已经被他们了解。看来，真的要带着仇儿一道回京了。

仇儿带着长孙晟进了毡帐。那位达官刚躺下不久，听到仇儿的叫声，猛然翻身坐起。见大隋的使者立在床边，头上就惊出了冷汗。

长孙晟朗声道："我的身份不用介绍了。若你还是识时务的人，就务必交出大隋的逆贼。我们互不干扰。"

那达官结结巴巴地说："长孙将军，这——这——"

"你不必犯难，你应该知道，安遂加和可贺敦的阴谋，有许多事情，都蓝可汗并不知道。"

长孙晟不动声色地取出美玉置于案几上，左手按剑，说："你我本是井水不犯河水。我是为公而来，你是慑于权威，不消说，你心里怯得很。因为都蓝可汗被事实蒙蔽了双眼。你也知道，今晚都蓝可汗就会明白真相。实不相瞒，我已经通知都蓝可汗今晚务必前往可贺敦的寝帐，届时会出现什么结局，你应该一清二楚。"

那达官一见宝物，已经心有所动，又听说都蓝可汗要去捉奸，心中兴奋，忙道："长孙使者，我这就带你去。"

月色黯淡了，只剩一弯残月斜挂在天际。

东方已露出晨曦，长孙晟一行踏着寒霜铺着的草地，急急赶往都蓝营帐。李波押着已被捆的杨钦，一路上连踢带骂的。

正行间，一队突厥士卒手执弯刀急急地追来。

一场厮杀在黎明将到的时候展开。

果然是安遂加带着几个亲信一路追杀过来，他们个个杀气腾腾，虎视眈眈。

长孙晟心想：暗害不成，终于明枪明斗了。他拔出长剑，剑锋直指安遂加道："安遂加，大隋一向待你不薄，你为何要和公主一起生谋反之意呢？"

"长孙晟，算你命大。哈哈，凭什么我们突厥人要听命于你们的狗皇帝杨坚？他杀了公主的全家，而公主就是我安遂加的全部。"

长孙晟挺剑迎上，李波等人也和那几个突厥人周旋在一起。

长孙晟剑法精纯，安遂加根本不是对手，几招下来被刺中左臂。安遂加拔腿逃遁，慌不择路，狂奔不停。另几名受到重创的突厥士卒见安遂加已逃遁，也都无心恋战，一哄而散。

长孙晟抬头望天，一弯残月已消融于如火的霞光中。草原上一片宁静。

李波杀得性起，见几个突厥士卒都已脱身，心中有些懊恼，挥刀要杀杨钦，被长孙晟制止了。

上午，都蓝可汗的牙帐里，聚集着突厥部落的达官显贵，连可贺敦宇文氏也应召而至。

大义公主面色苍白，此刻正埋在流水般的两袖之间，只是露出一双野性无比的黑瞳，直直地看着长孙晟，如梦呓般地喃喃自语道："都是你害了我，都是你害了我！"

长孙晟带着杨钦，径直走到都蓝的座前："可汗，这人就是大隋的奸党余孽。"手一搡，杨钦跪着趴在地上，不住地叩头。

都蓝脸一阵红一阵白，他厉声喝问："好个叛逆之贼，谁指使你来的？为何要挑拨我和大隋的关系？"

杨钦答道："是彭公刘大人的公子刘居士叫小人来的，听说公主久有复仇之心，想联合举事，翻大隋朝。"

这样答下去可不行，这不等于说到都蓝可汗的心窝里去了？

长孙晟冷笑地问："杨钦，你和刘居士总共有多少兵马？"

杨钦扭头答道："不足三百人！"

"那你所说的彭公刘大人刘昶可知此事？"长孙晟追问。

"那是为骗取都蓝的信任，胡诌出来的。刘总管位居上柱国，正在家养病，一概不知，若是刘总管知道，岂不早已把我们抓起来了？"

长孙晟想，反正你必死无疑了，转头对都蓝可汗说道："我们大隋皇上早就对义女大义公主不能安心侍奉可汗心有不满。现经本使查明，大义公主长期和可汗的将军、侍卫长安遂加有奸情。本使初来时，不敢贸然妄下断语，而今已经真相大白。安遂加确实与大义公主有私通行为。而安遂加更是个居心叵测的小人，他一心想联合东西突厥，借战争来达到他想篡夺可汗之位的野心。对安遂加，留待可汗处置。对大义公主，本使有圣上的密诏，现在宣诏。"

都蓝可汗和大义公主都连忙离座，躬身下拜。

"圣上旨意：公主自侍奉都蓝可汗以来，行为日渐不检，有损圣朝及突厥可汗之威严，特诏，削去杨氏属籍，归于宇文氏之余孽中，一并追回大义公主封诏。钦此。"

突厥贵族们都感到脸上挂不住。他们望着可贺敦，心中既怜惜又愤恨，又望着都蓝可汗，都蓝满脸羞红。都蓝心情闷郁，他阴沉着脸，喷着杀人欲望的双眼通红。他端坐在虎皮褥上，目光射向在下面窃窃私语的众贵族。他确信一点，在每一个贵族的血液中，都流淌着一个潜在的愿望，那就是坐上可汗的位置。都蓝大喝一声："来人，把安遂加抓来！把可贺敦推出去，杀！"

大义公主蓦然回首，嘴角撇出一丝嘲弄，她伸出半是缔软无力、半是轻佻勾引的手，朝着都蓝悲凄道："可汗，你不仅是卑妾的可汗，还是整个突厥的可汗。你为什么要听长孙晟的一面之词呢？从沙钵略到你，我侍候你们父子两代，当中还有处罗侯，你的叔叔。我只身一人从大周来此已有十六年了。我得到什么？唯有奉献，我希望什么？唯有突厥强大，不任人宰割，不看人家脸色。我与大隋有不共戴天之仇，有势不两立之恨，那是冰炭不能同炉，狐鸡不能同处。可是，众大臣贵族们都知道，我何以从千金公主变成大义公主，何以从宇文氏之亲生骨肉变成奸人杨姓之女？可汗，你难道不明白吗？"

一席话，令人深思，撩人神往于悲切往事。大义公主言辞清越，其旨甚悲，几乎连长孙晟在内都不得不为之动容。

千金公主几乎是一字一句顿出了肺腑中的凄惨。她转向长孙晟，以极端轻蔑的口吻质问：

"长孙使者，本可贺敦就不能明白，明明是那奸贼杨坚欲置我于死地而快，可为什么要偏偏借这盆脏水来泼污我呢？这诏书上所谓的不检是从何而来？安遂加不过是一个忠心耿耿的侍卫长，为何要连带上这位整个突厥部落中武功最高强的人呢？我是该死，我不该在改了杨姓后还要帮助可汗壮大突厥，我们突厥强大了，对你们隋朝是个大不安，那老贼吃不香，睡不稳，编派了这个理由来陷害我，居心何在？"

突厥贵族又是一阵私语，牙帐内渐渐地多了分杀气。

都蓝望着眼前这位美艳的可贺敦，正疑惑着出神，他感到一阵心悸魂动。刚才，可贺敦那一副模样：举手、投足、眼神，是那样熟悉，他想起来了。

作为大周朝大义公主的她，刚嫁到突厥时，她的美震惊了所有的人，包括年纪尚小的都蓝自己。那时，自己还没有继承可汗之位，他还是沙钵略柔顺而讨人喜爱的雍虞闾。

直到有一天，他亲眼看到父亲和大义公主的交好，心中顿感恶心百倍。即使是当了可汗之后，按照风俗，纳母为妻。当年的大义公主成了自己的可贺敦后，他曾试图在她那里找回一点可汗的自信。可是，只要一踏进可贺敦的毡帐，那片浓重的阴影就像梦一样浮在眼际。任是可贺敦如何努力，他终究感到恶心……

都蓝可汗对大义公主的一席话一句也没有听进去。

可是，大帐内，气氛已经紧张起来。

长孙晟听到几个突厥人那里传出了腰刀出鞘的声音。

他警觉地用余光扫了扫四周，大声说："公主所为，自己能不明白吗？本使想要人证，人证自然会来。但有杨钦一人足矣。"

都蓝可汗一下恍悟过来。他气得瞧也不瞧杨钦一眼，问："杨钦，你是可贺敦的人，你来的时候找她，又与她住在一起，可曾发现可贺敦和安遂加有私情？"杨钦眼珠子骨碌碌地转了几圈，竟沉默不语。长孙晟说道："可汗，本使此次出使以来，屡遭其险，先是暗箭，后又是毒蛇，再是围杀。可惜，均以败终。那安遂加一路上逼杀本使的目的何在呢？想必都蓝可汗是知道的吧！"长孙晟见杨钦迟疑，猜想他是想玩点子，必须断了他的念头。

都蓝支吾道："这些我哪里知道？"

长孙晟见都蓝老是用眼光瞟着大义公主，心想：公主的话果然产生了效果，众贵族大臣的目光明显有敌意了。长孙晟想，事已至此，务必掌握主动。他厉声对杨钦说："说出你的阴谋来，说出你见的事情来！"

声音带着强劲的力道直冲过去。

杨钦的腿有些哆嗦，说不出一句话。

大义公主则接过话茬说："长孙使者，你不要威逼你的犯人了。凭空捏造我的罪名，只不过想借可汗之手除了我这个宇文家族的最后的幸存者。我死算什么呢？但突厥自有突厥的规矩，使者的三寸之舌，突厥人早就领教过了。我为了什么？为了突厥！"

空气紧张得要凝固起来。

这个时候，全部的法宝都要压在一个人身上了，那就是娟子。长孙晟想到这里，便从容地对迟疑不决的都蓝可汗说："尊敬的可汗，我必须再次郑重声明，我所说的一切都是确凿无疑。从一开始我就说杨钦在突厥，可汗说查无此人。事实是，这个人就在可汗的面前。我当然知道，这些都是可汗所不知道的，也是可汗轻信了安遂加，或者说，是公主和安遂加联手欺骗了可汗。"

长孙晟接着道："杨钦是大隋的奸党，他就是来突厥怂恿公主反隋的。和平来之不易，我大隋一向以仁德统治天下。我也知道，都蓝可汗今日的力量又有所强大，但别忘了，尚有西部的尼利可汗和东部的突利可汗与您相当，他们仍是大隋的蕃属。前些日子，突利还派使者前往大和亲呢。"

都蓝可汗脸上挂不住了，但对长孙晟的话听得较认真。他原不打算吞并奚、习二国，可是为了和尼利可汗争夺地盘，不得不壮大自己。他看了一下仍坐在案边的宇文氏可贺敦，似乎发觉她比往日美了许多，心中产生一种冲动，天哪，他竟感到热流在往下滚动。他不想再听下去了。他想结束这场争论，这完全是长孙晟挑起的争论。何况，自己私心底下也确实想反隋呢。既然大隋有准备，有防范，那就和好嘛。

都蓝可汗道："长孙使者，杨钦业已抓到，这就很好了。至于大隋皇帝的诏书，还是本可汗写信去说明原委。"

轰的一下，长孙晟的脑子炸裂了，他急切道："可汗，本使在突厥已不安全了。多次受到追杀都是由公主和安遂加而设。他们俩在一起商议四处联络起兵反隋的事，事情一旦成功，势必危及可汗的位置。奸贼杨钦不愿述说实情，因为他想让可汗来保他一命，虽然可汗将他交付于本使，但安遂加和公主肯定不答应。倘若可汗不信本使的话，我还有一个证人，那就是公主的侍女娟子。可汗不妨叫娟子来对质，而且，若本使没有猜错的话，公主的帐内势必躺着一位受伤的突厥人，那人就是安遂加！"

底牌全部打出了，成与不成尽在天意了。长孙晟长吁一口气。

"报——"一位精干的突厥校尉掀帘而入，单膝点地，向都蓝禀道，"报知可汗，安遂加不在他的营帐！"

真是及时的一报。都蓝可汗环顾众人，问："有谁见到过安遂加？"

众人摇头，刚才剑拔弩张的表情倏然消失。大义公主的脸色复又变白了。

昨天夜里，安遂加安置好了杨钦后，便同大义公主幽会在一起了。两人翻腾过后，安遂加便欲倒头睡去。就在这时，那两个跟踪长孙晟的人回来禀告，说杨钦已被带走。这不啻一声响雷，两个人都睡意全无。安遂加的热汗还未退去，冷汗倒是从额头上冒出来，慌乱穿好衣服，急急出了毡帐，大义公主倒是细心：莫非长孙晟没有回驿馆，还是娟子、婷子走漏了消息？早上，安遂加回来的时候，受了伤，正商量着和大义公主逃跑的事情，就受到了都蓝可汗的传唤。而安遂加很可能是趁这个机会逃跑了。大义公主转念一想，道："长孙晟，你凭什么杀我突厥的英雄？安遂加日夜派人保护你，你却恩将仇报。不错，安遂加是在本人的营帐，那是他被你砍伤之后，感到十分委屈，所以向我诉说，我们毕竟都是大隋的人。若是先向都蓝可汗汇报，还有你的命在吗？现在居然反咬我一口。"

大义公主又说道："长孙晟，我一向待你不薄，可你为什么为了杨坚而置我于死地呢？你以为你砍伤了安遂加就能摆脱突厥的法律惩罚吗？"

长孙晟知道，这是生死关口。如果此时不能说服都蓝，那只有死路等待他踏上去。他欺身上前，一把提起浑身筛糠的杨钦，说："如果都蓝可汗忍受不了这样的事实，不妨由长孙晟前去。我知道，可贺敦的行为不但丢了大隋的脸面，也使可汗无地自容。"

都蓝可汗涨红着脸。"总有一个是真实的情形。好，为了突厥和大隋的关系，我这就和你同去。"说完，冷冷地看了他的可贺敦一眼，"走吧，我倒想知道谁说了假话。"

大义公主感到自己已经掉入冰窟中，任凭冰冷的泪水顺着脸颊滑下。长孙晟，你果然从头至尾都是我的克星，你就是那索命的无常、杀

人的魔鬼。她站起来，用可怜巴巴的眼神看着众人，说："不消去了，我已经说过，安遂加先到我的营帐汇报了被砍的经过。"

都蓝问："这我已经知道了。后来呢？他总不能待在可贺敦的帐中一晚上吧？"

没想到，大义公主竟点点头，说："长孙晟猜得没错，他是待在帐中一整夜。一是因为，我见他流血过多，为他包扎调养。二是因为，我们借此时光商议了联合尼利可汗的事。尼利可汗已答应，只要杀了长孙晟，便可以不用归还当年掠来的战利品，并愿意出兵，联合都蓝可汗起兵反隋，一改突厥附庸属国的不利位置，起码也不能对大隋称臣。想老可汗在时，是有何等雄心，恨不得直捣长安，可惜，突厥内部总是纷争，因而给了大隋喘息的机会，以致今日的大隋使者也敢在突厥的地面上随意抓人、杀人。"

都蓝听了，半喜半忧。他不知道大义公主还有多少事瞒着自己。

都蓝看到大臣们没有一起去的意思，又坐下来，说道："长孙使者，谁对谁错，现在还无法定夺，还是先派人把安遂加、娟子、婷子带上来吧！"

就这样，整整询问了一上午，没有问出个所以然来。都蓝可汗已经困得打了好几个哈欠了，于是便对众人说道："如果你们想要回去，那就回去吧。"

可是，所有人都没有动静，因为他们都想看看最后的结果到底如何。

第十八章

巧使美人计完任务　出使突厥完美还朝

　　草原的正午是一天当中最炎热的时候。礼部尚书牛弘原本就年龄大了，眼睛也看不清楚，现在他只能可劲地眨巴自己的眼睛，并且对随从说道："到底还有多远啊，不要说快了快了，有多远就说多远吧。"他这话一说出，所有人都大笑起来，中间还有几串悦耳的银铃般的笑声。牛弘心里明白，这是皇上让他出行之前带来的四个舞姬。这四个人，个个长得花容月貌，每个人都是能歌善舞的好手。这四个人都是由宣华夫人亲自挑选赐给都蓝可汗的。

　　在皇权极度增强的过程中，有两件事足以让百官越来越行事谨慎、说话小心了。

　　第一件是文帝杨坚的亲弟弟滕穆王杨瓒突然死去，一时在百官中传言纷纷。

　　滕穆王是个美男子，被招为北周武帝妹婿，夫妻感情甚笃。可是，大臣们都知道，他和文帝的关系并不融洽。文帝杨坚以隋代周时，滕穆王的立场倾向于妻家，曾公开批评说："作随国公恐不能保，何乃更为族灭事耶？"居然不肯应召入宫支持其兄杨坚的政变。如果说，他的明哲保身是出于对政变没信心的想法，那么，后来的一些事情倒确实能说明他的家庭观念重了一些。政变成功以后，文帝杨坚大诛北周宗室，独孤皇后记得滕穆王杨瓒的妻子是北周公主，意甚不平，于是撺掇杨坚逼其休妻，竟然一再遭到拒绝，所以，杨坚一直怀恨在心。不久，滕穆王杨瓒奉召随文帝游栗园，当天就不明不白地死去，年仅四十二岁。两天后，文帝从栗园回宫，好端端的一个亲王就这样无声无息地死去。众臣心中猜疑，惶惶不安。

　　选择在全国统一、天下无事之时下手，对宗亲百官都是一种暗示，一种警告：顺我者昌，逆我者亡。不管什么人，谁敢挑战皇权至上的威严，都必遭灭顶之灾。这岂能不让百官胆战心惊，好自为之。

第二件，更是鲜活的事例。

已经不能参与决策讨论的李德林还是不肯接受教训，明哲保身。上柱国大将军虞庆则巡视归来，上奏要在农村设乡正，原来的蠹政扰民。这事拐弯抹角地传到了李德林的耳中。李德林本来就反对每五百家设一乡正，他认为，那样会疏于管理，造成一些奸诈之人横行乡里而不能得到有效管理。敢于直言的李德林仍然憋不住话，他立即上表，劝谏文帝杨坚不要朝令夕改，应当注意维护法律的权威性。结果，又触怒了杨坚。好一通臭骂，"保守、榆木疙瘩"等一大堆帽子都戴在李德林头上。

左右大臣趁机密告：李德林的父亲在北齐时代只是第九品的校书郎，李德林却谎报为第四品的公府谘议参军。一下子，文帝杨坚感到机会来了。不久，在朝廷议事时，李德林的意见又与文帝不合。文帝索性新怨旧账一起清算，数落道："公为内史，典朕机密，你上次假道取了别人的店铺，把父亲的官位平白地升了几级，朕现在看不清你了。朕实在对此愤怒已极，你是老臣了，人品却不怎样。朕以前就没有看出来。今天，你的国相不能当了，给你一个州相吧。"就这样，李德林被贬到遥远的湖州去当刺史。

亲眼目睹了朝政变化之后，连牛弘也变得小心谨慎了。当皇上指名道姓地派他来北突厥协助长孙晟完成使命时，他无话可说。

将近黄昏时，牛弘带着四位美姬到了都蓝可汗的牙帐。

长孙晟正暗自伤神。在牛弘到来之前，他一直这么痴呆地站着，仿佛被一条无形的绳索捆住了手脚。而牛弘的到来真乃命运之神给大义公主的最后一击。长孙晟长长舒了口气，竟望着牛弘一时忘了施礼，他刚经过了场生死劫难，用险象环生来形容毫不为过。

原来，都蓝可汗派人去带来了安遂加、娟子、婷子以后，局势已经朝长孙晟有利的方向发展了。安遂加是带着重伤被带来的，他一进都蓝毡帐，就号啕大哭起来："可汗！可汗！我草原上至高无上的太阳神啊！"说着，他扒开了自己的衣襟，叫道，"这里面是一颗忠诚于可汗的心脏，它一天不停止跳动，就会一天尽忠于可汗。不错，我昨夜是在可贺敦的帐中，但这与可贺敦丝毫没有牵扯，可汗，她是我们突厥的可贺敦，我内心一直把她视为亲生的母亲。"

安遂加匍匐在地，泪流满面。这个表情惹得其他王公贵族一阵嘘声。

都蓝可汗厉声道："安遂加，我一向待你不薄，你竟敢做出以下犯上的罪责，还敢赖在这里狡辩！"

安遂加几乎扯破了嗓子，喊道："可汗，我安遂加的忠心在整个突厥都是有目共睹。昨夜，我带队巡逻，突遇长孙晟带着那个汉人杨钦要匆匆离去，长孙晟因前几天的事而积恨在心，拔剑就斩断我的左臂。我本想飞报可汗，但又怕惊扰了可汗，只好忍着痛先报与可贺敦知道。我安遂加是冤枉的，冤枉的啊。"

长孙晟几乎愤怒到极点，他慢慢地对都蓝可汗说道："可汗是不是认为他们俩的话是真实可信的？"

都蓝连忙摇头。这个问题不好回答，若说是真的，那势必会无端地挑起一场战争，而对可贺敦所说的联合突利可汗的事到底有几成希望又没有太大的把握。要是否认安遂加的话，那就等于默认两人的关系，这就势必要杀掉这两个狗男女。

在摇头之后，都蓝可汗紧接着说："长孙使者，此事尚要调查。但安遂加的伤势是你造成的，这话不假吧？"

一句话把长孙晟逼进了死胡同。

长时间的沉默。

长孙晟说："可汗，我已经说过，我是带着杨钦来见可汗时，遭到安遂加的拦劫才出手的。安遂加和可贺敦已经勾搭成奸，有多少事还瞒着可汗，我不知，可汗也不知。我此次出使就是奉旨前来捉拿叛逆的，却莫名其妙地屡遭毒手，这本身不就很奇怪吗？大隋初建之时，突厥与大隋曾有过兵戈相见，其结果是两家修好。突厥内部纷争，眼见可汗的先人陷于被动，是大隋伸出援手，赶走了突利，最终确立了可汗在突厥中的统治地位。我始终不信，战争能给可汗带来幸福。而现在，有人欲置可汗的地位于不顾冒险走出险招，只为一己之私利，可汗难道看不出来吗？"

长孙晟知道，都蓝可汗依然心存侥幸，于是继续说："大隋不费吹灰之力，平定了江南，国强民富，只是为了自身的千秋大业，为了百姓的富裕安康，才安宁四陲，朔野息烽。而现在，可汗的态度却十分不明朗，对事实讳莫如深。正好，娟子、婷子都在，如果安遂加和公主心存不轨，当不只在一朝一夕。"

　　长孙晟目光殷切，表情凝重。娟子、婷子俱是一愣。生死抉择的路口，总是很难跨出这一步的。都蓝可汗征询道："怎么样?"有一位上了年纪的人点点头，说道："可汗，纵是家丑也必须揭示出来，我知道，大周朝的女人没有几个好的，别忘了，这大义公主可是大周朝的女人。"

　　长孙晟知道，这人在突厥处官居叶护大人之职，平日说话也挺有分量。这也是可以利用的一颗棋子。"叶护大人的话有几分道理，当初，皇上之所以没有杀掉了大义公主，主要是看沙钵略可汗对她有些真情，何况大义公主也主动上表改姓。而今，这个可贺敦在突厥中权力越来越重，有大事和叶护大人等王公贵族商议吗?"长孙晟慢悠悠地说。

　　"是啊，可汗，我等就根本不知道杨钦此人和可贺敦还有如此复杂的关系，"叶护大人说，"既然娟子、婷子都在这，就让她们说吧。"安遂加冷冷笑道："可汗不妨叫娟子说吧。"

　　"叶护大人，可汗，"大义公主说，"娟子，事已至此，你就说吧。"表情淡然。

　　娟子的内心被巨大的矛盾交织着。她憋红了脸，泪水在眼眶里打转。她感到众人的目光都聚焦在自己身上。可是娟子顾左右而言他，没有一处说中要害。

　　长孙晟再也不能顾及许多了，他说："娟子，不消说本使的性命系在你身上，就是大隋和突厥又有多少性命系在你身上? 正直、良心是一个标准，在这样的标准面前，谁能够违背正直，抛弃良心呢? 如果你想看到生灵涂炭，百姓遭殃，那你就否认我说的事实; 如果你有善良愿望，不妨直说，我尽力去办，但是，务必详细地讲述出你所见的事实。"

　　叶护也跟着说："可汗，依微臣之见，不如叫长孙晟和可贺敦都回避一下，可汗可以单独询问。"

　　都蓝踌躇再三，还是依从了叶护的建议。他也担心，安遂加一旦联合之事有了成功的希望，这个人说不定还会进一步逼宫。在事情尚未弄清楚之前，谁的话都不能相信。

　　都蓝望着长孙晟，长孙晟对望着都蓝。

　　突然，都蓝厉声喝道："带安遂加来。这个突厥族人的野心家，我非要杀他而后快!"

　　不一会儿，安遂加复又被带上，当他看到都蓝可汗和可贺敦肩并肩地坐着，心中一乐，心想，长孙晟终于完了。可是，当他看到都蓝和可贺敦望着他的冷冷眼神，心中又着实一慌。

"安遂加，你背着本可汗都干了些什么？从实招来。"都蓝逼问，语甚威严。

"我所干的，可贺敦都知道。"安遂加的声音又高了起来。

大义公主同样冷若冰霜，说："安遂加，我知道，自从我踏进突厥的第一天起，你就一直暗恋我，极力巴结讨好我，但我没有被你诱惑，当你整天滔滔不绝要联合突利和尼利部落反叛大隋时，我就一直担心，你私下里有不可告人的目的。好在本可贺敦一直把你的一举一动控制在手里面。尽管如此，当杨钦到来时，是你引荐的；长孙使者前来索要时，是你藏匿的；长孙晟的一路危险都是你造成的。你看，你给突厥带来了灾难，引来了祸水。"

大义公主的一番话无疑是一声惊雷、一道闪电，震得每个人都眩晕，刺得每个人都不敢睁开眼睛。都蓝伸手从怀中掏出一封信笺，啪一下甩到安遂加面前："你一直在说谎，居然也骗了可贺敦。这就是尼利的亲笔信，哪里有出兵的意思，简直是在逼我下台。"

安遂加在大义公主的逼问下，简直成了一头受伤的狮子："可汗，你已被乌云蒙蔽了双眼，眼前没有光明，就是巍巍的阴山也看不见。"他边说边退，身子经过一个士卒的身边时，他猛地转身，迅捷地拔出士卒身上的腰刀，语调低沉，一声沉重的叹息："公主，我安遂加知道你的心思，但公主忽略了一点，没有安遂加的忠心，公主的大业将是玉碎瓦残。不错，我一直暗恋你，但你别忘了，我和你是草原上最完美的配对。你不该弃我求生。你身上的每一处毛发都让我震颤，你所有的心思我都明白。"说着，安遂加向公主打了个告别的手势，凄厉地一声长啸。

这声长啸活脱脱地道出狼的后人，带着骇人的野性。老臣牛弘被吓得打了个冷战，四名能歌善舞的美姬更是尖叫起来。长孙晟心里生厌。他知道大义公主只是刚刚涉险过关。就在安遂加要拔刀自裁的紧急关口，长孙晟一个箭步赶到，飞腿直踢安遂加执刀的手腕，那一把牛角弯刀"当"的一声划出一道弧线直飞穿庐的顶帐。众人惊讶得合不拢嘴。

长孙晟拎起已经绝望的安遂加，摔到地上，笑道："可汗，此人已经废了，与其自裁，不如交与本使带回长安，连同杨钦一起，一同听圣上发落，他的口供对揪出大隋奸党更有说服力。"他的眼光直射大义公主。大义公主心里急得如热锅上的蚂蚁，可是偏偏又动弹不得。

安遂加的话激怒了众王公贵族。叶护大人上前禀道："可汗，依老臣看来，可贺敦和安遂加为奸多年了。喏，这是老臣亲录下的口供。那个婷子就是可贺敦派到可汗身边的细探，可汗的一举一动都在可贺敦和安遂加的控制之中。"

都蓝可汗当然听出了安遂加绝望时的话，他不能忍受自己的可贺敦竟然和侍卫长长期同宿同眠。但今日的欢娱确实让他难以下决心废除可贺敦，他不能想象，刚刚经过一番云雨之乐的自己说翻脸就翻脸。

牛弘再次被宣诏，内容和长孙晟的差不多，就是逼都蓝可汗废掉可贺敦，只是口气更不容都蓝有丝毫迟疑。诏书说："但皇王旧迹，北止幽都，荒遐之表，文轨所弃。得其地不可而居，得其民不忍皆杀，无劳兵荣，远规滇海。二次遗使，旨在安宁。卧鼓息烽，暂劳终逸，望都蓝制御表秋，存心用义，何用待马之朝，宁劳渭桥之拜。"

这个诏书反映了杨坚决计永远地安抚突厥的情绪，语含杀机，好像都蓝可汗如若不听从旨意，将举事用兵。长孙晟静观都蓝的表情变化，心里却想，皇上总是心急。狗急跳墙，不能逼之太急。如今杨钦、安遂加俱擒获在手。谅都蓝可汗即使不废公主，一时也不敢兴兵作乱。

贵族们一阵惊悸，有几位忠心的老臣竟然拍案而起。"欺人太甚！大隋皇上不知实情，竟以兵相挟。气煞我也。"牛弘道："众位突厥有头有脸的人物，皇上哪有用兵之意？只是希望都蓝可汗不要被奸佞之人蛊惑，永和大隋交好罢了。皇上深知，若要可汗废掉公主有些难度，所以，特命老臣带来几位美姬以解可汗的操劳身心。来啊，把那几位能歌善舞的美姬带上来，给可汗展示才艺。"

带着夕阳的余晖，四位美姬款款步入帐中，所有的突厥人都吓了一大跳，他们都未能料到从屋外走进来的女子会那么美，美得让阳光都温柔了许多，那光束中飞滚的纤足似乎透出阵阵的脂粉香气，夕阳的斜辉照在她们高耸发髻的毛丝上，像一撒金光，晶莹炫目。

"啊——欠"，都蓝可汗不由得打个喷嚏，四个美女，个个都漂亮绝伦，风骚无比，或者杨柳纤腰，或者俏丽樱唇，或者娇羞面容，或者凝脂肤色。他看了看脸色惨白得如同一张纸的可贺敦，简直就是一个黄脸婆，一点水色都没有了，皮肤像干裂的沙漠，既黄又粗，身段也臃肿不堪，就像自己部落中的女人，而且浑身上下透着腥膻味儿，俗陋不堪。

就这样的女人还值得我可汗留恋，简直太好笑了。"都蓝打定了主意，满脸堆笑，说道："啊，牛老使者，本可汗一直对大隋皇帝尽忠，从未有过反叛之心。大隋精兵万千，粮草囤积，又刚刚一统江南，国运正昌。我突厥偏守草原，自古以来就是一个游牧部落，承蒙皇恩，对本可汗宠爱有加。使者来时都带来了金钱玉器、绫罗绸缎，而本可汗只能回赠马匹、牛羊，实在有愧。如同大隋一样，本可汗的牙帐内也有不忠之人。我已命令拿下，现交付在长孙使者的手里，带回去任由大隋皇上处置。"

都蓝可汗再也不瞧大义公主一眼，说："可贺敦久存叛逆之心，我一直对她防范得很紧，从来不与之同帐。这些，本部的王公贵族都略知一二。早就有心废掉她，只是碍于她是大隋朝皇帝的义女，所以就没有废掉她。而今一切问题都解决了。来人，撤座。"

几个突厥士卒疾步上前，稀里哗啦地撤去了大义公主前面的矮座。

就这样，杨坚交给长孙晟的使命算是完成了，但他确实很懊丧，弄不清这样的结局究竟是胜利还是失败。在处理大义公主的问题上，他的意见和牛弘相左，牛弘主张就地处死，长孙晟却认为应当把大义公主押送回长安，交给皇帝杨坚发落。这样，公主或许还有一线生机。

就在牛弘和长孙晟讨论如何处决大义公主时，都蓝派叶护老臣前来探询事情进展，并告知牛弘、长孙晟，安遂加和大义公主确实想起兵反叛。叶护大人带着一封信交给长孙晟，带着害怕的语气道："事情真是危险到了极点。这是突利可汗派人送来的信笺，你们看看。"

长孙晟接过一看，脸色微微涌上血意。原来，安遂加派人送给突利可汗一封密信：他们的真正用意是，先杀掉使者，借此造成隋军压境，然后以联兵抗隋为由，引突利可汗的精兵，加上尼利可汗的势力，出其不意地袭击都蓝可汗，准备让尼利做大可汗，突利做二可汗。安遂加做叶护大人。突利可汗不动声色，一面敷衍一面紧急报告都蓝。同时，带着数千精锐骑兵奔赴西北，扼守关隘。

他看过之后，不觉害怕，突利可汗固然忠心可嘉，但动作却稍嫌迟缓。要是上午赶到的话，自己也用不着费尽口舌，用尽心思地延缓。若不是抓住了安遂加和大义公主的私情，恐怕就不会是现在的结局。

繁星点点，朔风阵阵。来突厥这十几天中长孙晟已记不得有多少这样的夜晚，自己难以入眠，他带着李波等人动身前往公主的穹庐。马蹄声碎，人却无语。这或许是最后一次对公主的造访了。长孙晟心中百感交集。白天的唇枪舌剑到此时都已没有意义了。黑夜自动地吞没了一切，也吞没了长孙晟心中的仇恨。

他到底是一位善良的人。他想：该如何处置呢？无论如何，自己也不能向公主举刀的。

还是带回去，带回去由皇上发落。尽管对大义公主来说，结局都是一样的，但对他个人来说，心中会减却许多愧疚之意。毕竟，大义公主曾经中意于自己，或许现在……长孙晟不敢往下想。刚走近公主的穹庐，就听到里面传出的争吵声。

原来，大义公主知道娟子出卖了她，其实，这些都是大义公主有意为之的，她也不舍得将昔日的爱人杀死。长孙晟走了进去，大义公主看到他，不由得热泪盈眶。她知道自己已经走投无路了，能够死在自己爱人的手中也算是天意。长孙晟想把大义公主放掉，可惜大义公主一心寻死，将婢女娟子、婷子托付给长孙晟后，便拔剑自刎了。

几天后，长孙晟一行离开了都蓝可汗的突厥部落，准备回长安述职。临行前，他与牛弘反复商议，又征得娟子、婷子的意见，决定带着大义公主的棺木，准备把她安葬在大青山下的王昭君的墓冢旁。

长孙晟的许诺在婷子那里被回绝了，这令他很诧异。一路上，他都在做婷子的思想工作，

连仇儿、英儿这两个未成年的孩子也跟着劝解，可是，婷子就是不答应。她决意不再回长安了，她要留下来，陪伴大义公主。她总是说，回去又有何用呢？举目无亲，大义公主就是她唯一的亲人，她执意要为公主守灵。

长孙晟也没办法劝说她回心转意，他向都蓝可汗请求，在大青山脚下，在王昭君青冢的旁边，搭建一所简陋的穹庐，供其居住。他又为婷子准备了一些居家什物，并买了数只牛羊。

起风了，风卷枯草，尘土飞扬。

"悲风为我旋，天公为我垂。"长孙晟想起一句古人的祭文，他心中隐隐有种感觉，他长孙晟还是要回来的。

一路上，长孙晟一行都默默无语，他们谁也笑不起来，丝毫没有胜利者的喜悦。细心的长孙晟发现，随从李波对娟子总是照顾有加。娟子的马由他喂了，娟子的饭他总是亲自送去。别看李波平日里嘻嘻哈哈，一惊一乍的，但在娟子的面前文静了许多，他除了逗逗仇儿和英儿外，

就是和娟子并马走在一起。长孙晟见他们俩颇为相得，打算到了长安，便请夫人出面，替双方说合说合。

一路上的风尘自不细说。长孙晟回到长安，马上便受到杨坚的召见。杨坚望着这位出使突厥的外交专家，很是欣赏，当初用重金赎回他，如今看来，这步棋走得十分正确。

杨坚垂询道："长孙将军，朕要赏赐你，你看，你愿意要什么？"

长孙晟道："事情完全是因皇上的巧妙安排才能获得成功。臣感到，受赏实在难以接受。如果要行赏的话，臣从突厥带回的仇儿、英儿以及娟子实在是功不可没。臣替他们向皇上请求，能否容许他们在长安有个落脚的地方。"

杨坚说："这不很容易吗？放到宫中来，朕养着他们就是了。"

长孙晟道："谢皇上厚爱。孩子又小，娟子又孤身一人，臣想暂且安放在臣的府中。""那更好了，你们都熟悉，"杨坚说，"把你的俸禄再加一等，如何？朕还要加授你为开府仪同三司，策勋二转。"长孙晟一一谢过。

回到府中，长孙晟将皇上的赏赐讲给了夫人听，长孙夫人听了之后，并没有过多喜悦的表情，她一脸平静地说："受封不受封的，我倒是不在意，只要你能够平安回来，也就是我最大的福气了。哎，对了，那个娟子还真的很不错，听说你想将她赏赐给李波，她愉快地答应了。"长孙晟点点头，说："好吧，那这件事情就有劳夫人了，我们选个日子，让他们成亲吧。"长孙夫人侍候丈夫安歇。夫妇俩躺在床上，相互依偎着，彼此都感觉到身上涌出了幸福的波浪。

第十九章

虚意行孝赢皇后心　巧使计谋得杨素助

再说独孤皇后从仁寿宫回来，在路上走了三天。此时是暮春季节，天气阴沉，再加上黄土高原黄沙漫漫，气温反差很大，独孤皇后的身体也日渐吃不消，感到四肢乏力。

她想应该是路上累着了，晚上只喝了一点蜂蜜小米粥，便早早地休息了。可是睡醒一觉之后，刚一起身，便感觉天旋地转，咽喉作痛。经太医诊断之后，原来是感染了风寒。太医给独孤皇后开了几服药剂，让独孤皇后服下。

再说晋王杨广从属地扬州回到长安晋王府已有些日子了，这天闻听皇后染病，当晚准备一番，便带着萧氏进宫探望。杨广一身洗得发白的旧装，萧氏也是半新的衣裙，手中多了一只崭新的竹篮。

杨广像往常一样来到坤宁宫前，让内侍向皇后通报。只见内侍轻声回禀：“皇后玉体欠安，正在静养。”

杨广未及多问，便跌跌撞撞、痛苦万分地奔到内宫。一看到躺在床上、头覆着素绢的母亲，杨广顿时泪如泉涌，哽咽着跪行到独孤皇后的面前，一把抓住母后的手说：“御医调治了吗？现在如何了？”

杨广似乎沉浸在痛苦中，不等独孤皇后回答，便又沉沉地低下头，啜泣着：“不孝孩儿愿替母后承受一切痛苦。”说着，泪水顺着脸颊滴落到独孤皇后的手背上。

闪闪的烛光映着杨广饱满的面容，在独孤皇后的眼中，这一刻，杨广简直就是天底下最完美的儿子。“傻孩子，这病哪能替代呢？”

独孤皇后苍白的脸上现出几分慈祥，缓缓拿起一条手绢递给杨广：“都是千军万马的主帅了，还像个孩子。这是小病，不碍事，用不着这么担心！”

站在一旁的萧氏边整理着绣着彩凤的锦被，边泪眼汪汪地望着母后，听到这儿，便插话道："母后身体大安，我们做儿女的也就心安了。"

独孤皇后伸过手去，疼爱地说："来，坐到母后身边！"萧氏抹了一把泪，乖巧地挨着独孤皇后坐下。"怎么样，广儿对你好不好，有没有欺负你？"

听到这儿，萧氏侧过头来，半是嗔怪地瞥了杨广一眼，说："有母后做主，晋王他呀——像只乖乖的小兔子！""你才是小兔呢，我可是只专吃小兔的大老虎！"

杨广张开大口，搽起五指，作饿虎扑食状。逗得独孤皇后也忍不住笑了起来。"有你们这么一逗啊，我这病就去了一半！""那我们就天天陪着母后，让母后笑口常开，永远快乐！"萧氏挑了一下细眉，动情地说。"有你们这份孝心，我就知足了。广儿还有军务在身，难得回来一次，还是你们小两口多说说话吧！"杨广接过话头，好像是随口而出了一句："太子近在东宫，倒可以多陪陪母后的，他可是个爱说笑的人。"

"他呀，十天半月能来一次就不错了。再说，每次来还总要和太子妃别别扭扭的，看着倒叫我心烦。"说到这儿，独孤皇后一脸的不悦，似乎不愿多提太子。"听秦王妃说，太子最近又纳了一个新嫂子，模样像天仙一样，我们还没见过面呢！""翅膀还没硬呢，就想为所欲为了，好一个太子爷！"此刻，独孤皇后的眼里似乎多了几分冷峻，寒光四射。

"母后不必在意，也许太子不是有意的，再说还有儿臣在您的身旁呢。"杨广转身提过竹篮，眉飞色舞地说，"母后您看，这是儿臣亲手做的八宝粥，香软可口，母后最爱吃的。"杨广揭开竹篮，捧出一个紫砂锅，打开锅盖，还腾腾地冒着热气呢。"好，我吃，你们一来，我这胃口就给调开了。"杨广夫妇的情绪不觉感染了独孤皇后，皇后的眼神柔和多了。

在东宫太子府的华堂内，新妾刘氏正夹起一颗颗鲜红的樱桃往太子嘴里送。自从刘氏进了太子府以后，原先不和的夫妻关系如雪上加霜，元氏的心病更重了。身子也一天不如一天，面容也明显地苍老起来。

杨勇吃完樱桃，刘氏劝说太子去看看太子妃。可是太子执意不去，刘氏也只能无奈地摇摇头。

已经是第四天了，独孤皇后的病虽已大好，但尚未痊愈。这几日，杨广夫妇天天不离左右。正当萧氏喂服皇后时，太子杨勇和太子妃元氏出现在内室。杨广和萧氏一见到太子到来，连忙施礼。太子还过礼，便携着元氏来到母后的床前。

"不知母后欠安，未能近前侍奉，望母后见谅！"独孤皇后脸也未转，不冷不热地答道："偶染小疾，怎敢惊动太子！"听到此话，吓得杨勇扑通跪倒在地，语无伦次地分辩："儿子不孝，儿子该死，儿子实不知母后染病的消息，请母后责罚。"

这时元妃也跪下求情。"责罚，我敢责罚你吗？你对媳妇那样，劝你多次，现在不照样我行我素吗？"杨勇又要辩解，杨广也跪倒在地上抢过话头替太子遮掩："太子帮助父皇料理国事，一时难以分身，还请母后原谅太子。"说完，又悄悄拉了拉杨勇的衣袖，低声说："我派人去通知你，可听说你又出去打猎了，母后问起时，我只推说你忙。"杨勇一脸的沮丧，默默跪在一旁，继续聆听着母后的教诲。

皇后似乎并没有消气，语气还是那样尖刻："你瞧瞧元妃，现在瘦成了什么样子，你这是在折磨元妃吗？这是和本后过不去！"由于过于激动，皇后猛烈地咳嗽起来，慌得一屋子人都来床前，又是捶背又是端水。

这时，面黄肌瘦的元妃有气无力地垂泪道："母后，你错怪太子了。近来，都是儿的身子骨不争气，太子待我很好，天天陪着妾。"说完，泪如雨下。

听到这些，杨勇也禁不住落下泪来，跪爬着，来到独孤皇后的跟前，抓起母亲的手，使劲一地打在自己的脸上。"儿臣不孝，让母后生气，儿臣罪该万死。"

眼前的场面，使元妃手足无措，本来就十分虚弱的她一时惊吓过度，竟昏倒在地。一时间，皇后的坤宁宫内一片惊慌忙乱。

这杨勇夫妇又是怎样来到坤宁宫的呢？原来，的确是杨广派人送的信。杨勇听到母后患病，心中一沉，忙让人扶来了病中的元氏，看着病恹恹的元氏，杨勇又让侍女给元氏精心装饰了一番。临行前杨勇又特意叮嘱："请在母后跟前慎言，免得母后心中不快！""妾自有分寸，太子不必多嘱！"

尽管如此，太子心里仍忐忑不安。没想到果不其然。回来后，杨勇的心里充满了懊恼，紧握的拳头砸在了桌子上，震得桌上的茶碗乒乓响，茶水溅得满桌都是。他也不知道该对谁发火，该向谁倾诉自己的苦衷。

"如果今天不是晋王从中美言，恐怕事情会更糟。"事后，杨勇从心眼里感谢晋王杨广的义行，尽管他有时感觉杨广的言行有点做作。

再说独孤皇后痊愈后，便催促杨广夫妇回去休息。二人回到府中，商量着对付太子的下一步行动。萧氏建议杨广找一个足智多谋的人为自己出谋划策，杨广便想到了杨素，不过杨素生平谨慎，不知道他的想法如何。

在长安一条人流如织的街市旁的空地上，一群闲人围着一个仙风道骨的长者指手画脚。只见长者盘膝坐在地上，半闭着双目，眉毛、胡子仿佛霜染的一般，他手拈长须，鹤然独出，一副超凡脱俗的模样。旁边的纸招上大书"谈天说命，卦银十两"的字样。

众人立在那儿议论纷纷，多笑这位算命先生是个财迷，如此高价，谁人能算起？也有人不以为然，说："那可不一定。长安城内，王侯将相，多得很，说不准啥时候就被请了去，到时候，别说是十两，就是百两也出得起，这叫三年不开市，开市吃三年。瞧着吗，不远处就是杨素杨将军的府上，那可是个付得起卦金的主，听说前不久又得皇上赏赐了，大批的金银珠宝，光是细绢就拉了十车。

看热闹的人越来越多，喧闹声不绝于耳。人们说话的当儿，一个衣着鲜明的差役踱了过来，他拨开众人，瞅了瞅卦摊，一惊一乍地说道："口气不小嘛！有那么大本事吗？"

话音刚落，老者开了口："知天知地，知福知祸，预言不准，分文不取。"音节清晰，字字铿锵，一副不容置疑的口气，听得场上鸦雀无声。"今天可遇到活神仙了！"那差役边走边回头，又望了几眼那"活神仙"。那差役模样的人正是杨素府上的当值，姓王名能。王能回到府上，逢人便说街上的奇闻，不到半天工夫，府上很多人都知道了这件事。有好事的人把这事报给了杨素，杨素半信半疑，差人把王能唤来，王能便一五一十地描述了一番。俗话说，伴君如伴虎。身在高位，未必是件好事，高处不胜寒啊，自己戎马半生，不求有功，但求无过啊。想到这儿，杨素便吩咐王能："既出此言，也必有来头，今天闲来无事，你把他请来，老夫倒要领教领教。"

不多会儿，王能便兴冲冲地领来一人。杨素仔细地打量着来者：老者长髯宽额，碧眼方瞳，戴一顶乌绉纱抹眉头巾，穿一领皂沿边白绢道

第十九章　虚意行孝赢皇后心　巧使计谋得杨素助

服，系一条杂色彩丝绦，着一双方头青布鞋，通身的清奇。杨素便有三分的好感，于是让座、献茶，又问道："先生来自哪座仙山？"

"一生四海为家，岂有定所。施主招贫道来，是问福还是问祸？"老者唱喏还礼，神态自若。杨素本来是位信佛的人，府中还设了一座佛堂，晨昏佛节总要诵上一段经文，焚香祈祷。但他对道家也无反感，遇到投缘的道士也能随缘攀谈，以礼相待。他今天也只是像往常一样请道士进府叙谈叙谈，无意去算命问卜，既然问起，索性顺便占上一卦，以怡情耳。

杨素虔诚地施礼道："我不算过去，那是我所知道的；也不算将来，那太遥远；我就算一算眼下的事。今儿风和日暖，心里高兴，那就算一算福事喜事吧！"说着，杨素便报上生辰八字。那老先生将竹筒摇了几摇，从中抖落一签，于是掐指凝神，子丑寅卯一番，忽地向杨素抱拳道："此乃上上签，先生近日定有天降洪福，既可得财，又可得佳人！"

"洪福？"杨素半信半疑追问，"先生可否明示？""天机岂可泄露！事理必然，水到渠成耳！"杨素仍无喜色，耐不住又问："此事以为有多大把握？"先生笑答："信则灵。封金暂且寄下，应验后我再来取，你看可好？""也罢，若是果有先生吉言，我定十倍给付卦金！"杨素礼送先生出门。送走老道，杨素摇头苦笑道："天下岂有天降馅饼的好事，戏言，戏言耳！"

一夜无话。第二天，红日东升，杨素洗漱晨练已毕，正待更衣，有家丁来报："晋王府差人送书，已候在客厅外！""这么早，有何急事？"杨素思忖道，随口吩咐，"快请进！"

杨素一面束装出迎，一面思索着杨广送信的用意。来人递上一封书信，杨素当即拆看，内容简短，大意是约杨素明日到终南山上打猎。在那个年月，会同打猎也是一种时尚，无非是借此畅叙友情，增进了解，加强联系。

按杨素的本意不想去，他对杨广虽无恶感，但也没有特别的好感。但自己必须去，因为这个晋王，他是了解的，不阴不阳，难以捉摸，他轻易不开口，犯不着让他不高兴。杨素看完书信，也写了封回书，并赏了来人，让他转告晋王杨广自己将在明日辰时在郊外的长亭恭候晋王。

送走了信使，杨素依然考虑着杨广的邀约："晋王不在封地扬州驻防，却跑回京城走动，这其中必有文章。虽然我们曾一同北战南征，但私交不能算最好的。难道他有求于我？不会吧，他能向我求什么？也许是我多虑了。"

第二天，太阳冲出云海，亮晃晃地挂在东山头上，杨素如约而至。而十里长亭内，看得出杨广已等候多时了。杨广只带了几名家丁，每人身背硬弓，箭壶内盛满了羽箭，而杨素也只带了数人。看到杨素一干人到，杨广勒马迎上前来，紧走几步，迎接着杨素，抱拳问候，杨素滚鞍下马，向杨广回礼。杨广也下马步行。

二人并肩来到长亭，杨广指着远处湛蓝湛蓝的天空，兴奋地说："杨内史，今日风和日丽，禽兽肥壮，正是秋日狩猎的大好时光，你我纵情策马，再现当年平陈的雄姿，如何？"杨素此时任内史省长官，故杨广称其为杨内史。"悉尊晋王雅令，杨素敢不从命？"杨素脸上堆满了笑容。"将军太客气了，请，向终南山进发！"说着两人翻身跨上战马。一时间马嘶犬吠，一起向前奔去，他们的身后顿时弥漫起滚滚黄尘。

一群人在乱草丛林间寻着野味，什么山鸡、野兔、獐子、小鹿等，受到惊吓，纷纷逃逸。跑得晚的，便成了射猎的目标。半天下来他们钻树林，越山溪，已收获不菲，一簇人来到一陡壁旁，正待休息，忽地一只狐狸从岩边跃起，直朝山上逃去，山高路陡，众人只得弃了马，呐喊着带着猎犬向山上追去。

那猎物不知怎的，跑上一段，便停下来向后张望。杨广跑得气喘吁吁，便和杨素商议："内史尚有余力，你领人去追吧，这种红狐是个罕物，一定要活捉到手。我的脚似有千斤重，在这儿暂且歇一时。"杨素领命而去，带着自己的家丁一路追过去，而晋王府的仆人则留下侍候杨广。

再说那只红狐三蹿两跳，在一处长满茂密藤蔓的绝壁处消失了。杨素观察了周围，断定猎物必藏在这藤蔓的后面，他布置好人员围堵，然后渐渐缩小包围圈。就在这时，一个随从惊叫一声："山洞！"杨素心里猛然醒悟，于是下令："你们闪开，待我来看。"

他小心翼翼地撩开藤蔓，只见一个阴暗潮湿的小洞显现在眼前。洞口不大，仅能通过一人，四周长满了苔藓和小草，他小心探身进去，只见洞不大，只有一丈来深，在他返身出来时，黑暗处似有东西在闪光，他小心地摸索着过去。

"啊！"他的手触到了一个东西，像是木箱，湿乎乎的。他的心跳到

了嗓子眼里。想挪动时，惊动了那个发光的东西，它惊叫一声逃了出去。原来就是那只红狐，闪光的是狐狸的眼睛。说时迟，那时快，狐狸逃出了洞口，却撞在了网子上，只听外面欢呼："捉住了，捉住了！"

这时的杨素全身心地在研究那只木箱。一系列疑问像火花一样在他的脑海里闪现。凭感觉，他断定这只木箱有些年头了，但是什么呢？什么朝代的？何人所藏？那沉甸甸的，又是什么物品？面对这件东西，是福还是祸？

他的心情既兴奋又紧张，但他料定，箱中必是贵重之物，不然也不会藏在深山，托付"绿色山神"保管了。能不能取回呢？山神会不会降罪呢？蓦地，算命老道那坚定的声音回响在耳际。是啊，天降洪福，取之何妨？山神怕也难违天意吧！想到这儿，杨素打定了主意。

出了幽黑的山洞，杨素眼前一片明亮，家丁们纷纷围上来好奇地询问着洞内的情形。杨素淡淡地说："一丈见方的小洞，没什么奇迹！""我还以为是个神仙洞府呢！"一个家丁吐了下舌头。另一个接上话："会不会是绿色山神的离宫？管着这么大一座宝山，总该有几个妃子、几处宫殿吧？"那说话的神情好像跟真的一样。"就算是山神的宫殿，也不是你我这样的凡人能找到的。听人讲，他们或住在九天之上，或行于幽谷之中，千年的古树洞、万年的石府是他们最爱待的地方。"

"别瞎扯了，说多了山神会不高兴的，我们还是回去吧！"杨素不爱听他们说得太多，又嘱咐一句，"休要再提山洞的事，山神的领地也是你们随意议论的么？小心报应！谁再说，板子伺候！"

家丁们吓得相互看了看，只字不敢再提了。家丁们哪知杨素的心思！杨素此时关心的是如何把箱子尽快运回府去。"这是天赐我的巨富，绝不能让他人知道，更不能让晋王知晓，事属绝密，绝不能外泄。"杨素心里反复掂量着。

这样想着，不一会儿便来到了晋王休息的地方。再看杨广，还斜靠在岩石边小睡呢。杨素的家丁把红狐狸献给了晋王，杨广一边逗引着狐狸，一边向杨素致谢。红狐狸颇通人性，杨广命人放在笼中。

时间过得真快，这时，太阳已经过午。杨广便和杨素商议："今日收获甚丰，可喜可贺。就到此为止吧，不然山神会不高兴的。回去以后，孤王论功行赏。"

且不论杨广带着红狐狸等猎物凯旋，单说第二天，杨素同两个心腹的家奴乔装易容，驱马直奔终南山，他们乘着夜色，从洞中取出那口箱子，然后用麻布把箱子裹了个严实，便急急忙忙地赶下山来。山道崎岖，举步艰难，走了半宿，才来到山脚下，这时山色迷蒙，微风渐起，空旷的山林间树叶哗哗作响，偶尔几声凄厉的猫头鹰的啼叫声，令人惊悸，杨素不禁打了个寒战。下得山来，路平坦多了，他们不觉加快了速度。突然，他们远远听得前面有嘤嘤的女人的哭声。三人几乎同时勒住了马缰绳。在这深夜的郊外，听起来令人毛骨悚然。"奇怪，三更半夜怎会有女人在哭？是人、是鬼、还是仙？"杨素内心疑丛又起。突然，杨素心里激灵一动，再听那声音，虽然悲伤，但音色清丽，想象得出，那女人定然生得漂亮。"这女人莫非是……"想到这儿，杨素似乎忘掉了恐惧，催坐骑向声音寻去。

两个家奴近前拦住马头，劝道："大人，这哭声来得蹊跷，想必是山中鬼魅所化，故意勾我们前去，说不定是要害我们呢！""净瞎说，朗朗乾坤，哪来什么鬼魅！休要自己吓唬自己，那女子肯定是落难之人，我岂能坐视不管！"说着，推开二人，继续向前寻去，离那声音越来越近了，借着淡淡的星光，只见一团白色的衣物在飘动。这情形更像是传说中的女鬼的形象，异常恐怖，周围空气似乎凝固了。两个家奴无可奈何，仗着剑，哆哆嗦嗦地跟在杨素后面。杨素虽然嘴上不怕，但心里也是直发毛，他也是平生第一次遇到这样的情形。

只有几步之遥时，杨素定睛一瞧，的确是一位长发白衣的女子，她坐在地上，一条白绢拴在树上，自缢用的索子都结好了。杨素咳嗽了一声，以示招呼，那人才慢慢扬起头，不错，正是一个年轻的女子，杨素悬着的心终于放下了。那女子听得人言，好像并不害怕。于是杨素上前试着问话，那女子开始只是掩面低泣，并不作声，杨素劝解了好一会儿，她才停止了哭声，断断续续地诉说了自身的不幸。

原来，她是山下一家大户人家的使女，叫如玉，给主母做丫鬟，但当地主人老心不老，不知从何时起，打上了如玉的主意。他对如玉的美貌迷恋不已，多次欲行无礼，都未能得逞。老财主的不轨后来被主母撞见，但妒性十足的地主婆不问青红皂白，对如玉不但不予安慰，还破口大骂，小小年纪就学会勾引男人，打得如玉死去活来。

如玉从小被人贩子卖到财主家，十几年来当牛做马，受尽凌辱，实指望有一天能跳出苦海，没想到又落得如此下场。她养伤期间又偷听到地主婆找来了人贩子，准备把她高价卖给妓院。不得已在其他姐妹的帮助下，找了个机会逃了出来。如玉左思右想，无路可走，才决定要寻短见。听完如玉的叙述，杨素感到心里沉沉的。真是红颜薄命啊，他不禁同情起女孩来，便认真地说："天下之大，还愁没有安身之处？姑娘，快打住这个念头。"

如玉绝望地摇摇头："天下再大，又能逃到哪儿去？被财主抓到，照样是被打死。"

"姑娘若不嫌弃，可到府上陪伴小女，她现在正缺一个伴儿。"听到这话，杨素的两个家奴互相递了个眼色，大概他们觉得，不明不白地收下个姑娘，不像杨素平时所为吧。

"奴家哪儿也不去，天下乌鸦一般黑。"听到这句话，两个家奴有些不耐烦了，呵斥道："不识抬举，你知道眼前这位是谁吗？"

"你们不要这样。人到绝望处，往往就顾不了那么多了。再说，她所言也不无道理。这样吧，姑娘，你可能不信任我们，不相信我们的话，你不妨暂且跟我们到府里去看一看，保证不伤你半根汗毛，如果真像你说的一般黑，你再死，我决不拦你。命是你自己的，你决定吧！"

女子沉默不语，大概是默许了吧。于是杨素便叫腾出一匹马来，让女子上马，但女子只推说从未骑过马，杨素无奈，也只好和女子同骑在一匹马上了。

天近五更，三人悄悄回到杨府，在暖暖的灯光下细观少女，才发现女孩的姿容真可用得上"美如天仙"四个字形容了。杨素满面春风地把如玉交给了府中当值的女管家，并按照女宾的规格予以接待，如玉显然受宠若惊，感激之情从眼神中自然流露出来。

安排好如玉，杨素吩咐随身的家奴把木箱抬至内室。这只不大的木箱，是用上好的楠木做成的，虽然苔痕斑斑，但仍然十分坚固，两个家奴用了好大的劲才把木箱撬开，小心地揭去几层油纸，呈现在眼前的景象让三人喜出望外，原来箱子里面都是金银珠宝。金灿灿的黄金、银闪闪的白银、耀眼的翡翠、罕见的大玛瑙，尤其是一只珊瑚，造型别致，十分少见。三人的眼睛在珠宝的辉映下，变蓝、变绿、变红，成了多彩的眼球。杨素心花怒放，连声音都变调了。

一夜的奔波，早已是疲惫困顿了，但躺在床上，杨素怎么也睡不着觉。他不由想起算命先生的预测，由衷佩服老道的神奇，也庆幸自己的福星高照。此时强烈的贪欲使杨素迫切想寻找到老道，让这个世外高人再给自己指出一条通向富贵、永远光明的大道来。

第二天一大早，杨素就急急地令两个年长的亲信家奴去寻找算命道人，并语气很重地吩咐："寻不到就不要回来。"但不到半天，人就给找到了。原来，老道就在长安城内，没费多大劲就撞上了。

先生一到，杨素便屏退左右，然后请先生上坐。杨素指着已包好的十锭金元宝，笑容满面地说："先生果然名不虚传，杨素佩服之至。这是先生应得的卦金，请笑纳！"

老道淡然一笑："贫道虽以算命糊口，但视钱财如粪土，贫道只收卦金十两，余者请全数收回。"

"杨素还有迷惑的地方，请先生不吝赐教！""施主请讲。""请先生算一算我将来的仕途。"

"这个，我已替施主算过了。施主将来必是大富大贵之人，权势显赫，位及辅臣之首。"

"真的？那我该如何把握呢？"杨素不觉中把脖子伸得更长了。

"依乎天理，顺乎自然而已！"老道依旧慢条斯理，态度不温不火。

"这又作何解？请先生教我！"杨素眨动着不解的眼睛追问道。

"天将降旷业之明主，需要你的辅佐，你的后半生将大有可为，施主要睁大自己的眼睛啊！""那么，杨素的结局呢？""水满则溢，月满则亏，谨记吧！"

听着这话，杨素怔怔地坐在那里，似乎在思索着什么。老道什么时候走的，他全然不知。

转眼间，又到了月圆时分，恰逢萧妃的生日，杨广特别邀请了杨素夫妇。简单的饭局之后，萧妃挽着杨素夫人到内室叙话去了。花园的凉亭上只剩下对酒当歌的两人，还饶有兴致地谈论着兵法、诗歌和平陈之役中的趣闻逸事。"谈到尽兴处，杨广一手执杯，一手挥向天空，口诵起雄浑的《大风歌》来："大风起兮云飞扬，安得猛士兮守四方。"

这首诗是当年汉朝开国之君刘邦的即兴之作，直抒胸臆，气魄宏大，令后代君王追慕不已。这首古诗，今天月下吟诵，别有一番豪气。皓皓的明月下，杨广举头啸傲长空，双臂倒剪，确有一代君王的风采。

"殿下抒安邦治国之志，有乘风破浪之势，令人敬佩！"杨素脱口而出。"空有凌云志啊。安得猛士、贤者相助啊！"杨广轻叹了一口气。

面对此情此景，杨素心里感到猛然被点了一下。"难道那位老先生所言的旷业英才就是晋王！"他的脑海中如同被狂风卷起了巨浪一样。

文帝已届五旬，江南已平，规章已定，实际上政治方面已无多大作为了。太子杨勇，虽已确立多年，但据自己了解，过于憨直，不善权术，而且文才武略并无突出之处。而杨广在兄弟们中功劳最大，在屡次攻伐中显示了不凡的才干，更兼晋王在王公大臣中人缘最好，朝臣中多有褒扬，确是太子强有力的竞争对手；再说太子的兴废本身就是各种政治力量较量的结果，废除太子也是不乏其例的；晋王最近的动作已经显示，他决不甘于只做个藩王。但事情的发展常常出人意料，政治风云更是变化莫测，政治抉择事关个人的政治前途，一定要十拿九稳才行，'为长远发展考虑，保持和晋王的适度接触，乃是积极的措施，不可操之过急。

回家后，杨素又是一个难眠之夜。他又一次悄悄招来了算命的道人，这次不是为自己算命，而是要暗中为杨广相面。俗话说，来而不往非礼也，宴请杨广夫妇名正言顺。杨素筹划已毕，也向杨广发出了邀请。酒宴算不上丰盛，但很别致，菜肴全是野味，正合杨广的口味。

宴毕，稍事小憩，两人又在院中的演武场上动起了真刀真枪，杨素一杆大枪，神出鬼没，杨广两把单刀，上下翻飞，双方相持了二十余个回合，不分胜负，看得人连声喝彩。

两人饮了几口水，抹了两把汗，又在棋盘上摆开了架势，一个是迂回包抄，另一个是避实击虚，看得两旁观战的人眼花缭乱，啧啧称奇。今天的雅兴的确活跃了气氛，又展示了双方的才气，两人对此都深感满意。杨素利用休息间隙，离座走向一别室，询问老道："你看如何？""此人骨骼奇伟，风度非凡，且瑞气罩顶，绝非等闲之辈，他日定然贵不可言。""好！请先生务必为我保密！"

回到座位，杨素似乎随意地问起杨广："听说晋王善识音律，不知对《高山流水》《梅花三弄》两支曲子更喜欢哪一支呢？""也谈不上善识音律，不过孤王倒是独喜大气磅礴的《高山流水》。闲暇时分，抚琴抒怀，倒别有一番情趣。尤其是对被誉为知音的俞伯牙和钟子期二人至为敬佩，那种相识相知的友情堪为后人的楷模。"

"杨素与殿下不谋而合。对《高山流水》也是情有独钟，素冒昧地问殿下，今日杨素与殿下是否也可以称为知音呢？"

杨素故意将"是否"二字放慢了语速。"好吧，我们就为这知音再干上一杯！"杨广高声道。说着，二人接过送上来的酒杯，一饮而尽。这一夜，二人相谈甚欢。

　　几天之后，有一个放羊的老头在远处的荒山上发现了一具尸体，后来经过人们辨认，说是集市上算卦的先生，不过也不敢确定，毕竟尸体的脸只剩下了一半，另一半应该让野狼给吃了。不过，从那之后，人们再也没有看到过那个算命先生了。

第二十章

皇上不满太子行径　边关告急汉王请旨

几天前，太子杨勇家发生了一件大喜事，他的爱妾刘氏为他生下了第二个儿子，杨勇起名为"筠"。而刘氏的第一个儿子杨俨刚刚年满两周岁。小杨俨长得白白胖胖，很是可爱，十分得杨勇的宠爱。刘筠的出生，则又给太子带来了很大的喜悦，太子想要举行一次盛大的庆祝宴会。

洗马李纲劝说道："殿下，您是储君，做什么事情都要想到后果啊！殿下您喜添贵子，当然值得庆贺，不过办个家宴就可以了，如果太过于铺张，皇上皇后肯定会有所耳闻，到时候被人家抓住了把柄，那就不好了。"

杨勇不悦。

左庶子瞅了一眼杨勇的表情，不以为然地说："李大人所言不是没有道理，但舐犊情深，人之伦常，即使圣人也不能免，多请一些亲朋，算不上过失，毕竟是皇孙的喜宴，不能一味求俭。就算皇上、皇后有圣谕，也不至于阻止小孙子的喜酒吧？李大人大可不必这样拘谨。"

太子微微点头。

家令邹文腾也在一旁帮腔。

众口一词，杨勇决心已定，李纲只好无言地退下。

杨广闻听此事，喜上眉梢，一面遣人送来贺礼，一面把此事渲染一番密报给母后。

独孤皇后一听太子的荒唐，怒不可遏，亲自到乾元殿中把正在忙于批阅奏章的杨坚硬扯了去："看看你的宝贝太子都干了些什么！"

"二圣"突然驾临东宫，使很多人措手不及。这时宾客云集，酒宴正酣，不少官员已喝得红光满面，醉态十足。看到这个场面，杨坚不由得眉头紧锁，喝令："传太子！"

登时，杨勇从后院匆匆赶来。此时杨勇已呈几分醉相，对皇上的表情竟毫无察觉，来到跟前急忙跪行大礼："儿臣不知父皇、母后驾临，未曾出迎，望乞恕罪！"

"就你一人接驾？"

独孤皇后也一脸的不悦，语气咄咄逼人。她的意思是说太子妃元氏哪儿去了。

可懵懵懂懂的杨勇竟扯过身旁艳丽的刘氏，刘氏道："叩请父皇、母后大安。"

独孤皇后正眼也没看一眼，便生硬地训斥道："太子妃现在何处？"听到这话，杨勇才似乎刚回过味来，望望杨坚又看看母后，一脸惶恐地答道："她近来一直身子不爽，正在养病。"

一旁的杨坚看着太子这份窝囊相，更加不快，脸色像夏日的阴云一般。

"头前带路！"独孤皇后又是一句恶狠狠的话。皇上、皇后要亲自去看视臣下，这是何等的荣耀？可对于杨勇来说，他宁可不要这份荣耀。他生怕病态的元氏给他带来坏运气，又要遭到母后甚至父皇的痛责。

杨勇迟疑了片刻，快速寻思着劝阻的办法，可他的目光一触及到母后冷峻的表情和父皇不快的神态，他又顿失了劝阻的勇气，无奈地沿着一条幽僻的曲径向太子妃宫中慢行着。看到父皇、母后驾临，元妃又惊又喜，挣扎着要下床行礼，可手脚好像不听使唤，哆嗦着立不起来。独孤皇后见到此情，犹如万箭穿心，眼前的人怎能和那个亭亭玉立的美少女联系到一起？

独孤皇后流泪了——她已多年不曾哭泣了，皇上的眼圈也是红红的，连随行的宫女、太监都偷偷地擦拭着眼角的泪水。皇后一手拉着元妃骨瘦如柴的手，一手轻抚着元妃苍白的面容，哽咽着说："孩子，你受苦了，母后对不住你啊！"

"母后，儿怎当得起啊！"元妃已泣不成声。

杨勇也是个爱动情的人，在这种氛围中又愧又怕，脸色由红变白，禁不住也两泪涟涟，垂立在元妃的床前，景象着实难堪。独孤皇后抹了一阵泪后，忽然变了声调，怒道："太子，你给我听着，太子妃能尽快康复便罢，若有个三长两短，我会和你算总账。"

太子听罢，汗水淋淋，口里只说出两个字："好，好！"杨坚也忙嘱咐道："再派御医来诊治，务要彻底治愈，不得延误！"杨坚话头一转又训斥道，"你也做得太过了，好自为之吧！"

一行人出了元妃的内室，又往其他院落，行不多久，只听一阵孩子的喧闹声，杨坚不由得诧异地问身边的太子道："你这儿哪来这么多孩子？"

说着他们走近一处精致的小院落，红色的双扇大门，考究的雕花门楣，一溜青砖瓦房。大门打开，只见院内大大小小几十个孩童在院中追逐嬉闹，杨坚更是诧异，不由得加大音量，追问道："这到底怎么回事？"

杨勇见事已至此，自己的那些个花红柳绿的事尽现在众目睽睽之下，心中反倒没有了怯意，于是平静地回复杨坚："回父皇，这些俱是父皇的子孙！""什么？都是你的？"这下该独孤皇后惊讶了。杨勇连忙呵令那群乱糟糟的孩子跪下，给皇上、皇后请安。听着那众口一词的清脆童音，看着那瞪着惊奇大眼睛的一个个小脑袋，适才满脸怒气的杨坚平和了许多，他只觉得又好气，又好笑，他万万没想到这个太子竟如此荒唐，短短十几年功夫为自己生产了如此多的杨家兵将，这下杨家倒不愁保家卫国的了。但他还是按捺不住自己的不满，挖苦道："这些就是你多年的政绩？真不简单，比你的父皇强多了！"

听到这话，独孤皇后白了杨坚一眼，她觉得这话不入耳，似有弦外之音。

杨勇听出了这话的分量，急忙分辩道："儿臣并非只是耽于女色，情之所至而已，习文练武，心系国事，从不敢懈怠！"

"这就是你习文练武的成绩？恐怕你的聪明用错了地方吧！"杨坚的话里带着十二分的嘲讽。"儿臣绝不敢蒙骗父皇、母后。儿臣的确不敢忘记自己的责任！"杨勇的语气十分恳切，那神情似乎要把心掏出来似的。

"那好吧，朕倒要见识见识你的经天纬地之才。"杨坚本想查验一下他的诗书功底，但转念一想，朕武功不如文治，今日要反其道而行之，偏要看看太子的武功到底长进多大。想到这儿，于是下令："姑且演练一套拿手的器械吧！"

不多时，杨勇便披挂整齐，俨然出征的大将，煞是威风。他手握寒光闪闪的宝剑刚要起式，杨坚止住了他。因为杨勇金光闪闪的铠甲引起了杨坚的注意。

这是一副制作精致的铠甲，用纯金做就，雕刻异常精美，一对张牙舞爪的异兽栩栩如生，平添了几分威猛。铠甲周边的表面均匀地镶嵌着六颗耀眼的红宝石。这与其是铠甲，倒不如说是一套供观赏的艺术品，透出少见的华贵姿容。

"这副甲不同凡响啊！"杨坚的语气明显带着不满和责问。"回父皇，这副甲确是件罕物，是蜀地能工巧匠花了一年多的时间才做成的。儿臣三十岁生日那天，四弟杨秀赠送的。"

听到这儿，杨坚仍不动声色地问："恐怕价值不菲吧？""回父皇，据三弟讲，光材料就用去数万两银子，是他攒了五年的积蓄。父皇要是喜欢，儿臣愿甘心献给父皇。"杨勇全然没有领会杨坚的意图。"你和蜀王感情很深嘛！""四弟和儿臣脾气相近，能谈得拢，故交往甚多。"

对于杨勇的表现，太子府的人无不为他捏了把汗，刘氏更是心急如焚。因为杨坚的表情已经表露无遗。一旁的独孤皇后早就气得脸色发青了。

然而杨勇却照样侃侃而谈："儿臣自知自己的某些行为令父皇、母后失望，但父皇、母后的谆谆教诲一刻也不敢忘怀，忠心爱国、勤政爱民的信念从未动摇。"杨勇的忏悔并没有赢得理解，相反带来了强烈的反感。"好一个忠心爱国、勤政爱民，不爱妻子的人还侈谈什么忠君，生活糜烂透顶，竟自诩爱民，亏你能说出口，这就是你多年修成的德行吗？"独孤皇后按捺不住，用手指着杨勇，气势咄咄逼人，令人胆寒。

"不就是些生活小节吗？"杨勇嘟嚷着继续为自己辩解。

"什么，小节！亏你是饱读史书的人。翻一翻历史查查，沉溺于声色犬马有几个能坐稳江山？说什么'小节'，真是朽木不可雕也。远的不谈，就说你父皇，如果不是他励精图治，一心一意忙于国事，能有大隋的今日强盛吗？"

母后的威势使杨勇再不敢出一言反驳，而杨坚听到独孤皇后的赞许，脸上不自觉地掠过一丝得意。这晚的夜色格外深沉，杨勇伫立窗前，面对冷冷的夜色，一副无精打采的样子。

刘氏轻轻走来，给他披上一件深色夹衣："不要再生烦恼了，还是商量一下如何补救吧！"

杨勇缓缓地转过身来，少气无力地叹道："于事无补啊，事到如今，随它去吧!""太子怎能这样自暴自弃?再说事情并没有不可收拾,还可以努力,世上哪有过不去的河,只要太子振作起来,改弦更张,做出些漂亮事来,父皇和母后会改变对殿下的看法的!"

"谈何容易!"杨勇苦笑着摇摇头,抚摸着刘氏的秀发,"我只想和你静静地待在一起,什么都不想去做了!""殿下,万不可灰心丧气啊!"刘氏语气忽然变得坚定起来,"灰心丧气"四个字特别加了音。

杨勇被刘氏的勇气猛地一震,似乎从沉沉的睡梦中被惊醒了,清清嗓子,爽然应道:"罢,着人去请唐大人、邹大人和李大人。"不多时,三人先后匆匆赶到。亮如白昼的小客厅里,杨勇在地上来回踱了两趟,试探着问道:"三位爱卿以为今日之事如何?"

三人一时无语,只用眼角互相对扫了几眼,客厅里一片沉默。李纲略加思索,沙哑着嗓子反问杨勇:"殿下以为如何?""虽然母后盛怒,父皇不悦,但今天的事总不至于影响东宫的地位吧!""这要看皇上的态度。恕臣直言,今日殿下的表现的确令皇上失望。依臣之见,当务之急是深刻反省过去,坚决痛改前非。此外要广结皇上的重臣,不惜代价笼络他们,争取他们的大力支持。"李纲一口气说出了自己的意见,目光炯炯地等待着杨勇的反应。

"今天的事,来得非常突然,有些蹊跷,臣思来想去,可以断言,里面肯定有阴谋,是有计划有步骤的精心安排。目前当务之急是要暗暗查访一下这个危险来自何方!"邹大人神色严峻,浓浓的双眉快皱到了一堆。只听他话题一转:"臣以为别人在千方百计寻殿下的不是,可殿下却偏偏要自露短处。殿下明明知道皇上一贯倡导节俭的风尚,可殿下却偏偏要抖落出那副金甲,岂不是自讨苦吃?皇上的那番问话明明可以轻描淡写地敷衍过去,殿下却把制作的过程、花费和盘托出,真是哪壶不开提哪壶!"

听到此处,杨勇急忙接过话头:"当时只想博得父皇高兴,哪料想忙中出错。至于后来的解释,也是别无选择,只能据实回答,岂容有半点虚诳。"

听了杨勇的话,唐大人和邹大人已无话可说。他们的心仿佛沉入了冰湖湖底,他们觉得眼前的这位仁者、这位诚信之极的人只能做个好儿子、好丈夫,但绝不应是个君王。

后来,二人双双暗中投了杨广,成了安插在东宫中的两颗最危险的钉子。这是后话。更可怕的是，杨勇压根不相信众皇弟会在暗中算计自己。他认为自己作为长兄、储君，应该全心全意地维护兄弟间的和睦和团结，哪能互相去猜忌、使绊子，如果那样，将来如何君临天下，善待臣子？在兄弟中，他认为最可信的是二弟杨广，二弟从来都是那样尊重自己，礼让自己，居功不自傲，即使对待大臣，也是彬彬有礼。他觉得二弟从小就聪明，虽然有时好要个小手段，但他认为那是"小节"，谁能没有个缺点呢？

他喜欢的兄弟中还有蜀王杨秀。四弟杨秀在兄弟中脾气最为直率，不矫饰，虽然有点"花心"，但对于一个男子来说，算不上大缺点，两人来往较多，互有馈赠。

至于五弟，年龄尚小，更不会构成什么大威胁。杨勇目之所及，都是慈眉善目的"仁者"，大慈大悲的"观音"，无怪乎他的臣僚们既同情他，又可怜他。杨勇的性格决定了他的悲剧结局。

开皇十八年三月初，天地春寒料峭，一片银装素裹。

文帝杨坚这年已经五十八岁了，但多年过度的劳心使他看上去要老得多。鬓发几乎全白了，说话的底气明显不足，眼睛已不再那么有神，但他还是坚持每日早朝。

这天，朝臣们像往日一样早早来到了大殿外的朝房内等待早朝。这时朝房外传来匆匆的脚步声，只见一名将官风风火火地将一封夹带鸡毛的十万火急公文呈给内侍，焦急地说："东北边关告急，速请公公转呈皇上！"朝臣们知道，今日的主题来了。

许久没有大的战事了，皇上会如何对待呢，大臣们各怀自己的心思。原来战事来自高句丽。东北全线告急！

"高句丽发兵十万，深入辽西百里，所过之处，人畜财物，无一幸免，我无辜边民被杀者已逾千人……"

高高端坐在龙椅里的文帝杨坚听到此处，松弛的面皮显然由于激动而微微泛红。他一手扶住龙椅，一手颤颤地在空中比划着，向群臣怒道："小小的高句丽，不思报恩，竟敢犯我大隋边境，杀我边民，是可忍，孰不可忍！大隋是不容侵犯的，朕是不许小视的。朕有百万铁人军岂容外族入侵！"

杨坚不觉已把拳头握得紧紧的，在空中挥舞着，咆哮着："朕今番定要发靖难之师、雪耻之师，荡平高句丽，让它永不得翻身！"他气喘甫定，又道："谁愿为朕披挂领兵，征讨狂贼？"他目视着脚下的群臣，额上闪着细微的汗珠。

堂下一片沉静。忽地，群臣中一人出班启奏。众人看时，原来是左仆射高颎。只见他走上前来，不疾不徐，朗朗奏道："国兴民兴，君荣民荣，高句丽为我大隋属国，竟目无宗国，兴兵犯境，杀我百姓，每一个大隋子民都应挺身而出，报国杀敌。但臣思虑，高句丽多年一向奉我朝为大国，岁岁年年纳贡，突然兴兵，其中必有缘故。臣以为可先遣使打探缘由，如果可用外交手段解决，未必要兴师动众。"

高颎深深吸了口凉气，又道："兵法云：'上兵伐谋，其次伐交，其次伐兵。'如能'伐谋'，则为上策。再说现在出兵高句丽，能有几分胜算？高句丽境内山高林密，河湖纵横，现在正是北方多雨的季节，如连遇阴雨天气，这粮草给养怎么运输？如果缺乏粮草，这兵怎么带，仗怎么打？率疲病之卒深入险地，后果恐难预料。"

高颎话音刚落，杨坚便不耐烦地质问道："依仆射之意，这奇耻大辱可以轻轻抹去？试问那些失去亲人的百姓会答应吗？那牺牲了战友的将士们会答应吗？"

高颎据理力争："臣并非无情无义之人，只是担心耗费巨大，而收效甚微；牺牲巨大，成果皆无啊！"杨坚很不满高颎的回答，认为他是故弄玄虚，杞人忧天，于是生气地责怪道："都似爱卿这般瞻前顾后，我东北危矣！国家领土一寸也不能丢，国家尊严一点也不能损！"

其实高颎并不反对增兵拒敌，反对的只是征讨高句丽。而杨坚却顽固地认为高颎反对出兵。他还想再责备高颎几句，但却被一声"父皇"打消了念头。

说话的是汉王杨谅。汉王谅白净的面皮，一双小眼睛里藏着一丝让人捉摸不定的东西。年纪不过二十多岁，毛茸茸的胡须很清晰地点缀在唇的四周。他是文帝最小的儿子，也是文帝最疼爱的儿子。但他在同胞五兄弟中，出道最晚，功劳也最少，和四个哥哥相比，他时常有内心不平衡的感觉，他认为自己无论是聪明或是机灵，他并不弱于他们任何一个，只是缺乏机会罢了。因此他总想寻机会在众人面前展示一下。今日恰逢这个机会，于是他决定紧紧抓住它。

"父皇，儿臣不才，愿率一支精锐之师，奋击来犯之敌！"

这声音脆生生的，听起来还带着淡淡的奶味，但杨坚却喜上眉梢，他欣赏地望着汉王谅那副不失英雄本色的气魄，那气魄渐渐地在他的眼里仿佛幻化成了朵朵飘飞的鲜花——那成功的标志。这时，杨坚的心里充满了安慰：毕竟是朕的儿子，有着朕的血统、朕的风格，朕的后代毕竟不弱！但倏地，一份苍凉又掠过心头，自己已近花甲之年，近几个月来感觉一直不如从前，易疲劳，睡眠不好。难道这些是某种预兆吗？

这一喜一忧在杨坚的脸上只是一闪而过，但在善于察言观色的朝官们的眼里，却是阅读得到了两个明确答案。杨素一脸笑意地附和道："皇上以打促和的方略对全局具有战略意义。不打不足以显国威，不打不足以丧敌胆，打仗既能练兵又可育才，将军都是从血与火中走出来的。"

杨素一向能言善辩，只要认准了道，他会说个没完。

"汉王上承皇上才德，下依兵将爱戴，手持七尺长缨，定能驱魔斩妖，高奏凯歌而还。"言毕，他朝汉王投了一眼。汉王自然心领神会，也回敬了杨素一个注目礼。杨素的话正合文帝的心思，于是杨坚不禁投以赞许的目光。而高颎对他这一套冠冕堂皇的溢美之词早已习以为常，不屑一顾地哼了一声。朝堂上再无其他人发一言一辞。

其实，在满朝文武中，出自高颎门下的弟子或经高颎举荐的官员为数并不少，他们也清楚此时出兵高句丽未必能捞到什么便宜，汉王也并非杨素所夸赞的那样文韬武略，但没有人愿意，或者根本不敢据理而言。因为伴君如伴虎，一言不慎则可丧身辱家，尤其是他们目睹了近年来的朝纲，不得不采取低调做法，或者说是明哲保身。他们不会忘记李德林遭受的冷遇，也不会忘记因与皇上不睦而被毒杀的滕王瓒，更不会忘记不久前彭国公刘昶的下场。

苏威就是这样考虑的。他认为这样的争论完全不值得，因为现在的皇上已不再是开皇初从谏如流的皇上了。近些年来，随着国势日隆，年龄增大，皇上的固执和偏激，已冷了许多老臣的心，伤了忠臣良将的感情。除非不顾事实昧着良心，完全迎合他，否则给你一个脸色已算是皇恩浩荡了。这是后来苏威和高颎私下的谈话。

但高颎毕竟是高颎，他殚精竭虑地辅佐杨坚十几年来，不隐私，不藏奸，即使是杨坚也不得不承认这一点，时至今日，他虽然也承认皇上变了，越来越专制了，但他总也改变不了那种爱讲真话的脾气和一腔忠君之心。他时刻不肯忘记自己是左仆射，自己身上的担子和义务。但今天，他破了例。一看势头不对，也挂起了免战牌。但树欲静而风不止，本打算不管这桩"闲事"，可不管能行吗？

"高爱卿，汉王要领兵出征，你意下如何？"杨坚又将了一军。怎么回答呢？照直说，那是皇上不愿听的；曲意逢迎，又觉得别扭；若是把球再丢给皇上，并非自己的一贯作风。

也罢，何不来个顺水推舟，卖个人情吧！想到这儿，高颎很爽快地回答道："皇上圣明，汉王做统帅，当之无愧！"

高颎的急转弯，在杨坚看来，极不自然，他宁愿高颎是相反的态度，而不是现在这种勉强的豁达相。所以杨坚的眉头放开又皱起来。高颎全然没有注意到这个细节，依然神色安然地静待皇上下达出师的旨意。

"汉王杨谅，左仆射高颎听旨！"杨坚口拟着圣旨。

乍听这句话，高颎还以为是听错了，但他马上意识到，皇上是要把自己和汉王拴在一起，"生死与共，风雨同舟"。

事情来得太突然了。跪倒在金殿上，高颎觉得脑袋昏昏沉沉的，他模模糊糊地听完了圣旨，只记得圣上封他为长史，协助汉王谅讨伐高句丽。

高颎神思恍惚，他并非害怕出征。想当年平定尉迟迥叛乱，他力挽狂澜，率领大军直捣尉迟迥老巢相孙，猎猎军旗高扬在相孙古城上空；开皇初，他又节制三军，连续收复被南陈侵占的大片国土，一胜而再胜，豪气冲天，饮马长江北岸；开皇八年，雄兵飞渡天堑，南陈一夜间灰飞烟灭，结束了南北长期分裂的历史局面，又是高颎居中统一指挥。

以往听到出征的旨意，充溢胸中的是抑制不住的激情，令人兴奋不已。可今天再听到它，却如闻丧钟，也许更像是被判了流刑一般。可对于杨坚而言，这一决定一举两得，既能示之以重用，又能增加切责之意，不过，不是用言语责备，而是用行动昭示。

而此时，对面无表情的杨素来说，这份圣旨，不啻又是一件特大喜讯。因为要寻找机会扳倒高颎，手中没有穿透力强的利刃是不行的，而此次远征高句丽，吉凶实难预测，这岂不是做文章的上好素材？其实，杨素将暗箭对准高颎，已非一日了。故事还要从杨素拜倒在杨广权杖下说起。

杨素向杨广面授机宜时，杨广的那份虔诚，杨素的那份投入，能够组合成一幅绝好的画面，但可惜的是他们密谋的却是一场卑鄙的政治阴谋。杨素伸着头发稀疏的脑袋，向一脸奸邪的杨广指指点点，而杨广则不住地小鸡啄米似的点头。"这里有两个关键，一是把太子搞臭，使他在'二圣'面前成为一文不值的废物；二是要清除夺取东宫的最大障碍——左仆射高颎。此人在'二圣'眼里是个忠心耿耿的、无可替代的角色，而恰恰是这个一直扮演忠君信臣的'不倒翁'，与太子竟是割不断的儿女亲家，高颎倒台，太子会失去最大的保护屏障，就只有被歼灭的命运了。"

在杨素的精心策划下，杨广一步步逼近太子。"二圣"突然造访东宫，使杨勇猝不及防，在众人面前颜面尽失，就是杨素的杰作。向"二圣"通风报信的人乃皇后身边的贴身宫女，名叫紫叶，而向紫叶报信的公公又是皇上的得力内侍张权。紫叶、张权都被杨广一一收买了，成了杨广的耳目。可以说宫中的大事小事，只要杨广想知道，就能很快地获取。当然，他更不会忘记在东宫内安插耳目。

他们一方面有计划地盘算着东宫，另一方面加强了对高颎的攻势。

据张权从内宫传来的消息，皇上自从突访东宫以后，对太子的印象一落千丈，有一次和高颎谈及太子杨勇，刚一露出废止的意思，高颎马上以"长幼有序，其可废乎"的继承制度提出反对意见，皇上未置可否，但皇上的脸色很不好看，显然是不满高颎的态度。

惹皇上不高兴，这可是重要信息。杨广和杨素两人如获至宝。但时不多久，杨素捕获的另一信息竟使两人高兴得如癫如狂。

那是秋末的一个傍晚，住在仁寿宫的独孤皇后照例是傍晚外出散步。这时一个小宫女急匆匆地神色紧张地来到寝宫门外，叩请完毕，被放了进来。这个小宫女，独孤皇后认得，是紫叶的侍女，经常往来于紫叶和皇后之间。

一看那神色，独孤皇后便知是闹心的事。果然，小宫女不很完整的叙述，已使她勃然大怒。"吃了豹子胆，竟敢如此不知廉耻！走，我倒看看是个什么样的狐狸精！"

呼啦啦，十几个宫女一人一支木杖，像出征的勇士一样扛在肩头，样子十分英武。

这支花枝招展的特殊的队伍跟在怒发冲冠的"将军"身后，向昭阳宫进发。近来文帝常在昭阳宫批阅奏章，不想竟批出一段风流韵事来。

这位"大胆包天"的宫人不是别人，正是尉迟迥的孙女尉迟风琴。多年不见，当初的黄毛丫头如今出落得亭亭玉立，风姿可人，把个一向矜持的文帝招惹得昏天暗地，只恨相见太晚。

杨坚是在一次偶然的场合中和尉迟风琴相遇的，但却有种似曾相识的感觉。那日，响晴的天，宫人们尽情地享受着和风丽日下的风景，捕蝴蝶，采野花，嬉笑着，追逐着，那银铃般的欢笑声，各色鲜艳的服饰为这中秋的大好风光平添了点点亮色。

突然，狂风四起，阴云滚滚而来，转眼间豆大的雨点劈头盖脸砸将下来，宫人们像受惊的小兔一样四散而去。

尉迟风琴也被骤雨赶得无处躲藏，正在这时，只听有人喊道："朝这边跑，到这儿来避雨！"她循着声音跑去，抹了一下脸上的雨水，才看清面前的人：六十开外的一个老头，清瘦，但眼睛很亮。他身边一左一右两个人，一个小宫女，一个小太监，都把眼睛射向自己。

这个老者便是杨坚，这个阁子是他经常光顾的地方。眼前的这个宫人的举止神采引起了他的注意，他仔细地打量起来。杨坚不禁怦然心动，他好像见过这女子，但又无从记起。

尉迟风琴对皇上没有什么太多的戒备，也许杨坚此时确实有君子风范，温文尔雅，没有冷冰冰，没有高高在上，没有色迷迷。短暂的问答在雨停之后便告结束。因为杨坚不忍看见那只白鸽在淋湿了翅膀之后瑟瑟发抖，但他记下了她的宫名、人名和爱好。

从那以后，杨坚仿佛换了个人似的，容光焕发起来，他叫尉迟风琴为他诵诗，为他操琴，在温暖的罗帐内，杨坚尽情享受着温润玉石般的肌肤给他带来的无限快感，他喜欢听她耳语缠绵，丝丝如甘霖沁人心田。

当然，他的一切都是在严格保密的状态下进行的，他不愿为此和独孤皇后扯破脸皮，几十年风雨同舟，他尊重皇后也爱皇后，年轻时尚能和和美美，何况人到暮年，所以他的这点小小"人欲"还是要讲点手段。

尉迟风琴也是个明白人，她和杨坚的老少恋，没有任何功利色彩，只是慰藉一下寂寞空虚的心灵，而且她和杨坚也绝不是单纯为了肉欲。互相按摩一下心灵，才是尉迟风琴的第一要求。

杨坚首先是被尉迟风琴的美貌征服，然后才逐渐全面认识她的。杨坚像爱惜宝玉般地珍惜着尉迟风琴，虽然相识时间短，但发展得神速。

这天，杨坚来到尉迟风琴的住所，二人又是一阵缠绵。不过，独孤皇后也是一个醋坛子，很快，她便带着人怒气冲冲地赶到昭阳宫，将尉迟风琴乱棍打死。而杨坚再次来到昭阳宫的时候，看到的是一具冷冰冰的尸体。

杨坚生气地骑马狂奔，高颎和杨素在后面紧紧地跟着，生怕出了什么事儿。杨坚站在城外的山林面前，他想起了师父智仙法师，想起了在佛寺苦读的日日夜夜。

"也许，我的最终归宿还应该是清幽的佛门，那么现在，也许是时候了。"

杨坚在心里暗暗地想。"追来追去，杀来杀去，爱来爱去，都难逃轮回，还是让我回到最初的地方吧！"杨坚的思绪还未跳脱归佛门的圈子，顺口脱出一句："只有佛能理解我！"

高颎离他最近，听到这话，很快明白了他的想法，于是劝道："皇上乃一国之君，万民之主，怎能因为一个妇人的原因而置天下于不顾！"

高颎的意思是，不能因为皇后杀了自己喜欢的女人，而心生悲切，天下这么大，还怕找不到美女么？一国之君就要以国家大事为重，万不可因小失大。高颎的话在旁人看来并没有其他的意思。不过这句话却让杨素记住了，并且利用它做了一番大文章。随后，二人又劝说了杨坚一番，直到月亮升起来了，杨坚三人才返回宫去。

为了这件事情，高颎着实花了很大的力气，最后使得皇上皇后化干戈为玉帛。

第二十一章

出师不利推卸责任　太子地位岌岌可危

　　不过，这件事情还没有就此结束，杨素将高颎说过的话，添油加醋的讲给了独孤皇后。

　　"什么，这个高颎竟然把我说成'妇人'？竟然这么看低我，枉我一直这么注重他。好吧，既然他说我为妇人，那就让他领教一下妇人的厉害吧！

　　"一路走来，假如没有我，就不会有今天的大隋，哪怕是杨坚本人，也不敢轻视我，他一个小小的左仆射，竟然狂傲至此，这是何等的耻辱。"

　　这一把火烧得好，杨素事后向杨广讲起这段精彩片段时，杨广拍着大腿佩服得五体投地。得罪独孤皇后，失去了皇后的鼎力支持，想在政坛上有所作为，那是根本不可能的。

　　独孤皇后不仅在后宫有着绝对的权威，而且在国政上也是位铁腕人物，尤其在重大人事任命和调整上，可以说是说一句顶一句。不然，何以有"二圣"之称呢？

　　高颎在政坛叱咤风云十几年而不衰，什么原因？"二圣"的信任和支持。

　　正因为高颎与独孤皇后有着特殊的关系——患难时的真正朋友，所以尽管政坛风云变幻，而高颎则始终处于重要的地位。高颎也不是没有缺点，不犯错误，问题是他有功时有人在旁赞颂，有过时则有皇后予以掩饰。再说高颎并没犯下什么大的错误，这样自然显得他功绩赫赫，四平八稳了。

　　想当年，高颎出将入相，主要是独孤皇后的力荐。这一点，朝中老臣都是知道一二的。

　　独孤皇后认为可用的人会一帆风顺，而她厌恶的人可就永无出头之日了。

看来，杨素的确把准了独孤皇后的脉搏，杨素得意地向杨广介绍说："这便是借刀杀人之计，四两拨千斤，能见奇效！"

再说高颎受命元帅长史以后，立即着手筹备出兵事宜。

按照文帝的设想，三十万大军分水陆两路同时进发，以期分进合击。对此，高颎也觉得可行。但水路走海道，风浪大，险情多，人数应控制在五万以内为妥，但杨谅坚持水路至少在十万人以上。理由是，可以形成互相支援的局面，陆路如果受挫，水路立即可以转为主攻，从侧翼切入敌阵。

应该说这个设想也有可取之处，但担心的是给养供应困难，敌人一旦切断海上运输线，十万大军便形势严峻了，这种方案缺陷太大，经不起仔细推敲，高建议改变方案。但元帅杨谅坚决不同意。高颎无奈，只好来个折中方案：水路增加到七万人，并派得力干将押运粮草。

最让高颎难做的是选调军队。按照分工，选调将官和军队由元帅、长史具体操作，长史向元帅汇报即可。这项工作，高颎是驾轻就熟的，他了解将官们的情况和各地军队的训练水平。高颎根据战略需要，把陆路分成四路，水军分成两路，他和元帅提督中军，坐镇中枢进行指挥。各路的将军也都配备了可靠的副手。军队的部署完毕，高颎向杨谅报告。

汉王谅接过细致的提调分配方案，简单地浏览一遍，便很不耐烦地说："这些将官我看年龄偏大，不宜委以重任，孤王另选了一些年纪轻的担当主将，他们虽然阅历浅一些，经验少一些，但热情高，建功立业的愿望强，可以独当一面。至于征讨的军队，我看就用河北、山东的吧，他们距离战场近，便于调遣！"

高颎想仔细解释他的战略战术思想，但杨谅长长地打了一个哈欠，舒展着双臂，抱歉地向高颎笑了笑："齐国公，本帅就这样定了，你去安排吧！"

出征的军队集结完毕，高颎在会上宣布了四十二条军规：

不听将令，处置失当者，斩！

贪生怕死，临阵脱逃者，斩！

造谣惑众，动摇军心者，斩！

丢失、盗窃军粮者，斩！

......

高颎宣布完毕，强调此诸项军规上自元帅，下至兵卒，一概适用，如有违纪，军法处置，并任命了监察军纪的军官。

再看下面黑压压一片将官们，个个神情严肃，了无杂声，严肃整齐。

汉王谅慵懒地从帅座上站起，宣布了主要将官的职责和任务，他把押运粮草的重任交给了宇文述的小儿子宇文林，水军行军总管则是他的亲信杨红。

杨谅请来了术士为出征选择良时，又延请僧道为三军祈福，并杀白马黑牛祭奠军旗。

出征那天，阴云密布，北风从早到晚刮个不停，前锋的一个掌旗手行不过二十里地，在平坦的大路上竟失足落马，即时毙命。这一事件像瘟疫一样，很快席卷了整个前锋部队，一时间，不安和恐慌笼罩了这支部队。

行军第二天，天空便开始飘起小雨，因前方军情紧急，部队只好冒雨前进，大队人马在泥泞的地上艰难地跋涉着，队伍中不时传来车马陷在泥淖中阻碍道路的消息。

第三天，兵士中开始有人闹病，上吐下泻高烧不止。军中医官诊断为吃了不洁之物所致，于是传令不得随意饮水、吃食，要先经试饮试吃方能统一使用。但这一措施并不见效，更多的人得了同一种病。医官又断为水土不服，但不久，病重者开始死亡。病人一天天增多，但行军不能停止，行军速度慢慢地减了下来。

时值春季，加上阴雨连绵，疫病传播更快，前锋军中十有其七都被感染了。

由于疾疫流行，杨谅不得已将军队驻扎下来，医官在军令重压下，终于寻得治病草药，军士们将药喝下去后，先是症状减轻，后便渐渐痊愈。病愈的士兵露出了笑脸，医官们也长长松了口气，杨谅和高颎也终于睡了一个安稳觉。

讨伐高句丽的陆路大军经过灾难性的瘟疫打击，士气大受影响，虽经高颎等人的激励，阴影依然挥之不去，一些人认为这是上天警示人们，切勿轻动刀兵，违者必受惩罚。这种思想和情绪在兵士乃至将官中都有，令高颎也十分头痛。

不料，此时又一更令人震惊的消息传来：二十万石军粮被一把火焚了个精光！

眼看就要和敌人开战，在这关键时刻，失了军粮，当兵的能饿着肚子打仗吗？再说，消息一旦泄露，军心必然不稳，这仗可就没法子打了。

这军粮怎么会被焚呢？粮草押运官宇文林，乃柱国将军宇文述之子，二十多岁，善使一对流星锤，被杨谅任命为三十万大军的后勤部长，高颎一直认为此事草率。

失火的原因很快被查清，原来宇文林醉酒后鞭打士卒，引起士卒不满，士卒放火焚烧了粮草。追捕嫌犯自不必说，但军粮被烧，按军规当处极刑，作为主将具有不可推卸的责任。眼看血光之灾就要降临，平时八方威风的宇文林现在变成了大狗熊，竟将责任全都推给了几个毫不相关的人。

他在给杨谅的呈文中颠倒黑白地把自己装扮成一个带兵有方、执法严肃的正人君子，诬蔑几个平素对他有成见的人结党营私，暗中和土匪相勾结，而这场大火则是几人串通土匪搞的一场阴谋，旨在嫁祸自己。他要求严惩凶手，给几十万东征将士一个交代。而高颎接到的则是内容与此恰恰相反的报告。

俗语说，兵马未动，粮草先行，几十万大军一旦断炊，情形可想而知。高颎打了这么些年的仗，这还是他遇到的第一回，他决定马上要把这危急的情况与杨谅商定后，速报朝廷。

杨谅现在也已接到呈报，顿感事态的严重，他开始有些后悔自己用人不当，宇文林竟然本性难移。虽然呈报中宇文林把责任推得一干二净，但凭直觉，他认为宇文林肯定在撒谎。

但宇文林毕竟是自己提名委以重任的，他在掂量着对宇文林处理时，不能不考虑对自己的影响。

然而，杨谅没有想的是，对认定主要责任人时，自己会和高颎冲突得这么厉害，简直到了剑拔弩张的地步。

"宇文林身为主将，视军纪如草芥，视责任如鸿毛，公然酗酒，甚至指使人盗买军粮，以充好，把好端端的队伍搞得人心离散。有其将便有其兵，士卒盗粮固然该斩，但为将者首先违规，应罪加一等！"

高颎对杨谅为宇文林开脱的做法极力反对。杨谅把宇文林定为未能及时发现、制止违纪的官佐，负次要责任，轻描淡写。如果这样，宇文林最多被罢官、充军，等于未伤及筋骨。

杨谅的态度极为强硬，坚持要从轻发落。而高颎据理力争，坚持斩杀了宇文林，这令杨谅十分恼火，在心里埋下了愤怒的种子。

开皇十八年的春天，对于一心要建功立业的杨谅来说，无疑是个灾难的季节，与别的年份相比，雨水来得早，来得大，风也大得邪乎。第二批押运粮草的队伍又因雨大而一再延误时间，军粮频频告急，而水军此时也遇到狂风而大半倾覆，据逃生回来的人描绘，那场狂风来得快、猛，仿佛在顷刻间，天地便翻了个。在狂风巨浪中，人显得是那么弱小，因船翻而落水的官兵也在一刹那便被无情地卷入峰尖浪谷，任你再好的水性，到此也无能为力了。

高颎暗自为现在的对外政策的变化而担忧。现在三十万东征的大军，已经面临绝粮的威胁，是进还是退，现在已到了必须抉择的时候了。高颎建议迅速回撤，杨谅主张继续进军。高颎说不动杨谅，而杨谅也不能说服高颎。高颎提议今晚两人暗中探访军营，听听士卒的真正想法，杨谅爽快地同意了。意想不到的是，全军不但士气异常低落，就连水军全军覆没的消息不知怎么的也被泄露了出来，和绝粮的消息一起已经在士兵们中暗中传开了！

高颎和杨谅走走听听，无非是些牢骚、悲观的论调，这反映了兵卒们的真实面貌。

二人默默回到大帐，高颎望着杨谅，眼中含着期待，希望听到他关于撤军的决定，但除了看到杨谅一脸的失意和颓丧，高颎什么也没得到。杨谅没有勇气，也没有脸面由自己主动提出撤军的要求。

高颎猜对了。总得让人家面子上能挂得住，由自己说出来多不体面。那也好办，由下面将军们提出，集体央求，杨谅拍板就算是集体通过了。将军们的工作不难做，试想一下，谁心甘情愿地抛家别子，为一场没有意义的战争而牺牲自己呢？

将军们一呼百应，像过年般的高兴不已，他们自愿集合起来，一起向杨谅进言，那场面让杨谅也为之动容。其实，这不过是场戏，双方都在表演，而且都心知肚明。杨谅无非是顺水推舟而已。撤军令下达到了每个士兵，整个军营沸腾了，他们把衣物掷向空中，把战友抬起向上抛，有的情不自禁地高唱起家乡的小调，笼罩在心头的阴云被一扫而空。高兴的还不止是隋军官兵们，还有处在高度戒备状态的高句丽兵士们。

高句丽入侵辽西，开始一段时间，攻势猛烈，攻城陷地，气焰很盛，但隋军慢慢缓过劲来，渐渐由劣势变为优势，士气越来越旺，失去的城镇又被一个个夺了回来。待听到东征大军出发的消息时，高句丽更是紧张，遂把入侵的军队全部撤回到了原来的边境线以内，并加强战备，防备隋军长驱直入。

高句丽王高元一刻也没忘记对隋朝大军的侦察，尽管隋军遭受天灾的打击，但仍有近二十万人，依然是支进攻性很强的部队，他不敢轻举妄动。高元本来是受挑唆才发动战争的，早有息兵的念头，就在杨谅决定撤军的前一天，他派出了三个扮作皮货商人的探子向杨谅传递信息，信使是高颎接待的。高颎一方面历数了高句丽的不义行为，又一方面表示愿把高句丽王的意思转呈汉王谅。汉王谅撤军名正言顺，倒也心满意足。撤军要比进军容易多了，一路顺畅，毋庸多言。

大军回到都城，百姓夹道围观，去时浩浩荡荡的三十万，回来时只剩了一半多一点，场面不像是欢迎，倒像是举行葬礼，人们的脸上悲伤多于惊喜。

大军班师，没有十年前平陈凯旋时圣驾摆銮的盛况，也没有朝臣鲜花和掌声的簇拥，只有四野失去亲人的哀鸣和杨坚的斥责："三十万大军损失近半，却空手而归，这是大隋立朝以来最不体面的一次军事行动，你也是第一位领兵打仗无功而返的藩王，让国人失望，让朕失望啊！"杨坚痛心疾首，无奈地摇着头。

杨谅战战兢兢，唯唯诺诺地说："如果不遇到疫病，如果不遇到风暴……"

"如果，没有那么多如果。战争就是战争，谁取得了胜利，谁就是真的英雄，谁善于利用各种条件，善于把握机遇，谁才可能与幸运之神握手言欢。"杨坚打断了杨谅的话，又是一番谆谆教导。杨谅满面羞愧，汗水在苍白的脸上顺着脸颊流下。

"父皇，儿臣实在是有难言之苦衷！"

"难言的苦衷？你身为藩王，手中握有重兵，你要什么给你什么，你还有什么难言的苦衷呢？""父皇，儿臣、儿臣不敢说！""岂有此理！好了，朕不怪罪你，从实说来吧！""这——""吞吞吐吐，瞧你的出息，

第二十一章　出师不利推卸责任　太子地位岌岌可危

到底是怎么回事？"

"父皇，"杨谅似乎终于鼓足了勇气，"父皇疼爱儿臣，信任儿臣，令儿臣挂帅出征，儿臣自感责任重大，不敢有一丝的懈怠，但儿臣自出征以后，常感身不由己，徒叹无奈。"

杨谅故意说到这儿，把话停住。杨坚果然费解，连忙追问不已。"身不由己，徒叹无奈，这从何说起？""这一切皆因齐国公高颎所致。""朕不明白！"

"齐国公虽名为行军长史，但自恃是开国元老，动不动在儿臣面前摆老资格，常常凌驾于儿臣之上，有人劝儿臣对他略施薄惩，但儿臣思虑，他是父皇亲点的人选，怎敢造次？也就忍了这口气，但他得寸进尺，又利用他军中的影响，随意发号施令，而令儿臣的军令左右受阻，虽有良策而不得实行！"

杨坚略一思忖，突然吼道："分明是你御兵无方，倒反诬他人！高仆射与朕风雨同舟十几载，虽说他有时性格耿直出言无状，但他对江山社稷之忠心不会改变，你不用说了，下去吧，念你年幼，朕姑且饶了你这一回！"

杨坚真的有些动怒了。

"父皇，儿臣犹骨鲠在喉，不吐不快。儿臣所言，句句是实，绝不敢有一言半语虚诳，容儿臣把话说完！"杨坚沉默着。

杨谅继续禀道："诚如父皇所言，左仆射乃父皇的股肱之臣，又曾为国屡立大功，为父皇的江山社稷出了力、流了汗，也正因如此，儿臣视他为长辈。但他的一些言谈举止，与他的地位和声誉实在不能相称。比如他在儿臣面前炫耀道：'当年，若不是我在平定尉迟迥叛乱和平陈中的作为，哪有今天的南北一统、四海升平？还说，平叛策略、平陈的计谋，都有他高颎一半的功劳，又说，殿下只管在旁学习、观摩，一切交由老臣负责。'他私下调兵遣将，随意任命亲信，儿臣都是后来才知道。"

杨坚听到这儿，心里很是不舒服，但他还是将信将疑："高颎原来不是这个样子的，朕所以派他去，是看重他的忠心和能力，欲借他丰富的经验来辅助你啊！"

看到杨坚的语气有些缓和，杨谅趁热打铁："也许他当年确实是这样，但近年来，他是有些变了，变得太固执了，尤其是这次东征，儿臣是深受其害。"

杨谅这小子打仗不行，投其所好还真有两下子，他深知杨坚忌谈平叛、平陈之役中的谋略问题，因为在外臣看，那些都是体现了圣上英明聪慧的实例，岂能四处张扬？另外，他还抓住了杨坚对高颎固执的不满这一点，找共同语言，抓感情共鸣。

这一招还真灵，杨坚被说动了。

"难道是他居功自傲了？"

杨坚自言自语，声音不大，但很清晰。

杨谅趁机又说："他常向儿臣炫耀，当年父皇、母后身处逆境时，他是如何帮助，又如何化解一次次凶险的。"

这些更是杨坚的疼处，杨坚的眉头拧在了一起。杨谅换了一个角度，又说："他在军中，结党营私，对于他的部下和他的门人是一个要求，而对别人又是一种要求。比如火烧军粮的人，他只判了鞭刑。若不是儿臣及时发现和纠正，几乎引起哗变。"

"他敢如此明目张胆？"杨坚有些气愤了。

在把皇权看得大如天的杨坚的脑海里，浓浓的黑暗很快把高颎以往的功绩吞噬得一无所有，高颎的"错误"陡然间增大了数倍。于是杨坚彻底推翻了心中长久以来建立的对高颎的信任。

高颎失宠了，倒台只是时间问题。可就在此时，又发生了一件震惊朝野的大案——虞庆则因犯叛逆罪被捕入狱，朝野内外牵连人员甚多。

刑部在查检虞庆则的大量信函中，发现多封左仆射的手书，内容多涉及军政要务。杨素一早醒来之后，听到的第一件事就是涉及高颎的书信，他如获至宝，立即着心腹把高颎的书信集中一起，仔细阅读，务需找出和虞庆则相互勾结的证据，即使断章取义，或有意否曲，都在所不惜。

经过高参们苦心拼凑的证据交到了杨素的手里，杨素那张阴险的脸笑得比任何时候都充满了自得。

这几天，京城内外，皇宫内外，兵士们三步一岗，五步一哨，如临大敌。杨坚在一片暴躁不安和紧张中不停地追问着案子的进展情况。虞庆则的案子涉及朝廷内外许多大臣，杨坚的态度是，凡有嫌疑，一概审查；凡有罪责，概不放过。

高颎的案子被放到了龙案上，杨坚翻了翻什么也说不出，只是来回地踱着步子。

杨坚时而眉头拧在一起，时而把拳头握得叭叭响，时而又停下来凝神望天，他最后像指挥决战一样，在龙案前立住，抓起朱笔，刚要挥毫书写"斩"字，旋又停下来，这笔似有千钧之重，他抬起来又放下，放下又抬起。前天给虞庆则划"斩"字时，他是毫不犹豫的，可今天，他迟疑不决，脑子里一团乱麻。

"这高颎的确可恶！居然敢讲朕猜疑心重，还散布朕滥施刑罚，简直是罪不可赦！"

他又想了想，"要不是以往的才干……"他缓了缓，"即使不杀，也不能再放在眼前让人心烦！"他刚定下神，独孤皇后却派人请杨坚过去。前些日子，独孤皇后因为受益惑昏迷不醒，杨坚没少去她那儿探望，今天既然来请，那是一定要去的。

独孤皇后一脸的病态，半躺在床上，向杨坚问候，算是对皇上行了礼。"皇上准备如何处置高颎呢？"独孤皇后单刀直入，开口的第一句便直切主题："皇上待他信任有加，委以重任，而他却不思君恩，竟然暗逼贼臣，谋逆以实现其狼子野心，这种人不杀不足以平民愤！"

"你的气还真不小嘛，按说他的罪也不比虞庆则小多少，理应严惩！"杨坚附和着皇后的意思，没有提出和她意见相左的看法，只不过是不愿她太操心罢了。"有人检举，高颎曾对他儿子说，'明年国有大丧'。陛下听听，这不是诅咒又是什么？"独孤皇后说这话时，情绪显然有些激动，眼睛一直盯着杨坚的双眼。"那依皇后的意思，高颎当如何处置呢？""杀！"独孤皇后一脸的凶相。

尽管独孤皇后已下狠心处死高颎，但文帝杨坚还是没有那么做。

高颎回到家中，把家人聚齐，宣布了皇上对自己的处分，如释重负地讲："昔日，刚当上仆射时，老母亲曾对我言：'你的富贵已到极点了，再往前一步，就要杀头了，可千万小心呀！'这话我谨记在胸，今日能被免去一死，实在是不幸中的万幸。你们即刻收拾一下，准备搬出齐公府。今后，我们是一介平民百姓了，凡事要更加小心才是！"

但树欲静而风不止。凉州总管王世积又被人密告。王世积是高颎的部下，王世积被杀，高颎自然也脱不了干系，高颎又遭盘问调查，虽没有什么过错，但把人折磨得够呛，更可气的是，有人见高颎落了威，便想揭发他，好立功受奖，于是又向皇上密告。当然，这其中的来龙去脉，独孤皇后和杨素最清楚。

一天，一个曾在高颍身旁当差的人向官府告发，高颍的儿子高表仁对其父说："司马仲达初托疾不朝，遂有天下，父亲今日有惊无险，未必不是好事啊！"

众所周知，曹魏末年，司马懿称病发动政变，最终夺取政权。这一密报岂不是在向人们暗示高颍有僭越之心吗？这一招的确恶毒。

杨坚听后果然又在殿上发了一通火："帝王之位岂是靠强力夺取的。孔夫子凭他的绝代才智，著书之说，传扬千古，难道他不想做天子吗？但天命难违，他只能做圣人。所谓生死有命，富贵在天，就是这个理。他高家父子之言，把自己和晋帝相比，是何居心？"

杨坚虽然如此说，但醉翁之意不在酒，高颍已不堪一击，他意在重点提醒其他大臣，要以此为鉴，绝不该有非分之想。

高颍终没有避免入狱受刑的厄运，但他能泰然处之，心平如镜，再说，主要是杨坚不想置高颍于死地，他早有交代。所以高颍虽受了些皮肉之苦，但尚无大碍。

太子妃元氏病恹恹地熬过了秋天，终于没有熬过严冬，于"二九"结束那天晚上走到了生命的尽头。这天晚上，当宫女们端着刚刚熬好的红枣小米粥，来到元妃床前时，就发现元妃的脸色似乎比平时还要惨白，但眼睛显然亮多了，她捂着胸口，大口大口地喘着粗气，宫女们惊谎地围拢来，捶背的捶背，抚胸的抚胸，乱糟糟地忙成一团。等到御医跌跌撞撞地赶来时，元氏已经停止呼吸了。

杨勇和刘氏随后也赶到了，望着脸色蜡黄的元氏和那皮包骨头的双手，杨勇一股酸楚的感觉涌上心头。那穿着粉红色皮袄的活泼小姑娘，那手执白绢手帕的羞涩的少女，那披着红布盖头的新娘……这一切都如做梦一般，渐行渐远了，最后只剩下一片迷茫。

元氏的娘家接到了报丧的噩耗，杨坚和独孤皇后也得到了凶信，元家已不比往日，收到凶信，只是谢了来人，没有多说一句话。而独孤氏的第一反应是元氏死得不明不白，其中有"鬼"。

"元妃近来比以往好多了，饭量增加了，也有了笑脸，怎么突然就没了呢？陛下想想看，是不是太子生怕元妃康复，不利刘氏，下手害死的呢？"

"无凭无据，不要瞎猜，朕以为，杨勇没有这个胆子。再说，元氏在与不在对刘氏并无影响，我看你是神经过敏。"

杨坚不同意独孤皇后的判断，缓之缓，他接着说："不然，派几个太医，还有心细的太监、宫女去东宫查一查，没有疑问就算了，如果有，那朕定要重重地惩办他！"

但据陆续回来的都报告说，元妃的尸首和太子宫的人都没有发现什么异常。独孤皇后又在嘀咕杨勇对元妃下了慢性毒药，可疑惑终归是疑惑，独孤皇后一时也拿杨勇没有办法。

丧事办得很隆重，很铺张，规模之大、档次之高都是大隋立朝以来少有的。送丧的队伍前面是巨大的黑色棺椁，由一百个壮汉抬着，棺后是绵延四五里路的送葬队伍，哭喊声此起彼伏，着实壮观。元妃的几个贴身宫女都是一身孝女的打扮，一个个哭得死去活来，惨声阵阵，一个宫女竟当场昏倒在地上。在凛冽的寒风中看热闹的妇女都被感动得陪出许多眼泪，连说元妃死得值，还有这么多的人深爱着她呢。

这诸多的安排，无非表明了元妃在皇族中的显著地位和罕有的美德，这样的安排，独孤皇后认为至少表达了自己对元妃的感情和对太子的不满。

或许是某种感觉在起作用，丧事办完后，杨勇总觉得在暗处有人在盯梢自己，窥视自己，他心里有一百个不自在，于是在府中各处秘密安排了自己的耳目。一天夜里，他故意在窗前吟诵古诗，只见对面的假山后面人影一闪，旋即就消失得无影无踪，片刻，只听人声鼎沸，一个大汉被众兵丁推了过来，杨勇定睛一看，原来是他！谁啊？姬威！

姬威，何许人也？他是太子的幸臣之一，平常，杨勇不告诉别人的事，都会告诉他，这小子是什么时候成了别人的密探的？

说来话长。晋王杨广在和杨素结成联盟之后，便准备在东宫寻找密探。杨广的部下中有一个叫段达的人，这人平时说话不多，但往往说得出，便做得到，很受杨广器重。当段达得知杨广的意思后，便自告奋勇要完成这件事。

原来，段达有个远房表兄姬威，在东宫太子眼前做事，官虽不大，但却很受信任。以往，二人见面闲聊时，互相都要夸耀自己得主人信任，段达没忘记这一段，所以觉得，这应该是个立功的机会。

中秋刚过，段达便提上几盒点心、两壶老酒找到姬威。二人老长时间没见面了，相见自然热热乎乎，虽算不上什么至亲，但两人脾气有点相投，所以二两美酒下肚，两人相谈甚欢，再加上实实在在的亲戚关系，一段酒就把姬威收买了。

这一切杨勇哪能知晓，望着满面羞愧的姬威，杨勇竟吃惊地结结巴巴："怎么会是你？"

姬威被抓后，杨勇没有难为他，当天，他自觉无颜再见太子，便趁人不备，在被关的房子内撞墙折颈而死。这件事杨勇没有深究，但给他提了个醒，危险在步步逼近。怎么办？他决定先请一些术士帮他驱一驱邪气。

杨勇相信术士相面，是受了他父亲的深刻影响，杨坚一直认为自己当年就是借助了术士的帮助才屡屡化险为夷、转危为安的。杨勇耳濡目染，也不觉把术士当成了生活中的一部分。杨勇忙着为避邪请术士，而杨坚却在为废太子也求助术士，而两人请的竟是同一人——韦鼎。

韦鼎，京北杜陵人，从小聪明伶俐，被人喻为神童，他博览经史，又精于阴阳，尤其擅长相面。出家为道后，他游历过大江南北的许多名山大川，为不少人驱病免灾，很多人视他为命运的救星。他后来游历到江南，被江南秀丽的山河所陶醉，于是就定居在江南。在陈朝时，他的相面之术被人吹嘘得如天神一般，妙不可言，什么命运劣达、人生贫富、寿命长短、事事吉凶、去病消灾、寻人觅物、生男生女、婚姻之事、修建房屋、选择墓地等等之事，他都能测出个十之八九，在陈朝，无论达官贵人，还是乡间小民，提起算命占卜看风水，没有一个不知道韦鼎。陈朝被灭后，杨坚派人将他请来，授予上仪同三司之职，待遇十分丰厚。他不仅为杨坚考定阴阳，言灾祥之事，有时还为杨坚解梦。有一次，杨坚做了个梦，梦见要上一座高山，可山高路陡，无法攀登。

忽然，从地下钻出两个臣子，一个叫崔彭，一个叫李盛，二人一个捧着脚向上挪，另一个扶着胳膊往上架，忽忽悠悠，半天才登上山顶，登上山顶往下看时，四周云海茫茫，没有了下山的路，也没有了臣子。

杨坚梦醒后，忧郁地对独孤皇后说："这个梦恐非吉兆，莫非暗示朕要升天吗？"

"陛下勿虑，何不请韦鼎圆梦？"

韦鼎听后，马上喜上眉梢，对杨坚说："恭喜陛下，此梦大吉。"

杨坚一喜，又问："请韦大人详解！"

"上高山，就是说陛下的江山社稷坚如山岳，陛下的青春将与高山齐寿，'彭'好比是彭祖，'李'就像是李老，有这二人扶持，实在是长寿的征兆。"

韦鼎不愧是江南绝世高人，普普通通一个梦，到了他嘴里竟"化腐朽为神奇"了。杨坚听后，顿时喜形于色。对于梦的解析，韦鼎不费吹灰之力，而对于其他道家方术，运用起来也是游刃有余。

杨坚的五个儿子，名字分别是：长子杨勇、次子杨英（杨广）、三子杨俊、四子杨秀、五子杨谅。勇即勇武；英、俊、秀都是出众的意思；谅即信实之意。杨坚给儿子们起这些名字，显然寄托了自己的理想和希望，杨坚说起这些，总有种得意之感。

但韦鼎却不以为然，他对杨坚说："陛下给晋王起名杨英，此名不祥。""噢，为什么？"杨坚立即严肃地问道。

"陛下请看，杨与赢写法不同，但读音相近，杨英与殃赢字音相谐，反过来就是赢殃二字。这是说，姓杨的要遭殃啊！"杨坚听后，良久才回过神来，立刻下令，将杨英改为杨广。

韦鼎对杨坚的影响由此可见一斑。

对于太子的废立，事关社稷前途，半点马虎不得，于是杨坚又派人把韦鼎秘密招来。

杨坚曾经交代过，要韦鼎秘密为各位皇子相面。在杨坚六十大寿的时候，所有的皇子都会前来祝寿，那个时候正好是认真观察的好机会。韦鼎当然知道杨坚为什么这么做，因为杨坚曾经因为太子的事情咨询过自己。上一次为公主挑选夫婿的时候，杨坚就看似漫不经心地问道："韦先生能不能预料到朕的几个儿子中谁能够真正继承大统？"因为事关乎重大，他怎么可能乱说，于是便答道："皇上、皇后最为喜爱的那位皇子，便是可以继承大统的人，这怎么是我能够预料的呢。"

杨坚知道韦鼎在忌讳什么，也就没有多说什么。

第二十二章

四面埋伏废长立幼　宣华夫人推波助澜

距离上次事情已经过去好几年了，可是杨坚突然又问起这个问题，很显然，这一次的询问非比寻常，杨坚的语气和表情都是非常严肃的。

杨坚大寿的时候，他的五个儿子都来了。韦鼎便躲藏在暗处，偷偷地观察着他们。

长子杨勇，长得温文尔雅，不过却是一副很稚嫩的样子。三皇子杨俊，身体很不好，一副病态相，不像是个长寿的人。四皇子杨秀，身材魁梧，有一副野性。杨谅，长得一副娃娃脸，缺乏自信和成熟。倒是二皇子杨广，两个眉骨间突起，一副大富大贵的模样。

杨坚听到韦鼎的介绍，脸上凝重的表情顿时释然。他从另一个相面高手来和的嘴里也听到过类似的话语。来和曾经给杨坚相过面，断言杨坚有大贵之相。杨坚建隋后，与来和仍保持着联系，向来和求教过不少家事、国事。两个相师的同一个结论，使杨坚废立的态度更加坚定了。

杨坚暗请韦鼎的消息又很快传到了杨广耳中，他急急招来杨素商讨下一步的措施。"皇上非常相信方术、祥瑞之类的东西。殿下还记得开皇十五年宫门野鹿的事吗？皇上为此还特下了一篇《鹿祥制》。""记得，当然记得，我还记得父皇听到这事后那副惊喜的表情，还记得那篇文章的内容呢！""是的，皇上不仅喜欢祥瑞，更喜欢那有现实意义的传说。"杨素换了一下坐姿，继续说。"传说？对，是传说，记得传说中讲到父皇乃前朝皇子转世，这一传说传得最广。"

"多少朝代的开国之君、有为之君，都曾受益于传说，咱们何不也效仿一下呢？""那好，爱卿你就偏劳吧！"杨广笑得更甜了。

几天后，在京城附近，风传着这样一件事：在西岳华山，有一个叫杨云的人，一天他到山中打柴，响晴的天，湛蓝湛蓝的天空，忽然从四处飘来片片白云。那云越积越多，越来越厚。

　　杨云惊异地望着，忘记了砍柴。不料那白云深处又跳出两样东西，一黑一黄，状如小狗，仔细看时，却是两只公羊，正举角相搏。那黄羊个头偏小，黑羊偏大，但黄羊俊美，黑羊形秽，两羊在空中打斗多时，将周围云片扯得支离破碎。突然，那黑羊长咩一声败逃而去，黄羊则落到草地上。杨云看得真切，上前抱住了那黄羊。抱回家后，邻里都来观看，以为神物，但不几天，那黄羊竟不知了去向。

　　这个故事在相传时，又添加了许多的推测。有人说，云体掩蔽，这是邪佞之象，这东西像小狗一样大小，又像公羊一样的形状，即是羊羔之象。"羊"即"杨"，羊羔，即杨子，意谓杨家之子，"黄"即"皇"。这意思表明二杨子相斗必有一个为"皇"。

　　这个故事传播的速度之快，超出杨素本身的意料。因为专事这故事传播的有三种人，即秀才、和尚、媒婆。俗话说得好，秀才口，骂遍四方；和尚口，吃遍四方；媒婆口，传播四方。这三种人在京城的大街小巷，走一遍，说一遍，一传十，十传百，霎时间，满京城都知道了。

　　就在杨广千方百计地推动杨坚痛下废立决心的时候，东宫内也在积极地筹划保位——保住太子之位不动摇。

　　自从高颎被削职为民以后，朝中大臣就再也没有形成保太子的统一战线，东宫内弥漫着一股悲观消极的氛围，但太子洗马李纲力劝太子振作起来，重整旗鼓，作最后的努力。杨勇慨叹道："想不到平时有些疏放的李大人，关键时刻却能承担起旗手、鼓手的角色，难能可贵。"

　　李纲喜爱读经讲史，甚至达到了痴迷的程度，竟会忘记了吃饭，忘记了时间。有一次，他要到好友李大人家去，便问自己的仆人认不认识李大人的家，仆人说认识，便领他去，到了自己家门口，他还没有醒悟过来，进门就喊："李大人在家吗？"进了大门，总觉得有些眼熟，这时他的儿子从里面出来，李纲惊问："你怎么也在这里？"儿子知道父亲又迷糊了，便笑着说："父亲，这是您老人家自己的家啊！"

　　李纲恍然大悟，不禁骂起那个仆人："糊涂东西，我是要去城北李大人家，你怎么领我回家了！"但是就是这么一个老夫子，却写得一手好文章，高颎平陈时，他跟随在帐下，军令、布告，他稍加思索，立马可就。

　　他到东宫来，也是高颎的提议，高颎想让他多影响一下杨勇。但他平时少言寡语，对杨勇的一些做法说得并不太多，但事关大体，他还是很清楚的。

请道士消灾去祸，至少可以给人以心里安慰，这是李纲的建议，但请谁来呢？这要由杨勇决定，在所知的高士中，杨勇和韦鼎最熟悉。

杨勇是在百官到东宫朝贺时认识韦鼎的。他早听说过韦鼎的大名，初次相见，印象就不坏。他和韦鼎单独谈了一会儿，他问韦鼎，当年预知陈霸先要代梁而兴，是否有这回事，韦鼎笑着说，那是天意，只不过臣感觉到罢了。他又要韦鼎替自己看看相，韦鼎又笑："太子大富大贵之人，岂是臣能乱讲的？"他很满意韦鼎的回答。

这次让韦鼎来祛灾祈福，又问起了自己的前途，但韦鼎没有明确回答，只讲了含糊的意思：天要给的，不接受也不行；天要是不给，争取也是白费劲。这话说了等于白说，杨勇心里仍是不踏实。

杨勇把这话在心里过滤了上百遍，反倒增加了几分恐惧。有个小吏又向他推荐了另一个道士，章仇太翼。

章仇太翼，河间人，从小便能日诵千言，州里人都说他不是凡童。长大后，致力于佛道之学的研究，尤其擅长占卜算历之术。后来，他嫌俗事太多，索性隐居起来，在幽静的白鹿山，他白天采药炼丹，夜晚研读经文，二十年不曾离开草庐，人世间早已改朝换代，而他浑然不知。他同李圆通的祖爷爷曾在一起说佛论道，结为契友。"老神仙"圆寂后，他还替这位寿星设坛追悼。

到白鹿山向他求学的人越来越多，小小的山林也容不下这许多的喧闹，他又迁到了林虑山茱萸涧。这里山高林茂，沟谷幽深，溪流潺潺，鸟兽遍山，自然风光独特，正是修身静心的好去处。章仇太翼师徒十几人在此筑庐为观，日出而作，日落而没，优哉游哉。

但时过不久，闻讯而至的道徒又搅了章仇太翼的修业梦，他和几个心腹徒弟又悄悄离开了茱萸涧，暗暗奔了五台山。

这里山深林密，章仇太翼便与徒弟们在山中庐居采药，别尘绝世，修炼求仙，成了实实在在的隐居道士。

一天，日近晌午，草庐前的大树上几只乌鸦跳跃着，呱呱叫个不停，章仇太翼心中隐然有动，他望望日光，又细细掐指一算，若有所悟地对一旁侍立的徒弟说："午时将有客来访，届时你等不要走开。"

不多时，一行数十人出现在草庐前。来人衣着锦绣，同道士们的褴褛道袍相比，富贵之相自不必说。来人中一个中年男子首先抱拳，向着

章仇太翼诚恳地说："先生，让我们好找啊。在下唐令则，是太子府的属官，奉太子之命，前来宝山请先生走一遭。这是太子的亲笔书信！"说完，把一封密封很严的信双手呈上。

章仇太翼一挥手，招呼来人坐下，让徒弟们沏茶待客。

章仇太翼打开信，内容大概是说：久仰先生的大名，一直未能谋面，本来要亲自趋前问候，怎奈抽不出时间，希望先生能在百忙中挤一些时间，来京城一趟，以便就近请教等等。

章仇太翼看完信，又问："你们众位是如何找到此山的？""一言难尽啊！凡是先生走过的地方，我们都去了，我们是见人就问，见山就拜，总算从一个老樵夫那儿探到你们的宝地，虽不能说是历经千山万水，但也确实吃了不少苦，不过好在我们的功夫没有白费，太子的心愿可以满足了。"

"那太子怎么能知道贫道一定会出山呢？"

"太子有交代，对先生不可有半点勉强，全凭先生自己决定。不过，太子又说，先生是世外高人，一定会以苍生、黎民为念，一定会出山的。"这里唐令则把太子的原话彻底改了。太子的原话实际是：如果你们请不来人，你们不要再回来。当然这话用来命令臣下，发发威风还可以，对出家人直言相告，人家会大受刺激，效果会恰恰相反，而以礼相邀，以诚相待，说不定被邀请的人会主动前来呢！

临行前，他把大徒弟叫到跟前，神情黯淡地说："杨勇招我前去，是询问太子地位问题，我已算定，他必不能承嗣帝位。跟在他的身边灾难也就不远了。你们不要因为师傅不在而停止修炼，一定要争取功业圆满！"

大徒弟明白了师傅的话。他清楚，师傅此去，可能就永远不会再回来了，悲从中来，不禁潸然泪下，跪倒在师傅跟前，连连叩头不已。

章仇太翼的到来的确令杨勇兴奋了一阵，但章仇太翼也反复强调，天意不可违，违者必受罚。他既不愿明确告诉杨勇那梦魇般的结局，也不用什么花言巧语去欺骗杨勇，他只是按照杨勇的要求，祈祷平安，祈祷心想事成，仅仅如此而已。

京城中盛传的谣言飞到了宫中，飞到了杨坚的耳中，经巧嘴的张权添油加醋地再加工后，又多了几分神秘的色彩，杨坚听后眼中现出了异样的光彩。杨坚品味着这个目前盛传的故事。"大羊羔败给了小羊羔"

这不是在明明地暗示朕吗？这和方术大师韦鼎、来和的解说何其相似。他提醒着自己：当断则断了。

废长立幼，这在古代是违反常规，有背祖宗家法的。杨坚不得不先拜祭祖宗。他跪倒在列祖列宗的牌位前，口中喃喃自语，他把废立的缘故一一向先人诉说着。他合掌闭目，暗暗祈求祖先的谅解，祈求祖先神灵的庇佑，祈求国泰民安，心想事成。

拜完了祖宗，杨坚又来到独孤皇后的宫中。皇后正在宫中焚香祷告，满屋子充满了浓郁的檀香味。杨坚坐定后，深深吸了一口气，笑问道："皇后烧香，为谁祈祷啊？"

"嗨，还不是为广儿的事发愁！"

"为广儿的事？"

"皇上今天不来，妾身也要去找皇上！"

"什么急事呢？"杨坚的声音提高了几度。

"让妾身慢慢讲给你听吧！近日，都城中盛传着一个奇闻，不知皇上听说了没有。说是在西岳华山，一个樵夫砍柴时，从空中的云层里看见两只羊羔在决斗，那只小的获了胜，大的被打败了。勇儿听后，非常害怕，固执地认为被打败的大羊羔是自己，小的便是广儿。于是他在东宫内秘密布置，要收买武林高手，暗杀广儿，幸亏东宫里有些正直的人，传出话来。刚才，广儿来宫里哭诉，他天天提心吊胆，这何时是个了啊。"

独孤皇后说到这儿，抹了把泪水，欷歔了两声，继续说："实指望亲生的儿子能和睦相处，没想到竟会骨肉相残。勇儿越来越不像话了，毒死元妃，妾身已忍下了这口气，现在居然又要加害我的广儿，真是胆大包天，这样的孽子怎能承启大统？请皇上速速废掉，免除后患。"

杨坚听完，把独孤皇后的手拿来放在自己的手里，若有所思地低语："这手心手背都是肉，十个指头咬哪个不疼？朕也非常痛心。"

杨坚掏出手巾，给独孤皇后擦了擦腮边的泪花，安慰道："说实话，朕也正有此意，所以先和皇后通通气。这些天，你的身体欠安，就少操些心吧，朕先派杨素去东宫察看一下，免得情急生变。"

"也好，这样更稳妥些。不过陛下也要注意身体哟，妾身听紫叶讲，你又咳嗽了，可不能马虎了！""毕竟过了六十岁了，这是老毛病了，天一凉就容易犯。不过，你放心，再吃上几服药，也好了。"

杨坚离开独孤皇后，没有马上回到自己的寝宫，而是又绕了一个弯，到宣华夫人那里小坐了一会儿。他已经有一段时间没见到这位冰美人了。冰美人依旧很"冰"，宣华夫人没有什么笑脸，杨坚随便扯了个话题，问道："爱妃最近可曾听过什么有趣的故事吗？说来与朕共享。""回陛下，臣妾与外界素无往来，倒没什么大新闻，只是一件传闻，想来陛下一定听过了。""说来听听！"

"从前看古书，提到过两只龙在空中相斗，打得难解难分，龙鳞纷纷下落，都成了银元宝，可这个传闻却是两只羊在空中相斗，一只小的斗败了一只大的，臣妾觉得这是不是含有某种预示呢？古人说，天人合一，臣妾总觉得近期会有大的事情要发生。臣妾只是胡猜，陛下姑妄听之。"

杨坚听完，笑了笑，大度地说："朕也听说过，不过没想这么多，爱妃很有悟性，对朕也很有启发。"宣华夫人很聪明，她的话明明很有暗示性，却又不明说。她暗里接受过杨广不少的赠物，关键时刻，她是不会忘记投桃报李的。

杨坚回到自己宫中，马上把杨素召来，给杨素布置了立即查看东宫的命令。

杨素领了旨意前往东宫。路上，他的三十六个心眼又转开了，他盘算着怎样去看杨勇，怎样回复皇上，他计划着让每个步骤都产生出不同凡响的效果，加快废立太子的步子。

来到东宫门前，杨素的跟班一通报，宫卫立即报告了太子。杨勇此时正和几个属僚在紧张地商谈着政事，听到宫卫的报告，几人同时相互递了眼色，意思是说，杨素此时突然奉旨视察，意欲何为？京城谣言蜂起，已是人心惶惶，杨素与东宫不和，他能给东宫带来什么？

但不管怎样，他既是天子的使臣，就必须束冠整带，准备摆队迎使。

一帮人一切准备就绪，单等杨素的到来，可是杨素迟迟不肯走进大门。起初，杨勇及众臣都还有耐心，但等了一会儿又一会儿，还等不来，杨勇不禁焦躁起来，在原地来回转悠。李纲轻声提醒杨勇，切勿焦躁，要沉下心来等，静观其变。又等了好一会儿，杨素才一步三摇地跨进大门，迈进二门，悠悠地来到客厅前。

看到杨素那副傲慢相，本来心中就不痛快的杨勇实在按捺不住，脸色像霜打的一般难看，说起话来没拦没遮："右仆射，好大的架子，威风起来比老王爷还胜三分。"

杨勇所谓的老王爷，指的是杨坚的胞弟，滕穆王杨瓒，他与杨坚关系不睦，有时竟在杨坚和独孤皇后的面前摆架子，被杨坚处罚多次，最后被杨坚派人鸩死。这段历史，杨素当然十分清楚。

"得罪了，太子千安，小臣万万不敢造次，臣怕冒入东宫，惊了太子的驾，故而来迟了几步，还望太子千岁见谅才是！"

杨素点头哈腰，满脸赔笑，还不住地对太子身边的其他人点头示意。之后，杨素话题一转，又满脸谄笑地说："皇上、皇后特关心殿下的身体，故遣臣来问候一下，殿下有没有需要臣来效劳的？"

杨勇本就不是那种得礼不让人的主儿，见到杨素如此乖顺，气登时就消了一半，双手抱拳，冲着杨素道："多谢父皇、母后的记挂，也谢谢右仆射的关心，小王这里一切都好，暂不需要老爱卿的相助！"

杨勇身旁的唐令则适才也是怒目而视，现在接上话道："请杨大人一定转达太子对'二圣'的拳拳之心，太子每日焚香祈祷，恭祝'二圣'万寿无疆，其忠孝之心天日可鉴。"

"杨素一定把唐大人的话带到，您放一百个心！"

杨素回去之后，把人家的话全反过来了，他惶惶不安地向杨坚诉苦道："臣这次去，差点丢了性命。只因臣去的迟了两步，太子便大发雷霆，要打要杀，臣偌大年龄，他全不在意，要臣连连叩头他才肯罢休。太子对臣侮辱也就罢了，他不该对'二圣'口出狂言。"

"也怎么说？"杨坚显然被激怒了。

"他说：'母后偏心眼，不给我一个好女子，真令人遗憾。'又说元妃死时，皇上、皇后居然派人查验，分明是对他这个太子不信任，他发誓还要杀元妃的父亲呢！臣以为，这明摆着是不满二圣而迁怒于他人。"

这些话无疑都是杨广的耳目传给杨素的，当然，这少不了杨素的再加工。"你还有什么消息？"杨坚问。杨素不假思索地继续说："前几年，臣奉皇上的敕令，回京令皇太子审讯刘居士之党，不料太子奉诏后，大发雷霆、声色俱厉地冲臣吼道：'刘居士之党已全部伏法，让本太子来又有何用？你身为右仆射，肩负重担，应当亲自追查，关本太子什么事呢？'这本已过去几年了，可太子又旧事重提，让臣十分难堪。"

"还有呢？"杨坚又追问。

"太子一怒，还说了一些不该说的话！"

"朕就是要听听！"

"是。太子还说，当初皇上代周，若大事不成，兄弟中，他将先被杀害，如今您做了天子，他竟得不到信任，甚至还不如其他兄弟，感到很不舒服！"杨素说完，望着杨坚。

杨坚很不耐烦地命令道："把了解到的全说完！"

"是。据东宫内部传来的消息说，还有件紧急的事情。太子最近在宫内大量积聚火燧，并蓄养了战马千匹。臣已让人前去探查，臣以为此事非同小可，不可等闲视之。"

所谓畜养战马千匹，纯属子虚乌有，东宫最多存有良马几十匹，那是因为杨勇爱马而圈养的；而火燧之事，更是荒唐之极，那本是引火之物，每个宫都备，岂止东宫才有！

杨坚此时已被杨素点的火燃得晕头转向，根本不想去辨明真伪；只要看一看他那充血的双眼，就知道他现在是满脸杀机。

"好小子，怪不得朕从仁寿宫回来时，他们那儿戒备森严，防我如敌。仁寿宫离京城不远，难道他们要对朕不利？"看到杨坚已失去理智，杨素又添了把火，他要借刀杀人，一刀见红。

"不光是太子发怒，可气的是东宫的不少属官们，也仗着太子的势力，狐假虎威，特别是那个左庶子唐令则。"

"右仆射，为防止东宫有变，你即刻布置下去，从现在起，将东宫的宿卫及侍官统归皇宫管理，另外，将东宫卫队中那些勇健士卒全部换掉。好，一切要从速处理。"

杨素走后，杨坚还不踏实，又下令将皇宫卫队人员增加，并加强巡逻，京城四门要严加盘查，对私带武器者要加大处罚。

开皇二十年，十月九日。

寒气逼人的深秋季节，大地一片萧瑟。灰暗的天空下，肆虐的西风毫无怜惜地扫荡着树枝上仅存的几片黄叶。上午，皇宫大内，铁甲武士密布各处，武德殿内紧张的空气也令人透不过气来，文帝杨坚全副武装，金盔金甲，殿下两侧是手持戈矛的侍卫，一个个衣甲鲜明，强壮如牛，枪尖的寒光夺人心魄。

大殿之上，文武百官，皇室宗亲，分列左右。无论高的、矮的、胖的、瘦的、年长的、年幼的，一个个默然肃立，如同木雕泥塑。大殿内，一片死寂。随着一声"太子进殿"的传旨被尖嗓子的太监张权喊出，众人的眼光齐刷刷投向了殿门。

杨勇身后是他的四个儿子，爷儿五个步子缓缓地迈动着，他们虽不知今天的最终结果是什么，但有一点很清楚，那就是灾难来临了。从昨天的兵围太子府查检违禁品到今天的被兵丁带入大内，太子就已失去了自由。厄运将把自己置于何地，他不敢去想。

杨勇是低着头走进大殿的，他只感到大殿内冷气嗖嗖，寒气逼人，庄严中透着肃杀的气氛。杨坚威严地傲视着群臣，片刻，冷冷地向侍立一旁的内史侍郎薛道衡下令道："宣读诏书。""太子杨勇性识庸暗、仁孝无闻、昵近小人、委任奸佞……前后愆衅，难以具纪。杨勇及其男女为王、公主者，并可废为庶人。钦此。"听着这圣旨，杨勇如闻晴天霹雳，虽然他早有预感，但还是被击打得茫然无措，恍如跌进了万丈深渊。

他痴痴地凝望着曾经那样慈祥的父皇，那曾经给了他信心和期望的父皇，那曾激励自己努力建功立业、承嗣大业的父皇，但现在，父皇显得那样遥远，那样陌生！事到如今，也没有什么办法可言了。

他是至高无上、至圣至明的天之骄子，他是金口玉言，不容置疑的真龙，是一统九州，四夷咸服的大隋皇帝。

没有用的，没有用了！他不清楚什么时候，泪水已模糊了双眼，失控的语调就像殿外呜咽的西风，引得众王子纷纷低泣。杨勇一步一叩首，滴滴清泪浸湿了地下的方砖。

杨坚又令，把杨勇和诸子分别关押，严加审查。

看到眼前的情景，王公大臣中有的偷偷抹起了眼泪，特别是蜀王杨秀，脸上现出了明显的不平之色。但凝固的空气中，只有死一般的沉默伴随在人们左右。

当早晨的第一缕阳光透过淡褐色的云层间隙，在广袤的地平线上徐徐铺展开来时，仁寿宫下的清澈河水又泛起了微红的波浪，夹着青青的碧色，轻轻地拍打着敦实的宫城墙，发出阵阵和悦的声响，似乎在向人们诉说，此时此刻，才是整个仁寿宫最清静、最美丽而又最值得流连忘返的时刻。

当一抹绯红的霞光完全覆盖天际的时候，仁寿宫的人们仍沉浸在和平、安详中。

文帝杨坚正慵懒地躺在锦帐，口中念念有词：红颜讵几，玉貌须臾。一朝花落，白发难除。明年后岁；谁有谁无？倾国解语，无情动人！

　　念完文章翻转身子，弯下腰身替宣华夫人整理裙间垂下的长长的流苏绛带，他那因一夜昏睡而稍带浑浊的眼睛隐藏着浓浓的情意，不停地在宣华夫人身上上下打量，屋里的烛火在阳光的映衬下，似乎渐渐炽热起来。

　　宣华夫人感到，这首颇带感伤情调的诗，恰好反映出文帝感到世事无常的心理，哪怕是面对巨大胜利，他也总感到世事沧桑，难以把握。

　　宣华夫人记得，早在开皇十三年正月，文帝亲自祭祀感生帝。来到长安西面的岐州，这里的山水让他心旷神怡，为了使身体得到很好的休养，文帝决定建一座行宫，原本主要是供他和皇后颐神养寿。现在，自己也离不开他半步了。

　　"爱妃，何以起得如此早？"杨坚干着嗓子对宣华夫人说，"当年北周权臣宁文护建造的骊山温泉，年久失修，朕想让杨素去修茸一下，加盖屋宇，种植松柏，等骊山温泉面貌一新时，朕带着皇后和你一起去骊山温泉修养。听说那里的水质极好，用温泉的水洗澡更能使肌肤洁白如同凝脂。"

　　睡眼惺忪的宣华夫人努力克制自己，除非她是一个人躺在床上，否则，她总是早起，一醒即起。她知道，自己每天早晨要办的第一件事就是去给皇后请安，无论杨坚在不在她的旁侧。

　　她回首腼腆地朝杨坚一笑，一边走向妆台旁一边说："皇上，您再躺会儿，要不，皇上去上朝时精神不振。昨夜皇上就不该来贱妾的住处，皇上、皇后伉俪情深，还应多在一起。昨天，贱妾听说皇后的身子像是不大舒服。今天上朝，贱妾就不能陪皇上去了。"

　　杨坚掀开衾被，半卧在床上靠墙的罗绢帐上，帐上赫然绣着一条金龙作腾云欲飞状。"如果夫人不陪朕去，朕就不去了。"杨坚揉了揉眼，"现在，天下太平了。朕已高枕无忧，有广儿和左仆射杨素，朕还担心什么呢？"

　　说起太子的事，杨坚有一种说不出是喜是忧的感觉。要不是独孤皇后和宣华夫人都曾极力促办这事，他还一时下不了决心。

　　等到废掉太子的事终于办完了的时候，文帝似乎感觉不到胜利的喜悦，他始终兴奋不起来，心头若有所失。他至今搞不明白，这招棋到底是对还是错。想那勇儿当初是何等贤良、仁义、孝悌，有些小缺点也是可以原谅的，可是，为了巩固太子之位，竟然连亲兄弟也要排斥。本想让他们情同手足共守大隋江山社稷，谁知他竟然反目成仇，眼里容不下老二。广儿有什么错呢？无非是功劳大、人品好，他们嫉贤妒能罢了。是的，连亲生的儿子都反对他，更不用说那些大臣了。

文帝想，如此看来，只能说明这些年的政治清洗是正确的，可是，为何越清洗，政敌越多，而且连他以前最亲密的辅臣都变成了清洗的对象，这到底是怎么一回事？为什么这些人都变了，变得心怀叵测，变得对他不理解而离他而去？难道，朕对他们的处罚是不应该的吗？

一时间，他感到自己对所有的人都充满了疑虑，内心无比孤独寂寞，这种阴郁的心情挥之不去。他斜着眼望着宣华夫人的背影想，当初的绿珠公主如今变成了地地道道的宣华夫人了，说话得体，举止有度，尤其是心胸开阔、温柔体贴的劲儿，皇后简直不能与之相比。

杨坚道："爱妃，朕还有许多不明之事，只能求助天意，朕想今日回到大兴宫，垂询天下事，你就陪朕回去一趟。"

宣华夫人嫣然一笑道："皇上的心思，贱妾都明白，既然已经废除了太子杨勇，将他贬为庶人，皇上还有什么忧虑的呢？"

"爱妃说得对。朕应该高枕无忧才是，朕想此次回宫对朝廷上的人事再做调整，高颎既已罢免，总该有人上来才行，杨素如何？朕如起用杨素，那谁来担任尚书右仆射呢？"杨坚仿佛是在自言自语。

"朝中大事，又非贱妾所能决定的，还是去问一问"二圣"独孤皇后，她久历朝政，又有谋断。"宣华夫人头也不回地随口说了句。

熟知历史的宣华夫人非常清楚，所谓的历史、所谓的帝位，无不显出一个字，那就是"抢"。

三百年来的历史也证明，人们钩心斗角，相互猜忌，无非一个"抢"字，抢天下，抢江山。这期间，建国数十年，称帝者一百多人。为此，君臣为敌，父子相图，兄弟相互为鱼肉。自己的父亲宣帝如此，自己的哥哥陈叔宝、自己的"夫君"杨坚又何尝不是这样？既然如此，就让杨坚的儿辈们也为皇位"抢"吧。

宣华夫人在这场"抢"帝位的风波中，可谓不显山露水地推波助澜了一番。她原本并不知情杨广的计划，从心底上说，她对杨广充满了恶意，可是由于尉迟风琴的死和薛道衡的远调，使她孤零零地感到皇后独孤伽罗在暗中操持着的一切。

尉迟风琴同样是一位风华绰约的女人，从相见、相识到相知，宣华夫人了解到她只不过是一个寻常的女子，但是那满月般的脸庞，她那眉宇间洋溢的无尽英气，只消望一眼，便令人永远难以忘怀。痛失知音的宣华夫人默默地承受着一切，她也因此对独孤皇后有了刻骨的仇恨。

这是其一。

薛道衡回来的那次，就仿佛在宣华夫人的心中投入了一块巨石。她独自待在宫中，茶饭不进，整日地相思。她是多么想到薛府去一趟，见一见杏儿、翠儿，更想借此目睹薛道衡夫人，向她倾诉一下薛道衡在自己心中的分量和无缘相守的遗憾，但她知道，这样的机会好比登天。宫门深似海，哪能容得半枝红杏出墙，就在她无聊地打发时光时，是晋王杨广给了她机会。

皇上杨坚对大隋的音乐理论显出不满意的倾向，十分明眼的杨广趁机建议是否让精通乐理的宣华夫人去指点一下。皇上很高兴地采纳了这一建议，于是机会出现了，尽管不是在薛道衡府上，但至少两个人还是见面了。因此，在杨广谋取太子之位时，她站到了独孤皇后的一边，一箭双雕，既博取了皇后的欢心，又亲自看到了杨广兄弟间的残酷的斗争。

但是，就在宣华夫人欲将轻松、欢快的音乐取代滞重缓慢的旋律时，文帝杨坚突然取消了她的主张。"惟黄钟一官，效庙飨用一调，迎气用五调。旧工更尽，其余声律皆不复通。"很快地薛道衡再次外巡。后来得知其原因很简单，就是文帝杨坚听了皇后的一句："不能让淫靡的东南之音毁了朝纲，要时刻提醒人们尊重皇权的庄严。"

自那之后，宣华夫人喜欢上了珠宝。

如今，在宣华夫人的室内，已看不出从前的朴素，檀木架上，各类珠宝琳琅满目，这里面有前任太子杨勇的，有刚封太子杨广送的，还有蜀王杨秀送的，有重臣杨素送的，还有苏威送的，连新近被招为驸马的柳述也送来了两株珊瑚树。看来，兰陵公主也不敢小视她了。

一想到皇后，杨坚心里又担心起来，废长立幼这种大事，都是独孤皇后出的主意，毕竟母亲最为了解子女的品性，而作为父亲，只是想着皇位由长子继承，年龄大的便是皇位的第一候选人。不过，对于杨广的这种十全十美的形象，杨坚心里还是有那么一丝怀疑的。于是他对宣华夫人说道："爱妃，朕得回宫一趟，来帮朕洗漱一下，有些事情还是需要认真考虑一下的。"

宣华夫人心中一愣，旋即笑了。

第二十二章　四面埋伏废长立幼　宣华夫人推波助澜

第二十三章

册立太子举棋不定 薛道衡返京遇"神算"

在修建仁寿宫的时候，杨广还是晋王，他给杨坚进献了一只象征长寿吉祥的毛龟，现在那只小毛龟养在大兴殿南下角的水缸中，已经长大了很多。它常常爬出来，摇头晃脑，好像有神灵附体一般。

文帝对于祥瑞的崇拜是出了名的。在夺得皇位的时候，他害怕会有很多人不服气，所以会经常编撰一些祥瑞的故事大肆宣扬，来烘托自己才是真正的天子。一帮方术道士看到这样的情景，也都将很多祥瑞之物纷纷献上，都受到了杨坚的奖赏。由此可知，符瑞图谶甚至能够左右文帝杨坚对事物的判断。

图谶符瑞有时很是实际，久而久之，文帝对此深信不疑。例如，当年南朝人来和说自己有帝相，果然，就有帝相。当初太子未废之时，文帝有意问来和："谁可继者？"来和竟莫名其妙地答了句："善继者即可继者。"那不是分明地告诉文帝杨坚：太子杨勇不能久。果然没有多久。

现在，文帝杨坚更加痴迷符瑞，一日不可或缺，每听到符瑞消息，如同空中闻梵音，通体舒泰。但今天的长寿龟却没有爬出缸壁，只是龟缩在水底，空留一个外壳。水面上偶尔泛起一两个水泡，旋而破灭，似乎意味着什么。

一番处心积虑终得太子之位的杨广呆呆地立在长寿龟前，心中暗暗祈祷：老畜生，你要活出样子来，让那老东西高兴起来，我现在只有太子的名分，还未正式册封呢。万一有好事者，把你将死的情状告知那个老东西，这正式册封还不知拖到何年何月呢？为了这太子之位，我都快要发疯了。杨广有些郁郁寡欢。

太子杨勇被贬到庶人村已有一段时光了，而皇上却和独孤皇后、还有那个宣华夫人一直待在仁寿宫，竟不上朝，所有的大事表面上交与杨广和左仆射杨素，实际上每件事的最终决策还是由杨坚说了算。因此，杨坚的女婿柳述倒权倾朝野了，所有诏书和赦令都是他从仁寿宫传出的。

柳述是杨坚和独孤皇后的女儿兰陵公主的驸马，因为文帝杨坚喜欢上仁寿宫，又不愿放弃集权，所以柳述就成了一座架通官省之间的桥梁。杨广在自己的长毛龟前徘徊了很久。正想着曹操，曹操到了。他听到背后急促的脚步声踏得震天响，就知道是柳述。这脚步声他太熟悉了。咦？今日和往常不一样吗？柳述为何没与自己打照面就奔殿上呢？不容多想，杨广赶紧正了正衣冠，从大兴殿的西侧偏门进去，他不知道，会有什么消息在等着他？至少从仁寿宫中还没有传出任何消息。

到了殿上，群臣都在等候。杨广坐在龙案左下手处，恨不得一步登上那个龙案。杨素阴沉着脸，脸上的倦容十分明显。尽管已官居左仆射了，他丝毫没有喜悦的表情。杨坚、杨广都喜欢这样的表情，杨广更是喜欢。他整个计划的第一步就是在朝廷中争取了杨素的支持，在后宫中，争取到独孤伽罗和宣华夫人的支持。

杨广望着堆在龙案上的奏折，心里直痒痒，这些原本都可以交给自己来处理的，现在却要奉诏实行，心里老大不甘。但就目前的形势来分析，他不敢妄动，依然保持谦恭之态。无论如何，杨勇虽然遭到贬斥，但自己一直未能正式受封，蜀王杨秀拥兵蜀地，虎视眈眈。自己行事稍有差错，便有可能前功尽弃，绝不能因小失大，还得夹着尾巴做人。

杨广落座后，冲着杨素拱手抱拳："越国公近日政事繁多，当心身体才是，我看你又瘦了。"杨素连忙欠身，摆着手说："殿下的挂念着实让臣感到抱愧。说实在的，身居左仆射职位，我实感有些力不从心，所以，臣下一直盼着皇上派选得力助手帮助臣下，以应对繁多政事。"说这话时，从阴郁的脸上挤出一丝尴尬的笑容，又说道，"不过，臣不敢丝毫懈怠，辛苦一些是应当的，为人臣子就应当竭尽忠智。不敢言劳啊。"

杨广心中明白，虽然杨素身兼数职，但每办一件事无不与自己通气，他是朝中的扛鼎重臣，当初，为了夺太子之位，没有少给他好处。杨素在排斥异己方面也得到自己的支持。杨广想起那个鸿胪少卿陈延，此人素与杨素有隙，但为了一个美姬竟至水火不容的地步，杨素便向文帝报告说陈延管辖的客馆廷中遍及马粪，臭气熏天，哪里像是大隋的客馆，各番国使臣在里面只住几天，便忍受不了，诉苦不尽。还有，陈延擅自在客馆的地毯上玩樗蒲的游戏，屡劝不改。一下子就把文帝激怒，文帝派人去查实，去查实的人很快向文帝禀明，杨素所言是实。

杨素知道，此时杨广的心中最急的莫过于等皇帝正式册封太子。在此之前，他曾写一篇奏折，望皇上尽早把册封的仪式办了，正式地立杨广为太子，可惜，奏章写得有点过急了，不知是皇上看出破绽，还是皇上仍沉浸在废太子的震恸中不能自拔，还是皇上有意考验杨广？虽然疑问团团，但有一点是肯定的，皇上似乎并不急于册封太子。杨素也不敢太张狂了。群臣望着杨广和杨素彼此寒暄，都噤若寒蝉，大气不敢出一声。老臣牛弘憋不住干硬的嗓子咳了一声，大家都跟着出了一口气。牛弘暗自悲叹，这几年来，党同伐异已经到了没有原则的地步，派阀利益代替国家利益，爱憎感情和摄取权力的欲望使得人事斗争变得格外残酷起来，没有规则，没有理性，只有不断激化的矛盾和不断升级的斗争手段。

当年文帝杨坚派自己出使突厥时，李德林倒台了。而今，高颎也不在其位了，他有独雁无伴的感觉。杨素吧，既阴鸷又骄横，除了同朝为官的关系，其他则没有什么来往，听人私下里说，杨素家中姬妾成群，府第高阔，奢靡之极，但也只是听说而已。百官很怕杨素，这一点牛弘看得清楚，无形之中，自己也养成了这样的不好习惯——见了杨素先是把老佝偻背缩一下，以示尊崇和回避。

"皇上驾到——"宫中黄门侍郎左庶子张衡的声音拖得比任何时候都长，也亏了这长长的拖音，把文武百官从惊愕中震醒过来。人们不自觉地正冠、再正冠，有的还是嫌乌纱帽戴得太松，使劲地往下按了按，弄得乌纱帽的前檐几乎遮住了双眼，感觉不对劲时，才稍稍往上推了推。百官都在疑惑，皇上今日来殿，不知何要事需要垂询？更不知又是哪位官员因不合皇上的眼而要遭皮肉之苦。

杨广偷偷地剜了一眼柳述，心里骂道，好个奴才，居然变成了父皇身边的近臣，今天竟然连父皇上朝的重头消息也不禀明一下，幸亏自己还未就任何事做出决策，幸亏自己昨夜缠绵过度，今早上殿有些迟了，否则不知会出现怎样的结局呢。内心对柳述又增加一层仇恨，那原来一层仇恨，便是兰陵公主自幼就是势利眼，跟太子杨勇关系密切，对自己总是不冷不热。偏偏杨坚就是喜欢她，连女婿柳述也任为兵部尚书，掌握京师的军队。

"不行，早晚得让人弹劾一下，"杨广急急外出，带着百官迎驾时就这样想，"柳述啊，以后会有你的好果子吃。"此时，柳述就在他身后亦步亦趋，但头昂得比众官都高。杨广的怨恨对柳述来说是有一点点冤枉了。

柳述在仁寿宫一直等到日升三竿后才见到皇上杨坚，刚一照面，皇上的车辇便停在仁寿宫内心寝宫前面。皇上在宣华夫人的搀扶下，登上车辇后，才向柳述说了句："去上朝！"柳述这才招来元岩——仁寿宫黄门侍郎——带上卫队护驾往长安进发。

众臣战战兢兢，在左庶子张衡的喝令声中，齐刷刷地下跪。

宫监张权一直是后宫的负责人，皇上不来时，他倒无事可做，整日抱着拂尘东颠西溜，反正在皇上的后宫中，他是除了皇帝之外的唯一一个进出自由的人。原先，当杨广把巧舌如簧的他送给父皇杨坚时，他痛苦过，深深地自卑过，他的一生，作为男人的一生算是被杨广毁了，但张权知道，他丝毫不能犹豫，杨广有恩于他，当然是重于生命的大恩。他要回报，他只有回报才能苟活在世上，才能吃穿不用愁，并能有丰厚的俸禄贴补家里。而自己已没有成家的希望了，渐渐地，他习惯混迹于女人堆中，反正他本能的男人的欲望被自己一刀给剪断了。但是，自文帝杨坚带着独孤皇后住进仁寿宫时，张权感到自己的价值似乎变得不起眼了。所以，他唯一高兴的事便是杨坚来到大兴殿。

张权有些气喘，跑得太急了，他立在杨坚的车辇旁恭恭敬敬地扶下杨坚，流泪道："皇上，又是半月光景，可想死老奴了，老奴祝皇上龙体安康，仁寿万年！"

最后的"龙体安康、仁寿万年"的语调高而尖，似乎是领喊，跪在前面的数排大臣也跟着喊了起来，后面的人听到前面的颂语，也连忙接上去，一时间"龙体安康、仁寿万年"的祝颂声竟此起彼伏。杨坚龙颜大悦，慢悠悠地说了句："平身！"众臣不敢仰视。

杨坚又对张权道："你是宫中总管，这些大臣还得听你的。你歇口气再说。你现在又白又胖了，肯定是趁朕不在宫中时偷养了一身肥膘。"说完嘿嘿一乐。

张权根本来不及答话，伸着手欲搀车辇中的皇后。可是，等辇中人一露面，张权愣了，原来是宣华夫人。咦，皇后怎么没来？又不敢追问，忙道："奴才给宣华夫人请安！"

杨广一听，立马偏仰着头，随口道："孩儿给庶母娘娘请安！"声音很浑厚，很真诚，像是发自肺腑。他决不允许自己在父皇的眼皮子底下露出马脚。杨坚顺着声音把目光停在杨广的身上，停了有片刻功夫，满意地点了点头。众臣又是一番祝颂语后，却不见宣华夫人下辇。那车辇吱吱呀呀地转向大兴殿旁的凤阁而去。

带着百跟在杨坚的身后，心里也是十五只吊桶打水——七上八下，杨广暗忖：父皇今日所来何为？离废杨勇的日子不过二十天，虽说由我继太子之位，可是这正式册封却迟迟不下，难道父皇还另有所图？他不知道自己伪装的谦恭何日是个尽头。

群臣也各怀心思，伴君如伴虎，更何况伴着的是一只喜怒无常的恶虎？哪个不记得御史于元日在一次朝会上，看到武官们衣剑不齐，没有及时举荐，当即被斩杀的下场？哪个不记得谏汉大夫毛思祖实在看不下去惨状，刚说句"万岁息怒，请恩赐于元日完尸"时，就被暴怒的杨坚喝令武士拉下去斩了？

而杨坚却对众大臣说，衣剑不整是对皇权的不尊，不弹劾则是包庇勾结，罪行更重。牛弘瞅着杨素的脚后跟，心道：满朝中，只有你杨素步伐最稳健了。

杨坚目视群臣，群臣一片静寂。他漫不经心地翻阅着奏章，都是歌舞升平的内容，他老大的不高兴，嘴中嘀咕道："天下真的这么太平吗？难道一点异样的动向都没有吗？"额下的胡须微微抖动，翻着翻着，突然被一封奏章所吸引。这是大理寺少卿杨约、杨素的弟弟呈上来的。胡子抖动得更加厉害，脸色也变青了许多，终于冷冷地发出几声笑，终于勃然大怒，喝道："传太仆卿韦云起——"

众人一愣，韦云起就在群臣中，此人曾当着皇帝杨坚的面，直接弹劾过柳述，说柳述"虽职务修理，为当时所称，然不达大体，喜欢鞭笞部下，又依仗宠爱骄豪，无所降屈，柳述骄豪，未尝经事，兵机要重，非其所堪，继以公主之婿，遂居要职，臣恐物议以陛下官不择顺，滥让天秩加于私爱，斯亦不便之大者"。一番话说的杨坚脸上还真挂不住，他耐着性子听完，只是褒奖了几句，便无下文。事情没过多长时日，韦云起便被任为太仆卿，远赴甘肃陇西征收马匹及草料，运往南方平乱。

众臣均想，这下子韦云起完了。韦云起跪在殿下。杨坚怒喝道："朕让你征集马匹，马呢？草料呢？"韦云起仰脸作答："俱以按各归有司分送去了。"

杨坚说道："这是大理少卿杨约的奏折，说接到兵部的报告，五万匹战马为何只有三万匹？"又对站在身旁的柳述说："远征南方的草料是否齐备？"柳述心一惊，忙答："均按征收来的运走了。"杨坚默不作声，他似乎嗅出其中的味儿。

韦云起说："皇上，臣奉旨办事，一路上好不困难，筹齐了一切必需之物，无奈流贼甚多，再加上风寒，路上损失百匹之多。但臣感到数目不会悬殊太大，还望皇上明察。"

杨坚上下打量韦云起，心道，你一个卑微小臣竟也敢提出让朕去查，勇气还可以，但不可再重用你了。当初当着群臣的面说柳述的不是，这今日之事是否与柳述有牵连呢？算了吧，南方已定，再查无甚意义。正想喝退韦云起时，杨广却躬身下跪，禀道："父皇，儿臣以为，冰冻三尺，非一日之寒，本来嘛，韦云起的事说得蹊跷，百余匹和上万匹，数目相差太大，父皇还是派人去认真查一下。"

杨坚点头，便道："广儿认为派谁去呢？"杨广说："亲卫大都督屈突通可往！"

杨坚同意，他对屈突通没有什么坏印象，人也长得英俊，一看就是忠诚可靠之人。

屈突通领命而出，京卫大都督的职责就是奉命行事，从来没有二心，他是个憨直的人，就如长孙晟一样。而车骑将军长孙晟此时还在相州督军。

杨坚看着满朝战战兢兢的大臣，一丝惬意一点遗憾，两种滋味同时涌上心头。他看到杨广衣帽整洁地立在下手，一副谦恭地为父分忧的神情，心中又有几许宽慰。当初太子杨勇就做不到这一点，他总是一会儿对高颎耳语几句，一会儿和久不相见的大臣招招手，一点也没把他老子放在心上。

杨坚的目光游移片刻，落在杨素身上，开口问道："越国公，朕听广儿说，你近日政事太多，你看，朕用谁为你分担一些呢？"

杨素道："皇上，您是一国之君，心系天下，臣等愿为皇上出死力，何来繁多？大政皆由皇上虑及，臣等具体操办，实在没有什么，还让皇上挂念，臣于心有愧。"

杨坚摆手道："越国公就不必自谦了，仁寿宫已经修好，朕还想把

第二十三章　册立太子举棋不定　薛道衡返京遇「神算」

骊山温泉修葺一下，越国公愿意再为朕督办吗？"说着，面有感慨之色，继续道，"朕戎马一生，建立了大隋基业，奋斗是何等艰辛。皇后也有此意，恰好皇后昨日偶染风寒，故今日未有伴朕来宫，点你去，还是皇后的主意呢。"

杨素伏地，叩头答道："臣蒙皇上、皇后厚爱，应当万死不辞，臣回府后即着人修葺，定让皇上、皇后放心。"

"纳言苏威在吗？"

杨坚故意地问了问，实际上几十位大臣早就被杨坚看个一清二楚，此时，他想起苏威这个人还是才子。本来这左仆射的位子论在朝中的地位应该是他的，可惜，因修乐一事和自己相左，训斥后，果有改变。高颎那块大石头被自己搬掉时，虽说他没有使劲，可也没有阻碍。当时，包括上柱国贺若弼、刑部尚书薛胄、民部尚书牛弘等都替高颎说情，连兵部尚书柳述也站了出来说情。而苏威就不错，终没有放出话来，还算忠心耿耿。

苏威挤了几步，就跪在离御案很远的地方，答话："臣在！"他心中直犯怵，莫非有人弹劾我吗？脑海中的画面一直在追寻高颎倒台的影子，高颎的命运就还算不错了，虞庆则呢？那不死得更加凄惨？

上次围猎后不久，细心的苏威就感到文帝杨坚回宫时，心情闷闷不乐。一路上只和杨素说笑几句。其余的皆不予理睬。苏威就感到朝中的局势不稳了，要不是四方未定，恐怕在开皇初年，这些原来和杨坚同朝为官的大臣怕都要一个个地被消灭了，幸好自己受到贬斥的早，及时地察觉到这些变动，自上次事后便深居简出，为官时尽心尽责，甘于清贫，混同于一般臣僚，不再显山显水，这才躲过一次又一次清洗。这或许是我苏威的天分之处吧。

杨坚说："苏威，当年你身兼五职，游刃有余，如今还值盛年，官府门前的那株树还在吧？"

一句话感动得苏威差点要哭出声来，一棵树的故事简直成了杨坚爱惜苏威才能的代名词。当初有许多大臣上言，苏威府前有一棵树妨碍过往车辆，需要砍掉，执政的有司也多次欲要付诸行动，但苏威不让。后来，事情闹到杨坚那里，杨坚一句"只要苏威不愿意砍，就不要砍"，以示厚爱之意。这棵树至今未砍。今日杨坚提及此事，怎么不令苏威感动呢？简直是吃斋念佛得来的幸运。

苏威语含十二万分感激，说："皇上厚爱，臣没齿不忘。"

"嗯，那就到前面来，担任右仆射之职吧。"杨坚终于了却一桩心愿。他知道，要消除高颖的影响，仅用杨素一人是不行的，如果说杨素以功威震臣的话，那么苏威仍然能够以德才服人。

杨素进言道："皇上废太子勇已有多日，国不可一日无君，但国也不可没有太子之职，还请皇上早日选定太子，臣等上朝贺礼时，也有名分先后，不致乱了朝纲。"

刚到前列的苏威也跟着说道："越国公说得在理，既然太子勇已贬，应当立太子之职。"

想起太子，杨坚的心似乎被人悄悄摘去。这偌大的基业交给谁呢？杨勇是长子不假，可是居然在我活着的时候就以太子自居朝野，好像他就是未来众臣的福祉，我一直娇惯着，竟发展到想以武力夺宫的地步。幸好广儿及时保护，才幸免于父子相残，杨勇不足以任太子，太不孝了。

老三秦王俊呢，早就死了。他死得好。家中妻妾成群，还到处拈花惹草，崔弘度的妹妹是何等标致，居然不爱。奢侈之极，训斥数次，还赌气不来上朝，闷出病来了。剩的晋王广、蜀王秀、汉王谅三个儿子，谁该上呢？他不由得在龙案旁踱起步，反复考虑起来。

老二晋王，很好，什么都好，平江南立下头功，汉北大捷也有奇功。做扬州总管，知人善用，张衡、宇文述、来护儿这班人都乐于效命，包括死去的韩擒虎、上柱国王世积、燕州总管燕荣等也夸说广儿文武全才，品性俱佳，皇后、宣华夫人也交口称赞，好的几乎挑不出毛病。俗话说，人无完人，金无足赤，人若没有毛病恐怕也不算太正常，广儿的住所，我明里暗里去过多次，甚是简陋，从不见珍宝玉器，还让萧妃外出采桑喂蚕，像个农妇，国以农为本，民丰而国安，连萧妃对治国之道都能说上个子丑寅卯，难得，难得。可是，我还为什么有种种不安的预兆呢？

老四蜀王秀虽说能文能武，但是太娇贵，手下一个人才也没有，顶多只能领一州一郡，野心大，才能又欠些火候，更何况秀儿兼有三儿俊的毛病，喜欢铺张。

老五汉王不错，眉清目秀，一表人才，可又稍嫌嫩了些。

"唉——"杨坚长叹一声，吓得满朝文武呼啦啦跪倒一大片。杨坚

想，费尽心机夺来的江山所托非意中之人，真乃死不瞑目，可是又不能把江山让给异姓，那更是死犹不甘。

在他看来，如今天下最大的事便是交代，可这交代却又实在太难。有时，他对自己的儿子似乎观察得一清二楚，可谓明察秋毫；有时，却总觉得有点像雾里看花。他实在难下决心，老是举棋不定，觉得立太子比登天还难。

杨素长跪着，抬头望着杨坚，心想，皇上怕是决定不出一件大事，尽管他已经多次提及，看来，还需要一把火。

杨素道："臣不知皇上为何长叹，若是做臣子的不能为圣上分忧，臣请皇上治罪。"

杨坚喟然道："越国公，你们都起来吧，朕想到如今天下太平，而朕的心中却仍放不下的心事。古人言，平，便是和谐。而如何才能使君臣、父子、夫妇、兄弟、朋友之间保持一种和谐的关系？"

众臣起立，杨素上前进言道："皇上，这关键在一个'恕'字。"见杨坚在仔细倾听，又接着说："恕者，心也，如他人之心，为别人设身处地想一想便是了。所以，恕便是如何理解别人，恕道是双向的，是双向都要彼此为虑的。为人子者，应替父亲设身处地想一想；为人弟者，应替兄弟设身处地想一想。这是上向。而为君父者，必先忘我；忘我，然后才能无私，然后至公；至公，然后能以天下之心为心，这是下向。乾下坤上，便成泰卦之象，卜卦为泰，便是天下太平的气象了。"

杨坚点头，说："越国公，此事谈何容易？当今之地，左右猜忌，上下分裂，像那高颎等一班跟随朕出生入死的文臣武将，而今却只有越国公还能一心向上。

杨坚说到这里，心里感到空荡荡的，当年的一些上柱国们，现在所剩无几了，平陈时，韩擒虎、虞庆则、王世积、贺若弼等，怕只有贺若弼还在吧，他睁开眼睛仔细寻找，终想起，贺若弼已经被废有些时日了，高颎就不用说了，他怎能够敢反对废立太子一事呢？

另外一个，噢，虞庆则，当年杀宇文氏集团时，你最支持朕了，你出使突厥，不该收下沙钵略的厚礼还娶了突厥女人回来，这些，朕倒睁只眼闭只眼过去算了，可你竟然还想封地为王，那就怪不得朕了，你太蔑视朕了。

那一个呢？噢，史万岁，怪什么呢？你确实是一位赫赫有名的战将，是一员令突厥闻风丧胆的虎将，班师回朝时，你竟然不顾及朕的朝堂威仪，附势邀功于东宫，太目中无人了。

文帝杨坚把眼前的朝臣逐一又过目一遍，突然想起薛道衡来。酸甜苦辣咸等各种滋味一齐涌上来。如果要册封太子的话，朕还要听听你的意见呢，薛道衡之于朕有如鸡肋一样，食之无味，弃之可惜，个中原因，连自己都说不明白。

杨素见文帝的神情似乎还沉浸在废立的两难中，心中主意已定，悄悄地从怀中摸出一封奏折，低声说："皇上，凡事预则立，不预则废。臣有一封奏折不知应该不应该呈上，如说应该，又担心皇上更加忧虑，如说不应该，又怕有欺君之罪。"

杨坚一愣，用阴郁的目光把杨素打量一番，满脸疑团，阴沉地问了句："越国公，朕在宫中的时间不会太长，你有什么奏议就拿出来吧！"

杨素把奏折呈上，说："皇上先看看吧，再做定夺。"

杨坚打开奏折，看着看着，脸色就变了。目光渐渐地定格在杨广身上，久久没有移去。

太子杨勇被废的消息传到薛道衡的耳朵里时，他正在回京的途中。

南方的十月还很湿热，薛道衡从襄阳过汉水、涉长江、转道陈官的蒋山一带，外形的装束完全是一副隐士的打扮，头戴介帻，身着白白的单衣，脚着皮履，此番巡视江南，他明显感到有些体力不支了。

安歇在来悦楼客栈后，他刚洗漱完毕，侍卫小桂子就进来禀道："薛大人，外面有人求见。"

薛道衡一愣，此地正在中原一带，离京师尚半月行程，哪来的熟人？

"怎么了？难道薛内史还忘了老朽不成吗？"话音刚落，一个仙风道骨的身形就立在薛道衡的面前。

薛道衡定睛一看，蓦然想起：这不是隐于华山的学儒杨伯丑吗？

"哎呀"一声，薛道衡连忙起身、让座、叙礼。

杨伯丑也苍老了许多，外形上不大容易看出来，但一听那声音，薛道衡就明白了几分，像这样的隐者，老相的最大特征就是从声音上开始的。杨伯丑的声音也干涩了许多，像是撕开的破布。

杨伯丑道："内史大人，一路辛苦！江南可有奇闻逸事说来听听。"

薛道衡摇头苦笑道："除了辛苦，还是辛苦。"

"哎，话不能这么说，云游四方的人都不言苦，何况薛内史。身为朝廷命官，若想铺张，那各地的官员还不车接车送?"

薛道衡摇头道："伯丑老，我自感也是个半隐之人，读书人总是摆脱不了读书人的架子，在朝中都鲜有交往，何况在州郡县呢?"

"说说您老见到的奇闻?"薛道衡道。

"文中子这个名号，内史大人可听说过吗?"杨伯丑问。

"是否是河汾名儒王通?"薛道衡反问。

杨伯丑答道："正是。内史果然云游天下，无事不入耳入心。"

"哪里，"薛道衡道，"我还是在京师时，有次在朝堂上听别人议过。所以就把犬子薛收送去。因此，颇知他的学问深不可测。"

杨伯丑说："别提了，我上次去了，那文中子王通捣鼓出个《太平十二策》，想献给当今圣上，全是治国之道，有点东西，当然也有胡编乱排的，我知道，你的孩子在那里读书，恰恰因为这一层，文中子不敢烦你大驾。"

薛道衡朗然一笑道："这又不是什么难事，若那名儒文中子在帝京长安，我定力促当今皇上召见他。要不，我明日先赴河东，顺便看看犬子，拜望名师。"

杨伯丑哑然一笑，道："那王通的门人中，确实有不少俊才，听那老家伙说，有些人可身为将相，只是未遇明主。原来希望当今太子勇若能继位，以文治国，这些人尚有出头之日，可惜，做了二十年的太子说废就废了。天下堪忧啊。"

薛道衡也长叹道："宫中的事，我一直很少过问。问不起呀，一不小心，就会栽个大跟头，就像排队，你若稍不小心，就有可能被划到别的方阵中。多亏你杨伯丑，恕我直呼姓名了。一句点拨，茅塞顿开，糊涂时为重，不偏不倚者，中庸。"

杨伯丑啜了一口茶，分析道："道衡老弟，你我无话不谈，太子不当废，此理天下共知，哪有废长立幼的道理。听说那杨广也是个不错的人，不错到近乎完人，这有点令人生疑了。不过，话说回来，太子也活该犯了天相——白虹贯东宫门，太白袭月；荧惑星入太微，犯左执法。"

薛道衡淡然一笑："天相，天相。难道没有人相于其中吗?"

杨伯丑连忙制止，道："这话可不该内史来说，一代名相高颎如何?他也拗不过命相。人的心思一旦往好的方面驰骋，便是暗夜也顿辉煌起来。内史尚在朝中，虽不谓一言九鼎，也是能与皇上说得上话的人。你若违逆了圣意，怕你本人也难以自保。"

薛道衡怅然许久。顿了一会儿，问："章仇老身体可硬朗？"

杨伯丑道："一如从前。或许他的修性极高，我是老朽了。看不到新太子登基了。确实，人命拗不过天数，油灯将尽，谁也无法挽回。"

薛道衡拨亮油灯，说"伯丑老不也健硬得很吗？您所说的太白袭月之象，可有排解之法？"

杨伯丑摇摇头，说："内史应该知道，卜算占谶之说向来都是预推，准则以事验证，不准就如同过眼云烟，谁还会去计较呢。"说到这，有些哀怜地说道，"当初，那虞庆则、韩擒虎、贺若弼不也是找老朽算过吗？验证了准确，却无法排遣灾祸。这才是算命。"

薛道衡知道这件事。那是一日退朝后的事。那天，韩擒虎好高兴，皇帝上午接见来朝的突厥使者时，特地引荐了他，并且说："你听说过江南有陈国吗？他就是活捉陈国天子的虎将！"

之后，皇后独孤伽罗又赐了一宫女给他，并赏了两坛宫廷玉液。韩擒虎兴奋异常，他觉得这日的荣耀已大大地补偿了平生遗憾。他得意洋洋挥了一鞭，领先冲出了街道，信马由缰之态，连薛道衡也看不下去了。

街头。一群闲人围着个邋遢的术士看他相卜，薛道衡侧目一瞧，原来是杨伯丑，正欲上前招呼，杨伯丑对他摆摆手，神情凝重。

韩擒虎一边说："久仰大名，久仰大名。"一边拨开众人，挤进去，请杨伯丑卜一前程。

杨伯丑道："写一字来。"韩擒虎随手写出个"擒"字。

薛道衡挤进去围观，见杨伯丑望着"擒"字出神良久，随即摇头叹息，连说"不妙，不妙！"韩擒虎顿足大怒道："老丑儿，你要不说出个子丑寅卯来，我就砸了你这个摊子。"说着上前伸手就要拔下那写着神卦的白布幌子。

薛道衡连忙阻止："韩将军，韩将军，人自有天命，岂是一个江湖人士所能言中的，将军不值得和算卦先生一般见识。"

杨伯丑笑道： "我老丑儿若是不准，以后就绝不会去见内史侍郎了。"

杨伯丑指指"擒"字说道："你瞧，禽者，鸟也，'手'部在一边，

这就等于鸟儿已被抓住了，飞不了。"

韩擒虎脸一沉，默默地转身，手形还在做着抓鸟的动作。

后面的人纷拥而上，贺若弼写出了"弼"字，虞庆则写出个"则"，王世积则一个字也没有，他要等着杨伯丑给他相面。

杨伯丑一一道来："弼者，不妙，百弓临身；则字更是不祥，都看见刀了，不是去打仗，就刀祸临身。"

王世积说道："老丑儿，我不写'积'字了，你就给本人看看面相如何？"

杨伯丑左看右看，竟笑而不答，王世积追问："老丑儿，没招了吧？"说着手指几个上柱国，我若是写出'积'字，怕又是'积者，嫉也，嫉者，恨也，恨者，杀身之祸也'。"说完，自顾大笑一通，扬长而去。众人都笑着离去。

薛道衡慢慢地写出个"衡"字。杨伯丑并不理会那几个上柱国对自己的嘲笑，仔细地瞧了瞧，说了句："二人行，衡也。"说得薛道衡一头雾水。

薛道衡知道，这杨伯丑今日来见，恐怕还有要事相告，他想到，韩擒虎莫名其妙地死了，虞庆则误陷美人计被杀，贺若弼下狱，王世积遭诛，高颎倒台，自己总算感念皇恩浩荡，捡了条性命，不由得惊出一身冷汗。

杨伯丑说道："内史侍郎，老丑儿必须告诉你一件事，如今太子被废了，新太子尚未立，满朝的目光都投注在杨广身上，你也要顺从圣意，唯其如此，或可免灾，如若不然，步韩擒虎后尘的，怕是阁下了。如果我杨伯丑没有看错人，此时阁下的内袖之中已揣着劝皇上收回成命、重新立太子勇的奏章呢。"

薛道衡吃惊非小，心道：你怎么能知道？

杨伯丑语极严肃，说："薛内史若不想引火烧身，就烧了奏章，如此违逆圣意，怕是要祸及子孙。"

薛道衡冷冷地问："章仇老如何？你刚才还说，他还是老样子，既然太子倒台，他身为太子宫中舍人，岂有不坐罪之理？"

杨伯丑又笑道："他死不了，你我的心计加在一起也没有他多，这老家伙也算误在你我手中，干吗当初要荐举他呢？我不明白今天又有个王通，我要不说吧，对不起朋友，要说吧，又替他们感到不安，反正由薛内史看着办就是了。我也只是听说：章仇太翼的眼睛失明了，但愿他从此心中明白。"说完，杨伯丑就要起身。

薛道衡突然问："当初，你老人家给我测得'二人行者，衡也'，到底是何用意？"

杨伯丑端起桌上的茶水，细细品味着，接着又说道："皇上是一个懂得惜才的人，二人行，衡也，你应该能够领悟。内史风尘仆仆一路赶来，按理说我是不应该前来打扰的，只是这件事情兹事体大，如果不早说出来，恐怕对不住你我相识的缘分，不过这话也不能说得太透了，否则就是泄露玄机了。玄机就是要让人们去感悟的，像你这么明智的人，肯定明白其中的意思，我就此告辞了。剩下的事情，你自己一定要多加思量。

将杨伯丑送走之后，薛道衡的心里一直不安稳，他猜不透"二人行，衡也"的深意。隐隐约约，他知道这件事情肯定和宣华夫人有关系，与杨素之间也有些联系。

第二十四章

皇宫内外风起云涌　杨广正式成为太子

　　薛道衡拿出写好的奏折，又认真阅读了一遍，随后拿出火折子，将它烧掉了。这可是一夜的心血呀。

　　一个个上柱国纷纷倒台，朝中的大臣们都惶惶不安，都在明哲保身。上柱国王世积或许已经感觉到如今皇上的性情越来越难琢磨，而朝中的功臣也都一个个的获罪，于是便日日醉酒，每天只知道和府中的妻妾玩乐，基本上不再管朝廷中的事情了。

　　可是，人在威望在，正所谓"是祸躲不过"，越是躲避则祸发越快。

　　王世积一案，杨坚亲自点了名由薛道衡去办，因此，一切过程薛道衡都比较清楚，特别是杨坚几乎包揽了整个审讯的过程，连一点细节都没有放过。

　　王世积的小舅子皇甫孝谐因贪赃赈灾粮款被朝廷追拿，为了躲避追捕而跑到荒凉的凉州，时任凉州总管的王世积哪里敢窝藏他，王世积断然说："你虽是我的亲戚，但你更是朝廷命官，犯了罪，是因为你有贪心，既然做了，就要承担责任，你让我庇护你，这实际上是害你，不如你去自首，或许能落个充军发配的下场，保全一条性命。"

　　皇甫孝谐说："既然姐夫不愿收纳，我就去投官。"

　　王世积的妻子更是鼻涕一把眼泪一把，不愿意交出其弟。王世积怒道："贱妇知道什么？我这是救他，不是害他。"

　　这些细节，薛道衡深信不疑，唯独皇上不信。

　　结果，皇甫孝谐被捉拿，发配桂州，在桂州总管令狐熙手下服役。而令狐熙是有名的清官，执法严明，所以皇甫孝谐的日子过得相当辛苦，住的是潮湿低矮的茅草屋，吃的是糠糟咸菜饭。他哪里受过这样的罪？更令他感到不安的是，他整日和众多杀人抢劫犯混在一起，随时都有失去生命的危险。他就亲眼目睹了一个广西汉活活地把一个湖南男子用石头敲碎脑壳，进而摘其心脏生吞了，其原因就是因为湖南男子晚上睡觉打呼噜，影响了广西汉的睡眠。当时的惨景令皇甫孝谐呕吐不止，不寒而栗。再加上蚊虫叮咬、蛇虫出没，随时都有丧命的可能。

皇甫孝谐为了摆脱困境，只得迎合时势，趋附权贵，投机取巧，走出了一条自救之路，那就是告发。告发谁呢？皇甫孝谐选中了王世积。

一纸密折火速送到京城，令狐熙哪敢怠慢这么大的事？

一向倍加小心、活得仔细、韬光养晦的王世积做梦都没有想到，自己曾经让杨伯丑的相面之举成了王世积有口难辩的罪责。

皇甫孝谐在密折中称：王世积在凉州总管府前曾找人算了一卦，那算卦者是个仙风鹤骨似的道人，须发皆白，目如精电，直透人心，自称来自祁连山顶盘龙洞中，曾在那修行了百年，世事沧桑一眼看破。那道人往王世积身前一站，马上就说，王总管天庭饱满、地阔方圆、两耳垂悬、并列与额，真是国君之相，其夫人当为皇后，有臣仪天下之威。

王世积得此卦后喜不自禁，当即传与左右亲信，其左右亲信皆劝他说，河西天下精兵处，可以图大事也。王世积听了竟然回答说，凉州地广人稀，非用武之国，若要起兵，最好将精兵移至汉中一地。

状子说的有鼻子有眼，不容人不相信，递上去后，杨坚大怒，立即征召王世积入朝，交付有司盘查。

薛道衡对状子疑窦丛生。当杨坚在西厢密室召见他时，薛道衡摆出了自己的观点：第一，王世积近几年来很少言及政事，从不对朝政有任何诽谤的言行；第二，皇甫孝谐出于私利，要侥幸逃脱惩罚，重归仕途；第三，状中所称的老道虚得不可相信，哪有人活百岁都依然流落于尘俗之中；第四……

杨坚有些不耐烦，对薛道衡的言论不置可否，追问了一句："那王世积对部属所言究竟意欲何为？再者说，事情正待调查，总会有些结果。"

杨坚哼了一句话："小舅子控告姐夫，这本身就足以证明王世积有谋反之心。"

杨坚当即命薛道衡协助有司调查此事，薛道衡本不想承担此事，但迫于命令，只好应允。

一个案子查下来，王世积虽无谋反之举，但谋反之心是有的，连左卫大将军元旻、右卫大将军元胄、左仆射高颎都和王世积有染，都曾接受过王世积的名马之赠。王世积很快被诛杀。

原因何在？薛道衡看不透。还有很多流言在京城里搅得人心寒彻，那些流言又是否属实呢？薛道衡望着杨伯丑剩下的茶碗，想，或许只有杨伯丑之辈才能看得透。高颎因为虞庆则、王世积的案子受到牵连被罢官回家，他可是堪称朝中的中流砥柱啊！

上柱国李彻因为和高颎有交情而不被重用，很快就有人说他口出怨言，说得时间地点都一清二楚，皇上为此特地召他入宫，于卧室内赐宴款待，畅谈平生。李彻受宠若惊，哪里想到这是自己最后一顿晚餐，回家不几日，便口吐鲜血而死，据说吐出的血乌紫且刺鼻难闻。很快就出了那是韩擒虎的冤魂系身。

倒是贺若弼被投入监的事更让薛道衡听得前后透心凉，又如芒刺在背。杨坚斥责贺若弼的声音就回响在耳边："公有三猛：嫉妒心太猛，非人之心太猛，无上心太猛。"

说实在的，这"三猛"，随便哪一条都足以取人性命，皇上还数落贺若弼屡次向高颎要官，大骂杨素是晚辈、小人之流，还说太子勇对自己言听计从，要早晚依靠他，大有不轨之心。可是在隋朝中，文武大臣有谁不知贺若弼的家训。贺若弼的父亲贺若敦曾是北周金州的总管，因言之失被宇文护杀害。

可是这些流言都是如何传入文帝杨坚的耳中呢？

来悦客栈，灯火如豆，光晕暗黄。薛道衡和衣而卧，总在不停地辗转反侧：唉，开皇不过才二十年，天下承平不过才几年，严格地说仅有一年多的时间，隋朝中的上柱国们便一个接一个地倒了台，那些能征惯战、赤心侍主的战将们一个接一个消失了身影。

薛道衡明白，如果单就个案的结果来看，他们违逆圣上，生出二心，应当被杀，可谁知道，得出结果的原因又是不是子虚乌有呢！但无论如何，如果要把这些个案连续地整体思考，事情就大了。

"唉——"薛道衡叹出声来，心想：这是一场流血又流泪的战争，尽管一切都是那么悄无声息，似乎顺理成章，但其中的深味，谁能猜得透呢？毕竟，无声的恐怖是令人窒息的恐怖。

薛道衡隐隐地感到一个末代王朝的声音已经渐渐地响起。先是兔死狗烹、鸟尽弓藏，后是苛酷吏治，人心惶惶。

是的，自己今天不就是有些人心惶惶吗？

不知不觉，东方既白，一声鸟语从空中孤寂地叫着，凄凄地飞去，洒下几根羽毛轻轻地飘荡在清冷的晨空中。

沐着一抹抹桃红色的朝霞，薛道衡急急地向京城进发。

沿途的风景无暇顾及，快马加鞭，惊回首，离京已半年。

如今已是秋风飒爽，寒意渐浓。

早晨，十一月三日的早晨，格外晴朗。晴朗的使人不敢相信这是到了深秋时节。昨天还是肃杀的秋风刀子似的劲吹，像带着刺边的茅草撩着行人的脸庞，有隐隐疼痛之感。而今天整个帝京长安的街道似乎变窄了，涌动出一阵阵人流，纷纷聚往皇宫，今天是个好日子，人们在心里都这么想。

寝宫里。杨坚好不自在，他为自己终于下定决心而快慰，而袁充，大史令袁充乖巧的奏章更令他感到天意、佛心都是站在自己这一边，袁充及时地报告天象，令杨坚感到，自己是神龙再世。

杨坚起身后，慢慢啜饮了一口热鲜羊奶，感到口味很适中。他端着冒热气的鲜羊奶蹑手蹑脚地来到宣华夫人的床前，看着熟睡的宣华夫人秀美的脸庞，不禁又有些心旌摇荡。"禀万岁爷，"张权尖着嗓子道，"太史令袁充已在殿外恭候多时，似乎面有难色。"

杨坚一听，蹙起眉头。杨坚道："传袁充！"

袁充一副尖嘴猴腮的模样，两片突出的嘴唇哆嗦着，见了杨坚叩头不止。

"袁充，朕要问你，天象如何？"杨坚兀鹰般的眼光在袁充脸上扫了一下。

"禀圣上，臣昨夜一直在寻找环拱北辰之象，星系出现了。戊子日按皇历上说确实是黄道吉日，子午交合，正是立新之时。可是，臣却不明白，今晨，长庚星却依然耀目，似乎有不肯退出的迹象。臣以为，皇上在立太子的大事上还在犹豫，所以，臣一直不敢……"

张权说道："皇上，立太子的大典已准备就绪。文武百官早斋戒已毕，集聚在大兴殿。"

杨坚围着袁充逡巡了整整一圈，跺着脚厉声问道："袁充，你身为太史令为何敢违逆天意，只要天意如此，朕岂有合不得之理？不错，朕是犹豫，但今天，朕不会再犹豫了。如果立太子的事再次拖延下去，兄弟相残的局面就会来到朕的眼前。"

激愤的杨坚高声道:"汉末分裂成三国,动乱了数百年,天下刚刚在朕的努力下得到了统一,难道朕能看着大隋的天下在朕的孩子辈中分裂成三个鼎立的局面?大隋不可能分裂,不可能分裂!"

杨坚有些声嘶力竭。他自从接过杨秀的奏章的那天起,就在皇宫中反复思量。他想不到,一向宽厚仁慈的广儿竟然在王府中蓄养了无数美女,如此骄淫的生活,他怎么会一点不知道呢?可是四儿蜀王杨秀的弹劾写得清清楚楚,就差点出人数来了。

但是,杨坚毕竟是杨坚,他还要弄清楚:杨秀写此弹劾的目的何在?当初,弹劾杨勇时,他可是站在杨广的一边,和杨广一起弹劾太子杨勇拥兵自重,急欲夺权的。可杨勇刚一倒台,他的矛头又直指广儿。事实必须弄清楚。

那日回到宫中后,杨坚就召见了三个儿子。他决定摊牌,向三个儿子摊牌。为此,左仆射杨素、右仆射苏威,同时派牛弘去通知并考察杨广的晋王府,顺便查验杨秀府,宫中左庶子张衡去协助牛弘。让两个儿子一同来宫,面试、面测。

杨坚记得,整整一天,他五内如焚,几乎七窍生烟,感觉身心疲惫到极点。多亏了宣华夫人默默地在一旁侍候,却并不多言。

杨坚问:"爱妃,朕担心得很,担心文弱的广儿……"

宣华夫人淡淡地说:"立太子的事,皇后的意见是否和皇上相左?"

"并无相左,早年时,你们南方的术士韦鼎就曾说过广儿的相貌奇异,朕也因此记取心中,一直没有忘怀。而今,太子勇刚废,四子蜀王杨秀便弹劾起广儿,他们之间由原来的兄弟关系只剩一种你死我活的关系,非得来个鱼死网破,这就很让朕担心。"杨坚忧心忡忡地说。

宣华夫人听着听着,忽然打个寒噤,却以抑制金属般光泽的脸庞上兴奋的神色,感到些许欣慰,冥冥中,她感到隋朝的宫室也不过如此。当初自己的兄弟陈叔宝继位时也曾经历了一场刀光剑影,那时有柳皇后做主。这杨广肯定是个好色之徒,那淫邪的目光如同苍蝇一样叮在自己脸上,恐怕这一辈子也难以挥去。然而,也是这个杨广似乎理解自己心思似的,在她渴望与薛道衡见面时,安排了一个机会,了却了自己的所愿,面对暴怒的杨坚,她也无法安慰,只是说:"那就查吧,这突然一查,事实总会清楚,让事实说话嘛。"

约摸半天的功夫,查抄蜀王杨秀的牛弘就哆嗦着回来了。时隔不久，杨素、苏威也相继回到皇宫。

牛弘禀道："臣去蜀王府时，恰巧，蜀王杨秀正在家饮酒。蜀王对臣谈起弹劾的事，说是亲眼可见，臣从蜀王府的登楼阁望去，果然晋王府的一切都能看清一二，想必其言为实。"

杨坚不耐烦地打断道："实与不实，怎能仅凭推测？老爱卿，朕让你去查蜀王有何不妥。"

牛弘被皇帝抢白了一下，顿有所悟，道："这，这——臣观蜀王府第修建得很是气派，至于有无浪费奢侈，待张衡回来再定吧。臣只在外厅和蜀王闲聊了几句，发觉衣饰很是鲜华，是有一些珠宝饰物，不过，比殿下坐镇蜀州时，已经节省了许多。这是老臣的实话。"

杨坚又问杨素："你去了晋王府，也谈谈吧。"

杨素一副虔诚的模样，说道："臣虽说去过晋王府的次数不多，但有一点却铭记在胸，那把皇上赐的古筝已然落满风尘，臣去时，萧妃正带着奴婢在后园中剪枝扶蔬，头裹方巾，俨然农妇，而奴婢们皆身着粗布衣物，并无绮丽装束。"

时辰不大。苏威、张衡相继陪着二子杨广、四子杨秀来到宫中。两人俱是惶恐状。

杨坚木然地靠在座床上，脸如死灰。

室内，谁也不吭一声。杨广当然是不见兔子不撒鹰，心想，你老四不是弹劾我吗？那倒是先说吗，你越不说，对我越有利。

杨秀终于忍不住了，脱口道："父皇召见儿臣为了何事？"

杨坚猛然立起，指着杨秀道："你以为何事？你看看你的二哥究竟在哪点比你强？"说着，自是把杨秀的弹劾的奏章丢在地上，怒道，"你这样编排于他，意图何在？"

杨秀的脑袋轰地一下炸开了。他没有想到父皇竟然要他和杨广当面锣对面鼓地干将起来，不由得把眼光转向杨素。他一向认为，杨素曾在蜀州任职，两个人颇有交情，更何况杨素平日里对自己也是恭敬得很，他之所以把奏章交与杨素，也是避免兄弟直面相争的尴尬局面。当时，杨素揣在怀中，还一个劲地说："这是一磅炸弹，不到紧要关口，不能投放。"完全是替自己处心积虑的模样。

可是，何为紧要关口……

杨素缓缓地说："皇上息怒，蜀王所言虽有失真之处，但蜀王也是想提醒皇上善辩人才，似乎并无恶意。"

杨秀对这句话充满感激，怯怯地说："儿臣并无恶意，听门下说，有一天，晋王府歌舞升平，儿臣登高一望，果见服饰华丽的美女在跳舞，挥袖如云。儿臣想，父皇一直在说，要以二兄晋王为榜样，故才上奏……"

晋王杨广毕恭毕敬地行了大礼，肃然静默片刻，而后才字正腔圆、十分明晰地奏禀道："儿臣听母后及娘娘曾言及父皇想在上元节礼会众臣，举行宴会，便与越国公商议此事，排演一场歌颂父皇伟业的歌舞。若教礼部行事，恐又浪费国库银两，儿臣想，儿臣也吃国家俸禄，平日节省点，就凑齐了，所以自筹一些银两，请了长安两处乐坊来府中演练，效果尚可。又担心……"说着用余光察觉杨坚的表情，又道，"又担心乐坊的曲调不合父皇的心意，正拟请父皇到府上审查。"

杨广说完，从身上掏出乐谱制单及操乐工器，恭敬地奉上。

杨坚心中释然，狠狠地剜了一眼杨秀，并没有接过杨广的曲谱，说道："都看到了吗？蜀王！"

杨素跟着说："噢，对于此事臣也未能及时禀明圣上。只是想，这是一件好事，人常说，小中见大，一滴水也能映出太阳的光辉，臣想，这是晋王的一片至孝又至忠的心意。"

言下之意，杨广整日所想都是为国、为朝廷，而你杨秀却一门心思地钻营着寻找对手的缺点，两相比较，孰优孰劣，不言自明。

杨坚喟然道："秀儿，为父已老之将至，这大隋的江山总要有一个人来继承的。"他看了看杨素、苏威等，以不无忧虑的口吻说，"大隋的统一离不开众臣的倾力相助，现在，朝中文武大臣俱是忠心耿耿。朕对此稍感宽慰，朕还是要听听广儿有何治国良策？秀儿有何持国高才？还有谅儿……限你们在一天之内做出，不得署名，由杨素、苏威、牛弘三人阅览，评出优劣。就这样，你们都回去吧。"

一场不大不小的风波过去了。

今天的日子一定要册立出个太子来。可袁充却迟迟疑疑，多多少少地扫了杨坚的兴致。

袁充走后没多久，三封已评出优劣的文章就摆在杨坚的寝宫案头。

早在杨广夺嗣计划开始之初，宣华夫人的心中就一直抱着隔岸观火的态度，对杨广的好感和恶感似乎都消泯了，她知道自己的位置。可是当杨勇被废后，她的位置因皇后的信任而得到迅速提升，这其中有皇后生病的外因，恐怕更主要的还是自己处心积虑的结果。

一声沉闷的低雷似乎从地底下传来，宣华夫人一愣神，思绪从回忆中转回。

玉液池中的金色鲤鱼在池底惊慌四窜，似乎有热气从水底冒上来，水面上竟然飘升起一缕缕轻雾。一个又一个白色的水泡接连不断地冒上来。那金色的鲤鱼似乎受不了水底的温度，纷纷蹿出水面。

宣华夫人被眼前的景象惊呆了，差点失声尖叫起来，她轻裹了一下裘皮风衣，急步往内宫赶，边走边想：这是天意，这是天意，难道有什么不祥的预兆吗？又是一声低闷的轰鸣从地底传来，宣华夫人随着那低沉的声音，摇晃了一下身子，她不知道将要发生什么，她紧紧地抱住一根木柱，稳定了一下情绪。

顺着深深的巷道望去，在巷道的尽头，有纷纷行走的人们，但从他们步态来看，并不匆匆。

她抬眼望着乌云压低的天空，感到有些胸闷，仔细谛听脚下那声音，那声音不再。她有点猜测自己是否患有癔症或由癔症而导致的耳鸣。她理了理思绪，不再胡思乱想，低着头转过一道弯弯的回廊，她要去寻找那两个侍女。

"真是，都这会功夫了，晴芳、晴雨也应安排好了，难道她们没有感到今天异样的天气？"

宣华夫人想，难道那个杨广真的德薄如此，幽冥不佑，天降异兆？若果真如此，这大隋的江山也快完了。完了就好吗？她感到很茫然。

迈过一道紫檀木槛栏，宣华夫人估计皇上杨坚正在寝宫慰存紫叶，便又转向西厢密室。她已经听到大兴殿外的鼓乐箫鸣声了。这似乎是祭天的乐声。她蓦然想起，皇上杨坚带着皇后独孤氏和自己奔赴千里之外的泰山，进行封禅的情形，那时，这祭天的乐声比这时更响亮，更浑厚。那时，她立在皇后的身后，远远地听着薛道衡清朗地读着祭天辞，那飘逸的身影总是那么可望而不可即。只是那么远远一望，她的心就碎了。

得到皇上要召见自己的消息后，紫叶，这位昔日杨坚身边的红人竟激动得抽噎起来，看着晴芳、晴雨带着糖果，哄走了义成小公主后，她像个少女似的，对尘封的铜镜认真审视了一番自己的仪容，又用梳子把散乱在前额的几绺头发整理好。

她发现自己还很有风韵，除了眉头那几分怎么也挥之不去的哀怨。她对着铜镜反复自视，一会儿笑，一会儿哭。

急得张权直跺脚："哎呀，哎呀，皇上今日要办大事，还望贵嫔快些，若不是宣华夫人对皇上百般劝解，贵嫔啊，皇上本不想临时召见您，贵嫔要多思量皇上的问话，不能再耽搁了。"

紫叶斜了张权一眼，显然心里对宣华夫人充满了感激。

一幅巨大的红绡落幕分隔了外间和内室，她就是在外间的偏房中第一次品尝了皇帝的龙马精神。她痴痴地望着熟悉的一切，喃喃地说道："终于回来了，皇上终于回来了。"

杨坚正背着双手在沉思着。在此之前，内史侍郎薛道衡已经奉命去办理了，他心头的石头终于落地了。

"怪不得，袁充说话吞吞吐吐，原来应是瑞雪飘飘的时辰却变成了艳阳高照，天变一时瞬，人变隔三秋。外面也暗下来了。

杨坚听着身后的轻轻移步声，知道这是紫叶来了，他端起一碗御酒，轻送到嘴边，这药酒的功效就是提高兴奋度，这些年来，他越来越离不开了。这还是宣华夫人调配的，当然是根据自己的口授。

杨坚感到随着时间的推移，他对紫叶的仇恨减轻了不少，是啊，事情都过去了，纵然尉迟风琴有一百个好，现在也已经不可触及了。

他想，宣华夫人太理性了，固然能时时侍候自己，可总是太理性。独孤皇后太呆板，现在上了岁数更是有种固执与偏狭，连皇子的妃子都要插手去管，真不知是什么样的心态。杨坚感到，只有紫叶或许还有点野性。

杨坚说："朕已决定立广儿为太子，今日就册封，你以为广儿他有何不是之处？"

天哪，这下萧妃不就达到目的了吗？紫叶在神情迷蒙中又回到先前，那时，自己还在晋王府呢，因为自己能言会办事，才被当作礼物送到宫中侍奉"二圣"，如同张权一样。实际上，皇上每次外巡时，都是自己先通风报信，由张权负责传达，今天，就要遂了晋王和萧妃的心愿了。

紫叶赞叹道："皇上终于下了决心，这是关乎大隋百年基业的大事，晋王文武全才，相貌特异，又得众多大臣的爱护和拥戴，一定不会辜负皇上的美意和心愿。"

鹅毛般的大雪在午时将到的时刻，已把隋宫打扮得银装素裹了。从武德殿到承庆殿，自大兴殿至延嘉殿，整个皇宫的每一座宫殿都像粉妆玉琢的玉宇琼楼，迷蒙的天幕中，飘飘洒洒，洁白的雪花时而稀疏，时而稠密。

袁充站在杨坚的身边，也为自己的临时小露一手感到自鸣得意，是的，昨晚夜观天象，应是垂雪天气，不曾想，竟然艳阳高照，他既相信自己的推测，又不能说这明媚天气是一种反常，谁能说阳光灿烂的日子是个不吉利的日子呢？他就这么等着，一直等到这谶纬应验的时候。

大兴殿前，立着黄麾大仗，迎接这非常的喜庆节日。

杨坚站在大兴殿前，头顶上是一把曲柄的黄罗伞盖，由一个官监撑着，两位宫女扶持寒暑扇帕，上面绣龙凤呈祥。杨坚的身后拱列着围屏般的文武百官，他的眼光穿过大兴门、嘉德门，直至承天门外，眼望着洒落的满天雪花，耳听远处的铙钹喧响，顾左右而言道：

"这天气……"

左边的杨素翻了一下眼皮，答道："好一场大雪，雪白而净，预示着大隋的基业将由一位至纯至性的人来承担，晋王殿下就是这样的人。品性纯洁，却又文韬武略。"杨素今天是册封的大使，将领读册文。

薛道衡说道："皇上，这是瑞雪。"他知道自己虽然屡遭皇上的猜忌，始终不能割舍那一段情缘，心中总是有些疙瘩，似乎有些愧意，但每当这君臣伦理之道涌上来时，绿珠幽怨的眼神和哽咽的碎语就令他伤心至极或由伤转愤，本来吗，若能按每个人的意愿，绿珠又何尝不能和自己长相厮守呢？

"好雪，瑞雪！"杨坚道，"雪而无风，直垂大地，虽然有些散乱，但乱中依然有序，关键的是，这场雪也将预示着朗朗乾坤一定是个清白的世界，什么样的天气、预兆什么样的人生。嗯，真正的瑞雪兆丰年！这时辰选得好，选得准！袁充何在？"

就跟在杨坚身后百官之中的袁充连忙上前，答道："臣随时听圣上差遣！"

杨坚转身看着身后的太史令袁充，眼光饱含着赞许："这日子选得好，辰时见你畏畏缩缩，原来是差点与预测相反，朕的太史令在天意面前有点缺乏自信啊。你看，朕就相信，所以一直等到瑞雪飘舞。这眼前奇景，让朕陶醉，诸位爱卿不妨闭眼一听，这沙沙雪声，真真是天籁乐音，比得上人间和乐。"

袁充甚有得色，用胳膊肘轻碰身边的官奴章仇太翼，道："你说这日子选得如何？"

章仇太翼因其声望，在薛道衡的荐举下，设为官奴，每有大事，杨坚都喜欢让他来预测凶卜。"雪我看不见……"章仇太翼已成了目不视寸远的人。他使劲眨巴着凹陷在眼眶中的双眼睑，稀疏的眉毛抖动了几下，道："雪我看不见，风却来了。这，老奴倒听得真切，并感觉到地有点在颤动，微微的颤动。"

这是袁充不曾料想的，他有些不悦地打断了章仇太翼的话："这么大的雪，即使看不见，也能感觉到！"

"我已说，我感到这地在动！"

袁充正在皇帝刚刚表扬过的兴奋中，没有听清章仇太翼这后面的话，说了句："感到就好！"跟在后面的蜀王杨秀本来对今天册封太子就一肚子不高兴，自己处心积虑了半年多的时间，和杨广一起战胜了太子勇，在杨勇和杨广的对峙中，他都站在了杨广一边，杨广也答应过自己，只要废掉了杨勇，他会全力支持自己竞争东宫太子之位的。可是，等事情办成了，他却再也不吭一声了，在朝堂上，按废长立幼的顺序，竟然顺利地以太子来号召群臣。

杨秀实在咽不下这口气，在蜀地，自己有数十万精兵强将，到那时再说不迟，反正父皇也岁数不小了。今天，他听到了章仇太翼的谈话，可是很快地被袁充打断了。他凑到章仇太翼的跟前，低声问道："今日天象很特别，到底是吉是凶？"

章仇太翼知道这是杨秀的声音，马上说："殿下能够预测，还问老奴？老奴听到风来了，感到这脚下的地有些颤动，凶吉不可测。"杨秀说："哎，老官奴，谁不知你是大学问家，辰时日出，午时见雪，有道是：遇日则变，遇雪则乱。这样言论是否属实？"

尽管声音很低，但章仇太翼还是听到了，他不能言语。心想：你个小蜀王也是命里犯相，是福不是祸，是祸躲不过，得过且过。多说一句话，都有可能成为千古罪人。

风说来就来，来势强劲。"呜——"一阵大风吹得杨坚的头上帝帽的前缨缀齐刷刷地砸在杨坚的脸上。

撑伞的宫监一个踉跄差点摔在大兴殿前的平台上，宫女扶持的交叉在杨坚身后的龙凤扇啪的一声倒向后面，薛道衡连忙上前稳住了扇杆。

杨坚皱了皱眉毛，眼望着由承天门挟裹着团团雪雾的劲风，他心里咯噔一下，该不是上天有意和朕作对吧。刚说到雪而无风，乱中有序，瑞雪兆丰年，这风就来了。

大兴殿前的积雪被风扫得满天飞舞，一时竟令众人睁不开眼。

袁充见杨坚皱着眉头，解释道："好风，好风，这是神力呀，这风是为晋王新太子开道的，皇上，请看这玉阶上，甬道中，已经不掺杂半点雪粒，笔直的像是扫除过的。"

话音刚落，那边果然铙钹之声已来到承门外，一队人马仪仗由南进入承天门、嘉德门、大兴门，晋王杨广的前面由三师引导，后者三少扈从，庄严肃穆地来到大兴殿前，此时，虽然风雪交加，他却能稳重下马。

一袭太子盛服，明晃的绸缎中隐透着土黄色，高挑的帽檐上一颗红突突的绣球在轻微颤动，系于额下的帽带，形成一个不大不小的蝴蝶，向两边抖动。杨广面色沉峻，一副担天下之重责于一己之身的感觉，缓步迈向大兴殿前。

他内心的兴奋感无与伦比。

如果说父皇夺取王位的道路是充满艰辛苦涩，充满危险和死亡的话，那么自己夺东宫的道路也同样是，他克服了多少障碍，整整为此目的伪装了一个真实的自己竟达十多年。好一个忍字头上一把刀啊。

本想过锦衣玉食的生活，他忍了，代之以粗茶淡饭。本想过妻妾成群的奢靡荒淫以求人生之乐的生活，他忍了，只能偷偷地在后院中捡个把说得过去的侍女玩弄，不能了却自己拥妓裹妾、同宿同眠的遗憾。本想早在平陈之后，就把陈室中的美女悉数招入府中以供淫乐，没想到，连韩擒虎、杨素之流都得到一两个绝色佳人，而自己两手空空，对倾慕不已的宣华夫人，却只能眼睁睁地看她投入父皇的怀抱，这人世间的尤物却与薛道衡勾勾连连，而自己又只有看的份。本来，自己的内心充满孤傲，却要在朝堂上处处谦卑，处处礼让，我杨广这是为何？不就是为了太子之位吗？今天，终于如愿以偿了，父皇老了，老了却不正经起来，知道享受了，好，这样好，杨广的心中盘算着，盘算着怎样才能把父皇说服得听从自己，从此之后，由太子临朝。

在缓步前行中，杨广望了一眼偏在大兴殿旁的凤阁，果然，那上面有依稀的红衣绿装，透过风卷的雪幕，他猜想，那里肯定有自己想吃的天鹅肉——宣华夫人。就在他跟着薛道衡至杨坚的密室时，他的胸中就对薛道衡恨之入骨了。宣华夫人慢慢滑落的外衣下，那一具娇嫩艳丽的躯体，那微醉的酡红的脸庞，那轻喘着的呻吟，都已让自己血脉贲张了，但他忍住了。

忍，是一个企图爬上高位的人必须具备的素质。

当杨广回到府中时，没过多会，左庶子张衡就带着浩荡的宫中侍卫前来迎接他去大兴殿受封。府中上上下下，一片喜气洋洋。

这时，已经复为纳言兼右仆射的苏威，到杨坚面前耳语几句，杨坚点点头，以示同意，苏威又到杨素面前说了几句。

杨素听后朗声道："叩请吾皇万岁！"杨坚腆着肚子缓缓登上金銮宝殿，只有他入座龙床后，典礼才算开始。

声音未了，君臣鱼贯而入。皇帝杨坚升坐龙床，百官也按级别入位，文武大臣依次站立，每个人脸上都挂着微笑，近乎虔诚。

瞬间，殿中一片肃穆，鸦雀无声，连铙钹声也出现了片刻的暂停。

大兴殿前，殿前将军宇文述率领的宫卫列队于左边，由东宫右监门率领的宫卫立于右边。

左右庶子张衡、杨约站在杨广的身后，恭敬地肃立，心情或许比杨广还要高兴。杨约小眼眯着，成了一条缝，鼻涕流出半尺之长，使劲一吸，咻溜一下又回到蛇洞，上下吸了五六次，连张衡也被吸得心里直发毛。

张衡恶狠狠地看了杨约一眼，杨约不为所动，还回了张衡一个白眼，心想：哼，你也敢朝我瞪眼，当初你输给我的钱还没还清呢。

当初杨广为了拉拢杨素，决定先从外围入手，让张衡带着几位府上的婢女请杨约到酒楼一叙，席间，又是称兄道弟，又是敬献美女，杨约何时受过这样的恩宠，他本是个门将而已，当即满口答应一定把杨素的心意点点滴滴地透给张衡，之后不久，张衡又借赌博之机故意输了不少钱，当然，后来的几场都成了空头支票。杨约也因功入宫，居然和自己平起平坐。张衡心中已有十分的不满。

两人交恶并非始于此事，还有更复杂的关系，主要是女人。

此时，风狂雪舞，旌旗被狂风怒雪卷得噼啪作响，站在殿阶下的杨广也被冻得不轻，他有些懊悔：早知站这么长时间，我应该多穿些。又后悔临来时，和萧妃缠绵过久，以至火力消减，经耐不住风寒，心中巴望着快些结束这繁文缛节。

杨素目不转睛，似乎风雪在他眼中是不存在的。他面无表情，一字一顿道："宣晋王杨广进殿——"

杨广一听，忙对身后招招手，左右庶子伴着他循声历阶而入，杨广心里想走快，但还是一步一个台阶，稳稳走上来，表情甚是凝重，有种天降大任于斯人般的感觉。

杨约低着头，顺手用衣袖把留出的鼻涕揩出，就势抹在屁股上，三人在黄门官牵引下，坐到既定的位置上。

屁股刚沾着坐椅，杨素即呼叫道："听诏——"

杨广像是被马蜂蜇了一下，腾地站起来，朝着杨坚的龙位急趋过去，扑通一声，双膝着地。"拜！"杨素干脆地吐出一个字。

杨广随即叩拜，缓缓地俯下腰身，额头碰地。百官都听到了砰的一声。

"再拜——"杨素又拉长音调。

杨广又跪下去，砰的一声，比前声更沉闷了。杨约、张衡也不敢怠慢，跟着杨广亦跪亦拜。"宣诏——"待三跪九叩之礼举行后，杨素道出了本次大典中最关键的一环。

内史侍郎薛道衡便捧出册封太子的诏书，清了清嗓音，诵出诏书的内容：

承运天意，太子卑弱，又兼骄奢，自废后，尚不能闭门思过，今二子杨广殿下，文武全能，德才兼备，深受众望，天意民心俱示晋王当担太子，承继大隋基业。特宣诏示以众臣。望新立太子仍以仁厚之情愫、勤勉之劳心，操持东宫事务，向众臣讨得一两条治国之策，众臣务必视晋王广为大隋之未来，勤心辅之……钦此。

薛道衡宣诏时，众臣皆屏息听诏，唯恐漏过一字。

杨坚正满意地点头时，突然，大兴殿内高悬的灯笼竟无端地晃动起来，而且还伴着一两声木梁脱榫的声音。

长孙晟眼尖耳聪，心中疑惑，怕是要地震了。他侧目众臣，一个也没有动，他瞥了一眼坐在亲王座位的蜀王杨秀。但见杨秀正出神地望着殿外，脸上全无忧虑之色，反倒有几分狂喜，这令长孙晟有些奇怪。前两天，为了拉住一两位能压住朝纲的大臣，杨秀备礼后亲自到长孙晟府上嘘寒问暖。当然，更主要的还是长孙晟是蜀王妃的堂兄。

顺着杨秀的目光朝殿庭望去。"呀——"长孙晟心中也暗暗吃惊，但见狂风大作，飞雪乱卷，所有的旌旗全然脱竿而去，漫天飞舞，列队于殿下的宫中卫士已然变形，体弱者倒扑在地上，还有不少实在忍受不了刀子似的朔风，捂着脸蹲在地上。偶尔有阵阵雪粒就着狂劲的寒风冲进殿内，有些大臣也不由自主地背转身去，以避风雪的侵袭。

长孙晟暗中注意到，百官之中，除了杨广跪在地上听诏以外，就薛道衡还算镇定，他手捧圣诏，不为风雪所震惊失色。

嘿，这雪能赶上漠北的了，在长安可谓十几年不见，正这么仔细察看群臣无不相顾失色时，蓦地，风雪仿佛得到号令似的，就在薛道衡刚刚读完册封诏书时，在瞬间停止。

一下子，众臣又都忙乱起来，相互窥探，慌乱地整理朝服，唯恐因衣饰不整受到责骂，关系近的，还互相拍打着乌纱帽上的残雪，一时间，在这庄严的场面上，尽失仪容。

杨素也很镇定，他斜眼瞥了一眼杨坚，只见杨坚的脸色有如殿外阴沉的天空，一副铅灰色，暗暗生气。杨素不待杨坚发话，大声道："拜见太子——"说完，自己先站在群臣的班首，薛道衡也急急加入百官行列。

杨广起身后，立于杨坚的御案旁侧，接受百官的朝贺。他心里美呀，心想终于等到这一天了，自己处心积虑，终于从弟兄五人中脱颖而出，迈上太子之位，那意味着，大隋的江山社稷从此要传在自己手中，传到我杨广的子孙辈中。

他躬着腰，双手做扶起状，好像是还不能胜任太子职位似的，那意思是叫众臣不必多礼，便在这时，地面猛然一晃，杨广一个趔趄，差点摔倒，忙用左手扶住身后的龙案，咦，怎么回事，难道是我头昏了吗？他使劲地摇了摇头，有点怨恨自己来时和萧妃纵色过度。在这时，地面又连连颠簸了几下，脚旁的仙鹤香炉也晃动一下，殿梁也发出嘎嘎声响。

杨坚端坐着，身形随地面的晃动而东倒西歪了几下，宫监张权踉跄着上前扶持，自己却摔在陛阶前，摔得很重，嘴唇磕破了，一颗牙齿掉落，要命的是，手中的拂尘直飞出去，偏偏击中了正接受百官朝贺的太子杨广。

大家都知道，这是地震了。彼此面面相觑，胆战心惊，巴望仪式快些结束，可谁也不敢吭气。还好，一切又归于平静。

此时，一位黄门侍郎捧着太子玺交给杨素，杨素再转交杨广。杨文又是拜了三拜，这才接过玺印，然后交给左庶子张衡。就在即将完成这最后一道手续时，又是更加剧烈的地震。

不是左右摇动，而是上下簸动，竟接二连三地把人抛离地面，许多人摔倒了，殿梁上嘎吱嘎吱乱叫，夹杂着屋瓦摔落在地上的破碎声，幸好是摔在殿外。

杨广正把玺印交给张衡时，两个人同时簸动，接时哪有准星？啪的一声，玺印摔在地上，吓得张衡顾不了许多，就势趴下把玺印紧抱在怀中，感到还是躺在地面上稳当。群臣都不敢再望屋顶，全都望着金殿上的杨坚，巴望他立即下令结束这倒霉的册封仪式。杨坚毕竟是杨坚，他目不转睛地望着殿外，眼光似乎穿越时空，定格在一点上，似乎周围的一切都已使他失去了感觉，从仁寿宫来时的兴奋劲荡然无存，他有些木然了。

那些文武百官、左右宫卫，都遮不住惊恐万状之色，两股战战，几欲夺路而逃，心想：大兴殿若要在这地震中訇然坍塌，我岂不是做了死鬼？家中还有妻小，此时，他们可曾外出躲避，性命如何？

杨素依然面沉似水，但内心多少有些惶恐，感到一丝丝冷汗从脊背上冒出。现在的杨素再也不是大战三峡、平定江南、北击匈奴时的杨素了。那时的杨素有一种泰山崩于前而色不变的勇气，整日研习兵书，胸中自有一点谋略，时有血性涌起。他的一个信条就是：反正人生就是生与死的赌博。而今天，这场赌博，他胜利了，已经居于一人之下，万人之上的位置了，此生还有什么所求？

杨素闭着眼，依他的身手，或许能最先跑出去，他见杨坚坐在那儿，一动不动，自己哪敢乱动？心想：这也是一场赌博，所以干脆闭着眼睛，口念"阿弥陀佛"的佛经。

似乎一切都平静下来时，杨坚对杨素说："越国公，还有多长时间？"

杨素答道："皇上，马上就完了，只剩下太子要去内宫参见皇后了。可是皇后现在身体不舒服，还是免了吧。"杨坚听了之后，心中很是不高兴:"那怎么能行,皇后虽然住在仁寿宫,不过宣华夫人却是在主持后宫的一切事物,这个礼仪怎么能够少呢。"

杨素说:"皇上,今天的天气?"

杨坚一摆手说:"天气没什么事儿,太子可是大事儿,不能耽误。"

随后,杨坚吩咐道:"广儿,跟着薛内史去参见宣华夫人。"

第二十五章

文帝有意更改国号　一波未平一波又起

辛酉年（公元 601 年），杨坚变得很是迷信，这其中有两点原因，第一就是双林寺的主持惠则告诉杨坚达摩之心已经修炼完毕，这也就意味着我大隋的江山又多了一层保护。第二则是今年是他的本命年，现在他已经六十，太子的事宜也已经全部安顿好，应该更改个年号，以此来驱散阴霾，营造祥和气氛。

这天，皇上在宫中，正想着更改年号的事情。正在这时，敲门声就响起来了。

"禀皇上，太子广、左仆射杨素要求面见圣上，二人正在外面恭候。"

这是元岩的声音，杨坚分得出。心想：这二人顶风来到仁寿宫干吗？也好，就和他们商量一下改元的事，或许就可在这里，颁诏天下。

杨坚道："带去见见皇后吧。朕马上过去。"步入寝房时，映入杨坚眼帘的是一副母子抱头痛哭的场面。

太子杨广手拉着独孤皇后的手，泪流满面，似乎有无尽的伤心事。而皇后呢？则搂着太子的头，手在不停地抚摩。

杨素立在旁侧，嘴里一个劲叨叨劝说："皇后不要紧的，只是小恙而已，略加调养就可康复。皇后此次凤体受损，全是为了操持大隋的江山社稷，皇后此次痊愈后，定要从繁重的事物中抽出身来，好好调养身子，颐养天年。"

皇后笑道："越国公，这你就不知了，我这广儿打小就是这样，每当与我分离时，就要泪落如珠，哪像个叱咤风云的将军？说实在的，也正是这一点孝心让我爱怜。其他的孩子都有孝心，但唯有广儿显露出来。人心都是肉长的，你说这孝那孝何以体现呢？这也好比朝廷中的大臣们，都说是忠臣，忠心侍主，可还是有那么多犯事的，那么多和皇上不一心的呢！有多少臣子说过'万死不辞'的话，但事到临头之时，又跪于殿上高呼'冤枉'。"

杨素不由打个寒噤，这个女人也太阴毒了些，对什么事都看得入骨三分，但也有致命的弱点，顺其者昌，逆其者亡，弯着腰答道："臣牢记皇后垂训。"杨坚干咳了一声，暗示一下。

杨素连忙跪地迎驾，太子杨广也欲行大礼，杨坚说道："此地不比殿上，都不必多礼，朕正拟今日去皇城和众爱卿商议一件大事，不想，你们却来了，说说吧，朝中都有何事？"

杨素忙道："臣这儿有条好消息，骊山温泉已经修葺一新，皇上可以和皇后去那儿小憩数日。那温泉果然名不虚传，雾气腾腾，云蒸霞蔚，是个好去处。"

杨坚想，这骊山温泉是自己答应宣华夫人修建的，即使修好，也应带着宣华夫人前去。杨坚想到宣华夫人如花似玉的美貌，又看了一眼病歪歪的独孤皇后，不行，无论如何要回皇宫，哪怕小住几日也行，也比守着黄脸婆强多了。

杨坚下颌的胡须抖个不停，他顺势捋了一把，想起已有多日没上朝了。"父皇、母后，为了让母后早日能陪父皇一起上朝、退朝，重温二十年来养成的规矩，孩儿特意带来一名神医。名叫——"杨广还想说下去，见杨坚摆手，话到嘴边又咽了回去。

这时，左庶子张衡、兵部尚书柳述都陆陆续续地聚集在寝宫，都是借看皇后的机会，了解一下今日所要商议的大事，以便早做准备。

"这就不劳广儿介绍了，既然是神医，试想当今天下有几个能称得上'神医'的？恐怕是药王来了吧。"

杨广"哎呀"一声："父皇，真乃神机妙算也。是叫'药王'的，人们都这么称他。像母亲这样的小病当然不在话下，肯定药到病除，妙手回春。"

杨坚的气消退了许多，他扳着手指道："此人叫孙思邈，京兆华原人，专治老庄之学，强调无为境界，尤精医术，人品、医术天下独步。当年国丈独孤公子先朝大司马任上见之，大为惊异，称为'神医'，曾以国子博士召之，竟不愿出仕。后来，听说归隐到太行山的一个妙云洞，炼气养形，兼为百姓治病。因药到病除，人称'药王'。皇后生病，朕有心去找，后来作罢，一是你母后的病不是太重，宫中太医稍作调理，即可恢复。二是此人行踪不定，确实在一时半会内难以找到。"

杨坚如数家珍，好像和孙思邈是多年知交似的，问："人在何处？"杨广应道："现在寝宫外候旨！""请他进来！"杨坚脸上显些喜色。

时辰不大，孙思邈进来拜见。

他果然仙风道骨，虽说看上去约摸六十岁，但气宇轩昂，老成持重，蓄于额下的三绺长须，飘飘洒洒，一身粗布衣服，面色白皙，一看就知不是种田的庄稼人。

"草民孙思邈见驾。"他朝杨坚深深一揖。语调平实真纯，像是对阔别多年老朋友的问候，既无常人见万乘之尊时的惶恐，也无挟技自重者的那种狂傲。礼毕，满怀善意地对着众人一一微笑。杨坚不无羡慕地说道："药王果然是淳朴本色，活得潇洒自在，真乃仙人也。"

孙思邈谦逊地一笑道："皇上过奖了，在下亲尝百草，验之以方，求教于先贤，再加之百姓厚爱与抬举，世上便多了一个'药王'的称号。其实未必啊，说我是悬壶济世的郎中还可，若称'药王'，岂不是要令我汗颜，实不敢当。"

说完，又是朝众人一笑，笑得平实、自然，像野岭上的百合花，这是一种透明的笑、有磁性的笑。在这般笑容里，几乎所有的人都受到感染。

杨坚说："皇后，你就安心休养吧。"说着，示意孙思邈上前。

孙思邈仔细望了一会儿道："小病好治，大病难医，久病容易成顽症。其实，世人生病皆由自身而起，或生活困窘，或心生烦忧，风寒暑湿不过是触发的媒介罢了。臣见皇后面色有阴气潜流，阴者，乃郁闷之积也。皇后的病或许是烦忧大隋没完没了的军国大事，损耗了过多的大量气血，加之生活俭朴，营养供应不上，故四肢麻痹，抬手绵软，立足无力，行走如同风摆。"

杨广听着听着就哭了起来，哭声凄切，说："母后啊，儿臣再也不许母后一日三素简单餐饮。"

独孤皇后说道："广儿，不要如此伤心。为母以后多加调养就是了。以后，可不许你再哭，你现在是大隋的承嗣者，要有未来国君的度量。"

杨素说："皇后有所不知，太子殿下往朝廷上一立，威风八面，人中龙，鸡中鹤，既宽厚仁慈又刚武有力，只是在皇后面前，情不自禁，太子殿下曾不止一次私下对臣说，宁愿自己有病，也不希望皇后身子偶

有微恙。"

孙思邈依旧微笑，似乎在笑那些阿谀奉承的话语。

杨坚问道："先生有何妙方？能否在一两日内治愈？"

孙思邈暗暗叫苦，这不是给自己出难题吗？这么长时间的病，一两天内治好，从自己出道以来尚无先例，这就是太医难当的原因。

他揣摩过千百个这类的病人，都是长期工于心计所致，阴气凝结，血脉不畅；最后僵硬死亡。此等病人，三分病理，七分人事，更要命的是，必须从过去的逞凶、紧张、抑郁、纵情状中彻底解脱出来，而做到这一点简直比登天还难。更何况，他又不能说"皇后的心病就是权欲旺炽，嫉妒心太猛"。

不能实话实说，或许以药力去控制，但这需要时间。

独孤皇后望着久不言语的孙思邈，心中又疑惑起来，都说你是神医、药王，看你吞吞吐吐欲言又止的模样，说不准就是一个江湖骗子，不如试他一试？

想到这，独孤皇后问："先生，是否哀家的病重？不妨直说。哀家更有一事相求先生，这人世间可有鬼魂？"

孙思邈微笑着，心里却十分紧张，说："鬼魂的有无，实乃玄虚得很，这个问题就连千古圣人孔老夫子也没有把握，鬼神一概不入圣人的所虑，何况草民？"

"是的，哀家并不强求你做出有无的回答，只是想问，你见过没有？信它几分？"独孤皇后不紧不慢地说。

"这——"孙思邈犯难了，"草民听说过，有些人见过，认为有鬼；但大多数人没有见过。不信的人，就不信了，请它它不来；相信的人，心中有鬼，赶它它不去。"

独孤伽罗点头："正是如此！"但转念一想，这孙思邈说"心中有鬼"是否另有他指？不觉心思恍惚，那无形的阴气又增添一分。

杨坚见二人你一句、我一句地不着边际地答问，有些不耐烦，便插话道："孙先生是否先开一个药方来，叫太医们按方治理"

孙思邈就着旁边的书案，想了一会儿，刷刷几笔，笔走龙蛇，不一会儿就草就一处方。

久病成医，独孤皇后摆手，拿过处方一看，脸色就白了——无非是些当归、黄芪、陈皮等，只是不见了人参等几件名贵中药，一行小字倒很是扎眼："望天上云收，看庭前花落。"

又快到了一年春暖草绿的时节，春的萌动已让人觉察了。

太阳从飘忽的云影中时隐时现，温和的阳光把冬日的残雪融个一干二净，冬日的阴影遁隐得不见踪迹。宣华夫人兴致极高，望着满天飞舞的柳条从天空中回旋飘荡，心中也不平静。当初，自己在陈朝为公主时，说话也没有现在起作用，何况能借着机会施展自己的魅力，从而把这个大隋的朝堂变为一片不见烟火的战场？

这天，杨坚和皇后一起回到皇宫。

来到大兴殿前的凤阁旁侧，远远地就看到杨坚缓步走向那班跪地的文武大臣。杨素带头，苏威居左，牛弘居右，那立于旁侧的好像是薛道衡。

轻移碎步，慢裹风裙，风情万种的宣华夫人努力克制了自己虚幻的梦境，急急上前。

望着春风拂面、眉间如黛的宣华夫人，杨坚顾不得众臣，一把抓住宣华夫人的白嫩的手，喜滋滋地说："夫人，可想煞朕了。"说着，有意无意似的重重捏了一下，"听说夫人已将元日盛会准备完毕，太有劳夫人操持了。"宣华夫人款款一笑，急忙缩回手，转头对皇后道："皇后，皇后的气色好多了。这回来宫，多住些时日，还有好多事等皇后定夺呢。"

皇后独孤伽罗勉强挤出一丝笑容，心中大有不悦，但对宣华夫人的礼貌还是很客气地说："这也真难为你了，哀家的身子骨不好，一切都要你去办理，若有不听使唤的，只管招上来，哀家不能容人怠慢。"

皇后却想谁能料到这当初的陈国公主竟然也能主持大隋后宫？这宣华夫人在南陈时有没有相好的，倘若皇上将宣华夫人这个女妖精遣返金陵，那才叫好呢！可惜，南陈如此荒淫的宫中，竟然出了这么一个冰清玉洁的公主。

皇后说得极慢，好像是气力不够似的："我这不争气的身子已不能太操劳了，宫中一切都由你裁定，别顾忌什么，有我给你做主。"

宣华夫人道了一声"谢谢皇后"，却心想，只怕你做不了主，脸面上却嫣然一笑道："不劳皇后挂念了，皇后身体欠安还是要静养为主。若皇后身子康复起来后，奴婢还要陪皇后去逛逛长安风景呢。"

杨坚沉吟了一下笑道："刚分开没几天，就没完没了地唠叨，你们都回去吧。朕要上朝，宣几件大事。"

皇后由着宣华夫人搀扶，而杨广则过去扶住杨坚。在交换的一刹那，杨广的手摸到了宣华夫人的小手，仿佛过电似的，杨广一下子被震住了，差点休克过去。眼角的余光中，他看见宣华夫人抛过来的眼神。

其实，他不知道，站在自己身后的恰是内史侍郎薛道衡。

在众臣的护拥下，杨坚步入金銮殿，安坐在龙案后。

按照程序，由薛道衡代宣圣诏的伟大意义。随即由杨广代宣圣诏改元的决定，等一切完毕后，杨坚说："朕自建立大隋以来，夙夜兴叹，寝难安眠，食不重味，历朝历代的开国之君恐怕都没有朕如此忧劳。二十多年了，大隋子民在朕的感召下，奋勇争杀，屡次征战，为拓展大隋基业，抛头颅，洒鲜血，为国捐躯，抛身沙场，使朕一想来，就感到难过无比。过去，有帝王为感祭死去的亡灵，有建墓修碑为之立传、为之栖身的举措。朕想，今大隋四方安定之时，也要为那战亡的将士造墓祭祀、超度亡灵，唯有如此，才能了却朕的心事。朕常想，君子立身，虽云百行，唯诚与孝，最为其首。若朕一日不建阵亡将士的陵墓，是为不诚也。草木一秋，人一世，唯诚与孝是天下之根本，社稷之本源。"

杨素一听这话，马上感到这又是一项巨大的工程，时机不能错过，进言道："臣不善揣摩圣意，实在有愧圣上的厚爱。实际上，早在平定三方之乱时，皇上就曾设下灵坛，为阵亡将士招魂，足见皇上一片仁厚之心。今日，在天下改元之际，皇上首先想到的是为国家捐躯的将士，若他们上天有灵，定会感动。臣有一议，不知妥当否，特禀明皇上，请示裁决。臣想，在全国各地，凡是大战之地必有我大隋的亡灵，都要立墓刻碑，以启后人。"

杨坚眼含泪花，点头应允，说："各地庙宇大都破旧不堪，朕还想重修一番，为佛再塑金身，朕之所以有今日，尔等之所以有今日，全都赖佛佑护，今日改元也要向佛表示朕的赤诚之心。"

早已按捺不住的袁充岂可丧失如此良机？他善于揣摩皇上的心意，作为御前文人术士，他感到自己又号准了文帝坚的脉搏，他连忙出班，眨着一对小眼，说："皇上，乃神人也。佛祖佑护，天命自保。早有君权神授之说，今日就验证了。臣等不才，前日，偶有灵光闪现，豁然开朗，茅塞顿悟。臣等发现，皇上载诞之初与皇上所历大事，恰和阴阳，这不仅仅只是神光瑞气，简直就是喜祥应感，神仙附体，龙华四射，古往今来，此等祥瑞之象简直就没有，是故有朝代更替，唯有皇上与神感应契合。至于本命行年，生月生日，并与天地日月、阴阳律吕运转相符，表里会合。此诞圣之异，宝历之元。今天，事与物更新，改年仁寿，岁月日子，还共诞圣之时并同，明合天地之心，得仁寿之理。故知洪基长算，永永无穷。"

杨坚被袁充吹嘘得龙颜大悦，适才眼里的泪花早已不见了踪影，连声说："好，好，好个永永无穷。太史令穷究古今，上知天文，下晓地理，学业专精，每当朕有会难之处时，太史令总能替朕解开迷雾，排除烦扰。朕赐你黄金一百两，白银一千两，算作朕对爱卿的褒奖。"俗话说，有一喜必有一忧。

蜀王杨秀冷冷地看着一切，他感到自己被冷落了，他有一种切肤之痛感。太子是没戏了，无论如何，自己的手中尚有数十万精兵，一旦父皇杨坚百年之后，还有一争，可惜的是，岭南的交州又生叛乱了。而为了平定这一场叛乱，自己却因杨广的举荐损失了两万人马。

他想，这都是杨广在有意削弱自己的力量。杨秀想，一不做二不休，扳不葫芦撒不了油，上前道："父皇，各地修造陵墓，儿臣表示赞成。可是，不能忘了，到目前为止还有大隋的子民在流血。儿臣这里有奏折一封，这是卫玄在阵亡前所写。"

杨坚一愣，忙道："卫玄将军怎么了？"原来，年关时，卫玄前去交州平叛，不想命丧外地。

杨坚近日忙着元日盛会，根本没有心思了解交州战况，心里只道有了勇敢而多谋的卫玄就会马到成功，不想天意难料，竟然在改元之时折损爱将。整个朝廷一片寂然，大家都对蜀王秀的举动报以深深的不满。

杨坚泪眼婆娑一番后，哀叹了一声："看来朕还是要多问苍生，少问鬼神。"说着朝杨广看了一眼，没再言语。杨广一行人刚下了朝堂，便急急沿着朱雀门，直奔晋王府。

晋王府邸，高大的牌楼立于两侧，门庭气宇轩昂，只是灰暗些。上面彩釉有剥落的痕迹，

其中还有人为的凿印，平日里，紧闭的大门很少打开，显得晦暗而神秘。晋王杨广升为太子之后，并没有入主东宫，而是奉了杨坚的诏令出主大兴县。那大兴县实际上是京都的外郭城，也称大兴城，所谓出主大兴县，实际上就是掌管京城。大兴县的县治离晋王府不远，杨广仍然

住在晋王府。

说杨广一行人，当然是指杨广的心腹之臣杨约、张衡等。杨广从杨坚的眼神中看出了一点眉目，他十分担心父皇怀疑自己的治国本领。

今日又在朝掌上受到了蜀王杨秀的抢白，虽说父皇没有责备自己，但他明白，这里面有两点理由。一是给足了太子的面子，二是父皇打心眼里就不想训斥，这比表面上的斥责更加厉害，更让杨广惴惴不安。

书房密室，几个人落座后，杨广对张衡道："事不宜迟，有蜀王一日在朝，我杨广就会感到一日不安。如何对蜀王下手呢？"

张衡故作深沉，其实心中一点主意也没有，硬着脑门想了一会儿，突然来了句："殿下，不如找一些死囚，当然是有本领擅武功的死囚，让他们杀了杨秀，然后给他们斗条生路。"

杨广一听，摇头不止。"不行，不行！"他想，与其这样暗刺蜀王，还不如暂时放蜀王一马，等待时机，等待自己一旦拥有皇权再下手不迟，可是蜀王存在一天，对自己太子地位的威胁就大一些。正一筹莫展时，家将报张权来了。

张权一脚踏入密室，便尖细着嗓子道："太子，皇上命奴传话，让殿下今日入宫！"

"什么？"杨广一听，感到有些突然。他紧盯着张权道："皇上回宫后，曾说了什么？"

张权眨巴着小眼睛道："其他的奴才倒没有听过，皇后的身子似乎更加不济了。奴才只是听了宣华夫人的一句话：'太子做事太过了。'"

"这么说，皇上开始怀疑我了。"杨广心里发毛。

"也不见得。"张权宽慰道。

"太子殿下，"杨约说道，"没有什么大不了的，眼下京城是控制在我们手中，老皇上一旦百岁那天，一切都会顺理成章的。"

"你懂个屁！"杨广怒道，"父皇既然会废太子杨勇，为什么不会废我呢？到那时，你我都将死无葬身之地。那杨秀专门是以杀人取乐的人。当年父皇责备他，就是因为他太心狠手辣。若杨秀升为太子，哪有我对杨勇那么好，还让他待在庶人村里。"

张权起身欲要告辞，杨广说："仔细打听些，有什么风吹草动，立马回报于我。"张权正想走，忽然想起什么似的，连忙附在杨广的耳边低声嘀咕了几句。杨广听着听着脸上竟露出了笑意，笑得极不自然。望着张权远离的背影，杨广愣怔了好一会儿。原来，杨坚下了朝堂后，就心情抑郁，回到后宫时，长吁短叹。正在拉着家常事的独孤皇后和宣华夫人都不知发生了什么事。

皇后问："皇上有何心事？改元'仁寿'可是皇上提出来的意见。"宣华夫人则是默默地挽着杨坚坐下来，轻轻替他揉着颈部。杨坚低着头道："朕今日在朝上，又看到了刀光剑影。你们知道卫玄吧？竟在交州战死。朕想，广儿对安抚边陲的大事似乎缺少洞察力和判断力，如此草率，使得名将殒命，将来他还能指望谁呢？"皇后也是一愣。

"此事怎么连皇上也不通报一声呢？"

"是啊，若不是蜀王秀儿在朝廷上上了一道卫玄临终前的奏折，连朕也不知道。"

宣华夫人淡然一笑道："我以为，这蜀王秀向太子发难的初衷，不是使皇上了解实情，而是另有所图吧。"

杨坚点点头，说道："这个，朕明白得很。当初废杨勇时，三个兄弟抱成一团，而今，杨广新立为太子，汉王谅已被朕调出京师，戍边北境，而蜀王竟然上下撺掇，似乎想让朕……"

独孤皇后一听，气涌头上，一阵干咳之后，紧捂着胸口道："立太子又不是儿戏，蜀王秀的所为和广儿相比，悬殊甚大，他又是一个直桶子，看到与己有利便不顾一切，若是秀儿将来掌握大隋，大臣及百姓会苦不堪言。"

"皇后说的是，正因为如此，朕才没有在朝廷上责怪杨广，让他自己领悟去吧。"杨坚说。揉捏了一会儿，杨坚感到心气顺了一些，便对宣华夫人说："去把张权找来，朕要他去晋王府把广儿叫来。"

宣华夫人领命而出，实际上也是抽身而退，她脑子在急速地飞转：杨广的内心早就恨我，这从表情上可以看得出，但是，男人的恨，尤其是男人对女人的恨又是不长久的。她以为，自己若是在此事上帮杨广一下，他会感激于心，不至于……

杨广踏入宫门时，心里咚咚跳个不停，他的心机用在算计对方还可以，但如何排除对方对自己的算计还需要下一番工夫，还需要经人指点。站在杨坚面前，杨广一时手足无措。

拜见过后，杨广被独孤皇后叫到床边，皇后问："广儿，听说交州之战是你指挥的？致使两万多人殒命沙场，连卫尉少卿卫玄也捐躯了。"

杨广答道:"此事儿臣一无所知,那卫玄本是同儿臣情同手足,同来护儿等人一样都是儿臣的得力干将,儿臣怎么会让他去蛮干呢?何况,卫玄勇谋兼备,定然是有人从中做手脚。"

杨广战战兢兢地答道,心想,反正死无对证了,蜀王手中的奏折,说不定是假的呢。即便算是真的,那战役毕竟胜利了,胜利了就没有失败的耻辱,就谈不上指挥失误。

他牢记宣华夫人通过张权说的一句:死不认账。这是危急之中的绝妙的对策,还有什么能比"沉默是金"更好的法则呢?他甚至想,宣华夫人是否对自己魁伟的身材和奇异的相貌产生了兴趣!这也完全有可能。所以,当他答话的当口,用余光瞟视了宣华夫人。

杨坚想,秀儿身为蜀王,自己的境内出了乱子,却仍待在京城,却又言及战事并非由他指挥,岂不有逃脱失职之嫌?见父皇沉默不语,杨广说:"孩儿有一事不明,父皇改变年号可曾征得蜀王的意见?""征求他干什么?"杨坚不悦道。

"噢,这就对了。孩儿听说蜀王对改变年号很是不悦,说什么'仁寿'二字虽好,但没有'开皇'听起来有创业的味道。"杨广小心应答。

"如今大隋已立,还再延续原来的'开皇'年号,会给百姓造成朕是一位贪得无厌的君主的印象,百姓会疑心战事无休,这些,朕都问明了。"杨坚一边甩手,一边说。

独孤皇后说:"秀儿有些成见,可待以后慢慢理会。"

作为母亲,她实在不想看到父子、兄弟再度兵血相见,话题又回到卫玄之死上。"蜀王秀儿不是有意见吗?正好马上就要在全国刻碑立功,超度阵亡将士,卫玄也一并写入。但是,广儿若对此事有责任,就应担当起来。"

杨广忙道:"母后,广儿对此事确实一无所知。"

宣华夫人说道:"是的,太子殿下近日都在宫中操持元日盛会,远在千里之外的小小战事,都由左仆射杨素调度。"

真是说曹操、曹操到。

杨素急急来宫,他满脸油汗,衣冠有些不整。见了皇上之后,又给众人行礼。

"越国公,你有何事?"杨坚问。心想,朕没有召见你呀,你有什么话不好在朝堂上说呢?杨素说:"事急矣!臣接到守城士兵的报告说,蜀王杨秀殿下一行人离京奔赴蜀地去了。"

正说着，杨秀府邸的舍人前来报信，并递过来杨秀的一封信。

事情都赶到一块了。

杨坚越发烦恼起来："好啊，翅膀硬了，赌气出走了。"说着把杨秀写给自己和皇后的信撕得粉碎，抛在地上。

杨坚厉声说："走，都走，明日的盛会照样举行，朕不相信，离开了这些无能而忌心甚上的不肖之子，朕就会落成个孤家寡人。杨素，你去安排一下，令杨约日夜兼程，赶往益州，朕就命他为益州刺史，若有些许动静急速回报。不得有误。"

杨坚在屋内转了一圈，又对杨广说："你来筹划一下，朕要休息了。"说着，拍了拍昏沉的脑袋。众人知趣地退下，独孤皇后一脸悲怆之意。

宣华夫人无所适从，不知皇上要在何处休息。

人去楼空。夜幕低垂，繁星点点。

宣华夫人手扶栏槛凝望深邃夜空，深深地吸了一口清凉空气。

杨坚的心情有所平静，他没有想到时至今日，自己还陷在争夺太子之位的矛盾所交织的漩涡中。

一颗星星眨着眼睛闪闪烁烁，突然红光猛地一闪，拖曳着一条长长的银亮色的尾巴消失在辽阔的天际。

就在这时，东宫"庶人村"的上空传来一阵凄厉的喊叫声："父皇，母后，孩儿冤枉啊！""父皇，母后，孩儿冤枉啊……冤枉啊！"

那声音像是衔在狼口的羔羊惨叫着，叫声撕裂了黑幕般的夜空。

杨坚感到毛骨悚然，身子不由往后退了退，那是杨勇撕心裂肺的叫声。

屋内烛火摇曳，光色昏暗，杨坚斜视了闭眼躺在床上的皇后，闷闷不乐。当初废太子杨勇时，他是持犹疑的态度，而皇后是力主的。这太子杨勇的声音应该也传入她的耳中了吧。

独孤皇后似乎猜透了杨坚的心思，从牙缝中挤出了两个字："脆弱！"

没有想到皇后会对自己的骨肉冷漠至此，宣华夫人心里发出一股浸透骨髓的寒意，她对杨勇的处境是既同情又高兴的。

她眨了眨眼，心想，你们父子的事我管那么多干吗？一弯腰身，对皇后道:"皇后娘娘,安歇吧,臣妾不再打扰了。"

杨坚刚想阻拦,独孤皇后睁眼说道:"皇上,就别再想那么多了。"

无奈,杨坚只得留在皇后的身边。也好,看她那虚弱的身子也禁不住打击的。

这点杨坚猜得准极了。宣华夫人刚刚离去,独孤皇后就一下子扑到杨坚的怀里,浑身颤抖。

"吓死我了,吓死我了。"

杨坚也莫名地哆嗦了一下,安慰道:"勇儿是脆弱了些,虽说太子之位没了,也不至脆弱至此嘛。何况,他本人还享有五品俸禄,又没把他从庶人村撵走,这比起他所犯的罪行来,责罚不是很重。"

皇后说:"依我的意思,明日还要给勇儿做些佛事,我疑心他这是厉鬼缠身。"

"这倒也好,死去的秦王俊儿已有些年头了,昔日秦王俊奢侈无度,朕以父道训之,不想,他竟郁闷早逝,若不能挽救一下勇儿,怕也是会步俊儿的后尘。都是历经艰险的人,怎么会如皇后所说的那样,脆弱至此呢?"杨坚望着独孤皇后憔悴的脸庞,心想,风雨历程数十载,终究难释儿女情。

紧闭的窗户外,前太子杨勇的哀嚎夹着风声,仿似半夜鬼叫。

杨坚和衣上床,半搂着皇后干瘦的躯体,心里难以平静,不来皇宫吧,又想来,来了之后又尽是一些繁琐的心事,叫人难以入眠。

他就这么一直睁着眼,紧搂着时不时抖动的皇后的瘦肩,心想:皇后的油灯将要耗尽了吗?若真是那样,自己都不知道该如何料理国事了。自己平生很少对皇后生过怨恨,即便是在打杀了尉迟风琴后,自己在气头上难免言语激烈,但经高颎的劝说,也立马消气了许多。

是的,高颎,杨勇,那可是一对亲家。

这时,又传来杨勇的哭嚎……

乘着元日盛会的兴奋劲,杨坚来了骊山温泉,不仅是皇宫的人,就连大臣们也带来不少家眷,一时间,五彩斑斓的衣饰与整个姹紫嫣红的景致构成谐和的整体。

宫女们叽叽喳喳的声音娇滴滴的犹如黄莺啼树,也似清泉溪流,和着迅捷的乳燕在骊山上空鸣啼不止。

宣华夫人伴着杨坚一路走过来。等到驻足后,宣华夫人忙道:"快呈现上来！"

张权从贴身的缁衣内掏出一个小包袱，一层层打开黄绵丝织，不多时，便有两块白石现于杨坚眼前。

杨坚接过后，左看右看，问道："夫人，你久在江南，朕早听说建康城内产雨花石；你哥哥还专门下旨搜寻奇异之形视为珍宝，你看，这两块玉石比之雨花石若何？"

宣华夫人嫣然一笑道："妾乃凡人俗眼，承蒙皇上厚爱，得沾些帝王的宝气，凭妾肉眼直观这两块白石定不寻常，只是妾不懂谶纬之说，不如让著作郎王劭前来附会。"

杨坚也笑道："朕的心思在太史令袁充和著作郎王劭面前都能被说得有头有脑。虽说他们没有经天纬地之才，但揣摩物象，观测地理的本事还是有的。"

"何止于此呢？"宣华夫人又掂量一下那两块白石，说，"依妾看来，袁充的附会本领只适于天显，而王劭的本领更在人事，那王劭不仅能圆梦测字，还擅长诠释图谶，且能引经据典，舌灿莲花。"

杨坚频频点头。他知道，在元日盛会上，王劭的一席话语惊四座，人人对他侧目而视。此人竟然把朕的生平事迹与道家经书细加对照，诸条道来，竟如天衣无缝，实在了不起。当时连自己都感到，自己是天神下凡。杨坚望着这两块玉石对宣华夫人说："夫人，这两块石头依朕看来，似乎并无有特异之处，朕不知那王劭又能说出个什么子丑寅卯来。虽说纹理有些异样，但朕却看不出来。"宣华夫人笑道："皇上身处帝位，只需慧眼辨忠奸，这些谶纬之谜，自然是参持不透的。所谓当局者迷，旁观者清也。"

杨坚似乎茅塞顿开，说道："夫人说得极是，待会儿王劭有何说头，朕要细细听来。"

时辰不大，张权引着王劭就奔上亭阁，后面还跟着杨素。拜见杨坚、宣华夫人后，侍立在一侧。

那王劭恭敬地接过两块玉石，仔细地审视了一会儿，喃喃自语："神了，神了，真乃石上有乾坤、宝物含宇宙，神了，神了……"

宣华夫人问道："王劭，你身为著作郎，可不能打哑语呀，你说'神了'，到底神在何处？"

王劭摇头晃脑，念念有词，作沉思冥想之状，忽然，他眼皮上翻，眼珠骨碌碌地转动几下，紧皱的眉头松弛下来，一对八字眉耷拉到高高的颧骨上，开口说道："此乃圣物也，普天之下的奥秘凝结于此，皇上，请看这三道横线，意即天、地、人也。而这道竖线，意即王字，所谓'王'者，意即穿过天、地、人。这上面还有一点，不偏不倚，正好处在天线之上，那是'主'呀。"

王劭将玉石翻转过来，又大吃一惊，以手指着石块左右的纵横交错的纹路，兴奋地说道："皇上，这边是天神地祇，那边是风师雨伯，天神地祇佑庇王位，风师雨伯护驾主上。可谓神灵庇佑，国无忧也，风师雨伯普临，意即风调雨顺，民安乐也。这里，这里……"王劭激动得有些语无伦次，"这不是'文'字吗？上北下南天圆地方，而'文'字正好面南背北，居于天地正中。"

杨坚随着王劭手指的方向，左右看看，感到这纵横迷乱的线路还真有点那么回事。

"呀——"王劭又一次惊异起来。

"这里，这里不正有一个'杨'字吗，而'杨'字正好处在'万年'之前，'隋'字恰巧与'吉'字相并，正是长久吉庆之兆也！"

说到激动之时，王劭竟扑通跪地，对着那块白色石头叩头不已。

"这是上天的神物，何以下凡人界？原来是昭示杨姓天下万万年，大隋社稷稳如磐石。"

文帝杨坚感到眼前春光无限，灿烂辉煌，一时间真让他感到已经分不清自己到底是人还是神，仿佛头顶上有一轮光环照着，久久不散。

宣华夫人拊掌赞叹道："王劭真不愧是著作郎，口出成章，大隋朝中要是多几个像你这样有文采的大臣就好了。"

王劭面有愧色，说道："下臣不才，斗胆在皇上、宣华夫人面前献丑了。"

杨素说道："是的，臣尝夜里梦见皇上形体在佛光佑护中于天地间飞翔，几欲追随，而不得近身，每每梦中醒来，愈想愈觉得皇上是神仙幻化而成，垂临凡尘。实际上，在遥不可测的神仙境界，真有圣上之位。"

杨坚龙颜大悦，问道："此石是何人所见？何人所献？"杨素答道："骊山中的一位樵夫。"

宣华夫人说："可曾派人寻找？我想，能发现这两块灵石的人定然不同寻常，说不定是位仙人。"王劭接着说道："那是自然了。依臣猜想，此人定是来往神界和地界的使者。来去无踪影，点化借神动。"

杨坚点头称是，说道："张权，把这两块灵石放入大兴善寺的佛龛中，每日上香祭供。"

张权说："奴才一定照办，不敢有误。"双手接过两白石，用绵帛里外裹好，揣入怀中。

随后，遣退随从，杨坚笑道："朕一向认为天下是臣民的天下，虽说普天之下莫非王土，是千百年来，谁又能一朝登基，终身拥有，唯有体爱百姓，以民为贵方能千秋万代。所以，朕对广儿的克勤克俭是十分赞赏的。"

"贵为天子的皇上，难得还有这样的治国策略。有你在，我们大隋一定能够富国民强的，"宣华夫人称赞道，"人的生命都是有限的，可治国方略却大体相同，只有继承上一代的国策，国家繁荣才会持久。只是世事难料，也只能等后世人去评说了。"

杨坚说道："对于政事，我认为也只有你才能够和独孤皇后相比。"

说着，杨坚将宣华夫人揽在怀中，叹息道："朕是神人临界，我对此是深信不疑的，而你和独孤皇后，就犹如娥皇、女英一般，朕不能失去你们中的任何一个。"

第二十六章

皇子自危奔走出逃　头疼犯罪屡禁不止

皇宫里，独孤皇后在闭着眼睛养神。自从生病之后，她整个人瘦了一圈，再加上夜里的惊吓，整个人显得苍白无力。

在皇后的手边，是杨勇上呈的奏折，他至今都不明白自己为什么被废除。他申述说，元妃暴亡纯属患疾所致，天大冤案的背后肯定有人诬陷栽赃，这么重的冤情，盼圣上明察。

独孤皇后想，这杨勇还在执迷不悟，痴心成疯。疯子的话时有只言片语，但终为疯子的话，比如，将杨素比作毒蛇，这就有失公允，是疯子的表现。可是，他的只言片语也还切中了要害，撩得人不由不深思："天意昭显，冤情已揭。想多年前，术士韦鼎、来和都曾预言晋王贵不可言，应当太子，可是当上太子那一日，却又如何呢？

"天动地摇，环宇尽失重心，宫中片瓦碎地，京城的暴风雪是亘未有史记载，发屋拔树，死者千人，虽说没能撼动根基，皇宫犹存，全是凭皇上的神力庇佑，皇上诞生于般若寺时，紫气充庭，一生虽历尽坎坷，但终有佛光佑护，而太子广登位受封，却迎来昏暗无日之象，净刹寺的佛像纷纷倒掉，佛门紧锁忽又洞开，这又是什么预兆呢？"

独孤皇后睁开眼，心中尚存惊悸，隐隐有痛感。突然一只通体白色的猫窜入围帐，围帐波动，有一声凄厉的哀鸣从围帐传出，吓得独孤皇后啊呀一声，惊立起身。

"来人哪——猫、猫！那里，那里，快打，快打！"独孤皇后战战兢兢，随手拿过床头的一只玉盘，奋力掷向垂地的围帐。

独孤皇后嘴唇抖动不停，血色渐渐变成青紫色，心力交瘁的她无力地抬着手腕，指着门外，一位宫女大着胆子上前，紧紧地握住她干瘦如柴的五指。

不一会儿，御医来了。数枚银针刺入独孤皇后的肌肤穴位。她感到一阵凉意涌过心头，呼吸平息了许多。

她微微睁开眼，余光散乱，似乎还有猫影晃动。"去叫皇上过来!"独孤皇后叮嘱说，"这里是不能住了。"进进出出，一番忙碌后，御医侍奉皇后喝下一碗药汤，堵在喉咙里的浓痰被药力压了回去，面色由青紫复又蜡黄。

"母后，母后。"杨广带着哭腔一路狂奔而来，前脚刚踏入寝宫，就双膝斗软跪爬着来到独孤皇后的床前，紧紧地拉着独孤皇后的手哽咽不语。"还是广儿孝顺，"独孤皇后叹道，"你父皇呢?""父皇正和群臣观赏骊山温泉的景致，"杨广答道，"想必这一会儿半会儿还赶不回来，孩儿已着人去请，母后放心。"

独孤皇后感叹："母后没有什么放心不放心的，只是受了些惊吓罢了。这几天，夜夜听到勇儿的喊冤声，这混账东西是要气煞母后啊。可……"独孤皇后顿了顿，突然问道："这皇宫中何来猫蛊?是哪个养的畜生?难道不知道宫中的规矩吗?"

杨广摇着头，说："孩儿不曾见过有什么猫呀狗的，倒是鹦鹉处处可见。""唉，想是母后耳不聪了，眼不明了。"独孤皇后长叹一声。

杨广劝慰道："母后，儿臣再派人去找药王来，这宫中的太医只会照方济药却说不出药理。"独孤皇后艰难地摇头道："那所谓神医孙思邈也不过尔尔。"

此时，日已过午，斜晖从寝宫外照进室内，宫女们似乎才发现室内的油灯尚在燃烧，灯火如豆，连忙上前撤走高脚烛火。独孤皇后却示意停止。她疲倦的眼睛望着那火苗，一动不动。杂沓的脚步声传入寝室，杨坚回来了。

立于皇后的床前，杨坚望着已进入梦乡的独孤皇后，百感交集。他低声唤了两声，她却睡得香甜，最后只好捏着她的手臂将她摇醒。

她睁开眼，呆涩地望着夫君杨坚，神情尚处在恐怖之中，眨了几遍眼，才真正看清了弄痛她手臂的是杨坚而非梦中的冤魂，这才长松了一口气。她虽是人间尊贵无比的皇后，一旦睡下去，她就成了坠入苦海的罪犯，而躺在床上是容易睡着的。杨坚想带着独孤皇后出去走走。

一阵清风吹过庭院，杨坚打个冷战，独孤皇后则是一阵咳嗽。她畏惧地把身子靠向杨坚，

独孤皇后紧盯着那鬼风，看着看着，那变幻的风势风形中，仿佛伸

出无数只手向她抓来。

独孤皇后惊声昏厥过去。

太医们一拥而上，掐人中的，摸脉搏的，送温水的，忙成一团。

杨坚目光凝重，他还真是难以割舍对独孤皇后的深情，他感到热泪从眼角流出，伤感不已。"广儿，你再追访孙思邈，此人多半隐于华山之巅，寻到后，务必请他开个药方，不管有多难，你母后的命就交留在他手上了。朕要去大兴善寺，征询住持昙迁的看法。"杨坚吩咐完毕，安顿了独孤皇后，正欲往大兴善寺时，宣华夫人率着众嫔妃急急赶来，还有杨素、牛弘、苏威等一般大臣。

宫车吱吱呀呀，一路碾来，那刺耳的声音碾碎了一个亡国之民的梦想。

当一个人从阶下囚复又过上奢华的生活，拥有权倾朝野的势力时，连她自己也感到不知活着的目标终究指向何方。

蜀王杨秀一行风尘仆仆地朝益州进发，走得太仓促了，到了广阳驿，大家都已是灰头土脸。杨秀一脸懊丧，心境悲凉到极点，他感到自己是一个斗败的公鸡，垂头丧气，趁着暮色回到自己的栖圈。他弄不明白，明明眼见的事实为何由杨素等人的一番说辞后，竟然会变成太子杨广的仁孝之举。没有打着狐狸，反惹了一身骚味。教他如何咽得下这口气呢？

暮色已深，华灯初上。

梳洗一番后，蜀王杨秀坐在饭桌前等候晚宴，这一路上有如丧家之犬，但无论如何，他对自己决计回蜀地的做法始终都认为是正确的。杨广是怎样的人，他最清楚不过了。

在争取当皇储的这场较量中，晋王处于领先地位，本来，自己的奏章如能按照预先设想的那样，扳倒晋王也不是没有希望的，而今算是完了。

杨秀思前想后，深感自己落败的原因，原来是身边缺少谋臣，准确地说是缺少像杨素那样的朝臣。以一己之力是无法回天的，这一回合的较量，使得父皇对自己的信任降低到冰点。此时，若再以无锐气之师去攻取戒备森严的城堡，势必无成。可恨的是小弟杨谅在关键当口也站在父皇一边，而不为自己说上半句话。

正是杨谅的一席话才导致自己仓皇出走的。那日杨秀在杨坚面前弹劾晋王，从当时的情形看，父皇的表情是悲痛的，最起码的效果是父皇对杨广的做法深深不满。明明形势朝有利自己的方向发展，可是等杨广一入宫，情势完全变了。

汉王杨谅急急赶来，劝说道："四哥，赶紧想个办法，父皇在宫中大发雷霆之怒，说你吹风找裂缝，以乱宫事，晋王根本就没有承认卫玄之死是因他而起，既没有反过来弹劾你，也没有承担责任，只是说，四哥你也想争夺太子，并且说，若四哥你真想要获太子之位，他还要上章请求罢免自己呢。"

说完，杨谅就回府去了。杨秀思前想后，感到自己的意气用事在阴冷如蛇的晋王面前太显小儿科了。父皇既然发怒，晋王表面上自责，实际上就是在父皇的怒火上浇了一碗灯油。他惴惴不安起来。

果然，没过多久，家将来报，京城的军队调动频繁起来。这就是信号。若那时再不出逃，怕是机会就永远丧失了。蜀王妃长孙氏急得直掉眼泪。她是长孙览的女儿，扫北英雄长孙晟是她的哥哥。蜀王妃劝道："要不把我的哥哥找来商议一下？"

杨秀拿起竹筷空敲着碗沿，沉思了一会儿，说道："也好，我这里就是缺少谋臣了。"突然停下手，慢慢地道，"如今已不是箭在弦上不得不发了，而是箭已射出，欲收不能了。爱妃还记得当初我们一起去拜访你内兄时的情形吗？"

蜀王妃点头道："怎么能不记得？"说着，以极含埋怨的眼神望着杨秀，"当初要是听家的话就好了。"

杨秀怒目圆睁道："事已至此，还说那么多干吗？杨勇被废时，我和那杨广是处在同一起跑线上，都是殿下，都是总管，都有王位。为何不能试着一争呢？何况那杨广并非没有劣迹，哎——只不过父皇不知道罢了。若从善于伪装来说，杨广是高我一筹。"

这时，驿馆的门口传来一阵急促的马蹄声，杨秀旋身到窗前，透过窗口对驿馆的大堂望去，心都提到嗓子眼了。暗道，难道父皇真要向我开刀了吗？

旋风般闪进的不是别人，正是长孙晟。蜀王杨秀一颗悬着的心放下了。

长孙晟跨入驿站的时候，就警觉地四下打量着，在他看来，杨秀的出走是个大失策，这又是杨秀办事不够沉稳的一贯表现。当他从薛道衡那里知道这件事后，就一路上追来，他要试图做最后的挽救行动。

明摆着的，这是一场势力悬殊的竞争。而蜀王杨秀的举措无疑是自蹈死地。若能及时劝阻，或许还能保住王位，免得杨勇的悲剧在杨秀身上重演。宾主落座后，彼此寒暄了几句，就直接奔入正题。杨秀说："内兄若要相助，对于我来说，可谓如虎添翼，有你出马，何愁大事不成？"

长孙晟一连喝了三杯浓茶，这才说："不是内兄我不肯相帮，蜀王的举动实际上是自绝于朝廷。目前的形势已经很明朗。太子之位已经定下，蜀王想实行兵谏，以此来夺杨广承继的江山，难上加难。"

蜀王杨秀不耐烦地说："内兄难道看不出来，倘若我待在京城不走，恐怕一家老少都做了杨广刀下之鬼。自古以来，蜀地就是个举事的好地方。那杨广只能骗人一时，岂能瞒人一世？早晚有一天，好端端的大隋朝会变成一个屠场。皇上已入花甲之岁，还能支撑几年？"

长孙晟说："我之所以追你而来，并不是要跟你去造反，大隋再也经不起动荡了，这二十年的建隋过程已经使无数百姓死在战事上，人心思定。至于皇上百年之后，太子登基采取何种治国之略那是后事，至少眼前，如果蜀王一意孤行，只能给杨广提供了灭掉他最大忧患的借口。依在下的分析，只要皇上一日还在位，他就绝不会允许杨广对你下手。因此，我还是奉劝蜀王悬崖勒马，寻找机会，再图举事。"

杨秀对长孙晟的态度显得颇为不安，默想了一会儿，低声说："内兄怕是不愿卷入这场纷争之中吧。"语调极冷，似乎有不往下再谈的意思。

长孙晟感叹道："那帝王之位就是那么好当的？想我长孙一族当初在北魏时不也是皇族吗？蜀王，难道你要等血光之灾降临头顶才会幡然醒悟吗？如今宫中内外、朝廷上下，有几个支持蜀王的？"

屋内出现了难堪的沉默，蜀王情绪上实在不能接受长孙晟的建议，他既震惊于长孙晟对事态一清二楚的分析，却又不愿回京，不愿接受摆到面前的事实。

蜀王妃抱着孩子从屋里出来。孩子看到舅舅，一个劲叫道："舅舅，快救救我们吧。"

长孙晟拉过孩子，抚摸着孩子的头，爱怜道："蜀王，平心而论，我们当然愿意看到你能被立为太子。可是，你冒失的奏章已经产生了不良的后果，那就是皇上对蜀王的不信任。而且王爷的不辞而别已经让太子找到借口了。想想孩子，想想历史上皇族中相残的血腥场面，孰轻孰重？"

蜀王妃道："家兄，王爷原本没有当太子的妄想，只因庶人杨勇的结局太冤，这才栗栗自危，不得已孤注一掷。如今更无非分之想，但求不失圣上及二圣的欢心，不再被人坑害，已是心满意足了。"

长孙晟心想：杨勇被废固然是杨广挑的头，但你杨秀不也推波助澜了吗？事已至此，说这些开脱的话，又有何用？长孙晟不便点破，苦思良久，长叹一声说："冰冻三尺，非一日之寒。本来嘛，蜀王爷文武兼备，实为诸兄弟所不及，皇上对蜀王爷也颇寄厚望，不过后来……"

蜀王杨秀刚端起茶杯的手又停放在半空中，眼睛直直地看着长孙晟："不过什么？莫不是我枷押刘士元、刘光伯去四川惹恼了天下士人，这并非是我的本意，那刘士元、刘光伯也太轻狂了吧，皇上派他们去辅佐于我，他们应当奉旨行事才是，我以为不过是区区小事，焉知后来会引出偌大的波澜？"

长孙晟见蜀王杨秀依然在辩解，便单刀直入道："对'二刘'的失礼，便是伤了天下士人，这叫物伤其类。伤害了天下士人，便把文人都赶到晋王那边去了，这又无异于为渊驱鱼、为丛驱雀。"

蜀王杨秀抢白道："可是，天下士人并不帮杨广的忙，他手里只有杨素、张衡等几个走狗。"长孙晟道："蜀王殿下还在执迷不悟，大批文士的心里虽然瞧不起杨广的作秀之态，但也并不在口头上反对他，更不愿站在你这一边。实际上就等于增长了对方的势力。此消彼长。"长孙晟扳着指头把朝中的大臣逐个点名一遍，最后说："连一代名儒薛道衡也不赞成殿下呀，记得史万岁吗？"

蜀王杨秀点头："当然记得。"杨秀想，正是自己的一纸奏折使史万岁差点掉了脑袋，这也怪我吗？何况我的奏折句句属实。那史万岁虽然战功显赫，也不该受贿纵贼，再者说了，导致史万岁直接死因的是他自己行为不检，藐视朝堂，为东宫太子杨勇叫屈，不杀他，我恐怕连争夺太子之位的机会都没有。

长孙晟说道："史万岁受贿固然不对，然而史万岁实在是大功于国，功高过人，惩之太酷。前太子勇含冤被废，武将中唯有史万岁敢于当殿为他鸣冤叫屈，可见此人在朝中还是个敢作敢为的人。殿下当年弹劾他，不免使满朝武将心寒，见风使舵的不知殿下心中所想，耿直勇武的又心存芥蒂，由此看来，而今太子杨广得势，固然是自身努力，也是由于殿下的成全。而皇上也会看到殿下孤身一个，无人辅佐，又怎敢把天下传之于你呢？殿下若想重获信任，务必从长计议，切不可短视，应当从自身入手，正本清源，少些负气，少一些欲望，少一些骄奢。或许有一天，皇上重新发现殿下是更合适的人选，那么，事情就水到渠成，即使那一天永不会到来，蜀王仍需以忍让为怀，有王位在，有蜀地几千里封地，将复何求呢？"

杨秀的额头冒汗了。他确实有些后怕，情绪也平静了许多。

杨秀问："依你的意见，我该如何去做呢？"

长孙晟想了一会儿，断然道："赶快给皇上修书一封，就说蜀地鄙境，苗民有再乱的端倪，当然是接到密报后才知道的，为了熄灭熊熊之火于将燃之时，所以，紧急草就了一道辞章向父皇辞行，又怕父皇忧心过虑，所以就没有将情况告知父皇，请求责以欺君之罪。而蜀王妃及孩子一道随我进京，或可有幸于一免。"

驿站外又传来一阵嘈杂声。长孙晟透窗望去，守在外面的随从李波按剑飞奔进来。

长孙晟说道："事不宜迟，我们赶快动身。"

果然，李波敲门而入，对蜀王杨秀及蜀王妃行过礼后，向长孙晟说道："长孙将军，驿站外来了一批要把式卖艺的人，听其口音像是京城的人，里面有几个身壮如牛的家伙，卑职以为，说不定是京城里来的卫军。"

长孙晟说道："知道了，我们下去看看。殿下收拾一下，写一封奏折给我后，离开这里。"说着，带着李波出了房门，下了楼梯。

世风日下，道德沦丧的风气已经让杨坚变得不耐烦了。刑部的奏折像雪片似飞进朝廷，飞到文帝的御案前。偷抢扒拿、拐骗蒙诱等案件层出不穷，特别是盗贼繁多，多如牛毛。主管部门对此也感到十分棘手。

文帝下诏："分职设官，共理时务，其诸有司，若有愆犯，重惩不贷，绝不宽纵。"

刑罚固然加重了许多，但是，犯罪行为并没有因此被遏制住。

五月麦熟时季，渭河边上的百亩庄稼，正待挥镰收割时，突然一夜之间，麦穗尽失，老百姓哭声震动天地，响遏行云。文帝闻之大怒，责成刑部严加查办，说："总有个眉目吧，朕的京郊都成盗贼的天堂了，说不定，有一天朕的御座也被盗了去。"

苏威奉命去查，声势浩大地查，微服私访地查，到最后只能循着散失的麦穗芒、麦粒，按图索骥，顺藤摸瓜，查到一两户住在破帐篷中的穷乞丐，大刑加身，经过一番波折后，也没问出个所以然。这几个被打得皮开肉绽的穷乞丐，叫苦连天，只是说深更半夜的，听到外面杂乱声、低语声、马嘶声，还疑心是兵丁呢，好奇地跟着，一看才知道是偷抢麦穗的，就着浑水摸了几个小鱼，没想到被查出，一个劲地叩头饶命。苏威如实上报，杨坚大怒之后，也无甚办法，着有司带着这几个乞丐拉到田间问斩。就是这样还难消心头之火，又撤职法办了几个守职不力的乡保、里正。

但是，犯罪事件仍在蔓延。

五月中旬，京师长安城内又发生了大白天公然抢劫的恶性案件。

大庙所在的安仁坊一带的商铺在一天中午遭了大殃。当商铺的主人们正准备好各种待售的布匹、古玩、美食时，一队结伙而来的蒙面汉突然刀出套、剑出鞘，威逼各家店主拿出银两、细软，否则便成刀下之鬼，吓得一条街上的行人纷纷避让，唯恐刀剑不长眼，结果了自己，最大的古玩店主是个性格倔强的老者，宁死不从，以身子护住银子，后果自然是人亡财空。一家老小，特别是两个小妾哭得死去活来。她们都是店主从妓院中赎出的良家妇女，就此失掉了终身依靠，能不伤心吗？何况店主的正室及两个蛮横的儿子早就对她们恨之入骨了呢？

消息传到宫中，负责护宫的张衡吓得一夜没敢合眼，亲自带人巡逻了一宿。

杨坚更是大怒，急火攻心之下，还咳出一丝血痰。早朝时，文帝杨坚得知，地方上的强盗原先也是有的，只是各地主管慑于王威和担心自己的乌纱帽一直不敢上报，还美其名曰"唯恐圣体忧劳，且所查犯案已有进展"云云。

怒归怒，文帝杨坚在深以为虑的同时，还是忍着向群臣征询良策，那一双阴鸷的眼光就落在左仆射杨素的脸上，杨素对办案是个外行，对杨坚所要的良策乏陈得很。他嗫嚅了半天，只见嘴唇一开一合，就是听不到声音。

文帝似有所悟，自己笑道："朕知之矣。"说着容颜一展，道，"群盗出没也好，小盗行窃也罢，总逃不了有心人的视线。因此，朕下令，凡是有能检举纠告者，查抄盗贼家产，全都用赐告发者。"

群臣拊掌赞叹此法灵验。

果然，文帝的招数颇显神通，一时间罪犯销声匿迹。

可是没过多久，犯罪案件又频频发生。官府对此类案件可谓一筹莫展。原来有一些无赖之徒利用这道法令，每伺富家子弟出门，故意将财物遗失在路边，然后就躲在墙角、树后，等待那些富人子弟捡拾起后，立马冲出，扭送官府，富家的财产被当作赏赐之物，由无赖之徒领取，从此富家变成穷家。这类案件屡屡发生，殷实而守本分的人家往往遭殃，一时间黑白颠倒，贼喊捉贼，而受累人家叫冤声鼎沸。

高招失灵，文帝不由大怒，再颁圣令："盗一钱以上皆弃之于市，行署取一钱以上闻见不告言者，连坐至死。"

诏令很快地在全国推广，一时间人们提心吊胆，惶恐不安。后来，有很多的州县官员被劫持，而劫持的人却打着为受害者伸冤的旗号。

老牛弘壮着胆子，给杨坚上书："从古至今，凡是国家法度，从来没有因为盗窃了一文钱而被处死的刑法，我们大隋的律条上也没有。"

无奈，杨坚也只能睁只眼闭只眼，由着他们去了。从此之后，教化民风成了杨坚的一块心病。

第二十七章

隋文帝痴迷佛中事　读书人伤透读书心

　　自大隋建国以来，光是整个京师的寺院就已经有一百二十多座了。到了傍晚，鼓声不断，诵读经书的声音还会时不时地传入耳际。这天，杨坚带着宣华夫人，来到了大兴善寺。

　　大兴善寺是在大隋开皇二年的时候，杨坚下旨建造的，制度规模相当于一所太庙，寺中有高僧住持。

　　小沙弥早已接报，躬迎在寺前，引着杨坚徐徐穿过三折回廊，来到大殿正门前。此时，诵、经声高扬，声音浑浊，辨听不知其义，但声音倒是整齐，似乎是和尚在共同温习功课。

　　杨坚和宣华夫人被安置到偏房中的一间小佛堂中，静静地做着法事，净手、上香、默诵祈愿。仿佛是佛光照耀，宣华夫人的面庞红润得如同刚跃出海面的朝阳，一对顾盼流飞的眼睛晶亮无比。杨坚做完佛事后，一转头，那沉浸在佛事中的明净与空明便一扫而光，他拉着宣华夫人的手道："夫人，你脸上呈现的光辉，就如同朕初降人世时，那神尼佑护朕时的一样。"

　　宣华夫人嫣然一笑道："皇上，在佛堂中可不许说笑，皇上乃真龙天子，自有神尼保护，大隋的一切，有哪一点不是受恩惠于佛祖呢？"

　　杨坚愈加激动，感慨道："当初的华光耀宇，朕也得以庇佑，所以，朕登基以后，第一步就是建立佛寺院。"说着，双手合十，对着佛堂中的一尊释迦牟尼像，口中喃喃有词。

　　那边暮鼓声渐弱，时辰不大，昙迁躬身而进，举动若飘浮之态，深深地向杨坚一躬身："老迎迟了，还望月光童子见谅些。"

　　宣华夫人认得此人，这位须发皆白的老和尚就是昙迁。

　　隋朝建立之后，文帝即请僧人充任顾问，二十余年间，每日登殿，都要坐列七僧，转经问法。在昙迁之前，有个名叫律宗文藏的和尚，他和文帝可称得上布衣之交，当初，文帝决定迁都大兴城时，就特意为他建立这座规模宏大的大兴善寺，并令左右仆射前往观瞻。文帝常说，弟子是欲人天子，律宗为道人天子，有人想离俗入道的，任由你剃度；又说，律宗化人为善，朕禁人为恶，意则一也。文帝和律宗文藏交好到由他自由出入皇宫，坐必同榻，行必同舆，经纶国务，雅会天鉴，有时住宿，即迩寝殿。一时间，天下文士、百姓俗子，莫不一心向佛，引以为耀，朝廷上下，一片诵佛声不断。

文帝杨坚与昙迁默坐片刻，昙迁道："圣上所求何事？"

文帝望着昙迁满脸的皱折，一时语塞。昙迁来自徐州，当初和洛阳慧远、魏邵慧藏、清河僧休、济阳宝镇、汲郡洪遵等共称"六大德"，各率门人弟子十人入京，安置于大兴善寺弘法。这六个人可谓佛界领袖，他们的到来，奠定了长安为大隋佛教中心的地位。

文帝记得，当时曾发过一道圣旨，广揽天下名僧，因自己以大兴邵公起家，新造都城即为大兴城，殿曰大兴殿，门曰大兴门，县曰大兴县，园曰大兴园，寺曰大兴善寺。寺殿崇广为京之冠，地位之高无与伦比。

文帝说："大乘佛法和戒、定、慧三学若要在民间俗人中推广，需要假以多少时日？"

昙迁的眼皮低垂，听到问话，反复思量文帝的深意。他当然知道眼前的世风低下，盗贼猖狂，无赖之人狂增，这种风气甚至影响到寺院。前几天，寺院还被偷走了一个金制的木鱼，追了几天，也没有追回。但皇上若以全国寺院为中心宣扬大乘佛法和"三学"，效果不会很明显，佛寺中不整日都在学吗？可偷盗现象仍有发生，甚至在蒲州还出现了有的无赖白天在寺院做和尚，晚上回家抱老婆上炕的事。究其原因，是因为生活窘迫，而当和尚却吃穿不愁。

思忖了一会儿，昙迁答道："圣上，翻经学士费长房在《历代三宝纪》书中，采用了《德护长者经》之说，圣上乃月光童子化身，老纳想，若要清廓民风，当应光复三宝。"

昙迁的意思是如果要改变世风，走按部就班的老路子不行，必须掀起一场运动，一场造神运动，有两件事能明显看出来，神化高潮是要创造的。

二是开皇十一年，内太府寺丞赵文昌突然暴死，数日后又活了过来，自称到阎罗殿走了一趟，见到周武帝颈铐三重钳锁，对其灭佛行为悔恨不已，要赵文昌回去向隋文帝请罪，请文帝为他营修功德，让他早日超度。赵文昌复苏后，将此事俱告文帝。文帝因此敕令国内臣民每人出一钱，为周武帝转《金刚般若经》兼三日持斋，一时，举国上下，都在否定周武帝灭佛事，又十分感念文帝兴托佛事，扭转乾坤，把文帝杀绝了周室后代的事忘了一干二净还颂扬文帝德弘量雅。

二是开皇十三年春，文帝巡幸岐州时，与蜀王秀围猎，在南山破窖里见到许多北周灭佛时残存的佛像，皆泪迹斑斑，文帝大为伤感。回京后，杨坚即与皇后各施绢十二万匹，修缮北周时被毁的佛经，并诏令各地：诸胡破故佛像、仰所在官司，精加检括，运送随近寺内，检校庄饰，率土苍生口施一文，权作劳费。一下子，各地官员都热衷于建寺造塔热潮中。

杨坚两手一摊，说："对于佛事，朕当兴之，朕在七岁时，抚育朕的神尼智仙就曾对朕说过，当大贵，从东国来，佛法当灭，由儿兴之。朕果然是东方入关，代周而立，所有灵塔中皆图神尼，多有灵相。可是朕不能让人人入寺。"

昙迁说："老纳记得，应圣上玺书邀请而来的天竺国沙门那连提黎耶合在翻译《德护长者经》时，有如下一段佛陀世祖的预言：汝今见此德护长者大儿月光童子否？唯然已见，佛言此童子者，能令未信众生，令生净信……我涅槃后，于未来世护持我法，供养佛法，受持佛法，赞叹佛法，于当来世佛法来时，如来佛骨当飘至东方三国，东方震旦，同名大隋，城名大兴，王名坚意，建立三宝，起舍利塔。"说完，双手合十，道了"阿弥陀佛"，便缓缓退出房间。

文帝茅塞顿开。在文帝登基前，有一位天竺僧人曾送给他，裹佛骨舍利，说道："此大觉遗身也，檀越当盛兴显，则万民来福，仁寿无疆。"言讫，飘然不见。

杨坚心意已定，对着释迦佛祖的等身像连拜三拜，搂着宣华夫人的细腰出了佛寺。进入六月份的一天，文帝杨坚上朝，向群臣嘱咐了两件事：一是在三天之内派遣十六使到各地巡省风俗，访察治绩；二是准备宣布废除中央及地方学校，仅保留国子学七十二名学生。他对迂腐的儒家教育失去了耐心。

十三日，后宫。

第二十七章　隋文帝痴迷佛中事　读书人伤透读书心

独孤皇后静养在寝宫，面色稍稍正常了些，昙迁大师忙了整整一夜，为后宫作最后的驱鬼行动。最终算是把独孤皇后幻想中的纯白色的波斯猫赶走了。卯辰交替之时，昙迁大师在寝宫中烧了一把黄草纸，将纸灰放入玉盂中，倒入夜里承接的露水，搅和过后，含在嘴中，手执拂尘望空挥洒三下。

独孤皇后闭目准备承接，"扑"的一声，一口圣水呈雾状喷到皇后脸上，顿时一片纸灰色。她就这么躺着，需要一直待到天明。

杨广进来时，看到母后容貌大吃了一惊。闻听隔壁的厢房内有说笑声，他知道那是宣华夫人和父皇。心想，母后这边病着，你们却在隔壁浪声淫语，不过想到自己昨夜的行为，也就心安了。朝堂上，父皇的老态已尽显无遗。杨坚说话时抖动的嘴唇和哆嗦的手指，都没有逃脱杨广的眼睛，他暗暗得意，照这样的速度，多则三五年，少则一两年。

"广儿来得这样早？"独孤皇后听到脚步声就辨出来是太子杨广。

"母后，"杨广上前紧握住独孤皇后骨瘦如柴的手，叫道，"孩儿来看您来了，告诉母后一个好消息，孩儿奉父皇之命着人查访孙思邈的下落，历经辛苦，时过月余，总算访到其踪。但孙思邈不愿进宫，只是说他已知道母后的病状，又开了一个药方，孩儿看过后，认为这副药方是奇巧之药，比上次强多了。"

昙迁掐指算着时辰将到，一进寝宫便见杨广正和独孤皇后执手答话，忙上前施礼。在蜀王杨秀的事件上，这两个冰炭不同炉的兄弟并没有反目成仇，还是杨广上表替杨秀开脱了部分责任，劝父皇杨坚念及蜀王平叛心切，急欲回蜀，将功补过，就不必深究其责，杨坚也是顺坡下驴，放了蜀王一马，令其反省自察，以杨约辅之，安定边陲。

这里面的原委除了长孙晟的作用外，昙迁也是出了力的。他是蜀王杨秀的佛师，而来自天台的智颢是杨广的门师，昙迁通过智颢疏通了杨广。因此，昙迁感到自己身为杨秀门师是尽了责任的。

实际上，长孙晟对此感到厌恶，遁入空门的高僧不也为各自的生存而用尽人事吗？昙迁低垂眼皮，两撇白眉毛几乎搭到耳轮，说道："阿弥陀佛，太子至诚的孝心就是剂良药。老纳一夜法事已经产生神效。"

杨广当着独孤皇后的面不敢轻慢，连忙上前，替昙迁搬了一张靠椅，用衣袖拂去上面的灰尘，恭谨地请昙迁入座。

昙迁并不谦让，当年关中亢旱时，文帝杨坚恭迎自己于正殿祈雨，还高踞御座，连文帝和百官都规规矩矩地席地念佛、受八关斋戒，朝堂内外，香烟缭绕，真有种羽化登仙之感。

独孤皇后合着眼，说道："大师，你辛苦了。我身子康愈后，要去大兴善再塑佛身，深表谢意。"

昙迁答道："皇后说哪里去了，老衲虽然辛苦了些，但是只要能为皇后祛病消灾，就是万民之福。皇后身系天下苍生，才是人世的佛宗。区区在下能为皇后尽绵薄之力也是应该的。"

独孤皇后对杨广道："广儿，取一百两黄金来，算是我对佛祖的孝敬之心，还望法师收下，代我多烧些香火，哀家就心安了。"

杨广说："改日孩儿亲自送去，母后放心就是了。昨夜，孩儿和萧妃在佛祖面前烧了一夜香，祷告了一夜。孩儿祈盼母后早日安康，莅临孩儿府中。萧妃近日又学会了烧制一道冬瓜拌葱的小菜，用料平常，口味极佳，望母后去品尝品尝。"

独孤皇后勉强露出笑意："萧妃的孝心，母后心领了。"昙迁道："出家人持斋，酒肉不沾，没想到太子殿下也在吃斋。国运怎么会不昌呢？大隋如何不兴？"

杨广道："佛法深妙，俗人只能尽心，力争获得皮毛之浅识。"

"好，佛法当然深妙，要不朕怎会在立隋之后，即大兴佛事呢？"杨坚迈步进入寝宫，对昙迁拱手道，"朕在高僧面前，向来以佛门弟子自称，虽然《众经目录》中奉表朕为法轮王，但朕哪敢称王，对佛经深义也只是粗通而已。"

昙迁施礼，杨广起身侍立。

跟在杨坚身后的宣华夫人扭着腰身直趋皇后床前。杨广的余光就一直盯着宣华夫人轻盈的碎步，嘴里的口水漫过来，咽了几口，心里不由得对薛道衡生起恨来。老匹夫，凭着舞文弄墨的本事，居然也占得天下第一尤物，而且连老皇帝也蒙在鼓中，我何尝不是满腹才学呢？杨坚见皇后气色稍定，心里宽慰了许多。

杨坚说："昙迁法师，朕昨日受佛祖点示，深感其深奥义理。朕多有不解，不错，朕有时耽于国事，悟性迷钝，还望法师多多指点。"

"阿弥陀佛，"昙迁双手合十，复用手捻念珠低语道，"出家人不打诳语，月光童子尽得佛经矣。皇上每每出现在老衲面前，头上总有一轮金光环绕，佛光四射。所欠的只是把凝聚于身的佛光发施海内。"

"法师说得对，朕已决计把佛骨舍利送到大隋境内，造塔迎佛，使佛法遍及五岳四镇，节宣云、雨、江、河、淮、海，浸润区域，并生养万物、利益兆人。"说完，杨坚走向内室，不一会儿，取出一个紫檀木制的镶金琉璃盒，轻轻地放到桌上。当着众人的面慢慢地打开。一层又一层丝缎包裹下的什物竟是几十颗灰绿色的骨节。

昙迁猛地跪在地上，浑身筛动，口头不停地说着佛语，两滴浑浊的眼泪从眼角滑下。

杨坚虔诚地说："法师，这就是舍利。朕之所以能战胜各种灾祸，全是因为拥有它。法师，朕在佛骨面前，就是一个月光童子。朕数过几十遍，怎么也数不清，到底有多少颗。法师不信也来试试。"

昙迁战战兢兢地爬起来，说："谢圣上恩赐之惠，让老纳开了眼界，见到佛界至高之宝。"

众人都围聚过来。宣华夫人一阵恶心，感到胃里翻腾着酸水，忙捂住嘴，赶到外间的厕所中呕吐了一通。独孤皇后由两个宫女搀着，颤颤地坐到座位上，眼睛竟然生出光来。

杨坚和昙迁数了一遍又一遍，还是定不下具体数字。

杨广一个劲儿地揉眼，心里道：想当年，自己横扫突厥人时，茫茫大漠上何处不是这些玩意儿？父皇竟然视这些骨头为护国圣物，还有那昙迁，差点死过去的样子让人不解。可他嘴中却说："父皇，法师，这圣物确有灵光乍现。"

"噢——"杨坚说，"广儿也算有些修行了。"

皇后道："听说，这佛骨舍利是世间最坚硬的东西，有人不信，既然准备送往各地，不妨叫宫人都过来看看。"

昙迁说："圣物坚硬不可毁，这是事实，哪还需要试试呢？"

杨坚对独孤皇后的话总是心领神会，他拉独孤皇后的手说道："好，就依了皇后意思。"

实际上，这一切都是筹划的步骤，目的就是增加送舍利的权威性。

文帝杨坚接过宫监张权递来的一柄铁锤，轻轻地从宝盒中取出一粒骨头，准备击打，环顾四周："咦，宣华夫人呢？"张权明白杨坚的意思，低声道："宣华夫人净手去了。"

杨坚默默地等了一会儿，宫女们越聚越多，都远远地堆在寝宫面前，忽然，人群闪出一条道来，宣华夫人款款地走进来，因呕吐憋涨，面色愈加泛出一层红晕。头上的凤钗插于左边微微颤动，右边的两只玉蝴蝶翩翩起舞。皇后见杨坚举锤不下，顺着杨坚的目光望去，心中堵住的怨气终于发出："皇上倒是打呀。"声音极冷。

杨坚知道皇后的醋意又起，犹疑了一下，一锤砸向舍利，砰的一声，那颗舍利竟嵌入木桌，丝毫没有受损。

宫女们睁着大眼，心里暗暗赞叹：神了。

宣华夫人脆声道："皇上真是月光童子。"说着，靠近杨坚的身子悄声道，"贱妾怕是有喜了。"前面那句点燃了宫女们眼中的神奇之火，大家啧啧赞叹，后面半句是说给杨坚和皇后听的。

好在众人都沉浸在对杨坚是月光童子化身的仰慕中，没有在意独孤皇后的表情。

宣华夫人瞥了一眼皇后，独孤氏的脸色蜡黄，呈现出死灰色，阴晦得很，而杨坚却不顾忌什么，搀着宣华夫人的手，说："真是难以想象，朕于六十岁时还能有子？"

杨广看得真切，心想：也好，一个玩完了，另一个就更快了。

看到杨坚和宣华夫人的亲昵劲，独孤氏的心中十分悲凉，她甚至疑心，那只纯正的波斯猫就是宣华夫人特意安置的，要不就是尉迟风琴的魂灵所化。想着，想着，独孤氏的眼前一片昏暗，一下子什么都看不清了。

日落西山的时候，西天边涌现出一片黑乎乎的云朵，一阵风起，乌云便万马奔腾般地漫上来。既然有乌云，暴雨是迟早要下的。

从聚英酒楼下来，薛道衡就一直在打着酒嗝，他本来是会喝酒的，可今天，他显得很拙劣，酒刚刚穿过喉咙，便觉一股热浪涌上来，他显得有些受不住。打了几个酒嗝后，酒竟沿着食道漫涌至嘴中，然而，他几乎毫未犹豫，又坚定地把它咽了下去。

一阵凉风吹过，湿透的绸衫紧紧地贴在身上，薛道衡哆嗦一下，神志不免有些朦胧了，其实他现在异乎寻常地清醒，今天的场面太让读书人心寒了。

本来，国子监的博士官品就低，最高的才为五品，约相当于大州副职，而一般的助教则只能勉强挤进国家官吏行列，聊充殿军。这些人都是学富五车，才高八斗。而今，大部分却要被遣回乡，过着躬耕陇亩式的生活，能不伤心吗？

孔子早就说过，学而优则仕，现在，则是学而优则崇佛。薛道衡漫

无目的地在朱雀门前走了几个来回，他满腹惆怅，悲不自禁。

前天，王府学官孙万寿就被发配江南。好端端的一介温文尔雅的书生，却要去那瘴气弥漫、禽兽出没的戍地，足见今日的举国大祸是有来由的。

薛道衡踉踉跄跄，只想大哭一场。

两道文帝的诏书彻底地粉碎了天下读书人的梦想，把原本根基不牢的大隋文化抹得干干净净。原以为，六月初时，文帝杨坚要准备解散学校的话是出于对人才渴望的一句激愤之语，今天，竟变成诏书下颁全国了。薛道衡想，前日戏言语，今朝眼前事。

对于送舍利、造佛塔的运动，薛道衡等一般文臣虽心有所怨，但口不能言，谁不知道文帝一向以身入佛门，佑庇于佛而荣耀不已呢？要是说以佛法治国的话，除非他是疯子，否则哪朝帝王敢拿儒术当儿戏？但杨坚敢，而且确定这么做了。

早朝时，薛道衡据理力争道："十年树木、百年树人，自古以来，学校就是锤炼品质、增长才干的地方。儒学，天下之基石，万物之根本，古之学者，禄在其中，今之学者，困于贫贼。万岁应该赋予学官以权位，至少应保障他们的衣食无忧，这样，儒学的教化功效就会如同陈年老酒，愈发浓香，切不可因一时民风低下而因噎废食。"

杨坚有些不高兴，语含讥诮："薛内史，你是名儒，朕想问你，你之所以有今天之位，是谁给的？读书能读出来吗？况且，朕尚保留了国子学七十二人，那些文绉绉的文章和诗篇能来教化百姓吗？"顿了顿，文帝又说，"朕曾征召过山东六儒，使用包括你薛道衡在内的各子名士，可惜，并不能使朝廷的政策得到贯彻，和佛法相比，儒学就无足轻重了，朕何必要再费财物，二度浪费呢？"

大臣们一片唏嘘，当然只能留在心里。

退朝后，薛道衡、卢思道、虞也基等几个北齐或南朝的文人相约到聚英酒楼喝酒，借酒浇愁。

席间，范阳的卢思道感叹道："皇上是嫌我们文弱书生不能驰骋于疆场而轻视我等啊。"说着，拿出一张纸，道："这是被配发江南的孙万寿写的，我是很有同感。"薛道衡接过一看，一股悲愤溢于言表。

卢思道说："薛兄，文帝对你还是宠爱的，今天的一席话若是换了我等，怕是要受杖责了。"薛道衡苦笑道："皇上现在已听不进我的意见

· 338 ·

了。年初，文中子王通欲进京寻官谋差，我都说了好几次，文帝也不曾答应，真人情已逝，空留躯壳存。"

散席后，薛道衡从申时到亥时就这么一直漫游着。他多次欲闯宫门，又担心于事无补，于是，带着一身酒气，穿过几道街口，来到自己的府门前。

他抬头仰视了门旁不远的告示牌上赫然贴着文帝杨坚的诏书，有人立在那轻声念着。

其中几个书生都很面熟，正在诏书前指指点点，神情悲戚。薛道衡的酒劲消退了几分，冲着人群道："都回去吧，大隋有佛光撑着，还要书生有何作用？百无一用是书生，今日灵验了。"

书生们眼含热泪。朝中的事已经传遍了京城，他们对这位给文帝起草了无数诏书的人是怀有敬意的。一个白胖的书生上前道："内史大人，我们心有不甘呀，天下太平，正是用人之时，为何要解散学校呢？"另一位黑瘦的人接腔答道："解散了也好，学有何用？以求贫贱吗？不如回家做些买卖，以贴补家计，免得斯文扫地为后人耻笑。"

薛道衡说："无论你们怎么想，现在都无可指责了。老师都被遣散了，还能说什么呢？但你们要切记儒学不可废，不可废呀！"薛道衡身子有些后仰。

两个年轻后生上前扶住薛道衡，递过各自的名片，说道："学生久慕大人名声，我等坚信会有一天，学校会重新开办的。"

薛道衡低头看了一眼：房玄龄、杜如晦。心想，说不定这两个年轻人是振兴大隋的希望所在，便道："我的孩子薛收正在文中子王通处读书，你们都是有为青年，将来会有前途的，我给你们二位写一封引荐信，你们随王通继续苦读。"

两个青年眼睛发亮："多谢内史大人了。"

薛道衡道："不必再谢我了，今天长安城里流泪最多的就是读书人了，如果读书人都寻找不到一张平静的桌子，安心苦学上进，那么，所谓的太平盛世也就是徒有虚名。"

一阵炸雷从空而下，雷声滚动，轰隆隆响过天宇，连个预先警示的闪电都没有，平地一声雷响后，雨点如豆，急遽而下。

薛道衡叩打门环，家人开门一见是老爷，连忙让进屋去，说道："夫人惦挂多时了。"

但薛道衡仍然赶紧直奔北房而不是夫人晓兰处，尽管他们是恩爱夫妻，但与读书人相比，薛道衡以后者为重。房玄龄、杜如晦告辞之后，薛道衡依然坐在书桌旁，愣愣地发呆。

妻子晓兰静静地待在旁边，丈夫的痛苦何尝不是自己的痛苦？以前，每次丈夫外出回来，夫妻俩都会温一盏酒，相互对饮后，相拥共眠，有时还互相打趣几句，以调动感情交流的氛围。"道衡，别往深里去想，那诏书上可并没有否定儒学的功绩，依为妻来看，也就是一场风过耳罢了。夫君何苦自伤呢？"晓兰轻声劝解道。见薛道衡还是不动，就上前展开纸，挽起宽袖，往砚石中倒入一点水，磨起墨来。

道衡内心依然奔涌着一团绝望的火，每每伤恸不已时，他都习惯以诗来摆脱苦闷。愤怒出诗人，这似乎才是文人的本色。

薛道衡握笔在手，望着眼前的一张素白的空笺，他举笔而不下，随着重重的一声叹息，一团浓黑的墨汁溅满了素纸。咔嚓一声，笔杆折断，右手颤抖久久不能停止。

"夫君，"晓兰劝慰道，"大隋朝是姓杨的，夫君一向忠心事主，凡是皇廷的命旨，夫君都不折不扣地执行，对今日之事何必较真呢？再者说，兴佛未必是一件坏事，谁家有个灾、有个病不祭祀佛祖？以为妻看来，夫君何必庸人自扰？忍一时风平浪静，退一步海阔天空。如今朝中还有几个往日的臣子？看了你自身的经历不也是一直在过着刀尖上的生活，那年你被配发岭南还不差点命都丢在那儿。此次夫君万不可再意气了，为妻担待不起啊。"

薛道衡望着妻子，心生愧疚，是的，自己若能够自然终了此生已是幸运了，再也不能让妻小担惊受怕了。有晓兰这样美丽坚贞的女子还不够吗？每每自己远离京城，外出巡事，她便独守空闺，期盼团聚，假如自己行事不慎，让她如何面对？何况从杨广被立以来，宣华夫人的行事举止越发显得诡异？

晓兰一边温柔地劝说，一边拿出一枝朱笔在溅满素纸的墨汁印迹上勾勾画画，不一会儿，一幅老株绽梅图便草就而成，四朵梅花斜挂在一枝上，有一朵隐藏在枝干后面，欲露还显，楚楚幽怜。

薛道衡心中怦然一动，很为今日的情形感到不自在，心道，读书人算个什么？能混碗饭吃，已是不易了，那安平才人李德林凄楚病逝，一句"读书人不懂平章之事"就把这位显赫一时的老智者永远打入底层，任小人宰割。

"是啊，我早应该见一叶而知秋了，"薛道衡平复了心境，"废学与佛事同行于天下，这是什么动机呢？比自始皇焚书坑儒好得多了。""可不许胡说。"晓兰担心道。

"也只是对你说说而已，"薛道衡道，"可有吃的？我还真饿了。""你不说，为妻倒忘了。杏儿近日学了一个醉鸡的做法，中午就做好了，因你没回来，就没舍得吃。我去端来，再添几个小菜，顺便把杏儿、翠儿也喊来一道吃，为夫君平平冲天的怨气。看你的样，哪有读书人的雅量，当了一辈子官，差点干出忤逆的事。"晓兰见薛道衡平和下来，就数落了几句，走出去。

举目望空，夜空如洗，一轮泛着深黄的晕光，慢慢地升起，暮色已不再朦朦胧胧，薛道衡感到自己在云端飞翔了。

可惜，他不能飞翔，他只能把脚立于地面上。"杏儿，你明个去宫中把宣华夫人也请来，尝尝你做的美味。"晓兰亲自捧着餐碟，和杏儿、翠儿攀谈着。三个人围坐在桌边。

刚要举箸，家人慌慌张张地进来，说："老爷，宫人来到府前，要老爷听诏！"

薛道衡连忙着衣戴帽，望着发怔的妻子，说道："我去去就来。"

时辰不大，薛道衡低垂着头回来了。桌上的酒醉鸡依然完整，无人品尝。薛道衡说："你们吃吧。皇上要我去宫里商议送舍利的礼仪程式。"

颁赐舍利的仪式进行得庄严肃穆。

清晨，文帝杨坚早早地起床，来到仁寿宫之仁寿殿。群臣比杨坚起得还早，简直披星戴月从帝京长安赶往仁寿宫，根据圣旨，将有三十名高僧偕同朝廷官员被派往三十州佛寺颁赐舍利，至于未开列的各州亦须在当地起舍利塔，限十月十五日造毕。全国于当日安放舍利入石函，各寺僧尼作七日道场，为文帝及皇室宗亲等祈福，为舍利设斋，所需费用，由百姓布施，不足者由官仓支出。因此，有不少官员心中窃喜，希望自己能奔赴一个州，顺便多捞一些。

其实，颁赐舍利的官员早就安排好了，今天来到仁寿宫的上百名官员中，绝大多数人谋不到这样的美差。可有的人心中还是在盘算着，有哪些人是必定人选的，哪些人是可能人选的，而自己是处在哪些人之列。

文帝手捧七宝箱，在宫监张权的引导下，缓缓地走上大殿，把七宝箱置放于御案上。御案上铺着黄绒，内衬以白毡，四周竖起黄缎绣龙围垫。连殿中都铺满了五色毡毯，多是从波斯国购买的。御案下首，有一绣墩，专供杨坚坐的。

太子广率百官进拜，声乐起，两位藏僧高举鸣筒，站在殿门边，以梵音始，继而，被挑选出来的三十名僧人进入殿中焚香礼拜，虔诚地赞颂。

朝堂一片佛号声，声声不断。

杨坚起身，亲持一把檀香，就铜鹤炉中点燃，对着七宝箱晃了三晃，口中念念有词，双膝下跪拜了三拜。起来时，多亏有张权搀着，否则差点站不起来。

三十名僧人各取出一支琉璃金瓶，杨坚上前亲手打开七宝箱，恭敬地双手捧出一粒舍利，放入琉璃金瓶。

舍利掉入金瓶中发出叮当的响声。这边三十个官员薰陆香为泥，封盖加印，一个官员、一个僧人，带着舍利，启程前往各地。

整个过程缓慢而凝重，仪式中，念经声和万岁声一直不断。

礼仪完毕后，杨坚朗声道："众爱卿，朕受天命，托佛佑庇，始有今日，因此，此次焚香拜佛，礼送舍利，谨示朕虔诚之心，万民皆要景仰，礼数不可有丝毫缺少，朕在此，静听各地灵验。"

"广儿，分派使者，代朕宣读。"杨坚侧身对杨广吩咐道。

"是，孩儿遵命！"杨广接过诏书，瞟了瞟众臣。"众臣听旨！"杨广亮开嗓子，俨然自己就是皇上，"内史侍郎薛道衡官授仪同三司，加赐送舍利使，去往襄州；左庶子，殿前将军张衡授开府三司，加赐送舍利使，去往扬州……"

早在封盖加印时，这些人就内定好了，被念到的人自然高兴，觉得十分荣耀，当然还有别的因素。没有念到名单的，一脸沮丧。

杨广念完之后，杨素便又口头传达皇上的旨意："传檄各州县：在舍利使到达每个州之前，家家户户都要打扫干净庭院，将所有肮脏的东西全部清除出去，免得污了佛骨。使者进入州县后，所有道俗士女仪表要端庄，都要出城迎接，州县官要在前面带路。抬着佛帐佛舆，焚香奏乐。进入寺庙之后，沙门宣读忏文，所有人都要一起发愿：请从今以往，修善断恶，生生世世，常得作大隋臣子。随后，还需要三跪九叩，恭迎圣物于塔中。并且要进行七天的斋戒，以表诚心。"

第二十八章

杨广谋划借刀杀人　皇后频频噩梦缠身

仪式完毕后，所有人都散去了，杨坚也乘着轿撵回到宫中。按照皇后的意思，杨坚决定在仁寿宫多陪她几日，虽然他内心是舍不得宣华夫人的，但是对于一个将死之人，总不能不完成她的心愿吧。

不管如何，大兴佛事的行为就好比是一支强心剂，让杨坚整个人又活了起来，帝王的威风又显现了不少。

杨广紧随其后，他是一刻也忘不了皇宫就是战场。如同心腹张衡所说的那样，皇帝的疏忽是容许的，为人臣者却万不可疏忽。

昨夜，杨广、杨素、张衡待在晋王府中合计了大半夜，主要议题并不在次日的颁赐舍利的仪式上，而是针对蜀壬秀。只要杨秀还在蜀地一天，杨广夺取帝位的步伐就势必缓一步。

杨广道："越国公，我感到蜀王的辩解于情理不通，他这招叫金蝉脱壳，然后卷土重来也未可知，而父皇倒是原谅了他。"

"太子殿下不也替他求情了吗？"杨素冷笑道。

"这——我能有什么办法呢？父皇爱子心切，何况长孙晟又陈述得头头是道？"杨广心有不悦。杨素立马见风使舵，说："太子殿下不必忧虑，有杨约在那盯着，谅他会有所顾忌的。""越国公，若要因顾忌而不敢动作的话，蜀王倒真的成为一大隐患，再说，在仁寿宫还有柳述、元岩，而京城的兵马都在柳述手中。"杨广说。

杨素明白了杨广的意思，是想尽早地让蜀王犯错误。他想了一会儿，又是一声冷笑，答道："太子殿下，我有一计，在蜀王府看门的刘光伯可以利用，他老婆孩子都在京郊，而他又曾被蜀王羞辱，生活窘迫加上人格受辱，一定会心怀不满。"

杨广笑道："越国公不愧是行家里手，借刀杀人，妙极了！你这就去办，一切神不知，鬼不觉。"杨素走后，杨广又提出另一议题。

"你这趟去扬州多待些时日，找到风姿绝佳的美女后，才能回京，我准备献给父皇。"

张衡心领神会，这是针对独孤皇后的杀手锏，说道："这个好办，江南有的是美女。"他不禁想起平陈时，看到陈宫中满院美人的情形。

杨广提醒道："别光顾自己玩，对了，你顺便去趟寿州，带我的话，将寿州总管宇文述调回来，对付柳述，一定会用得上。"张衡眨着眼，道："太子殿下，如果蜀王有造反的大计，那在王府中也应有些物证，凡事总有蛛丝马迹。"

"嗯，很对，很对，是有些凭证才好。"杨广手敲木桌。

萧妃进来续茶，她在门口听得清楚，见杨广举动，似有所悟："依贱妾看，不如弄几个木偶，插些针，以此显咒语。""太妙了！"杨广抬手拍了拍萧妃的屁股，"夫人高见。女人的点子也不少，等会儿我好好赏你。"

"广儿，在想什么呢！"杨坚坐在车上问。

杨广忙答道："儿想，这次在全国颁赐舍利，过不久，大隋就会沐浴在佛光之中，就像这冉冉升起的太阳，普照大地，万物生辉，百姓也会深感佛陀的神圣、皇帝的崇高和作为其子民的无限幸福。母后很快就会摆脱疾劳之苦。"

杨坚想，这孩子一出口就好话连篇，滔滔不绝，什么事情都善于往好的方面想。

杨坚父子刚到寝宫门口，就见紫叶慌张地从里面跑出来。

杨坚一惊，厉声问道："紫叶，何事慌张？"

紫叶带着哭腔道："皇后又做噩梦了，皇上快进去看看。"

杨坚连忙下辇，心想，真不吉利，今天乃全国喜事，何故皇后噩梦频频？自上次锤击舍利后，皇后就一直噩梦缠身，杨坚进屋时，独孤皇后惨厉地叫了一声，支撑身体伸出双手向空中乱抓，嘴角堆起一汪唾沫："我知罪，我知罪，阎王爷饶命啊——"

她在瞬间的清醒时，见杨坚正兀立床前，竟然吓得魂不附体，紧紧地抱住夫君，哇地一声大哭起来，说道："太可怕了，太可怕了！"恐怖地回想起那冥府中受审的细节，刚一合眼，似乎又发现自己跪在阎罗殿下，东墀铁床烈火熊熊，西墀油锅依然翻滚，猛地睁开眼，惨痛地呻吟了一声，继而紧瞪着杨坚惊异非常的脸。

就在这时，李渊走了进来。阔脸、高鼻、双目有神的李渊一进寝宫，便不迭地向皇上、皇后、太子——一行过大礼，身后还跟着夫人窦氏和二子李世民。那孩子刚刚三岁多一点，齐眉修的发饰，两只清澈的眼睛，白皙的脸色微微透出红晕，显得机灵劲十足。

李渊夫妇行大礼时，杨坚说道："不必讲究了，都是皇亲国戚，赐坐。"

独孤皇后比较留意李渊身旁的窦氏，她长得丰满而标致，发长过腰，眉宇间有刚毅之气，很像年轻时的自己。这女子长相虽称不上女人中的凤凰，但心计颇多，当年竟想出个别出心裁的选婿主意：在厅堂上张贴着孔雀的画屏，让诸多求婚者争射，事先并不说明射中何部，才能认可为婿。而李渊二箭中目，得选。独孤皇后心想，这个女子也够轻狂的了，胜过当年自己在屏风后相面。

看到孩子，独孤皇后伸手招引道："来，过来，告诉姨祖母，你叫什么名字？"那幼儿即离开母亲，上前跪下，高声清脆地答道："外孙启禀二圣，我叫李世民。"听那真挚的童音，皇后、皇上都笑了。独孤皇后说道："起来吧，你这孩儿挺机灵的，回答得滴水不漏。"

"好，好，这名字好，有志气，是济世安民的料，将来可做宰相。"杨坚夸赞道。李世民答道："家父给孩儿起名世民，是取盛世良民的意思。"

杨广心道，这孩子真他妈的聪明，头发梢都是空的，脸上露出诧异之色，对窦氏瞟了几眼，这么平常的女人怎么生出这么机灵的孩子？

李渊夫妇呈上礼物后，又拉了几句家常，便带着孩子告辞。李渊这时已是一身汗水，窦氏也心中突突跳个不停，宫中答对向来宜少不宜多，言多必失。望着李渊夫妇走出的背影，杨坚想，李渊也算得完人了。

秋高气爽，天阔地长。

这日正是九九重阳节，俗称"登高节"。家家遍插朱萸，敬老思亲。人们根据习俗在重阳节的前一两天，纷纷用面粉蒸糕互相赠送，糕上插着彩色的小旗点缀着石榴子、栗子黄、银杏、松子肉等果实，或者做成狮子蛮王之状，置之糕上，称作"狮蛮"。

京城里的各座禅寺都举办狮子会，寺院的住持都坐在石制的狮子上，做法事讲佛经，吸引着许多游人。大户人家的子弟多结伴成对，到

郊外登高望远，带些酒馔佳肴，欢宴击节，享受大自然赐予的明净的天空、清爽的空气、平畴的阔野。

大兴殿阶前的木架上，养着几盆名贵的菊花，现在已是个个饱胀、迎节而放了，散发的阵阵清香味吸引着上朝的大臣驻足赞叹，其色泽、风姿、造型都让人流连忘返，其中有花瓣呈黄白色花蕊像莲房一样的万龄菊、粉红色的桃花菊、白而檀心的木香菊、黄而圆的金铃菊、纯白而硕大的喜容菊等等都竞相开放、争奇斗艳。

杨坚这一生除了喜好洛阳的牡丹外，怕就是对菊花情有独钟了。他弯着腰低着头嗅了嗅叹道："花尽吾独放。"他身着驼色缎袍，系了条卧龙袋，将一件明黄色套扣背心套在外边，移步上了龙座。他可没有心思去登高，他要与朝臣共议一些军国大事。

杨坚习惯地先用犀利的目光扫视群臣，感到仍有一种不安稳的征兆，看他们畏缩的样子，说不定心中各怀鬼胎，似乎在等待什么。

杨坚忽而想到正在兴起的佛事，心思有些激动。是呀，群臣期待的不也是朕所期待的吗？但愿能感动天下苍生，使他们一心向善，放下屠刀，抛却私欲，人人成佛，举国成佛。

杨坚说："众爱卿，朕想知道各地迎佛骨进展的如何？怎么这一连几个月来，不见有奏折反出来？别说各位爱卿心里焦急，就是朕也为此事放心不下，唯恐当地员拿佛不敬，辱没了佛意。"杨素一听，连忙上前答道："请皇上放心，臣已经派出了第二批巡视大员，前往各地检查，从以前各地的奏章中，臣与太子殿下得到的都是一些好消息，一切都进展得十分顺利，井井有条。"

杨坚说道："朕在诏书中说十月十五，所有颁赐的舍利同日下入石函，这一天就快要到了，而你们却不把有关佛事一一上奏，让朕心焦啊。"

杨广赶忙答道："父皇，不是儿臣有意隐瞒什么，确实是各地官员都在忙，说不定都在期待佛光普照的那一刻。再说，儿臣见父皇和母后久居仁寿宫，而母后的身体……"

杨坚一下来了气，打断了杨广的话，说道："皇后的身体并无大碍，她在仁寿宫静养得很好。前几天还提出要朕与她泛舟海池。"杨广噤声。众臣沉默。朝堂上似乎密布阴云，而杨坚的举手投足都无疑是颗惊雷，一旦爆炸，将是一场地震。

苏威上前道："皇上，臣有一事尚请皇上定夺。"说着，拿出一个记事簿式的本子，颤着手边翻边说，"高丽、百济、新罗的三国使者将要归还，他们临走之前，迫切地想皇上赐予他们舍利，说是回国供养，不知皇上能否恩准？"

杨广听了心中极为不满：小小高丽、百济、新罗三国居于半岛之上，若不是山高沟险，早就荡平你们了。杨谅、高颎无能，竟然不能征服，还让他们现在以国使的身份留在京城，

尽管是干儿子，但毕竟不如亲生的好。回国居然不向我打招呼，跑到苏威那里摇尾乞怜。想着想着，杨广甩了一下衣袖，躬身上前："父皇，这三个弹丸之国，虽有降表，表示臣服大隋，但依儿臣看来这佛界圣物不能给他们，说不定他们只是要带回去玩玩，极可能在路途上就丢进大海。"

苏威哪敢言语，这杨广总是要压住一两位老臣，以显其能，有时连杨素的话，他也有意对上几句，当上太子后，他就在无意有意中，对朝中的大臣有些轻慢起来。苏威何等聪明，他能感觉到，也因感觉到了，才处处有掣肘之拙，只能眼皮耷拉着，一语不发。

杨坚却很感到开胃，拊掌道："广儿错矣，朕以为你尚精通佛义，可这一番话却显露出广儿的思之所在尚停留于浅识之处，佛经要义就是光大佛门，佛善待人，人若叛之，自有天灭。朕最大的心愿就是推广佛教，崇佛、信佛、讲佛、敬佛，才是对佛的根本态度，朕下诏：准许他们一并带回。这是好事嘛。"

一席话说得杨广耳热心跳，或许是杨坚高兴，才没有对他深加责备。

这时，张权凑到杨坚耳边低语几句，杨坚"嗯"了一声，随即道："今日九九重阳登高，各位爱卿若无事奏禀，就此退朝。希望你们在登高赏菊之时，也要心中有佛。"

众臣如释重担，躬身而退之际，还在杨素带领下，口诵了一通佛号。

杨坚一行来到寝宫时，寝宫中已是满满一院的官眷命妇。宽敞的大院里周整地摆放着铜制的鹤龟，正中央安放着稳重厚实的紫铜铸造的四足方鼎，从仙鹤、神龟、方鼎中喷出的百合香味杂着菊香在院中飘散，沁人心脾，人人脸上娇容绽开，个个身上花枝招展。

三十位出使颁赐舍利的使者家眷在宣华夫人的诏命下都来到后宫赏花，有的三五成群地站在一起说些悄悄话，有的闲散地在院里踱着方步，不时地低着头嗅着廊檐边排放的金菊，有的则拿着大把的香柱往鼎里安置，再打火镰点上，神情专注……

　　起塔之日，文帝杨坚站立在大兴殿西面。按诏又加制的几尊等身佛像并排放好，佛身上裹着红色彩绸，周身涂着金粉，通体金光灿灿，表情神秘，似笑非笑，仿佛看透了人心的目光，令人震慑。

　　杨坚对雕工极为满意，赞叹道："若不是至德精诚，道合灵圣，岂能神功妙相，致此奇特。朕要厚赏这些工匠，赐锦缎五千、银子二百两。"

　　杨素上前道："皇上诚心向佛，万民皆身受佛恩，就不必以俗物赏之，不若让他们在石板上再雕刻一组组经文，就权作奖赏。"

　　"好，就依越国公之意，"杨坚道，"朕的旨意都下达了吗？"

　　"禀父皇，儿臣早就办妥了，文武百官素食斋戒了整整七天，京城一切娱乐活动都停止了，静等起塔的辉煌时刻。"杨广上前，一一叙述安排事项及执行的府衙。

　　昙迁口诵了一通佛经后，道："月光童子，应该焚香礼拜了。"

　　杨坚一脸虔诚，面向大兴善寺持香遥拜，敬谢上天。京城大兴善寺也依杨坚旨意建起高塔，供奉舍利及安放佛像，连尚书都堂也安置了一颗，政教合一，才能立竿见影，如虎添翼。

　　佛门子弟三百六十七人，在杨坚把手中的佛骨高高举过头顶时，同唱梵曲。刹那间，万人空巷的市民都涌向大兴善寺，希求沐浴那开启舍利时的金光。

　　仿佛这世界彻底变貌了，起塔之时，草木含情、山水禀灵，一切都变得富有神性了。

　　说奇就奇，四面八方传来了令人喜悦而肃然起敬的灵验报告：

　　岐州风泉寺起塔时，东北二十里忽见文石四段，石函顿生天国图像，佛像放出万丈光芒，

　　犹如雨后阳光，直射广宇……

　　秦州起塔时，雪霁日出，瑞云满天，草木花开，有如春风滚过地面，鸟声欢鸣，鱼儿跃水，战马嘶鸣不已……

　　蒲州起塔时，地动山摇，明澈的天空无片丝云朵，忽然晴空霹雳，

滚过一阵雷声，光亮亮的石岩上有千面钟鼓之杂声，声震林木，响声不绝于耳。舍利将入函时，数千人欲跪爬着登山参拜，忽有神风自下而上，送众人至山顶佛堂。没多久，塔放光明，闪耀夜空，流光中有佛像显现，异香飘溢，十几位妇人手抱死婴正望空祷告之时，佛光罩住，那些死婴见光顿然再生，一州病人照光后全部病愈……

可累坏了驿站的马匹，大兴宫前，全是八百里急报，黄门侍郎元岩的腿都快要跑断了，气喘吁吁，不时地向朝堂上的杨坚呈上各地的报告。有的篇幅很长，杨素的嗓子哑了，换苏威；苏威的嗓子哑了，换牛弘；牛弘刚念了一封，嗓子又干瘪了，换柳述……急得著作郎王劭和太史令袁充直咽口水。

满朝惊异，诚心悦服。

安德王杨雄——杨坚的弟弟率百官进献《庆舍利感应表》，衷心赞曰："臣等命偶昌年，既睹太平之世，生逢善业，方出尘劳之境，不胜扑跃，谨拜表陈贺。"

一个僧人在昙迁的示意下，战战兢兢地奉表："皇上，大兴善寺起塔前，原有飒飒沙风，有婴孩惊哭，可待起塔时，天色澄明，气和风静，宝舆幡幢，香花音乐弥遍街衢，道俗士女，不知几千万亿，服章行位，皆从客有叙，啼哭声止，塔上有无数灵光攀援而上。要说奇事，也有一桩，有神雀从天而降，夹在众人之中，徐步类人，以嘴抽出行人佩刀掷向广坐布施之人，刀从天而下，落于密集的人群之中，都无伤害，那神雀嘎嘎而鸣，振翅飞向西天。小僧略通鸟语，其意是：感化、感化了。"

杨坚笑着说："好，好，把各地上报的符瑞用版文详加记述，祭于南郊，再辟寺宇。"

杨广恳请道："三十州均已泽被佛恩，尚有其他州若何？"

杨坚欣然道："朕再颁舍利至天下五十三州，令天下普沐法真。"

于是，送舍利的队伍又上路了，天下百姓再次解囊布施，建立灵塔……

乐极生悲是天下的常理。

刚到后宫，宣华夫人就面色悲戚地说："皇上，独孤皇后身染沉疴，怕是时日无多了。"说着竟哭出了声来。"夫人可不许乱说，今天大隋全境都被佛光普照，死婴皆活，病人痊愈。朕正想去仁寿宫休养几天呢。"

杨坚当然不信，但是，他也知道，若皇后不是确已到了病入膏肓的地步，宣华夫人也不敢以言语相咒。

说实在的，佛事是做给天下人看的。杨坚当然企求金刚不坏之身，但熟知历史的他何尝不知人不能活到千年。生老病死人之常道，杨坚这点自知之明是有的。他见宣华夫人低头拭泪，说道："朕明日去仁寿宫，再请僧尼布施道场。"

一路上，她是默诵着薛道衡的诗去的。紧裹着的裙衫外套件镶着月色边的对襟褂，仍然遮掩不住她有着身孕的体态，近乎是幸福的感觉时常出现在她略显焦虑而稍带痛心的眼睛里，她有一种无端的愤怒感，有一种被侮辱、被侵犯、被猥亵的愤怒，她自己都说不清这愤怒来自哪里。

当满面愁容的宣华夫人来独孤皇后的病榻前时，神情正好相对。

"皇后，没几天就起塔了，说不定到那时，天下的鬼魅就会一扫而空，皇后的身体也就好了。"

宣华夫人着意点出鬼魅，让皇后的呼吸变得急促了许多。宫中已经有一条不成文的规矩，那就是任何人也不得说鬼怪之事。独孤皇后近日就不曾合过眼，她见宣华夫人时，感到有两个人影时而重叠、时而分开，似乎是鬼怪临床索命，她紧闭着深陷的嘴唇，从鼻孔中哼了一声。

皇后竟硬撑着身子，问道："我知你有了身孕，替你高兴，不知是男孩还是女孩？"这是她最为关切的。自从她病倒之后，宣华夫人的变化是明显的。紫叶同样把宣华夫人的一切详细地讲给皇后听，当然也把皇后的一切讲给宣华夫人听。在紫叶看来，一旦皇后一了百了之后，那宫中的权柄一定会掌在宣华夫人手中。

宣华夫人这次可真的说了假话："太医每日把脉，越来越像是男孩了。"说完自顾坐在皇后身边，歉然道："听说皇后是不许皇上再和嫔妃生男，若我这胎真的是男，将会怎样呢？"

皇后睁着的眼睛顿时失去了光彩，这太可怕了，平生的作为——浮光掠影般地从心头滤过，就像品茶，品着一杯浸泡黄连树果的茶，无一滴不苦。她感到自己冷汗淋漓，浑身湿透，虽然与宣华夫人有一尺之隔，她也能感到眼前的宣华夫人有野心在膨胀，只要自己走完了一生的艰难与坎坷后，整个大隋朝纵是有佛祖佑护，怕是也要被这倾国倾城的陈国公主篡夺了。她很是后悔，自己这十年来，一直把她视为心腹。她隐藏得太深了。入宫十年不孕，而竟在自己染病不起时，有了身孕，且是男孩。这心中的不甘岂是药汤能调理的吗？

独孤皇后摆着手，她实在不想见到宣华夫人。这是一个习惯的摆手姿态，就在这摆手中，十几个有孕的宫女香消玉殒。

宣华夫人蓦然间感到一丝快意。她想起陈叔宝的沈皇后凄楚而逝的情形，心道，我不是张丽华，却扮演了张丽华的角色。她硬是把到嘴边的另外一则消息给咽了下去。这则消息即使自己说出来，也有一种莫名的担忧：杨坚在皇宫里又册封了一位女子蔡氏为容华夫人，听说是由张衡搜罗入宫的。蔡氏仪容婉丽、风华绝代，男人，尤其是做了皇帝的男人，无不想占尽天下美色。不知不觉中，自己难道会退居其次？

宣华夫人不由自主地抚摸着自己的肚子，一个生命在其中孕育，思路从仁寿宫回到眼前。

"皇上，皇后见我怀有身孕似有不悦之情，我原本打算在仁寿宫小住几日，见此情形，只有就回来了。"宣华夫人感到文帝杨坚的情绪波动很大，看他弯下腰身的样子，似乎不如此，无法通畅郁闷似的。他缓缓地转身，爱怜依旧地宽慰宣华夫人道："皇后就是这样的人，她有时挺开通的，特别是当朕心烦意乱时。但是，嫉妒是她的本质，如若她心胸能开阔一些，也不会落病如此。唉，孙思邈开的药方，根本无法凑齐，朕疑心有诈。不知其有深意没有？朕也担心皇后怕是撑不过去了，她替朕操劳的太多。"

宣华夫人道：

"但愿她能度过此关。"

看到皇上杨坚躬着腰身，转体迟缓，宣华夫人心想，时间会拖垮一切的，岁月流逝的长短和身体衰老程度深浅总是相伴而至，生理上的和心理上的文帝都在走向衰落之中了。

杨坚说道："朕近日册封容华夫人一事，你可曾对皇后言及？"

宣华夫人说："皇上，我深知皇后的心理，当年尉迟风琴被棒打致死的阴影一直萦绕在我脑中，我可不想再看到又一个貌美女子步其后尘。"

说起尉迟风琴，杨坚也深深地叹了一口气。想自己作为一国的君

主，竟然连自己喜欢的女人都保护不了。这件事情一直压在杨坚的心头，如果不是高颎等一干大臣的劝解，恐怕早就把皇后废了。如今，独孤皇后和宣华夫人一同管理后宫，如果再多个夫人，皇后的神经恐怕要崩溃了。

第二十九章

独孤皇后凄凉离逝　蜀王杨秀惨遭陷害

　　仁寿宫，大宝殿的正室内。

　　风呼呼的刮着，雨水把天空变得有些昏暗。

　　"哪里来的风啊，"独孤皇后有气无力地嘟囔着，"我不是让你们将所有的门窗都关好吗，怎么还有风吹进来"。

　　紫叶站在独孤皇后的床边，泪水一滴滴地掉下来。

　　"皇后，风来得突然，"紫叶道，"皇后……"

　　"皇上在哪里呢，怎么不来陪陪我?"独孤皇后心里期盼着皇上的到来，耳朵一直听着外面的动静，却没有听到想念的脚步声，而听到的却只是风沙敲打门窗声。她自己能从皇上的眼神中看出来，皇上已经疏远了自己。她好强的个性支撑着她活下去的勇气，可是，现实毕竟是现实，除了紫叶和门外的几个宫女，没有亲人在她的身边。她想，我真得要永远闭上眼睛了吗?

　　死亡是相对的，有些人明明活着，旁人却觉得她死了，有些人明明死去，却有人总感到她还活着，总也无法摆脱。

　　独孤皇后侧转了一下身子，视线恰巧落在不远处的妆台上。是啊，已有三天没有洗脸了，

　　她指着妆台上的种种饰物，艰难地说道："扶我过去! 扶我过去!"

　　紫叶道："皇后还是先喝碗莲子汤吧。膳食房的中药汤马上就熬好了，先热热身子，不然光喝药身子受不了。"

　　端起放在炉火旁的一只青瓷碗，紫叶拿起汤匙，搅拌了几下，送到皇后嘴边。

　　独孤氏摇晃了脑袋，一张脸瘦得像刀子似的，手依然指着梳妆台，一动不动，她嘴角撇过一丝冷笑："广儿的药方子也不咋样，喝下后通体冰凉，无甚感觉。我早就说过的，那孙思邈值得怀疑，人人都值得怀

疑。我还是要看看自己的真实情况。"既然拗不过皇后，紫叶就招过两个宫女挽着皇后，挪向镜台。皇后一言不发，慢慢地睁开双目，往铜镜中一望，只见脸色顿时煞白，一道明显的青黑色罩在眼圈上，因瘦而紧抿的嘴唇深深地陷进脸颊中。

"这是我吗？这是我吗？"独孤皇后不敢再看下去，她的胸口在急剧地抖动，猛然，她拼却全力拿起桌上的奁匣砸向铜镜，砰地一下，震天似的刺耳声，吓得身后的两个宫女哇地大哭起来。

紫叶忙上前挽住身体摇摆不定的皇后，对宫女说道："快去叫皇上来！"

"没用了，没有用了，"独孤皇后悲哀地自语了一声，"怨不得皇上自哀家病后，就不住在了。"

操劳一辈子，结局就是看着结发的夫君在自己最需要安慰时，倒在另一个年轻貌美的女人怀中。独孤皇后承受不了这一打击。当紫叶端着莲子汤再一次递至她嘴边时，独孤皇后一手打去，莲子汤应声而落。一切都无挂无碍了，独孤皇后决意绝食，她紧紧闭着眼睛，不想再睁开了。

虽然看不到，但她已经感到，杨坚就坐在床边，叹息声重。

"皇后，朕打算就这么坐下去，一直坐到你睁眼进食为止。"杨坚不停地重复着，一声比一声更执拗，轻缓中有着不屈不挠。

于是，独孤皇后那像微尘一样散漫、残光一样淡薄的生命，又被满足了的虚荣心凝聚起来。她缓缓地睁开眼，这下好了，眼前的杨坚还是那个唯自己的意旨而是从的杨坚，还算给了自己的皇后的尊严。

紫叶道："皇后醒过来了。"

杨坚低头一看，果然，独孤皇后正睁着空洞的眼睛，木然地望着自己。

"朕就知道，皇后的心是病所摧不垮的，"杨坚说，"有宫中的御医在此，皇后还担心什么？朕已命他们遍寻奇方，或许可以医治，关键是调养，调养是祛病的根本。朕想在这里安放一尊观世音菩萨，以佑护皇后。"

独孤皇后道："皇上，我这病怕是没治了。刚才闭目这一会儿工夫，我就沉入了梦境，有一个人，或者说是一个鬼，拿着一把刀子插在我心口，我使劲去拔，却怎么也拔不掉。"

杨坚想，这又是鬼魂出现，幻觉作祟，宽慰道："天地间固然有鬼在，但神能降鬼，适才朕也感到胸中隐痛，朕连忙静心祷祝了一会儿就好多了。"

　　"不要说了，命在天。"独孤皇后感到心通气顺了许多，对杨坚说，"皇上，宣华夫人将后宫料理得如何？"

　　言下之意是皇后要返回后宫，主持一切。她不能在此待下去了，朝堂上还有许多事等待她去裁决呢。

　　杨坚很快地拒绝了她，说："宣华夫人把宫中的一切都操持得条理顺当，虽有身孕，却仍能为朕出谋划策，替朕分忧。皇后还是要依从太医的嘱咐，以静养为上。"

　　独孤皇后心中极为不快，她发现皇上杨坚说出"身孕"二字时，有无限怜惜之意。莫非文帝已忘了对自己的誓言。她半坐的身子又慢慢地蜷缩下去，躺在黯淡的床中迟钝地想着，文帝是要把我冷落在仁寿宫中了。这么看来，我奋斗了一生都是替别人做嫁衣，丈夫的心被另一个女人拐走了，自己落下的倒是一无所有。

　　她又一次合上眼，又看到滋滋作响的油锅，青面獠牙的兽鬼，烧红的铁烙，沾满鲜血的铁枷……

　　告辞之前，文帝杨坚对几个宫女说："蜡烛要长烧，门窗要闭好，看护要仔细些。"这几句平常的话在皇后听来无异于断了活路，自己想要去皇宫参与国策，而皇上要自己在此等死，在此受尽煎熬。想着想着，独孤皇后干瘪的眼角终于挤出几滴浑浊之泪。

　　杨坚急于离开皇后是有原因的，满屋弥漫的中药味当然比不上四溢的香气，骨瘦如柴、面色死灰的独孤皇后当然比不上肌肤丰盈、柔情万种的宣华夫人，即使是身怀六甲，两个人也是隔三差五地云雨一番，何况就在今天，那位容华夫人就要来到仁寿宫呢？

　　昨天晚上，杨坚陪宣华夫人在观音菩萨面前祷告，完毕后，杨坚的眼神就没离开过宣华夫人微微隆起的腹部，说："夫人，十月怀胎，一朝分娩，朕看，你怕是快了吧。"说着，伸手摸宣华夫人温软的小腹。"朕看像是个男孩，准是男的。这么多年来，你都坚持不生，终于抵挡不住为人之母的诱惑了吧。"

　　宣华夫人说不上是幸福，还是迷惘。一个女人，没有孩子就不是一个完整的女人，不论她的身份多么显赫高贵。哪朝哪代不都是母以子为贵。

宣华夫人任由杨坚骨节突出的手指抚摸着，男人的手即使粗糙些，但那毕竟是男人的手，感觉不一样。她感到杨坚的喘息变得粗重、浑浊，知道他又要干什么。此时，宣华夫人自己也不知道她对杨坚有没有爱意，她阻止了杨坚下滑的手，说："皇上，当心肚里的孩子。皇上若猜对了，怕是我的命也就没有了。"

"这是哪里话？生男……"杨坚迟疑了一下，他隐约地感到宫中有许多事情都是皇后造成的。什么冤魂、鬼怪、地狱，若活着的时候，不做亏心之事，就不会有这些出现。

杨坚搓着宣华夫人的手说："朕会一直在你身边。"但说得有些气喘吁吁，显得底气不足。

宣华夫人道："干脆把容华招过来，让她陪伴你，不然，我担心皇上的动作太猛，动了胎气。"

交代一番后，杨坚并不理会躺在床上的独孤皇后，步出内宫，来到外间。那老御医紧跟在杨坚的身后，嘴巴张了几次都没敢说出想要说的话。

大宝殿的门口，传来杨广的声音："父皇，父皇，大事不好了。"伴着声音，杨广、杨素、容华夫人等人鱼贯而入。杨坚叱道："广儿惊叫什么？你的母后正在静养。"心里也是突突跳个不停。

杨广、杨素拜见礼毕，宫人忙着安排坐凳，奉上茶茗。容华夫人娇美的容貌艳惊四座，她的容颜还是第一次为仁寿宫的人所见。这位容华夫人的眼神荡漾着一股甜孜孜的春潮，那正是自己渴望的。他一时间忘了里间的皇后，对紫叶道："这是朕新封不久的容华夫人，贵人，你带进去参拜皇后。"

紫叶迟疑着，没有挪步，依旧在上下打量。

杨广说："父皇，孩儿正打算送容华夫人进宫，适逢越国公有急章欲奏明皇上，孩儿对此事也不敢定权，又担心父皇……"

杨坚说："又是什么盗窃案吗？朕已说过，拾一钱而不报者，杀！"

杨素摇头道："自从皇上大兴佛事以来，盗市之象已经根绝了，此事属另一类。"他努力地装作在寻找合适的词句。

"越国公，有话直说。"杨坚望了一眼容华夫人，几乎按捺不住心中的渴望。当张衡把容华夫人献给自己时，杨坚的馋涎就涌上嘴边。

杨素对杨坚的表情心领神会，他简短地说："皇上，那个被蜀王杨秀押到益州做了王府校书的刘光伯前几天送来一封密折，他告发说，蜀王杨秀想谋反。"

　　杨坚对僭越的事极为敏感，因为他本人就是走的这条道。他想起在建隋取周之前所走过的刀光剑影铺就的路，那是一条用白骨做路面、鲜血染色的路，宇文氏家族几乎全部被杀。而蜀王杨秀前面的奔蜀事件本来就让他愤怒，历来造反都是从不逊、僭越开始，是谓"不轨"，他深信这一点。自家人造自家的反，那是没有不乱的。

　　他的心思一下从容华夫人的身上回落到令人烦心的现实中。他呆坐在龙椅上很久，切齿的痛恨还是暂时让位于亲子之情，就像废太子杨勇一样，若不是功高盖世的高颎在，若不是为了大隋江山长久延续的话，若不是太子杨勇以太子而主事东宫，下决心废掉他还是一件难事。好在广儿填补了这一空缺。杨秀啊，杨秀，你也不将自己的力量掂量掂量，朕还有可能允许再次废立太子吗？翻手为云、覆手为雨，对异姓之臣可以，对效命之臣可以，对自己的亲生子还能允许吗？杨勇被废已使朕心力交瘁，苍老了许多，幸亏有佛祖护佑，天下得以太平、安康。

　　杨坚冷笑一声："读书的儒子之语有多少可信？当初长孙晟是力陈蜀王根本没有谋反之心的，他去蜀地是为了安定人心、平息贼民。"

　　杨素急道："刘光伯虽然受到蜀王的侮辱，但他提着脑袋也不敢做此诬陷之语。"

　　"越国公以为如何？"杨坚低声严峻地问道。

　　"皇上，当断不断，必留后患。望皇上颁旨，让蜀王回朝听命。这是澄清事实的第一步，万一让蜀王继续留在蜀州，恐朝心不稳。"

　　杨坚慎重地点头："朕也感到事态的严重。秀儿如果僭越，朕将按律治罪；若是流言蜚语，朕定杀刘光伯，诛其九族。"

　　杨广道："父皇，孩儿不信蜀王会谋反，说不定就是那刘光伯的诬陷之词。只是这去往蜀地取代蜀王的人选……"杨坚说道："益州是个大地方，还是由独孤楷去吧。他父子两代为人，最是忠心。"

　　说完，杨坚霍地站起来，情绪甚为激动，脑袋有点眩晕，容华夫人和紫叶忙抢上前，各立于左右。杨广也赶过来，伸手扶住杨坚前倾的身子，手却放在容华夫人的胳膊上，孔武有力的五指紧紧地箍住容华夫人的细腻的肌肤，容华夫人脸色顿时潮红，当着杨坚的面又不敢声张，只

能忍着。

两女一男搀着杨坚步出正室，拐进偏房之中。那是宣华夫人特意安排的。

偏室的墙上端有一排镂空的雕窗，原是给侍奉皇后的紫叶住的，紫叶有女后进封另辟一间。而容华夫人又是初来仁寿宫，加之皇后已经久病卧床，不知何日归西，杨坚在偏室安歇，也好处理急发之事。因为两室之间的言语可以相互听到。一向耳聪的独孤皇后透过帷幕听到了一切……

杨秀终于回朝了，一路上惴惴不安。

朝拜之日，杨坚的表情是严肃的，严肃得如同乌云密布。杨坚的举动更是骇人的，他把刘光伯的密信当着满朝文武的面掷向杨秀，厉声道："看看你都干了些什么？"

杨秀展开一看，脸色惨白，汗珠顺着耳根就流下来了。刘光伯在信中竟说，蜀王命他私造金辂，规格等同圣上，还绘制一面九龙旗，本应九龙向下，潜龙入海，但蜀王却命他九龙龙首一律向上，龙跃于渊，飞龙在天。因此推说蜀王有谋反之意。另外，在王府府库上有上万件私藏兵器，锋利无比，在王府的军校场新招募了五千士卒，日夜操练云云。

蜀王杨秀头皮发麻，本来，金辂是皇帝朝会的专车，但杨秀身为王子也有金辂之威仪，只不过在外出巡视时，身边的亲信确实把旗子挂倒了一次。一时间，消息满天飞去，谣言四起：蜀王谋反了。

再说那府库中的兵器哪有上万件？只不过数千件而已，原因很简单，蜀地蛮民纷起造事，官军连吃了败仗，确需兵器，训练士兵也一样。

杨秀看完，心想：这是诬陷之词。他知道刘光伯对自己押他入蜀还耿耿于怀，何况近几日有亲信密报盖州刺史杨素和他过往甚密，有意邀刘光伯到刺史府任总官。

杨秀踌躇着，他把刘光伯的密信丢在地上，回转身往人丛中寻找，他在找长孙晟，他要问他，到底是自己放过了杨广，还是杨广放过了自己？当初，杨广越职指挥，使朝中失去良将，那是事实吧，可之后变成了自己对太子之位的羡慕，想当太子，才诬陷杨广的。后来听了长孙晟的话，算是过了一年多的平稳日子。但是这麻烦不用自找，现在它又来了。

长孙晟当然着急，但干着急。他是个目光犀利的人，杨坚越是威严时，心里的防线就越好攻破，如果他要一语不发，任你去说，此时，他的主意就已定下了，除了皇后谁也难以更改。杨秀依旧不紧不慢地想，此时任我如何巧答都会招来雷霆之责。与其当着众臣的面受辱不如自取其灭，来得干净，干得快捷。太子的目标失去了，活在杨广时代并不比死去有多好，杨广是什么样的人，我还能不清楚？与其死在杨广手中，不如死在父皇手中。一种未曾有过的痛苦如沸油一般在他心头滚烫着。

杨秀有些语言失控，眉毛往上一挑："父皇，既然刘光伯是我府中的校书，或许有些是事实，儿臣不想辩解，敬请父皇去查。"

杨坚脑袋嗡的一声，感到眼前一晕：好你老四，语带歹讥，难道父皇不该着人替代你吗？

你对益州如此贪恋的目的何在？在益州王府，你说了算，挥霍无度，妾姬成群，过着帝王般的生活。在京城你却只是王子，上有父皇母后管着，中有大臣监视，下有百姓督察，不自在？

"查！当然要查！"杨坚一捶御案，"昔日秦王杨俊奢侈无度，朕以父道训之，今天，你这逆子妄想谋图，当以君道绳之。"杨坚想：老四不求情，实在是出自己的丑，不把父皇放在眼里，说不定真有其事呢。王子率先图谋不轨，举国上下效尤那还得了！

大理寺少御赵绰刚上前劝说几句，却被杨坚喝止："赵绰不敢接收此案吗？"

开府庆整越班谏道："蜀王刚烈，言语有不恭之处，恐怕是出于对诬陷的反激之语。望皇上三思。"

人在火头上，不劝倒还自熄，越劝无异于浇油，杨坚正是如此，大怒道："闭嘴！此案由杨素、苏威、牛弘、柳述、赵绰共同办理，不得徇情！蜀王府上上下下都移住国子监，那里正好空着。由太子带人搜查，若有证据不得隐瞒！"

实际上，群臣心里清楚，办案的过程将会由杨素一手进行，而其他人只能看到结论。

杨广待杨坚怒气渐消时，上前道："广儿不敢替四弟求情，若由广儿搜府恐为不当。我还有一事要请皇上发派。前日，西郭突厥部的启民可汗写来降表，要求与大隋通婚，父皇的意愿如何？"杨坚知道，从都蓝可汗到达头可汗都是碰得头破血流后才写降表，北边战事这十几年来打打和和就没有断过，汉王谅儿正率兵镇守同州。只有突利可汗是一心一意地归顺大隋，突利死后，其子启民可汗在大隋的帮助下得以立足，自然对朕感激不尽。

杨坚想了想，问道："广儿以为派谁去呢？

杨广忙答道："扫北名将长孙晟可再担此任，儿臣曾与长孙将军一起作战，深知他智勇俱备。当年与达头作战时，就是长孙将军设计在河流上游下毒，结果达头的军马死了大半，士兵顿时失去了战斗力，隋军大胜，颇有斩获。突厥内有一言，大畏长孙总管，闻其弓声，谓为霹雳，见其走马，称为闪电。"

杨坚点头应允，满朝中，对突厥用兵的计策有哪条不是出自长孙晟，杨坚心里清楚但嘴上却不能这样说。

"好吧，长孙将军就作为朕的受降使者，护送义成公主前往。早去几年，早熟悉突厥生活习惯。"

杨坚说完，环顾了一下群臣后，眼光像刀子似的飞刻在蜀王秀的脸上，久久不离。

"退朝——！"

人群中的长孙晟盘算着，早不让我出去，晚不让我出去，怕是对蜀王秀大不利了。杨广果然是阴险之人。耿直的蜀王秀、善良的蜀王妃怕是要遭殃了，还得赶紧告诉蜀王妃一声。

杨坚告别宣华夫人，在容华夫人陪同下，来到寝宫正室。

君臣叙礼已毕，正要言事，独孤皇后由紫叶搀着竟然也要坐到楠木椅上，上面的绣垫已落了一层细灰。杨素眼尖，急走两步，以袍袖连忙掸了几下。

自从女儿被嫁给突厥启民可汗后，紫叶就在皇后的床边搭了一个卧铺，日夜候在皇后身旁。十几年相处，她感到自己唯有如此才能报恩了，渐渐地遗忘了杨广和萧妃对她的好处。

"全部都是事实呀！"杨素痛哭流涕，"臣是不敢想的，蜀王秀的造反檄文都写好了。"

杨坚夫妇都麻木了，谁敢相信这是事实呢？

大理寺少卿赵绰迟疑了半天，才说："太子奉诏搜府，不敢独行，特带卑臣前往。府中上上下下没有搜出反叛证据，但卑臣见蜀王府的后花园中有一块石头放得甚不是地方。墙角的石榴树都是普通的卵石，唯有正进园门的一株桃树根下有两块巨石，上面似乎还有香火的痕迹，肯定府中有人在默祝过什么，卑臣叫人挖开，发现石板下藏有四个小木偶人，木偶人上有字，卑臣一看吓得半死。虽然太子殿下不让卑臣汇报此事，但卑臣行事一向公正，不敢欺君。"

杨坚、独孤皇后的面前果然有四个小木偶，细看那字，竟刻着杨坚、杨广、杨谅及皇后的名字，以及各自的出生年月。每个名字旁边均有一句咒语，杨坚先看自己的木偶："恭请佛祖收服月光童子，令其归西听佛。"这不是咒朕死吗？又看皇后的木偶："恭请冥府速派无常来取此人性命。"咒得更直接更露骨。

杨坚倒吸口凉气，又翻看杨广、杨谅的木偶，俱是咒其早死。他考虑着给不给皇后看时，独孤皇后命紫叶取过木偶，凝神一看，啊地一声惊叫，颤抖着的纤手指着木偶的胸口，说："有针，有针！冒血了，还冒血呢。"话没说完，手一松，身子往后一仰，憋死过去了。急呼太医进来，却又迟迟不见。

原来，六位太医都按各自时辰排班休息，以便十二时辰都有人在宣华夫人的身边。

杨坚一边叫紫叶速去叫太医，一边用手去拔那钉在木偶胸中的铁针，同时隐隐感到胸口胀痛。终于，独孤皇后悠神回转后，见杨坚脸色苍白，道："怨不得你我二人心痛如此！"

紫叶见皇后的身子抖个不住，就扶着皇后回内室了。

杨素迅速掏出拟好的奏章，奏闻杨坚，给杨秀定了十条罪状。如果依大隋律令，杨秀是死定了。

杨坚缓和了一下心绪，说道："朕给前太子勇五品侍奉，住进内侍省，还依此法处置杨秀，其家小不得干涉，同时贬去内侍省作庶人。"

这天晚上，仁寿宫的主人独孤皇后彻底地断气了。苟延残喘的独孤皇后死得甚为孤独，她的姓氏成了她的谥语。

据紫叶讲，皇后临死前嘴中只念叨：一、二、三等枯燥的数字。这里面的玄机，杨坚是参透不出的，或许只有皇后自己明白。这"一"表示杨坚已与自己离心，在偏房中和容华夫人如胶似漆，那猎艳的淫荡声刺激着独孤伽罗；"二"表示，宣华夫人已凌驾于自己的地位之上，母以子贵，不管那宣华夫人生男生女，六十挂零的杨坚依然能使宣华夫人生子，足见他们的感情；这"三"表示，自己五个儿子，已有三个和自已离心叛道……

承受不了病体折磨和精神打击的独孤皇后咽下最后一口气前，声嘶力竭，可是近在咫尺的紫叶也只听到了"我是皇后"这四个字。

生时辉煌，死时凄凉，独孤皇后贵为一国之母，死时只有一席之地；她有五个儿子，弥留之际不仅无人来探望，而且又听到一个皇子再陷牢狱；她有丈夫，她死时他却在拥着另一个女子，她奋斗了一生，最终一无所有。

这天晚上，北国的深秋来得早，雪花飘零，落叶凋敝。万物萧索之际，一声婴儿的啼哭，

仿佛昭示仁寿宫尚有生命在。宣华夫人经过痛苦的分娩后，满头汗水的她承受住了撕心裂肺般的阵痛，满足地望着接生婆递到眼前的婴儿，苍白的脸上露出了笑意，带着母性的笑意。她说不出自己心中的滋味，酸甜苦辣，五味俱全。她也无法理清自己的感情，究竟喜欢不喜欢杨坚，但对眼前的婴儿，她是从心底喜欢，毕竟是自己身上掉下的肉。

看到嗷嗷待哺的婴儿，宣华夫人顾不上生产的疲惫，忙解开透湿的上衣，捧出储满奶水的乳房放到婴儿的薄薄的红唇中，满意地闭上了眼，享受着母子亲情。

第二天早晨，杨坚从温柔梦乡中醒过来时，一喜一悲的消息同时传来。他的一生中从未有过在短时期内，经受两种情感的碰撞。他本能地把头靠在容华夫人丰满的前胸。在这里，他有一种回归感、依赖感，整整两个时辰，他一语不发，也没有行动，他不知道这迈出门的脚是左拐还是右进？去哪都是一种两难的抉择，无论哪种抉择似乎都好，似乎又不好，到底好不好，他弄不明白。

世间竟有杨坚弄不明白的事。

独孤皇后的死对他的打击是不用怀疑的，晚年失去了共同生活四十年的伴侣，失去了风雨同舟的朋友，一起并肩作战的伴侣，特别是他已疏远了所有的大臣之后，他决策的大部分将依赖谁呢？想到这，杨坚是一脸哀愁，满腹心事，忧心如焚。

另一方面，宣华夫人产下的女婴似乎是一个好兆头，全新的生活就此展开，这也是一个证明，证明杨坚的大隋依然充满新生的活力，想到这，杨坚又是一脸欣慰，满腔兴奋，信心焕发。杨坚颁诏杨素依礼厚葬独孤皇后。

这可难坏了杨素，开皇年间修订的典礼中没有丧礼的仪注。如何筹备丧事，杨素心中无底，只能据实奏禀。

杨坚听完之后，说道："我早就想要补充修订《开皇礼》，佛有教规，人有尊卑礼仪，不管是皇亲国戚，还是凡夫俗子，都免不了生老病死。行善的人能够升入天堂，而行恶的人则会落入地狱。人们在世界上生存，婚丧嫁娶都应该有相应的礼仪程式，越国公可与各地高士刊定阴阳舛谬，将内容基本上确定下来之后，再和尚书左仆射苏威、吏部尚书牛弘、内史侍郎薛道衡、秘书丞许善心、内史舍人虞世基、著作郎王劭一起负责修订五礼。"

众臣接到这项旨意之后，最为高兴的莫过于王劭了，想他一个小小的著作郎竟然能够和朝中的大臣一同商议国策，这是多么荣耀的一件事情啊。

杨坚说道："正父子君臣之序，明婚姻丧纪之节。故道德仁义，非礼不成，安上治人，莫善于礼。郊祭与五服的礼节必须完备。"

第三十章

亲临葬礼泪洒灵前　文帝病重太子无行

三天后，七个人所编著的《齐礼》基本完成，牛弘则是修礼的主要负责人，这个任命让王劭心里很是不高兴。而杨素向来很是尊敬牛弘，在宣衙商议的时候，对牛弘说："公善旧学，时贤所仰，今天的事情，要全靠您的主持了。"王劭听了这句话，心里的压抑更加沉重了。杨素的安排确实也非常稳妥："著作郎专司抄写，一定要工整、娟秀。"王劭认为，杨素这么做分明是打压自己，可是官大一级压死人，他也只能将愤怒藏在心里，敢怒不敢言。

杨素审阅后，感叹道："衣冠礼乐尽在此矣，牛老尚书的学问非吾辈所及也。"

当即呈报杨坚，杨坚颁诏照礼实行。受到丧礼氛围的影响，杨坚这几天变得清心寡欲，他不时地转到独孤皇后的灵前默坐一会儿。四十年风雨同舟路，一瞬间天地双栖情。杨坚想到许多，从相识到结为夫妻，从大周子民到大隋天子，自己迈出的每一步都伴着皇后的落脚声。

杨坚想找来风水术士萧吉，让他为独孤皇后问卜择葬地，刚表述完意思。正在哭丧的杨广泪流满面道："儿臣不孝，父皇年高，还在想着母后，此事交由儿臣去办吧。"

杨广由自己两个儿子搀着，一副悲恸欲绝的样子。

他是第一个接近亡者的。先是抽抽咽咽，泣不成声，继而呼天抢地，整整哭了一天，声带都哭裂了，嗓音沙哑，三次昏厥，已经衰弱得体不能支。边哭边诉说母后对自己的恩情，诉说自己与母后生离死别的无限伤痛和呼母不应的相思之苦。比起诸多杨姓的女眷和兰陵公主来毫不逊色，甚至比她们还能哭。

萧妃也哭得前襟湿透，额头上磕头留下的青紫血痂令所有人都震惊。唯有紫叶面色苍白，悲戚无声。杨坚叹气道："广儿伤心欲绝，这么大的事情都由广儿一人操持，择葬地一事还是交给谅儿去办吧。"

杨广甩开搀扶自己的两个儿子，跪爬着说："儿臣身为太子，一定要亲自为母后操办此事，恳请父皇恩准儿臣的一片孝心。"

杨坚无奈地摇头："去吧，或许离开这地方，你能平心静气地看待亡者。"

杨广来不及答谢，就起身奔往前厅。其实杨广揽下这一差事的真正目的是要派人向萧吉表达致意，请萧吉送一块能保佑其早日登基的风水宝地。当太子哪能和当皇上相比？他看到宣华夫人、容华夫人两位绝色尤物环绕父皇两侧，早就急不可耐了，他甚至想好了，一旦登基，他要建天下香楼，网罗天下美女尽入其中，自己拥蝶挟蜂，遍试人间美色。

到了前厅，杨广招来了宇文述。宇文述原在平陈时就是杨广的行军总管，后来被任命为寿州刺史、总管。张衡前往扬州奉诏颁赐舍利时特意召回的，有了宇文述和张衡，杨广如虎添翼。

杨广对宇文述如此耳语一番后，解下腰间所佩的包金镶玉嵌琉璃银带钩，按制太子的带钩应是金制，但杨广自降规格，只佩银饰反倒显得淡泊名利。他总是善于伪装。当然，他更清楚自己的目的。

嘱托完毕后，杨广在守丧期间内表现出的哀恸没有了，他接过张衡递到手中的竹制饭筒用力一扳，里面鱼肉俱全，还有几个硕大的羊球、几条鹿鞭。就着另一个竹筒的汤水，杨广狼吞虎咽了一番。

按制，守丧期内不得食酒肉，一律素斋，但杨广禁受不了，啜了几下虎骨酒后，又喝了一碗鹿茸人参汤。杨广可不是憨子，他要有精力表演才行……

杨谅从并州回来奔丧时，对蜀王秀的被废看得清清楚楚，他甚至后悔自己没和蜀王一起扳倒杨广，尽管那比登天还难，至少可以试一试，看情形，太子已准备向下一个目标动手了。

他边哭边想，父皇老态龙钟，若事发不幸，我的并州地盘怕是保不住了。

当汉王杨谅看到杨广急于去办父皇所托之事，就隐约感到这其中有诈。

果然，杨广酒足饭饱后，复又跪在自己的左侧，细心的杨谅发现太子的带钩没了，隐隐能闻到一股酒味。

见父皇要离去，杨谅忙上前扶持，哭道："父皇要多多保重身子。"

杨坚缓缓地点头，父子俩去了花厅宣华夫人处，杨广发疯似的哭声从身后传来，杨坚叹道："广儿真是伤心至极，你母后活着时，每次离别，母子俩都相互流泪。"

杨谅暗吃了一惊：父皇仍然被蒙在鼓中。

二十八日，独孤皇后安葬于太陵那块萧吉选定的墓地上。文帝杨坚不顾术士萧吉的反对，亲自出席葬礼，并坚持坐着辇车来到陵园，按照仪注夫不得到妻的墓穴，但杨坚感到偌大的仁寿宫太空荡了，他要在这陪独孤皇后一程。

一路上，由宫监张权领着二十一名和尚、喇嘛手持法器，念着"倒头经""往生咒"，走在送葬队伍的最前面。

杨坚的目光透过晃动的孝子贤孙的人头，落在金丝楠木质地的棺椁上，那里的女人就是自己一辈子敬畏有加的皇后。皇后啊，你一直向朕倾诉你不能闭眼，这下你终于闭上了。

你帽上的串珠寿和红宝石是广儿亲自摆放的，你嘴中的避邪珍珠丸是朕亲自安置的，含在嘴中还舒适吧？

若你在天有知，你一定能看到这么多孝子贤孙、这么多王公大臣都来为你送行。

唉，你和朕一起建立了大隋江山，却一天福都没有享过，你帮朕制订那么多礼仪，唯独丧仪没有，还多亏了杨素等大臣们，今日送葬才如此壮观。

皇后的棺椁每停放一处，就有执事的人放上一块吉祥板，板上铺垫三层杏黄色寸蟒棉褥。并燃四炷藏香，称之为"倒头香"，香旁是一盏点燃的"指明灯"。

执幡的人由杨广来担任，其余王子包括前太子勇、四子蜀王秀都身着白色孝袍，手拿绑了丝麻的哭丧棒，幡杆上漆以杏黄色，柱顶则为金漆，上挂荷叶宝盖、杏黄寸蟒，幡下垂绋长约一丈的飘带，含有引魂之意。

纸制的倒头车、倒头轿，仆从、侍女等均按皇后生前的宫中礼仪制定，还有一大批绫绸糊制的灵人，及皇后生前所爱的几件俗物。

白漫漫，人来人往。花簇簇，宫去宫从。

整个丧礼的过程，要数杨素最累了。事无巨细，都由他来操办，好在他威风八面，众人皆怕。此时，杨素的权势升到顶峰，显赫得不可一世。

疲倦的杨坚强撑着站到了独孤皇后的墓地，空空荡荡的心里急需一些东西来补偿，急需找回一些失落的东西。

清风扬起，有雪屑飞舞，像无头的苍蝇乱窜。长约三里多的送葬行列都伫立在寒风中。

"停灵暂厝！"杨素悲怆地喊了一句，丧礼至此，孝子贤孙上上下下跪拜灵前。人们都必须发出似哭似喊的"有声无泪"的凄凉声，灵前的半盏闷灯半明半暗，在风中摇曳，恰似鬼火。人人都感到凄凄切切。

杨坚多日没有流下的眼泪此时慢慢地滑出眼角……

泪眼中，杨坚模糊感到在墓地的上空有一只大鹏低垂飞翔，飞着飞着，忽然一只强劲的羽翅折断了，鸣声凄凉，衔恨而去。

杨坚想：那就是自己了。

回来后，杨坚下诏褒奖杨素等人。特别对杨素，杨坚道："杨素经营葬事，勤求吉地，论素此心，事极诚孝，岂与夫平戎定寇比其功业！"

五天后，大理卿梁毗上了一道奏章，说杨素同汉朝的王莽、晋朝的桓房差不多，儿孙无功受禄，官显爵高，京郊良田无数，市区邸店、水磨星罗棋布，家中僮仆妓妾千数，邸宅规模宏制，与皇宫相当。

杨坚很是犯难，老臣中就只剩下杨素了，不能再杀了，况且太子广儿对他一向恭敬！

仁寿三年（公元 603 年），这一年似乎过得相当平静，仁寿宫成了杨坚的伤心地，他没有前往。夫妇双飞双栖已成往事，皇后逝世的阴影笼罩着他有一段时间，但在两位如花似玉的美人围绕下，那阴影渐渐地消散。可是每每兴奋过后，空虚和寂寥又重新涌上心头，如此反复，反复如此，精神的苦闷没能解脱，身体已经虚弱不堪。

习惯了拐杖的日子，当拐杖丢失的时候，连路也走得蹒跚起来。百花丛中寻寻觅觅，可哪里有皇后的影子呢？

没有一个女人能够填补独孤皇后去世后留下的空白，特别是当自己色欲急遽消退的时候。

这一年，杨坚的政治头脑是清醒的，他颁诏向全国求贤。

"其令州县搜扬贤哲，皆取明知古今、通识治乱、究政教之本、达礼乐之源。不限多少，不得不举。限以三旬，咸令进路。征召将送，必须以礼。"

各地掀起献贤的热潮，可惜的是，所推举的人大多数"不知有汉，无论魏晋"，剔除儒学的弊端显现出来。杨坚对此深以为忧，但另一方面他仍然笃志佛事。仁寿四年正月，为了显示自己的慈悲之心，杨坚实行了大赦天下的举措。

二十七日，杨坚动身前往仁寿宫。

企盼仁寿的人当然向往仁寿之地。整整一年多的时间，杨坚把内外大事收拾完毕，把国事交由太子杨广监政后，他感到累了，在两位夫人的陪伴下，前往仁寿宫休养。

亲眼目睹了从生病到死去的过程，杨坚的脑海中也时不时生出死的念头。他试图排斥，终不获成功，便再一次宣布大赦。

百官对他的仁寿宫之行均无异词，杨广流着泪说道："父皇，儿臣衷心希望父皇能以龙体为重，不必再躬亲细务，若有大事，儿臣一定及时禀告，不敢妄裁。再说仁寿宫尚有柳述等人，父皇只需口述片言只语，儿臣都应效尽全力。"

杨坚道："朕去那里静养三五个月，毕竟那里风水顺当、景色宜人。三五月之后，朕再回来。"

官奴章仇太翼却劝阻说："臣一向愚陋，不敢对皇上的言行有任何饰词，但臣想，皇上此行怕是銮舆不返。"

一句话正点中了杨坚的心思。杨坚想，你这个瞎子，任嘴胡说，你想咒朕死吗？不由大怒道："你这官奴，嫉恨之心还没消减，来人，将章仇太翼投入监牢，待朕回来，满朝文武大臣就知道你所言虚妄，那时朕才杀你。"章仇太翼被逮走前，嘿嘿直笑，笑声令人不寒而栗，努力翻动的眼皮下是一双白色眼球。到了仁寿宫不久，杨坚就病倒了。

想起了章仇太翼的不祥预言，他觉得很不自在，心里很是慌乱。杨坚躺在大宝殿的正室中，身边的宣华夫人和容华夫人忙里忙外小心翼翼地侍候着。杨坚问道："太史令袁充可说了什么？"宣华夫人说："有的。"

"快找出来念念。"杨坚喘着气说。

宣华夫人翻着一堆奏折，过了一会儿，说："皇上，这是六月的一次记载：有星入月中，数退。"

杨坚说道："找最新的，找朕宣布大赦天下后的。朕已大赦，万民都会为朕祈福的。"

宣华夫人低着头又翻出一封，打开念道："这是七月一日的，写道：日青无光，八日乃复。"杨坚喟然长叹："朕去日无多矣。"

宣华夫人悲戚道："皇上不要悲观。皇上是妾等的终身依靠，若皇上万一有好歹，叫妾等如何能活下去？"说着呜呜哭泣不已。自从独孤皇后死后，虽然没有宣布宣华夫人为皇后，但权力极大，专擅房宠，成了后宫的实际主宰。

杨坚感到胸口一阵揪心的痛，是啊，这位十几岁就作为亡国的公主被招入宫的女子可谓风华绝代，善解人意，温顺得如一汪清碧的水流，朕死之后，她和那位更年轻的容华夫人将何去何从呢？或许入庵为尼是最好的结局。大周朝的宫室不都落发为尼了？京城中尼庵多得是。否则，便主持后宫的一切杂事，以太上皇妃的身份在佛像前念诵经文。

杨坚合上眼，说道："爱妃不要悲怜，人固有一死，朕驾崩后，仁寿宫依然是你安居之所，花厅是你的。好好抚养朕的幼女。"

宣华夫人抹去了眼泪，嗔怪道："贱妾宽慰皇上，皇上反倒安慰我了。皇上只不过染上点风寒，多多静养，病体就会康复。"

"天命不可违。你知道，《天文集占》上说：'日无光，将死王。'朕的大限就要到了。"

容华夫人匆匆进来，又抱着一堆奏折，轻轻地放在杨坚床头，说："这些都是太子批过的奏章，太子请皇上看看，批语妥当否？"

"这一阵又忙累了广儿，"杨坚有气无力地说，"白天要在大宝殿办理公务，晚上还要侍奉朕。"杨坚摆了摆手，说："都拿回去吧。朕已无力翻阅了，明日，朕去寝宫会见百官。"

自从杨坚病重的消息传出后，皇太子杨广就奉命入居大宝殿，尚书左仆射杨素、兵部尚书柳述和黄门侍郎元岩等也同时入阁侍疾。就是说，这几个人可以出入寝宫，随时探望，而其他官员非有诏令不可来见。

这时，夕阳窥户，殿内阴森森的。宣华夫人望着眼前的昔日仇人，怎么也生不出恨意来。

十几年来点点滴滴的爱意多多少少在她的心头留下一道辙迹。这哪里是大兴殿前、武德门上的气宇轩昂的杨坚？他只是一位躺在御榻上须发皆白，气息奄奄，脸上布满苍凉的行将就木的老人而已。对眼前的这位老人还能生出什么仇恨吗？倒是他的儿子太子广需要提防，难道亡隋

的目标非要应在他身上吗？

晚上，仁寿宫内灯火通明，宣华夫人回了一趟花厅，看着熟睡的孩子，心头漾着浓浓的母爱，她嘱咐侍女晴芳、晴雨好生照顾，不要着凉后，就急急地赶回寝宫。

刚过一道门厅时，就听到站在门边的宫女说道："太子殿下正在里面呢！"

宣华夫人不以为意，这没有什么奇怪的，自杨坚患病以来，都是由他和自己或容华夫人陪侍在侧，她点点头就往里走去。正遇着容华夫人往外走，眼神躲躲闪闪，手里端着一个银碗。宣华夫人问："皇上饮食怎样？"

容华夫人以手紧紧地扯住分开的裙带，答道："还可以，只剩半碗，只剩半碗了。"

宣华夫人问道："皇上可曾吩咐还要吃什么？"

容华夫人摇头，一声不吭地出了寝宫。

宣华夫人来到杨坚的御榻边，但见杨广正在床边就着木桌在批阅各地奏折，而杨坚正在熟睡，呼吸微弱，手臂无力地耷在凉席上。

她没有打扰杨广就默坐在一边，把杨坚的手握在手中，把试着脉搏。

杨坚正在梦中，金戈铁马、风雨征伐，混乱了三百多年的动荡在自己手中结束了，在屈指可数的历史人物中有几个能比得过自己，秦皇汉武仅此而已。突然间，壮阔的画面不复再现，取而代之的是一位位和自己风雨同舟的文臣武将，各个栩栩如生，他们在朝堂上指点江山，精妙谋策……看看，看看，个个唾星飞溅，争执得面红耳赤。影像变幻着，重叠着，忽地按着顺序走来，柱国刘昉、梁士彦、宇文忻、上柱国王谊、元谐，接着是身材魁伟的王世积、风流倜傥竟娶了突厥女的虞庆则、叱咤风云的韩擒虎、威震敌胆的史万岁……他们都在哪儿呢？怎么不向朕叩首？

杨坚一惊，缓缓地醒过来，心想，原来这些人早死了，早被朕杀了。朕杀错了你们吗？你们都官居高位，是朕股肱之臣，朕怎么会把护国的柱石给砍断呢？不，不，你们都心存反叛之心，死得应该，再说朕不也是要死吗？功高欺主是你们的死因。

"广儿。"杨坚迷糊地叫了一声。

杨广赶忙放下朱笔，应声道："儿臣在。"

宣华夫人轻声问："皇上，该用药了。这是太医们新配制的方子。"说着，宣华夫人起身欲去外间端取煨在炭盆上的紫砂药坛。

"不必了，朕……朕还没用膳呢，"杨坚说道，"朕要对广儿说上几句。"

宣华夫人心中咯噔一下，容华夫人不是说皇上用过膳了吗？看她慌乱的眼神、衣衫不整的样子，莫非就在这御榻和太子杨广……她不敢往深处想。

杨坚睁开眼道："广儿，你要记住，江山得之不易，守之更难。有些人臣在羽毛未丰之时，总是鞠躬尽瘁，不知疲倦地为君主效命，可是一旦羽翼丰满，就难以防犯了，即使知道他有二心，都来不及了。"

杨广心道，这还用说吗？父皇不就是一个例子？答道："儿臣谨记。"

杨坚又说："适才朕做了一个梦，梦见那些有异心的人都站在朕的面前，却不知忏悔。他们都是上柱国啊。当年，朕不找出理由杀之，能有今天稳定的大隋吗？今日朝中，唯有杨素似乎怀有二心，或许他碍于朕的宏恩不能乱朝，但说不定会是他的后代呢？三国时的曹操就是这样。如今，杨素的家族势力很大，要给以约束，以防尾大不掉！"

杨坚双眼紧闭，又想到了章仇太翼的那个不详的预言，于是便低低地说："章仇太翼，你应该知道吧，他可是一个能人，只是因为跟错了主人，而变成了官奴。我之所以没有把他杀掉，是因为他的才能。我来仁寿宫的时候，他曾经百般劝阻，于是朕就将他下狱。可是从今天所发生的事情来看，他能够前后言事，确实是个人才。朕也无法再从仁寿宫返回了。等你回到京城的时候，记得一定将他放了，这个人以后你可以重用，或许对我大隋的未来有很大的帮助。"

"儿臣遵旨。"杨广带着哭腔答道。

第三十章　亲临葬礼泪洒灵前　文帝病重太子无行

第三十一章

安排后事欲废太子　弑君杀父杨广登基

七月十三日的凌晨。仁寿宫的周围被大雾紧紧地围绕着。

清晨，很是安静和清凉。大风过后，雾气已经慢慢飘散了，变成带状，围绕着仁寿宫一圈一圈飘荡开来，让整个仁寿宫的气氛变得异常诡异起来。

三天前，杨坚躺在病床上，召见了朝中的众位大臣，表情悲伤到了极点，他心里知道自己的时间已经不多了，而与此同时，杨坚心中对于太子杨广的疑虑也渐渐地增加。他一一看清站在他床前的每一位臣子，想要将他们每个人的长相都牢牢地刻在脑子里。杨坚张了张嘴，想要交代一下自己的后事，可是又看到太子杨广寸步不离地站在自己面前，也就没有再说什么。这个时候，杨坚突然想到了独孤皇后，如果不是她极力要废掉太子杨勇，那么现在的情形又是怎么样呢？不过，话又说回来，这太子勇说到底也是自己废除的。不管当初这个决定是对是错，也只能延续下去了，没有一点儿更改的余地。

刚巧，工部侍郎何稠来到杨坚的床前，杨坚摆摆手，示意他走进一点，并且嘱咐道："独孤皇后的葬礼你办得非常体面，就连陵墓修建的也很有气势。朕驾崩之后，还需要靠你多费一些心思，将朕和皇后合葬，不能同穴也可以，免得打扰到独孤皇后的安寝，她本身就是一个喜欢安静的人。"

杨坚又看了看站在一边一直掉眼泪的杨广，心里很不是滋味，对他说不上是信任还是担忧，可是后事还是需要嘱托，心愿还是要完成，而目前看来，朝中上下，能够完成他心愿的人也就只有太子杨广了。

杨坚说："何稠一直都很用心，朕的身后事，动静当共平章。"

杨广哽咽地点点头，此时，柳述站在杨素的后面，他内心是无比悲愤的。太子杨广就是一个巧言令色的小人，除了伪装做戏之外，他还有什么本领呢？又有什么本领可以治国呢？

杨坚又看到了薛道衡，他的年岁也高了，当年的英姿飒爽早就不在了，不过稳重却显得更多了一些，或者这个人应该还能够担当起大任。朕虽然很喜欢他，可是给予他的官衔却不是很高。他常年在外奔波，考察各地风土民情，倒是一位实干家，不仅工作出色，就连诗文写得也很是优美，这是朝野上下公认的。想到这里，杨坚指着薛道衡对杨广说："薛内史的诗句'空梁落燕泥'可以称得上诗家绝唱了，你还对此心有不服，往后的日子，你们可以经常在一起讨论一下，还有杨素、虞世基，你们几个人都可以办个诗会了，在那里一决高下，看看谁是最后的赢家，然后再把最后的结果告诉朕一声。"

这句看似调侃的话，刺痛了杨广，他心中对薛道衡是有着极大的恨意的，心想：等父皇归天之后，我第一个杀的就是薛道衡。薛道衡和宣华夫人有染，这些事情难道父皇不知道吗？还能够容忍这样的官员在朝中晃悠吗？等我取下了他的人头，看他还怎么风流？还怎么写出"空梁落燕泥"的诗句？

皇上召见百官，也就意味着时间不多了。薛道衡心里很是明白，也很伤心，虽然说，杨坚在位的时候，自己没少受到猜忌，没少受过处罚，不过他从心里，对杨坚还是感激的，毕竟在一些重大事宜上，他还是相信他的。从"平陈"的建议到废太子的大事，杨坚曾经都征求过自己的意见，不管最后采纳了与否，毕竟皇上征求了自己。

等百官散去后，随着一阵细碎的脚步声，空中飘散着一股沁人心脾的奇香，杨坚立刻张开眼睛，他知道是宣华夫人来了，他要告诉她，自己又活过了一天。

可是，等到杨坚看清楚的时候，他的心里却高兴不起来。只见那宣华夫人衣衫不整，头发散乱，就连头上的金簪也掉了几根，脸上更是一副凄楚无比的神色。

杨坚心里很是诧异，于是急忙问道："宣华夫人，你怎么了，发生什么事情了？"

宣华夫人紧紧咬着嘴唇，不说一句话，两只手哆哆嗦嗦地将胸前的衣服整理好，脸色苍白，满是无比的悲哀和委屈。

"你快说啊，到底怎么了？"杨坚使劲地捶着床，"快说呀！"这时，他突然感到一股腥味涌上了喉咙，鲜血顺着嘴角流了下来，一直流到了下颌。宣华夫人双肩一耸，嘴唇随之张开，嘴角一撇，哇的一声大哭起来。"出了什么事？是不是……"

杨坚吐出一口鲜血，胡须随着颤抖的下颌而颤动，心中大为不安，紧紧地追问："不要哭呀！你说是不是……"

宣华夫人止住了哭声，抽抽咽咽，她感到杨坚已经猜出了几分，牙缝中道出几个带着仇恨的字眼："太子无礼！"见杨坚的鲜血已浸染了脖颈，宣华夫人又上前替他擦拭。

杨坚圆瞪双眼，用手一推，宣华夫人向后踉跄了两步，杨坚捶床大骂："畜生啊！何足托付大事？独孤皇后，你误了我的大业，我被你所误啊……"

"爱妃，快去叫柳述、元岩速来见我！"杨坚急切地道。

宣华夫人一边点头，一边整着裙饰往外走。她的脑中仍然去不掉那幅可怕的画面。

今晨，宣华夫人起得很早。汤送药的活都由她一人来做，那容华夫人竟托病在床，不能侍奉了，宣华夫人对此甚疑，但也没有办法。柳述、元岩来到杨坚的床前，见状大惊失色。

"皇上，叫太医来——"柳述叫道。

"不！"杨坚急喘着气，"速召我儿！"

柳述道："臣这就去叫太子广！"

"不。"杨坚语含不满地制止。

"皇上不是要召传太子？"元岩疑惑，他是黄门侍郎，主管仁寿宫的警卫，他的女儿是华阳王杨楷的妃子，杨坚的孙媳妇。他和柳述一样都是重臣贵戚。

"不要，见那畜生作甚！要传杨勇！"杨坚坚决地说。

"这——"柳述面有难色，"按制应当起草诏书，下得诏书才行。"

杨坚忽然明白：太子勇早被废了，若是口头传谕，没有诏书，他近不得仁寿宫半步。

"对，快去草诏！朕要废黜太子，重立杨勇为太子。"说完，杨坚的气息微弱而短促，衰竭地垂下眼帘。

柳述、元岩从杨坚寝宫退出来之后，开始商议起来。他们明白这个诏书的重要性，虽然他们不知道到底发生了什么事，不过废除杨广是两个人最大的心愿，于是二人从凌晨合议到天亮。

当柳述、元岩兴冲冲地拿着拟好的诏书想让杨坚过目时，宇文述和张衡拿着宝剑挡住了他们的去路。

张衡拿着诏书道："柳述、元岩依仗自己是皇亲国戚、朝中重臣，竟然拥兵作乱，想要趁着皇上垂危的时候，起兵谋反，特诏太子广调东宫士兵，保护皇上的仁寿宫，将柳述、元岩逮捕下狱，钦此。"

张衡刚刚念完，便有几十名士兵涌上来，将柳述、元岩逮捕了。

原来，杨素一大早进宫服侍皇上的时候，经过大宝殿，看到里面有灯光透出，心中还很疑惑，以为是杨广在批阅奏折呢，于是便悄悄地过去，从窗户往里一看，却是看到了柳述、元岩二人鬼鬼祟祟地交头接耳，表情既兴奋又诡秘。

杨素看到此番景象，心中很是疑虑，他趴在门上，细细聆听，听完之后，禁不住吓出了一身冷汗，急急忙忙奔向杨广的密室，看到杨广正好坐在那里，于是赶忙说道："殿下，你是不是有什么心事，你又是因为什么而忤逆了皇上？"

杨广慢答："越国公你怎么知道？"

杨素将自己见到的情况细细地说了一遍，说道："事不宜迟，殿下要赶快想想办法才是。"

杨广的脸色很是难看，沉默片刻后，弑君是最后一条路了。他对张衡说："这件事情非常紧急，慢了的话，祸事就要来了，必须……"

张衡道："殿下，有话直说吧。依在下看，殿下只有矫诏行事，调集东宫的卫士去守护仁寿宫，末将和宇文述亲自带领几十名兵丁，先将柳述和元岩捉住，然后再向皇上汇报，如果皇上依准也就罢了，如果不然……"他做了一个向下一拉的手势。

杨广对此很是同意。

"好，就这么办！"

宇文述调集了东宫的人马将仁寿宫的各个出口团团围住，仁寿宫原先的卫士则是被放假回家。张衡、宇文述在天亮之前，将柳述、元岩逮捕后，押往杨坚的病榻前。

宣华夫人和所有的宫女都被赶了出来。临走的时候，宣华夫人冲着杨坚高喊一声："皇上，醒来——！！

杨坚或许听到了这一声叫喊，但他沉湎于自己的梦中，这个梦很长很长，从出任大丞相、平定三方叛乱、建立大隋国到降服突厥，征伐高丽；从灭周到平陈，再到安宁西南边陲，他不仅结束了分裂、动乱的局面，而且还树立了大国的形象。

他感到立在高高之上，成为九州之主了。

一阵脚步声踩断了他的梦，哦，柳述、元岩回来了吗？太子勇呢？怎么听不到他的声音？朕的耳朵不聋呀！

他微睁着眼，见柳述、元岩被捆在门外边，而立于自己跟前的竟是左庶子张衡、东宫开府司仪兼殿前将军宇文述。

杨坚心中明白了，他看着自己的寝内，宣华夫人和众多宫女早就没有了影踪，地上只剩下一堆零乱的衣服。杨坚心里打了一个寒战，冷汗也冒了出来。

他无神的眼睛看着门边两根大柱上的盘龙，扭动着欲上飞腾，又似抽搐扭曲，如同患有痉挛症。杨坚知道，柳述和元岩的事情败露了，现在的仁寿宫该换主人了，此刻，他又想到了高颎，想起高颎曾经给他说过的话，看来都一一应验了。

杨坚喘着粗气，双眼直瞪着张衡。

张衡被杨坚看得有点毛骨悚然，转羞为愤，伸出手掌将杨坚的嘴巴捂上，动作很是轻柔，就好像是替杨坚拂去嘴角的血迹一样。杨坚的双腿往前一蹬，两眼一翻，咽气了。时年六十又四。

过了一会儿后，皇上驾崩的消息传遍了整个宫中。

宣华夫人与晴雨、晴芳等宫人听到这个消息的时候，都大惊失色，明白事情已经无法挽回了，也明白自己日后的处境也不会好过。

杨广和杨素秘密商量，在皇上出丧之前，一定要办好三件事情：第一就是诛杀杨勇，第二就是诱引杨谅，第三则是定好诏书。

杨约听到消息后赶紧来了。杨广命令他为特使，带人入京，谎称皇上遗诏，杀掉杨勇，陈兵集众，控制京城，发布杨坚讣文……

那么又派遣谁去引诱杨谅呢？自己的人是绝对不行的，几经思量后，便派遣大将军屈突通和宇文述二人前往宣召，称杨坚病重，命他火速返京。

屈突通并不知道，杨坚在病重的时候已经和杨谅约定了暗号，以此来辨别诏书的真伪，这也致使前往通传假诏书的屈突通成了杨谅的刀下鬼，并且拉开了并州及山东五十二州的战火……

杨素出宫之后，拿着杨坚的假遗诏前往薛府和薛道衡商议，应该怎么样润色语句，才能够使天下人都信服。而杨广也想利用这次机会来试探薛道衡，看看他对自己是否忠心，并且将此当作杀与留的条件。

三件事除了诱引杨谅之外，其他两件事情还是比较顺利的，在杨谅的心中，只要能够掌握天下的军队，竟能够拥有天下，这是一个非常浅薄的认知。他并不懂得权谋，所以在起兵没有多久，他就被擒了，最后幽愤而死。

二十一日，杨广在仁寿宫登基为帝，同时发丧全国。

杨坚的遗诏一时广为传诵，其忧国忧民之情溢于言表：

嗟乎！自昔晋室播迁，天下丧乱，四海不一，以至周、齐，战争相寻，卒将三百。故割疆者非一人，称帝王者非一人，书轨人同，生人涂炭。上天降鉴，爰命大爰，用登大位，岂关人力！故得拨乱反正，偃武修文，天下大同，声教远被，此又是天意欲宁区夏。所以昧旦临朝，不敢逸豫，一日万机，留心亲览，晦明寒暑，不惮劬劳，匪日朕躬，盖为百姓故也。王公卿士，每日阙庭，刺史以下，三时朝集，何尝不罄竭心府，诚敕殷勤。义乃君臣，情兼父子。庶藉百僚智力，万国欢心，欲令卒士之人，永得安乐，不谓遘疾弥留，至于大渐。此乃人生常分，何足言及，但四海百姓，衣食不丰，教化政刑，犹未尽善，兴言念此，唯以留恨。朕今年逾六十，不复称天，但筋力精神，一时劳竭。如此之事，本非为身，止欲安养百姓，所以至此。人生子孙，谁不念爱，既为天下，事须割情。勇及秀等，并怀悖恶，既知无臣子之心，所以废黜。古人有言："知臣莫若于君，知子莫若于父。"若令勇、秀得志，共治家国，必当戮辱遍于公卿，酷毒流于人庶。今恶子孙已为百姓黜屏，好子孙足堪负荷大业。此虽朕家事，理不容隐，前对文武侍卫，具已论述。皇太子广，地居上嗣，仁孝著闻，以行其业，堪成朕志。但今内外群官，同心戮力，以此共治天下，朕虽瞑目，何所复恨。

但国家事大，不可限以常礼。既葬公徐，行之自昔，今宜遵用，不劳改定。凶礼所须，才令周事。务从节俭，不得劳人。诸州总管，刺史以下，宜各率其职，不需奔赴。自古哲王，因人作法，前帝后帝，沿革随时。律令格式，或有不便于事者，宜依前敕修改，务当政要。

呜呼，敬之哉！无坠朕命！

十月十六日，文帝杨坚被安葬于太陵，庙号为高祖。根据他生前的遗愿，将他和独孤皇后合葬在一起，异穴同坟。

宣华夫人则是永远被困在了杨广所建的迷楼中，青丝白发，终了一生。

杨广登基之后，薛道衡一直是他的心病，总想方设法将他除去，后来终究因为某件事情而惹怒了杨广，进而丢了自己的性命。薛道衡被杀后，杨广还指着他的尸首道："朕看你还能写出'空梁落燕泥'否？"

长孙晟则是流奔于天涯，最后老死于荒丘古道上。

杨素也没有落得什么好下场，他身患疮疾，遍体溃烂，号哭而死。

杨广登基之后，荒淫无度，暴虐无道，最后惨死在了大周遗民宇文氏后人的刀下。